Eva Maria Gober

Schule unterm Kruckenkreuz

Eva Maria Gober

Schule unterm Kruckenkreuz

Erziehungsansprüche im autoritären
Ständestaat Österreichs 1933/34 bis 1938
am Beispiel burgenländischer Wirklichkeiten

verlags
haus
hernals

2. Auflage, 2016

Alle Angaben in diesem Fachbuch erfolgen trotz sorgfältiger Bearbeitung ohne
Gewähr. Eine Haftung des Verlages oder der Autorin ist ausgeschlossen.
Copyright © Verlagshaus Hernals, Wien 2016
Alle Rechte vorbehalten.
www.verlagshaus-hernals.at

Grafik und Bildbearbeitung: Grafikbüro Ebner
www.grafik-ebner.at
Satz: b+R satzstudio, Graz

ISBN 978-3-902744-10-4

INHALT

VORWORT 9
EINLEITUNG
   Sonderfall Burgenland 15
   Die faschistische Landschaft Österreichs und deren Erziehungsfelder.
   Ein Prolog 18

1 DIE GRUNDLEGENDEN WELTANSCHAUUNGS- UND ERZIEHUNGSKONZEPTE IM AUTORITÄREN ÖSTERREICH
   1.1 Weltanschauliche Veränderungsmotive 23
   1.2 Dollfuß' und Schuschniggs doppelbödige Erziehungsvisionen .. 28
   1.3 Religiös – sittlich – vaterländisch – österreichisch – und wehrtüchtig! 38

2 SCHULORGANISATORISCHE VERÄNDERUNGEN AB 1933
   2.1 Eine Strukturenskizze über die allgemeinbildenden Schultypen 43
      Exkurs – Zigeunerschulen am Beispiel Stegersbach 50
   2.2 Zur Ausgangslage und Rekonfessionalisierung des Schulwesens 62
      2.2.1 Der Politische Katholizismus – eine ideologische Säule des autoritären Ständestaates 62
         Virulenter Antisemitismus vor 1938 im Burgenland 65
         P. Pius XI.: „Die Lehrer sind Apostel" 67
      2.2.2 Religion in der Schule 70
         2.2.2.1 „Zunächst steht die Erziehung in ganz überragendem Sinne der Kirche zu ..." 70
         2.2.2.2 Der Schulstreit im Burgenland und sein „Ende" und die Umgestaltungen „im Sinne der Kirche" 73
            Schulgeschichtliche Rückschau in Blickrichtung Burgenland 77
            Piffls Einsatz für die katholische Schule 82
            „Erziehung zum Deutschtum" 87
            „Der Krieg mit dem Pfarrer" 89
            Die Umgestaltungen „im Sinne der Kirche" 93
            Katholischer Staat und evangelische Kirche 98
            Die Situation der Evangelischen im Burgenland 104
            Evangelische „Nazi-Kirche" – vielleicht doch nur ein Klischee? 109

　　　　　　Versuch eines Resümees 112
2.3 Weitere inhaltliche und organisatorische
　　Instrumentalisierungsmaßnahmen in den Schulen 114
　　2.3.1 Die vormilitärische Erziehung um „*den Körper zu stählen* ... "
　　　　　Jahresberichte, Lehrpläne, Erlässe in der
　　　　　„austrofaschistischen Schule" 115
　　2.3.2 Die Revision der Schulbücher 129
　　2.3.3 „*Der Lehrer hat kein Privatleben mehr!*" Die Gleichschaltung
　　　　　der Beamten- und Lehrerschaft 133
　　2.3.4 „Erfolgreiche" Einsparungspolitik mittels regressiver
　　　　　Schulpolitik 138
　　　　　Budgetentlastung auf Kosten des Bildungssektors 139
　　　　　Pensionierung pragmatisierter Lehrer 142
　　　　　Überfüllte Schulklassen 144
　　　　　Lehrpflichterhöhungen an allen höheren Schulen 147
　　　　　Exkurs – Evangelische LBA Oberschützen gefährdet 148
　　　　　Selektion durch verschärfte Aufnahmsprüfungen 154
　　　　　... und durch empfindliche Erhöhung des Schulgeldes 155
　　　　2.3.5.1 Die „Junglehrernot" – „*Der Berufsidealismus unserer
　　　　　　　　Junglehrerschaft wird bestimmt nicht gehoben.*" 159
　　　　2.3.5.2 Die Maßregelungen der Lehrer – „*Wo es um das
　　　　　　　　Schicksal der Jugend geht, darf es kein Zaudern geben.*" 164
　　　　2.3.6.1 Exkurs: Die Übernahme des tradierten
　　　　　　　　Frauenbildes 167
　　　　2.3.6.2 Die Transferierung des „Fraulichen" auf die
　　　　　　　　Mädchenerziehung 169
　　　　　　　*Koedukation verpönt und „strengere Auslese" bei
　　　　　　　Mädchen* 169
　　　　　　　*Die Studentenschwemme, oder: Studenten, vor allem
　　　　　　　Studentinnen – die Sorgenbereiter des Staates* 177
　　　　　　　Grundpostulate der Mädchenbildung 181
　　　　　　　*Mädchenerziehung nach neuem Curriculum und
　　　　　　　„reine Mädchenschulen"* 184
　　　　2.3.6.3 Die Junglehrerinnen – Der Kampf gegen das
　　　　　　　　„Doppelverdienertum" und Mütterlichkeit
　　　　　　　　kontra Zölibat 188
　　2.3.7 Die politischen Uniformierungsexperimente an den
　　　　　Schülern 198
　　　　2.3.7.1 Die Fest- und Gedenkkultur 198

  2.3.7.2 Symbole: Schulfahnen, Lieder und musikalische
     Umrahmung, Sprechchöre, Schülerabzeichen ... 203
  2.3.7.3 Sammelaktion „Winterhilfe" und
     Landverschickung erholungsbedürftiger Kinder . 209
  2.3.7.4 Maßregelungen gegen Schüler und Schülerinnen
     „mit politischen Vergehen" 211

3 DIE AUSSERSCHULISCHE JUGENDERZIEHUNG 219
 3.1 Der Vereinsdschungel, oder:
   Die „Einheits-Jugend", die es so nicht gab 219
 3.2 Schuschniggs gescheitertes Ringen um eine
   „Einheits-Staatsjugend" 228
 3.3 VF-Werk ÖJV und Schule 233
 3.4 Programmbilder zweier „Heimstunden" 240
 3.5 „Jugend muss Jugend erobern" 243
 3.6 „Verbot der Führung von Jugendgruppen" 245
  3.6.1 Zwischenresümee 247
  3.6.2 Exkurs – Die Hitlerjugend im Burgenland bis 1938 248
  3.6.3 Exkurs – Nochmals Oberschützen
     Eine quellenkritische Betrachtung zur Literatur über die frühe
     „Nazi-Landschaft" an den beiden höheren Schulanstalten. –
     „Vorfallberichte" und Maßregelungen 257

**4 ZEITZEUGEN-ERINNERUNGEN AUS DER SCHULZEIT
  „VORM HITLER"** 281

Versuch einer Zusamenfassung 293
Anhang 297
Abkürzungen 311
Quellen- und Literaturverzeichnis 313
Abstract 327

Für meine Oma

VORWORT

Für die nachgerückten Generationen, und hier vor allem für die heutige Jugend, mögen die in diesem Werk behandelten Ereignisse weit, sehr weit zurück liegen. Die Informationslücke, die sich auf dem Erziehungsfeld der 1930er Jahre im sogenannten autoritären österreichischen Ständestaat auftut, zumindest etwas mehr zu schließen als es im heutigen Geschichtsunterricht oder durch moderne Medien geschieht, stellte ich mir in dieser Studie zur Aufgabe, ohne einen Anspruch auf Vollständigkeit erheben zu wollen oder dies auch nur zu können.

Selten in der ganzen Weltgeschichte geriet eine Jugend in den Bannkreis eines politischen Gesamtgefüges, im Konkreten: des Faschismus, in dem der Geist und die Seele nach dem Motto, wer die Jugend habe, dem gehöre auch die Zukunft, so ungehemmt und umfassend vereinnahmt wurden – einzig und allein zur Konsolidierung der nun einmal errungenen Macht. (Ge-)Leiten und Verführung liegen eng beieinander. In Ansätzen verwirklichte individualitätszäumende Disziplinen auf den Erziehungsarealen des „Austrofaschismus"[1] vollendete der Nationalsozialismus. Was im halben Jahrzehnt des autoritären Ständestaates und des nachfolgenden totalitär-faschistischen Hitler-Regimes hereinbrach, gehört zu den dunkelsten Perioden der Pädagogik Österreichs.

Der auf den Büchermärkten angebotene Umfang an Literatur zum Thema veranlasste zur Frage, ob denn eine neuerliche Untersuchung gerechtfertigt erscheine. Tatsächlich beschäftigten mich in der Anfangsphase der vorliegenden Arbeit diesbezügliche Zweifel, war der erste Blick doch hauptsächlich auf die Sekundärquellen gerichtet. Der dabei gewonnene Eindruck von der Wissensbereicherung um die staatlich dirigierte Vereinnahmung der Jugendlichen gebar Unklarheiten. Sie ließen ein Arbeitspro-

---

1) Eine Untersuchung auf semantischer Ebene zu Begriffen wie „semi-, quasi-, halb-austrofaschistisch, faschistoid" u. Ä. (den Terminus „halbfaschistisch" verwendete Otto Bauer für das ständestaatliche Regime; vgl. Botz, Gerhard: Die Ausschaltung des Nationalrates und die Anfänge der Diktatur Dollfuß' im Urteil der Geschichtsschreibung von 1933 bis 1973, in: Benya; u. a., Vierzig Jahre danach, S. 37, FN 26) als Erklärungsversuche für den Habitus des österreichischen Ständestaates ist nicht Aufgabe unserer Studie. Es soll lediglich beim Leser und der Leserin nicht der Eindruck entstehen, dass die Autorin bei der Verwendung solcher „Notausdrücke" das antidemokratische Wesen des Dollfuß/Schuschnigg-Regimes in Abrede stellen oder verharmlosen will.

gramm reifen, das herausforderte – und noch unveröffentlichtes Material ans Tageslicht brachte. Bald war die Idee entstanden, sich mit damals Betroffenen selbst auseinander-, treffender ausgedrückt: *zusammen*zusetzen und die von ihnen gewonnenen erfahrungsgeschichtlichen Bausteine in das Bündel der bereits vorliegenden empirischen, oft genug nur normativ abgefassten Forschungsergebnisse einzufügen.

Bei der Hinterfragung nach dem Erfahrenen war Vorsicht angebracht. Fragen über erzieherische oder historische Prozesse können nur im Rückblick, im Wissen um das bittere Ergebnis gestellt werden. Die Fragestellungen nach den Tatbeständen daher nicht allzu sehr einem Suggestivcharakter auszusetzen, das heißt sie auszurichten nach Wunschantworten, war dringend geraten. Wo das denn doch geschah, drohten die Verhaltensargumentationen in Rechtfertigungsmanöver des älteren Gegenübers abzugleiten.

Soll beim Interessierten ein abgerundetes Gesamtbild entstehen, so kann die Oral History-Methode, kann das Erzählte allein nicht genügen. Jedem Historiografen ist geraten, neben der über die Autobiografien gehaltenen Lupe ein breiteres historisches Hintergrundspektrum nicht zu vernachlässigen, will er der historischen Objektivität näher kommen. Hier liegt auch der Grund für die in dieser Untersuchung verhältnismäßig umfangreiche Beschäftigung mit den Gedankengängen, den „Ideologien" der Machtträger, mit den Weltbildern der Exponenten Dollfuß und Schuschnigg.

Mein Untersuchungsvorhaben, so sei hier eingestanden, beschränkte sich ursprünglich auf die Erziehungsrealität der sieben nationalsozialistischen Jahre im annektierten Österreich. Das Aha-Erlebnis jedoch, dass der „Imitationsfaschismus" von 1933/34 bis 1938 den Boden für antidemokratische Werthaltungen bei den Jugendlichen zum Teil gründlich vorbereitet hatte, verhielt mich zu einer eingehenden Auseinandersetzung; zu einer mehr als nur skizzenhaften Analyse der Ideenwelt in der Dollfuß- und Schuschnigg-Herrschaft und des in diesen fünf Jahren täglich Erfahrenen der jungen Menschen. Sie sollten das Führerprinzip – treffender beurteilt: das Unterordnungsprinzip – zur Formung patriotischer Haltung kennen lernen und in ihren Lebensalltag integrieren – um nach dieser Gesinnung später zu so leben, wie das die Protagonisten des autoritären Ständestaates bestimmt nicht gewünscht hatten.

Weil die meisten Gesprächspartner in der näheren Umgebung Güssings, meines Stamm-Wohnortes, beheimatet sind und die Mehrzahl von ihnen im untersuchten Zeitraum auch in dieser Landschaft aufgewachsen ist, reizte die Aufgabe, vorerst in den *Chroniken* und *Festschriften* ihrer ehemaligen

Schulen nachzublättern. Darüber hinaus aber freilich auch weiteres, eventuell noch nicht veröffentlichtes Material zu lichten und zu sichten. Die Mühen lohnten sich. Allein die zeitgenössischen *gedruckten Jahresberichte* belegen dokumentarisch die Durchführung dessen, was die selbst ferngesteuerten Schulbürokraten den Pädagogen und/oder deren Schützlingen durch bisweilen krause Richtlinien-, Gesetzes-, Erlass- und Verordnungstexte abverlangten. Dieser bürokratische Schriftenwulst erlaubte bzw. ermöglichte erst wissenschaftssystematische Fragestellungen, differenziert in pädagogische, soziologische, politologische und freilich auch historische Richtungen. Somit zählte zu den Arbeitsvorgaben auch die Beschäftigung mit den damaligen *Lehrplänen*. Ihre Richtlinien veranschaulichen als pädagogische Spiegelbilder die von den Funktionärsspitzen angestrebten gesellschaftlichen Strukturen, beleuchten den Utopismus des „autoritär" definierten „Ständestaates".

Einen unverzichtbaren Teil im Quellenfundus bildeten zeitgenössische Printmedien, im Besonderen die *Güssinger Zeitung*. Die sonntäglich erschienene Regionalgazette war bis zu den Märztagen des Jahres 1938 als „christlicher Bauernfreund" ideologisches Sprachrohr des ständestaatlich-christlichen Regimes und bildete somit die „kleine" *Reichspost* im Südburgenland. Auf sie und auf eine Reihe anderer Nachrichtenblätter wurde teils auch deswegen zurückgegriffen, um den rhetorischen Propagandastil und die Selbstdarstellung des Ständestaates zu illustrieren.

Wenn sich der räumliche Schwerpunkt der vorliegenden Arbeit geografisch auf das Untersuchungsfeld Burgenland verlagert sieht, so soll vorweg mit Nachdruck auf die Vergleichbarkeit der geschichtlichen Abläufe und Tatbestände mit den anderen österreichischen Bundesländern hingewiesen werden, wenn auch landesspezifische Nuancen, die das Burgenland auf dem Bildungssektor „auszeichneten", eingehend untersucht werden müssen. Generell kann vorweggenommen werden: Unterschiede quantitativer oder formaler Art bestanden zwischen den Entwicklungen in ländlich-bäuerlichen Regionen und jenen in industriell-städtischen Ballungsräumen. Was aber generalisierend im Zusammenhang mit unserer Thematik mit Bestimmtheit gesagt werden kann, ist, dass es *die* Jugendlichen, *die* Lehrer oder *die* Schule nicht gab, egal wo sie auch immer aufwuchsen bzw. fungierten!

Bei der Anordnung der Kapitel erhielt vorerst die Chronologie den Vorrang. Das konnte nur in grober Form geschehen, ergab sich doch bei der Positionierung der Teilschwerpunkte die Notwendigkeit, thematisch Vor- und Rückblendungen zwecks klarerer inhaltlicher Überschau- und leichterer Fassbarkeit vorzunehmen. Geschichtliche Entwicklungen vollziehen sich immer komplex und multidimensional. Exkurse zu geschichtswissenschaftlichen Teildisziplinen wie etwa der Sozial- und Wirtschaftsgeschichte oder Innen- und Außenpolitik sind unverzichtbare Aufträge an jedes Geschichtswerk. Freilich wurde auch im vorliegenden Werk zur Konkretisierung von Sachverhalten vorhandenes Quellenmaterial sorgfältig gesiebt, doch waren, wie überall, die Auswahlkriterien hierfür bloß subjektiv bestimmt, d. h. nach eigenem Dafürhalten. Bereits zur Fülle bekannte und deshalb nicht genannte Objekte, auch nicht bedachte oder auch nur von mir für den Topos als zu wenig relevant gehaltene und folglich nur kursorisch behandelte Strömungskomponenten – sie mögen zu unausgewogen begründeten Befunden und Folgerichtigkeiten verleitet haben und Anlass zu Kritik geben. Doch trotz berechtigtem Verlangen seitens interessierter Leser nach gesicherter Information und kausaler Interpretation unterlag auch ich alles in allem dem Gebot einer begrenzten Rahmenausdehnung, die dezentrale, allzu verzweigte Tiefengänge in Richtung „Nebenschauplätze" nicht zuließen. Die Verweise auf weiterführende Fachliteratur und Quellen können für tiefer greifende Betrachtungen weiterhelfen.

Um das Schreiben nicht unnötig zu erschweren, sind geschlechtsspezifische Unterscheidungen vernachlässigt worden; anstatt „Schüler und Schülerinnen" steht in den meisten Fällen „Schüler" o. dgl. Nur dort, wo es dem Sinn nach geboten war, wurde die Vollständigkeit gewahrt. Zum Zweiten: Die Abhandlung enthält eine Menge an schriftlichen und mündlichen Zitaten. Orthografisch wurden ganz bewusst keine Veränderungen vorgenommen, weder in der Primär-[2] noch in der Sekundärliteratur. Ausnahmen bilden Fälle, wo Textstellen durch falsche Interpunktionen oder ein Wort beim Lesen und Zitieren geradezu ein Unwohlsein hervorriefen (Druckfehler in den Zeitungen; Zeitzeugenerzählungen im „Heanzen"-Deutsch" u. dgl. m.). Zu einer Sinnentstellung all des Gesagten kam es gewiss nicht!

Ich habe allen zu danken, die mich bei meiner Arbeit unterstützt haben, sei es durch freundliche Bereitschaft, Einblicke in private oder öffentliche Archive zu gewähren. Mit Freude erinnere ich mich an jedes einzelne Gespräch mit den Zeitzeugen, denen ich verbunden bleiben möchte und an dieser Stelle besonderen Dank ausspreche. Danken will ich vor allem meinem Vater, seines Zeichens passionierter Hobbyhistoriker, der mir nicht nur auf der Quellensuche mit unschätzbar wertvollen Hinweisen das zeitli-

---

2) Die „Güssinger Zeitung" kannte beispielsweise keine „ß"-Schreibung; generell wurde der Doppelkonsonant „ss" (z. B. „dass", die „Strasse", „liess") verwendet.

che Arbeitsquantum verkürzte, sondern darüber hinaus quasi als begleitender Korrekturleser mithalf, Wesentliches von weniger Belangreichem zu trennen. Meiner Mama und meinem Bruder Ralf danke ich für das Verständnis, wenn manchmal das familiäre Zusammensein gelitten hat.

Gewidmet sei die Arbeit meiner Oma Theresia Gober, die die Fertigstellung des Werkes leider nicht erleben konnte.

Güssing–Wien, August 2008   E. M. Gober

EINLEITUNG

Sonderfall Burgenland

Nicht zuletzt wegen der noch immer latent schwelenden irredentistischen Gelüste seitens Ungarns[3] verschwand gemäß dem Gebietsveränderungsgesetz vom 1. Oktober 1938 (mit Wirksamkeit ab dem 15. Oktober) das erst vor knapp siebzehn Jahren der österreichischen Republik angeschlossene Bundesland Burgenland als amtlicher Name und auch auf der Landkarte. Der Norden des Landes und das Mittelburgenland waren von nun an Teile des späteren Gaus Niederdonau, und mit den drei südlichen Bezirken vergrößerten die Nazis den Gau Steiermark.[4] „Mann der ersten Stunde" war Landeshauptmann und Gauleiter Tobias Portschy, der in vorauseilender und „entgegenarbeitender" Dienstbeflissenheit geradezu Vorbildwirkung auf seine Nachgesetzten ausstrahlte, und das nicht bloß auf den Schul- und Erziehungsebenen.

Versucht man die landesspezifische Situation in politischer Blickrichtung auf den „kleinen Mann" besser zu verstehen, so fällt zunächst einmal auf, dass „die Burgenländer" innerhalb einer Generation zwei Anschlüsse zu verkraften hatten: eine „willkommene" Angliederung 1919/21 und einen „Anschluss" 1938, der zum Abgrund führte. In diesem Land fehlte eine breitere städtische Bürgerschicht als Träger der politischen Bewusstseinsbildung. Erwähnenswert in diesem Zusammenhang ist, dass 1921/22 ein nicht geringer Teil der magyarophilen Beamtenschaft und Lehrer (nicht zuletzt wegen mangelnder Deutschkenntnisse und daher auch ver-

---

3) Vgl. Haselsteiner, Horst: Ungarn, der Anschluß und die Burgenlandfrage, in: Burgenland 1938. Vorträge des Symposions „Die Auflösung des Burgenlandes vor 50 Jahren" im Kulturzentrum Eisenstadt am 27. und 28. September 1988, aus der Reihe Burgenländische Forschungen, Heft 73, hg. vom Burgenländischen Landesarchiv. – Eisenstadt 1989, S. 14–37; aus Portschys Tagebuchaufzeichnungen: „So unangenehm und schwer uns der Verlust […] auch fallen mochte, wir nahmen ihn Gesamt-Deutschland zuliebe hin und trösteten uns […] mit der Absicht der Reichsführung, die österreich-ungarische Grenze […] verschwinden zu machen und dadurch dem ungarischen Revisionismus Abbruch zu tun." Zit. nach Ursula Mindler, Dr. Tobias Portschy. Biographie eines Nationalsozialisten. Die Jahre bis 1945. Phil. Diplomarbeit, Graz 2005, S. 180.
4) Zu den „Territoriale(n) Planungen um die Steiermark" s. Stefan Karner, Die Steiermark im Dritten Reich 1938–1945. Aspekte ihrer politischen, wirtschaftlich-sozialen und kulturellen Entwicklung; 3. Aufl. – Graz 1994, S. 74–78.

ständlich) in Richtung Innerungarn das Land verließ. Die vakant gewordenen Posten füllten Beamte und Lehrkräfte aus gemischtsprachigen Regionen der ehemaligen Donaumonarchie wie Südtirol, Deutsch-Böhmen und Südsteiermark aus. Dort waren sie wegen ihres Deutschtums, ihrer allzu „deutschen Haltung" zur Auswanderung gezwungen. Im burgenländischen Bildungssektor hieß man solch „völkisch Einwandfreie" herzlich willkommen. Es verwundert wenig, wenn aus ihnen ein Potential der Deutschnationalen erwuchs, die sich in den dreißiger Jahren dem aufziehenden Nationalsozialismus hingezogen fühlten.

Im zahlenmäßig überwiegenden Kleinbauerntum des Landes waren zwar nach 1918 deutschnationale Elemente vorhanden, die Mehrheit aber positionierte sich politisch distanziert bis apolitisch – und verhielt sich auch entsprechend.

Unübersehbar existierte eine liberale und eine nach Deutschland orientierte Gesinnung im relativ hohen evangelischen Bevölkerungsteil des Landes (über 13%), während eine eindeutige politische Einordnung der Kroaten, Ungarn und Roma ebenso schwer nachvollziehbar ist wie politische Präferenzen bei der in diesem Land verhältnismäßig zahlreich beheimateten jüdischen Bevölkerung (1,21 Prozent = rund 3.600 Personen). Nicht die Sprach- beziehungsweise Volksgruppenzugehörigkeit bestimmte die Vorzugshaltung für eines der politischen Lager, vielmehr zogen differente sozioökonomische Bedingtheiten der kroatischen und ungarischen Familien oder ihrer Dörfer verschwommene politische Trennungslinien quer durch die Verwandtschaften, Katastralgemeinden und ethnischen Minderheitenregionen – beginnend bei der klerikal-konservativen Gesinnung mit dem Pfarrer als Autoritätsperson vor allem in den Mittel- und Großbauernschichten, zu einem Gutteil auch bei den Gewerbetreibenden, bis hin zur „linken", mondän-sozialdemokratischen Polithaltung derer, die als pendelnde Arbeiter bzw. Nebenerwerbsbauern in der (Groß-)Stadt die „rote" Ideologie aufsogen und daheim weiter vermittelten. Zum „importierten" Gedankengut gehörte auch die Germanisierungsabsicht – in der erwünschten Praxis die Verleugnung der nationalen Identität durch Ablegung der Muttersprache.

Es muss unterstrichen werden, dass der beabsichtigte „Verdeutschungsprozess", der auch als nachwirkende Gegenreaktion zum erlebten Magyarisierungsdruck, der durch die Appony-Gesetze ab 1907 verstärkt auf *Deutsch*-Westungarn eingewirkt hatte, verstanden werden will, faktisch von allen österreichischen politischen Parteien gutgeheißen wurde; auch von den Christlichsozialen, die bei den Geistlichen hierbei Unterstützung fanden, wiewohl die Mehrzahl des Klerus magyarophil oder kroatisch-national, jedoch nicht Österreich-feindlich dachte. In weiterem Zusammenhang fokussiert sich in diesem Bereich ein wesentliches Unterscheidungsmerkmal des angeschlossenen Landes im Vergleich mit den „alten" Bundesländern der österreichischen Republik, die ja *Deutsch*-Österreich heißen wollte: Als wichtiges Bildungsinstrumentarium blieben die ungarischen Schulgesetze, im Besonderen das konfessionelle Schulsystem, nach dem Ausgleich von 1867 erhalten und überdauerten den '21er-Anschluss, und das bis 1938. Damit hatten in den zahlenmäßig überwiegenden kirchlichen Volksschulen dieses Bundeslandes, die nunmehr 8 und nicht wie bisher 6 Jahre lang zu besuchen waren, die Pfarrer als Vorsitzende des sogenannten „Schulstuhls"[5] de facto die uneingeschränkte Kontroll- und Erziehungsgewalt. Die Kirchen waren im Unterschied zu den übrigen Ländern mehrheitlich Schulerhalter und -besitzer. Folglich stand das Gros der burgenländischen Lehrerschaft faktisch im Angestellten-, exakter formuliert: im Abhängigkeits- oder Untertanenverhältnis zu den Pfarrern, was mancherorts als himmelschreiend empfunden wurde. „*Das Machtwort hat der Pfarrer gesprochen*", umschreibt vornehm sein Lehrerdasein Franz Metzger, Jahrgang 1915, der 1935 in Neustift bei Güssing seine ersten kargen Brötchen an der Volksschule verdiente.

Gegen die mächtige Dominanz der Kirchen auf den Erziehungsfeldern liefen sozialdemokratische Spitzenfunktionäre Sturm, wie Ludwig Leser im Burgenland oder Otto Glöckel auf Bundesebene. Die Kirche hatte, gebilligt vom (christlichsozialen) Unterrichtsministerium und der ebenso „schwarzen" Landesregierung, ein nicht unwesentliches Mitspracherecht bei der Erstellung der Lehrplan-Erziehungsrichtlinien. Gleichsam beeinflusste oder bestimmte der kroatische oder ungarische Pfarrer in den Volksschulen seiner gemischtsprachigen Kirchengemeinde, ob Kroatisch oder Ungarisch Schulsprache und Deutsch „nur" Unterrichtsgegenstand mit ein paar Wochenstunden war oder umgekehrt. Erst 1937 schuf der katholisch auto-

---

5) Der Kirchenhistoriker Josef Rittsteuer definierte den „Schulstuhl": „Der Katholische Schulstuhl bestand in der Apostolischen Administratur Burgenland von 1922–1939 und ist mit dem heutigen Pfarrgemeinderat vergleichbar. Die Aufgabe war […] die Bestellung der Lehrer, des Kantors und die Verwaltung des Kirchen- und Schulvermögens. Durch die Einführung der Kirchenbeiträge 1939 wurde der Katholische Schulstuhl […] abgelöst." Rittsteurer, Josef: 90 Jahre Kirche in Strebersdorf (1904–1994), in: Festschrift „800 Jahre Strebersdorf 1195–1995"; hg. von der Ortsgemeinde Strebersdorf, o. O., 1995, S. 162.

ritäre Ständestaat mit dem Minderheitenschulgesetz klare Linien nach sprachlichen Anteilsprozenten der Dörfer bzw. jeweiligen Schüler, ebenso die „Voraussetzungen für die Bestellung und Besoldung kroatisch bzw. ungarisch sprechender Volksschullehrer." Spät genug, denn das Minderheitenschulgesetz „trat allerdings erst 1945 in Kraft"[6].

Die kulturkämpferischen Polarisierungen auf Bundes- und Landesebene zwischen der Sozialdemokratie, die der Konfessions- oder Bekenntnisschule den Garaus bescheren wollte, und der Christlichsozialen Partei bzw. des christlichen Ständestaates als Befürworter und letztlich „Bewahrer" der kirchlichen Schule bis zur nationalsozialistischen Annexion 1938 manifestierten sich im sogenannten „Schulstreit". Die Kontinuität allerdings auf ethnischer Ebene, die sich nach 1921 in der Pflege der Minderheitensprache in den Schulen, Kirchen und auch Ämtern bewies, darüber hinaus das Festhalten der Vereine an den vielfältigen Kulturaktivitäten in den kroatischen und ungarischen Gemeinden, blieben in einem essentiellen Maß ein Verdienst der das Schulwesen dominierenden Kirchen, der evangelischen und vor allem der katholischen.

Ob aufgrund seiner weit zurückreichenden feudalen Herrschaftsgeschichte der ach so an Untertänigkeit und Prügel gewöhnte „Burgenländer" – so nach landläufigen Selbstcharakterisierungen – die aufoktroyierte Unmündigkeit im 12-jährigen Faschismus weniger hart empfand als die Bewohner der anderen Bundesländer? – Die Frage richtet sich wohl von selbst!

Die faschistische Landschaft Österreichs und deren Erziehungsfelder
Ein Prolog

Konnte man bereits von 1918 bis zum Ende der Zwanziger-/Anfang der Dreißigerjahre im österreichischen Schulwesen nur schwerlich von einem „politikfreiem Raum" sprechen, so verschärften sich von 1933 an die Verhältnisse entsprechend dem politischen Wandel und den allgemeinen Rechtsentwicklungen. Ein erklecklicher Teil der Lehrerschaft hatte nach dem Ersten Weltkrieg Gefallen gefunden an antidemokratischen und antiparlamentarischen Oppositionshaltungen. Die Prinzipien der autoritären

---

6) Vgl. Holzer, Werner; Münz, Rainer: Trendwende? Sprache und Ethnizität im Burgenland. – Wien 1993, S. 12.

Ordnung, politisch/rechtlich ab 1933 durchsetzbar, versprachen „die Lösung" allgegenwärtiger Probleme. Die autoritär orientierten Führungskräfte, nach Dollfuß die „ihrer Verantwortung bewusste(n) und zu Opfern bereite(n) Männer",[7] wussten nur zu gut, dass eine der wichtigsten Komponenten zur Erlangung, dann zur Begründung und Erhaltung ihrer gesellschafts- und machtpolitischen Hegemonie im Erziehungswesen lag. Die Jugend, nach Dollfuß der „größte Schatz, den Österreich besitzt",[8] musste indoktriniert,[9] greif- und formbar gemacht werden. Als Loyalitätsinstrument bediente sich die Staatsmacht verstärkt der Institutionen Schule und katholische Kirche in Kooperation mit alten und/oder neu organisierten Jugendverbänden.

Inwieweit Eigenprofit versprechende, zeitstromlinienförmig opportunistische, bloß konformistisch-passive oder andererseits der „Dienstpflicht" und „-auffassung" entsprungene oder aber auch tatsächlich ungeheuchelt ideologische Motive zum Mitmachen bei den Beteiligten vorlagen, ist graduell und zahlenmäßig faktisch nicht auszumachen („Trittbrettfahrer"; „Taufscheinchristen"; „Postenkleber"...). Es gab wie in der Beamtenschaft oder im Heer nicht wenige unter den – auch katholischen – Pädagogen, die sich zunächst halbherzig, dann widerwillig, manche sogar hasserfüllt der politisch-ideologischen Lebensrealität entgegenstemmten und vom „grünen" in das revolutionär-„braune" Lager abdrifteten.

Zwischen den Regierenden und der Opposition verschlossen sich ab den verhängnisvollen Märztagen von 1933 zusehends die Wege zu kompromissbereitem Verhandeln oder Verhalten. Wer von den Bürgern anpas-

---

7) Zit. nach Weber, Edmund (Hg.): Dollfuß an Österreich. Eines Mannes Wort und Ziel. 10. Sonderschrift aus der Reihe Sonderschriften der Berichte zur Kultur- und Zeitgeschichte, hg. von Nikolaus Hovorka. – Wien/Leipzig 1935, S. 52 f.; vgl. auch ebenda, S. 31.

8) Dollfuß am 1. Mai 1934 auf der Massenveranstaltung der Jugend im Wiener Stadion; zit. nach ebenda, S. 245.

9) „Das Wesen der Indoktrination liegt in der Übermittlung von fixierten Inhalten und Wertungen, von Doktrinen, deren Begründung vielfach irrational ist. Sie sollen umfassende Ordnungssysteme der Wirklichkeit bieten und bestimmte Haltungen festlegen." R. Eilers, Die nationalsozialistische Schulpolitik. Eine Studie zur Funktion der Erziehung im totalitären Staat. – Köln/Opladen 1963; hier zit. nach Nemitz, Rolf: Die Erziehung des faschistischen Subjekts, in: Faschismus und Ideologie (Projekt Ideologietheorie); überarbeitete Neuausgabe in einem Band der Argument Sonderbände 60 und 62, hg. von Klaus Weber. – Hamburg, S. 179–216, hier S. 181.

sungsunfähig war, zu seiner innersten regimekritischen Meinung stand, wurde gebeugt und blieb auf der Strecke. Nur dem politisch Schweigsamen und den politischen Chamäleons war es möglich, sich Repressalien zu entziehen – oder aber sogar Profit aus den „austrofaschistischen", danach nationalsozialistischen Gegebenheiten zu schlagen. Das waren jene, die im „neuen Österreich" der Zweiten Republik nicht gerade Vorbildwirkung ausüben sollten und im Verdikt der „in der Gnade der späten Geburt" lebenden jüngeren Generation manchmal allzu vorschnell den Stempel der Rückgratlosigkeit verpasst bekamen – und da und dort vielleicht noch tragen. Die lange Sprachlosigkeit in den Klassenzimmern nach 1945 über das Dollfuß/Schuschnigg-Intermezzo und „die Hitlerzeit" wird verständlich, wenn man bedenkt, dass die „re-demokratisierten" Lehrer ehemals Beteiligte, in vielen Fällen Verbitterte waren.

Die Zweckverbindung zwischen dem wieder eingeführten Doppeladler und der katholischen Kirche etablierte sich in einem Machtdualismus. *„Die Maiverfassung, die mit Gott, dem Allmächtigen, beginnt, haben wir lernen müssen"*, erinnert sich der ehemalige Volksschüler Stefan Loder aus Strem. *„Wenn wir sie nicht runtersagen haben können, war der Teufel los!"* Doch gelang es der katholischen Kirche in Kommunizierung mit der Staatsgewalt nicht, mit weltanschaulicher Überzeugungsarbeit die politischen Gegenlager aufzubrechen, und auch nicht, bei den „evangelischen Stiefkindern" den verspürten „*Minder*heits"-Status wenigstens zu neutralisieren. Dieses Unvermögen düngte vornehmlich in gebildeten evangelischen Kreisen den seit alters her übertragenen deutschnationalen Boden. Nicht wenige Protestanten erblickten das „Heil" in Deutschland, was nicht notwendigerweise die Identifizierung mit Hitler-Deutschland bedeuten musste. Auch das soll ein Untersuchungsgegenstand der vorliegenden Arbeit sein.

Das „richtige" Marschieren und Exerzieren, (in den Mittelschulen) militärische Übungsschusswaffen und die Morsezeichen kennen und handhaben zu lernen oder das Lesenkönnen einer Geländekarte mittels Kompass waren Bestandteile der „austrofaschistischen" Lehrplanpakete, für die die im Hitler-Staat kreierten Erziehungskonzepte zur Nachahmung einluden. Unterstützung erfahren sollten die Erziehungskonzepte durch Beteiligung an der von der Vaterländischen Front (VF)[10] installierten Organisation

---

10) „Vaterländische Front, am 20.5.1933 von Bundeskanzler Engelbert Dollfuß geschaffene ‚überparteiliche' politische Organisation zur Zusammenfassung aller ‚regierungstreuen' Kräfte Österreichs. […] Die V. F. wurde nach der Auflösung der Parteien alleiniger Träger der politischen Willensbildung und des Ständestaates. Sym-

Österreichisches Jungvolk, kurz: ÖJV, in dem jedoch für jüdische Kinder und Halbwüchsige aus Judenfamilien kein Platz war.[11] Durch diese rassische Ausgrenzungshaltung konnte oder sollte, wie der Schulfachmann Hans Fischl meinte, der „Aufenthalt im ‚Jungvolk' für Nazis schmackhafter" gemacht werden, „eine Tatsache, die nach mehrfacher offizieller Ableugnung endlich am 29. Jänner 1938 von dem (wenig bekannten) Bundesjungvolkführer Graf Thurn-Valsassina offen zugegeben wurde. Daß durch diese Erklärung auch nur ein einziger illegaler Hitlerjunge zum Beitritt veranlaßt worden sein soll", so folgerte Fischl, „ist unwahrscheinlich."[12] Es lassen sich nur schwer Argumente aufstellen gegen die These, die „austrofaschistischen" Macher hätten jenen Nährboden hervorragend bereitet und geebnet, den die künftigen nationalsozialistischen Machthaber zur Totalisierung vorfinden sollten. Die Übernahme der Jungvolk-Mitglieder in die Jugendorganisationen der NS-Zeit beispielsweise konnte denn auch 1938 fast unmerklich, ja reibungslos erfolgen.

Tatsächlich härter als die Schüler verspürten die Lehrkräfte ab den bitteren Märztagen 1938 den neuen Geist. War man bis jetzt als „guter" Lehrer VF-Angehöriger, möglicherweise sogar Jungvolk-Führer, so mussten von nun an die Segel nach dem neuen Wind gewendet und die Farben und Abzeichen gewechselt werden, wollte man beruflichen Drangsalierungen entgehen. Nicht wenige holte das persönliche politische Engagement ein, das sie für oder beispielsweise als Sozialdemokraten gegen den Ständestaat

---

bol war das Kruckenkreuz, für Schüler das Abzeichen ‚Seid einig', die öffentlichen Bediensteten waren zur Mitgliedschaft verpflichtet. Bundesführer waren E. Dollfuß (bis 25.7.1934), Ernst Rüdiger Starhemberg (29.7.1934–14.3.1936) und Kurt Schuschnigg (14.3.1936–11.3.1938). Vgl.: Bamberger, Richard u. Maria; Bruckmüller, Ernst; Gutkas, Karl (Hg.): Österreich Lexikon, Band II. – Wien 1995, S. 541 f.; kritisch zum Gesamtwirken der VF in Burgenland auch Gerald Schlag, in: Burgenländische Forschungen, Heft 73, S. 97; zur Vaterländischen Front vgl. Irmgard Bärnthaler, Vaterländische Front. Geschichte und Organisation. – Wien 1971; ebenso Tálos, Emmerich; Manosek, Walter: Politische Struktur des Austrofaschismus (1934–1938), in: Tálos, Emmerich; Neugebauer, Wolfgang (Hg.): „Austrofaschismus" – Beiträge über Politik, Ökonomie und Kultur 1934–1938. – Wien 1985, S. 75–119 (mit weiterführenden Literaturhinweisen).

11) Allerdings erfolgte der Beschluss einer Jungvolk-Tagung, „daß jüdische Kinder fürderhin in separaten Gruppen zusammengefaßt werden sollen", erst Anfang Januar 1938; Gehmacher, Johanna: Jugend ohne Zukunft. Hitler-Jugend und Bund Deutscher Mädel in Österreich vor 1938. – Wien 1994, S. 422.

12) Fischl, Hans: Schulreform, Demokratie und Österreich 1928–1950. – Wien 1951, S. 102.

aufgebracht hatten und eben dafür nun auf der Straße standen oder sogar in einer Schutzhaftzelle landeten. Dem Angleichungsdruck der neuen Herren sollten nahezu alle „Normalen" unterliegen, also auch die, welche sich nie politisch über ein Durchschnittsmaß hinaus exponiert hatten.

1 Die grundlegende Weltanschauungs- und Erziehungskonzepte im autoritären Österreich

> Die Erziehung zur Persönlichkeit muß auf dem Grundgedanken des neuen Oesterreich aufbauen, die heißen: Christentum, Vaterland, heimatbewusstes deutsches Volkstum, soziale Gerechtigkeit in berufsständischer Ordnung und autoritäre Führung des Staates.
> *Aus der „programmatische(n) Rede des Staatssekretärs Dr. Pernter" am 6. Juni 1934 vor 1200 Lehrern in Klagenfurt.*[13]

1.1 Weltanschauliche Veränderungsmotive

Zum besseren Verständnis der hier abgehandelten ständestaatlichen Schulpolitik ist ein Exkurs in die weltanschauliche Gedankenwelt angebracht, mit der die Protagonisten die Modifizierungen rechtfertigten. Für die Unterscheidung zwischen ideologischen Trennlinien der Erziehungskonzeptionen sei vorerst an die schulreformerischen Ideen erinnert, die im deshalb verachteten „roten" Wien zum Großteil verwirklicht worden waren. Und zwar in der Form, wie sie ein zeitgenössischer Wiener Schultheoretiker namens Michael Klieba, seines Zeichens ein „schwarzer" Kritiker, aufs Korn nahm:[14]

> Die durch die Schulerneuerung nach dem Kriege betonten Grundsätze der Bodenständigkeit, des Gesamtunterrichts und der Wechselbeziehung der Lehrfächer sowie des Arbeitsgedankens und damit der Selbsttätigkeit der Schüler, endlich der

---

13) Zit. nach „Reichspost" vom 7. Juni 1934, S. 2, betitelt mit: „Die Schule als Erzieher zum österreichischen Staatsbürger."
14) Klieba, Michael: Aus dem Schulleben Wiens, in: „Pädagogischer Führer", Heft 1/1935, S. 70. Sperrungen im Original.

Rücksicht auf die Eigenart der Schüler und ihre Entwicklungsstufe waren schon vor 1934 durch die Forderung nach sinnvoller Übung stofflich gegliedert worden.

Die Arbeitsschule hat auch durch Verfeinerung der Methode alle Unterrichtsgegenstände durchforscht und bis ins kleinste, ja selbst kleinlichste ausgefeilt.

Eine umfangreiche, freilich auch kostspielige Klassenlektüre, Arbeitsbücher, Handarbeitsunterricht, körperliche Übungen und Sport, Lehrwanderungen und Schulreisen sind die äußeren Erscheinungen dieser Bestrebungen. Einzelne Fächer [...] wurden besonders bevorzugt, am liebsten hätte man jedem Schüler eine eigene Feder zur Erreichung einer persönlichen Handschrift beigestellt.

So konnte man von einer Erneuerung des Unterrichtsbetriebes sprechen [...].

Aber sie befriedigte nicht ganz. Ein Letztes, ein ganz Großes fehlte. Und wenn [...] von einer Erziehungsreform gesprochen wurde, so geschah dies in einer Weise, die uns im nachhinein nicht gefallen will [...].

Immer wieder hörte man das Wort Freiheit gebrauchen und mißbrauchen. Der Schüler stand über dem Lehrer, Frühreife fiel unangenehm auf, manuelle Arbeit und einseitige Körperpflege erreichten Rekorderfolge. Sexuelle Aufklärung und Nacktkultur zeitigten peinliche Vorfälle.

Gemäß der Neuregelungsmaßnahmen des Schulwesens erklärte Unterrichtsminister Schuschnigg 1934 angesichts der traurigen Wirtschaftslage und der daraus resultierenden Sparmaßnahmen (wir werden noch genauer darauf eingehen), dass die Hauptschulen, Gymnasien usw. „ihrer ursprünglichen Aufgabe, die sie als Ausleseschulen kennzeichnet, wieder zurückgegeben werden" müssen[15] – ein Machtwort, das in der Tat der Gesamtschule Glöckels für die nächsten Jahrzehnte den Garaus bescherte. Einer der ersten konkreten Schritte: Von jetzt ab „verzichtete" man auf die 1927 an den Hauptschulen eingeführte Zweizügigkeit, gegen die – angeblich – doch so viele Argumente sprachen:[16]

Die Parallelzüge [...] sonderten die Schüler weniger in solche mit raschem und solche mit langsamem Lerntempo, sie brachten vielmehr in den so genannten 2. Zügen Kinder in die Hauptschule, die nach ihrer Veranlagung und Vorbildung gar nicht dahin gehörten. Man sprach von einer Förderung der Begabten und bemühte sich eigentlich um die Förderung der Unbegabten und um ein Gleichmachen aller. [...] Die Hauptschule ist eine Ausleseschule, für die die 1. und 2. Klassenzüge überflüssig geworden sind.

---

15) Zit. nach Heinemann, Manfred (Hg.): Erziehung und Schulung im Dritten Reich. Teil 1: Kindergarten, Schule, Jugend, Berufserziehung. Veröffentlichungen der Historischen Kommission der Deutschen Gesellschaft für Erziehungswissenschaft, Bd. 4.1. – Stuttgart 1980, S. 114, FN 6.
16) Klieba, Schulleben, in: „Pädagogischer Führer", Heft 1/1935, S. 72.

Ausschließlich Absolventen der Volksschul-Unterstufe, die von ihren bisherigen Lehrern mit dem Prädikat „reif"[17] ausgestattet wurden, durften in die Hauptschule wechseln. Diese nur halbherzig der Hauptschule zugedachte – in Wirklichkeit vordergründige – Auslesefunktion versagte in der Regel dann, wenn ein Zögling sich nach seiner abgelegten Schulpflicht über einen Weitergang in eine nächst höhere Klasse einer Mittelschule Gedanken machte.[18] Wie sollte er mit den dortigen Klassenkollegen mithalten können, die beispielsweise schon vier Jahre intensiven Lateinunterricht in der Mittelschul-Unterstufe (sechs Wochenstunden bereits in der ersten Klasse Gymnasium) hinter sich hatten oder zwei Jahre Griechisch seit der dritten Klasse?

Diese Umstiegs- oder Weiterbildungsbarriere betrachteten nicht nur Verfechter der Reformschule als einen dem ständestaatlichen Denken entsprungenen, absichtsvoll gesetzten Aufstiegssperriegel gegen Kinder der unteren Mittelklasse der Gesellschaft oder, anders besehen, als einen vor Gleichmacherei schützenden Trennschnitt für die bürgerlich-bürokratische Upperclass. Die seit dem 19. Jahrhundert aufgrund der Veränderungen der beruflichen Arbeitswelt einhergehenden horizontalen Verschmelzungsprozesse innerhalb und, in Wechselwirkung, zwischen den Sozialetagen, zwischen den Schichten der Arbeiterklasse und des Kleingewerbes auf der einen und der Gruppe des gehobenen Bürgertums auf der anderen Seite, wurden übersehen. Der Wandel passte nicht in das soziologisch-hierarchische Weltbild des konservativen Ständestaates, der vertikale Strukturen bevorzugte und deshalb bemüht war, die bereits mehr als nur in Ansätzen vorhandenen horizontal gelagerten Gesellschaftsgliederungen zu negieren. Die ideologischen Anleihen und Fixierungen entnahmen die autoritären

---

17) VOBl. 40/1934, § 2. Wien, am 1. Juni 1934 (Hauptschulgesetz, Durchführungsverordnung zur Verordnung vom 23. März 1934).

18) Eine der wesentlichsten organisatorischen Neuerungen der „Schuschniggschen Schulreform" von 1934 an den höheren Schulen lässt sich in der Erweiterung des Sprachunterrichtes ausmachen: *Gymnasium* – Latein ab der ersten, Griechisch ab der dritten Klasse; *Realgymnasium* – Latein wie im Gymnasium, ab der dritten Klasse Englisch, ab der fünften Klasse Französisch oder Italienisch; keine Darstellende Geometrie wie bisher, daher nach Absolvierung technisches Studium nicht möglich; *Realschule* – ab der ersten Klasse Französisch oder Italienisch, von der fünften Klasse an Englisch. Mädchenmittelschulen: *Oberlyzeum* – ab der ersten Klasse Französisch oder Italienisch, Englisch ab der fünften, Latein ab der dritten Klasse; *Frauenoberschule* – von der ersten Klasse an Französisch oder Italienisch, ab der dritten Klasse Englisch; vgl. „Wiener Zeitung" vom 11.7.1935, S. 4.

Hauptprotagonisten eklektisch den starren mittelalterlich-feudalen *Stände*strukturen. Es gelte, wie über diese Retro-Strategie in einem Jahrbuch der Hochschülerschaft zu lesen stand, „nachdem die Brüchigkeit der Formaldemokratie erkannt wurde, den Blick auf frühere Zeiten zu wenden, mit der Hoffnung, in der ständischen Ordnung ein besonderes Prinzip zur Neugestaltung unserer staatlichen und gesellschaftlichen Verhältnisse zu finden".[19]

Das gesamte, als Weltanschauung verstandene Gedankengebäude war daher alles andere als ein gegenwartsorientiertes oder gar eines, das in die Zukunft wies. Es würdigte, glorifizierte und mystifizierte die weit zurückliegende Vergangenheit – welch frappante Ähnlichkeit mit Hitlers Germanen-Ideologie! Ein nicht selten mit mirakelhaft-heiligen Elementen bespickter Anachronismus sollte für das Kommende hoffnungsfroh stimmen.

Zu großen Vordenkerehren gelangten posthum Ignaz Seipel („Ruf nach *wahrer* Demokratie"; „wahr" im Sinne von antiparlamentarisch; Demokratie als „wesensfremd" definiert[20]) und sein Testamentsvollstrecker, der „Heldenkanzler" Engelbert Dollfuß.[21] „In der Absicht des verewigten Bundeskanzlers [Seipel, Anm. d. Verf.] lag es", erklärte ein gewisser J. Schwanzer, „eine Regierung der Bauern, Bürger und Arbeiter zu bilden, und zwar in der Weise, daß die von ihm erkannten schädlichen Auswirkungen der Demokratie hiebei ausgeschaltet werden, die wahre Demokratie [sic!] jedoch erhalten bleibt, um dem Parteien- und Klassenhaß den Boden zu entziehen".[22] Bildungspolitisch leitete daraus J. Tzöbl die Forderung an die nicht „politisierenden Schulmeister" ab, unerlässlich darauf zu achten, dass der „Ungeist des Parteienhasses so lange als möglich von der Jugend fern (bleibe)".[23]

---

19) „Österreichische Schule für Volkstum und Volksbildung" – Jahrbuch der Hochschülerschaft Österreichs 1934–1935. – Wien 1934, S. 8 f., hier aus: Institut für Zeitgeschichte der Universität Wien (Hg.): „Faschistische Strömungen in Österreich". Fernstudienlehrgang Politische Bildung für Lehrer. Leitung: Erika Weinzierl. – Wien 1981, S. 93 (ungebundenes Skriptum). Fortan: Faschistische Strömungen.

20) Heer, Friedrich: Der Glaube des Adolf Hitler. Anatomie einer politischen Religiosität. – (TB-Ausgabe) Frankfurt a. M./Berlin 1989, S. 326 ff.

21) Zur Verehrung Seipels s. Dollfuß' Reden in E. Weber, Dollfuß an Österreich, S. 25, 60, 64 u. 236 f., u. a. die Betitelungen Seipels mit „großer österreichischer Staatsmann", „Führer aus der wirtschaftlichen und seelischen Not", „größter Österreicher".

22) Schwanzer, J.: Zum Neuaufbau unseres Staates, in: Die Aktion, 1/1934 vom 1. Januar 1934; hier zit. nach: Faschistische Strömungen, S. 137.

23) Tzöbl, S. 28.

Obsessiv lag für die katholischen Ständeideologen in der göttlichen Überwelt der weltanschauliche Kristallisationspunkt, das absolut Zentrale und Unumstößliche, die Causa prima jedweden Volksbildungssinnes. Unter dem Titel „Österreich macht es anders" philosophierte Karl Pawek, Referent des Wiener Bildungswerkes, über den neuen Staatsgedanken:[24] Nicht wie im liberalen Staat, der durch bloße Wissensbildung den künftigen Staatsbürger lediglich zu gesetzesmäßigem Verhalten erzog und ihn für den Wirtschaftskampf utilitaristisch ausrüstete, könne der neue nichtliberale Staat öffentlichen Einrichtungen persönlichen Raum freilassen, weil er sich als „Weltanschauungserzieher" betrachtet und als solcher die „geistigen Lebensvorgänge in den Staatsgliedern und im Staatsganzen" als primäre Werte erachtet. Das Geistige aber teile sich dem Bürger nicht nur in Wissenschaft, sondern auch in Kultur und Religion mit, in all dem also, „was das alte, feinentwickelte österreichische Kulturvolk kennzeichnet". Da der Staat per se ein „sittliches Gebilde, keineswegs eine bloße Zweckeinrichtung" sei, diene er auch „dem Metaphysischen, das über ihm steht". Alle Bereiche der Volksbildung, deren Führungen und Organisationen bedürfen daher einer öffentlichen Macht, welche der staatlichen Gewalt entspreche. Die Neuordnung der Bildung werde sich aber jeder Zentralisation fernhalten, „vielmehr eine [...] durch Gemeinschaftsvielfalt bestimmte Gliederung begünstigen. Aber sie würde sich selbst aufheben, würde sie nicht zur ‚Totalität' streben."

Glücklich jeder, der sich in derartigen Verbalverrenkungen zurechtfand! *Die Österreichische Schule* und das *Jahrbuch der Hochschülerschaft* von 1934/35 paraphrasierten den Sinn des Ganzen:

> Alle Ausrichtung der Erziehung auf Zucht und Führung, auf Charakter und Menschenformung, auf Treue und Gefolgschaft gegenüber einem Führer, auf Gehorsam und Autorität, all diese Ausrichtung darf aber die hinter aller Führerautorität sichtbar wirkende letzte Autorität nicht entbehren, die Autorität jenes letzten Führers, in dessen Gefolgschaft wir alle bleiben und den wir mit Fug und Recht den Erst- und Letzterziehenden heißen.[25]

> (Daher) ist die Gegenwart [...] daran, die Grundlage der Staaten durchaus neu zu gestalten: nicht nur positives, von Menschenhand gesetztes Recht, sondern das so lange verkannte göttliche Naturrecht soll wieder die tragende Säule der Entwicklung werden.[26]

---

24) „Wiener Zeitung" vom 30. September 1934, S. 2.
25) Lang, Ludwig: Kindheit und Jugend in neuer Schau, in: „Die Österreichische Schule", Heft 8/1937, S. 551 f.
26) Jahrbuch der Hochschülerschaft Österreichs 1934–1935. – Wien 1934, S. 8 f. („Österreichische Schule für Volkstum und Volksbildung"); hier zit. aus: Faschistische Strömungen, S. 93. Sperrung im Original.

Unter „Geschlossenheit des Volkskörpers", in Hitler-Deutschland bis zum Überdruss propagiert als nationale „Volksgemeinschaft", war das Zusammenwirken von berufs-[27] bzw. naturbedingten sozialen Vielschichtigkeiten der Individuen zu verstehen. Darüber hinaus aber auch als „vollendete(r) Gegensatz zum alten Liberalismus mit seiner Zersplitterung, Vereinzelung und Selbstherrlichkeit der Staatsbürger. Das neue Österreich will auch kein absolutistischer oder totaler Staat sein" – abermals sollte die ideologische und pragmatische Distanzierung zum deutschen Faschismus dokumentiert werden –, „in dem eine kleine Anzahl von Männern befiehlt und alle anderen freiwillig oder unfreiwillig zu gehorchen haben. Dazu aber ist nötig, daß (die) Bindungen von Bürger zu Bürger [...] eine sehr große Rolle spielen." Dafür böte sich der Jugendverband an, „so daß die Staatsjugend die beste Schule der Volksgemeinschaft sein wird".[28] Für dieses autosuggestiv und in bewusstlosem Realitätssinn geglaubte harmonische Zusammenleben werde der Führer-Staat lediglich den schützenden Mantel mit letzter Entscheidungskompetenz bilden – und, so unsere Ergänzung, der Nutznießer Kirche als Lotse fungieren.

1.2 Dollfuß' und Schuschniggs doppelbödige Erziehungsvisionen

> Der Weg zum neuen Staat beginnt bei der Schule –
> die Schule ist das Erste im Staat.
> *Schuschnigg*[29]

---

27) Dollfuß: „Der Berufsstand bindet Menschen mehr als ein noch so gut gemeintes Parteiprogramm." Schuschnigg: „Durch die berufsständische Gliederung soll das Gemeinschaftsgefühl verstärkt und vertieft werden, soll die Bevölkerung dem Staate näher gebracht und dadurch all die Hemmungen beseitigt werden, die sich daraus ergaben, daß der einzelne den Staat als etwas Fremdes empfand und sich nicht bewußt wurde, daß der Staat doch nur die Form ist, der das Volk durch seine geistige und materielle Arbeit erst lebendigen Inhalt gibt." Zit. nach: Zukunftsfroh baut sich das österreichische Volk in den Berufsständen sein neues, festes Haus, in: „Wir bauen auf", o. O., 1937, S. 12; abgedruckt in Faschistische Strömungen, S. 136.

28) Vgl. Isenghi, Alfons, in: „Die Österreichische Schule", Heft 1/1937, S. 8 („Die pädagogischen Grundlagen und Ziele der österreichischen Staatsjugend").

29) Zit. nach „einem führenden Pädagogen" in der „Reichspost" vom 13. März 1935, S. 1; dieselben Worte verwendete Bundeskanzler Schuschnigg auf einer Kundgebung im Salzburger Festspielhaus am 20. Januar 1935; vgl. „Wiener Zeitung vom 21. Januar 1935, S. 2.

> Der Ungeist des Parteienhasses bleibe so
> so lange als möglich von der Jugend ferne.
> *Bundesrat Josef A. Tzöbl, 1933*[30]

Die beiden Hauptakteure des halbfaschistisch-autoritären Ständestaates Engelbert Dollfuß und sein Erbnehmer Kurt von Schuschnigg führten einen Zweifrontenkampf gegen Links und Rechts, gegen die Sozialdemokratie bzw. den Bolschewismus auf der einen und den Nationalsozialismus Hitlers auf der anderen Seite.[31] Dabei konnte man Dollfuß – wie übrigens auch seinen wortradikalen Kontrahenten Otto Bauer – schon seit seinen Studentenjahren durchaus zu den Anschlussfreunden zählen, und auch Schuschnigg fühlte in sich und den deutschen Österreichern „deutsches Blut"[32] fließen.

Engelbert Dollfuß wandte sich nie gegen das Weimarer Deutschland, jedoch entschieden gegen das nationalsozialistische, und zwar ab dem Zeitpunkt, als sein Misstrauen gegenüber Hitlers Irrationalitäten und seine Abscheu vor dessen antiklerikalen und totalitären Zügen ihn zu einer überzeugten Resistenz umstimmten. Der Kanzler betrachtete in messianischem Eifer das Bekenntnis zur katholischen Kirche als christliche Bemäntelung der eigenen Denkpositionen, wobei nach G. Jagschitz religiöser Glaube für ihn eher aus einer inneren, naiv-ehrlichen Aufrichtigkeit bestand und folglich Religion mehr Sache des Gemütes als die des Geistes war.[33] „Ich fasse die jetzige Aufgabe in Österreich so auf", wurde Dollfuß bezeichnenderweise von Fürsterzbischof Sigismund Waitz in einer Stellungnahme zum christlichen Staat in der *Reichspost* zitiert:[34]

---

30) Tzöbl, Josef A.: Vaterländische Erziehung, in: Österreichische Volksschriften, 4. Aufl. – Wien 1933, S. 28.

31) Aus Dollfuß' Trabrennplatzrede im September 1933: „Im Kampf gegen den Marxismus […] ist uns unter der Fahne des Nationalsozialismus eine Bewegung in den Rücken gefallen und so war die Regierung gezwungen, in einem Zweifrontenkrieg die Führung des Staates fest in die Hand zu nehmen […]". Zit. nach E. Weber, Dollfuß an Österreich, S. 26.

32) „Für Dollfuß gab es so etwas wie österreichisches Blut. Für Schuschnigg existierte das nicht. Für ihn gab es nur deutsches Blut, und dieses konnte er einfach nicht vergießen, selbst wenn deswegen sein eigenes Land verbluten sollte." Brook-Shepherd, S. 377.

33) Vgl. Jagschitz, Gerhard: Engelbert Dollfuß, in: Weissensteiner, Friedrich; Weinzierl, Erika (Hg.): Die österreichischen Bundeskanzler. – Wien 1983, S. 209.

34) „Reichspost" vom 8. Mai 1935, S. 1.

> Im Staate Österreich bestehen militante Formationen, dazu kommt der Aufbau der Berufsstände und dazu kommt dann die katholische Aktion mit der Aufgabe, in den anderen, den militanten und ständischen Formationen christliche Gesinnung zu verbreiten, sie hineinzutragen und auszugestalten.

Die Staatsräson bildete einen innenpolitischen Kernpunkt, mit dem sich nach Dollfuß' und Schuschniggs Diktion jedwede Unter- oder Einordnung der Masse nach dem Autoritäts- und Führerprinzip[35] rechtfertigen ließ. Die vom Einzelnen abverlangte Disziplin diente daher in edlem „Opfergeist" dem Gesamtwohl aller. Gingen die dafür rechtlich installierten Dogmatismen auch letztendlich nicht wie im Deutschland Hitlers bis zur physischen Vernichtung ganzer Volkgruppen, so heiligten zumindest auch hier in Österreich Existenz bedrohende und vernichtende gesetzliche Maßregelungen bis hin zur Einführung der Todesstrafe den übergeordneten Zweck. Der Einsatz von Kanonen und Henkersstricken im Bürgerkrieg des Februars 1934 (neun standrechtliche Todesurteile gegen Arbeiter-Rädelsführer), die Errichtung von Anhaltelagern zur Internierung von renitenten Sozialdemokraten und radikalen Nationalsozialisten „führten jedoch in zunehmendem Maß zu einer Verhärtung der Ablehnung der Regierungspolitik durch einen großen Teil der Bevölkerung".[36] Die Gegensätze, die Engelbert Dollfuß als Menschen und Politiker charakterisierten, entfachen bis heute dialektische Polarisierungen – oder Stillehalten. Der Beleg: Das Jahr 2009, zur 75. Wiederkehr der erschütternden 1934er-Tage von offizieller (Regierungs-)Seite aus zum Gedenkjahr in Erinnerung gerufen? Fehlanzeige!

---

35) M. Scheuch wies hin, „dass ausgerechnet am 12. Februar 1934 im Wiener Kleinen Blatt Auszüge aus einem Aufsatz des Kardinals Theodor Innitzer erschienen" sind, in denen er auf „die göttliche Vorsehung der Umgestaltung der Welt aus demokratischen Formen zu autoritärer Führung" einging und im selben Zusammenhang sich auf Pius XI. berief, der konstatiert habe: „Das Führerprinzip bricht sich in der Alten und Neuen Welt Bahn. In der Kirche herrscht es seit jeher." Scheuch, Manfred: Autoritär und christlich. Die katholische Kirche sah in Dollfuß den Bürgen für die christliche Erneuerung Österreichs – die Linke sprach von „Klerikofaschismus", in: „Der Standard" vom 13./14. Februar 2004.
Eine von Schuschniggs Definitionen des Führerprinzips: „Autoritäre Führung heißt nicht, daß jeder tun kann, was er will, sondern autoritäre Führung heißt, daß man zwar in nebensächlichen Dingen sehr wohl verschiedene Meinung und verschiedene Auffassungen vertreten kann, daß man aber der Führung, zu der man Vertrauen hat, strikte folgt." Zit. nach „Wiener Zeitung" vom 7. Oktober 1935, S. 2.

36) Jagschitz, Gerhard: 25. Juli 1934: Die Nationalsozialisten in Österreich, in Steininger/Gehler, Österreich im 20. Jahrhundert, S. 272.

Sichtbarer Ausdruck des Gemeinschaftswillens und Gemeinwohles sollte die Vaterländische Front (VF) werden. Diese Einheitspartei oder -bewegung war gedacht als Pendant zur NSDAP Hitlers und zu anderen faschistischen Monopolparteien Europas wie der Partito Nazionale Fascista (PNF) Mussolinis in Italien. Nie jedoch konnte die VF die ihr von Dollfuß und Schuschnigg zugedachte Funktion eines Sammelbeckens für alle österreichisch-patriotischen nationalen Kräfte bzw. für einen breiten „Zusammenschluss aller regierungstreuen Österreicher" (Selbstdefinition) zur Abwehr des Nationalsozialismus erfüllen. Als eine „im Zuge des kalten Staatsstreiches dekretierte ‚Massenbewegung'" blieb sie „eine bürokratische Organisationshülle der Regierung ohne Eigendynamik und Eigengewicht".[37] Dazu fehlte Dollfuß das Charisma eines „Führers". Der Versuch Schuschniggs, nach Dollfuß' Ermordung einen mythischen Märtyrergeist um den toten Kanzler, der ja „für die Sache Österreich" gestorben war, vor allem der Jugend einzuflößen, bewirkte eher Peinlichkeit als Zutrauen.

Die beiden Kanzler waren die Hauptvertreter einer „Österreich"-Ideologie, der „Ideologie des ‚zweiten deutschen Staates', nämlich Österreich, (beseelt) von dieser hochbedeutsamen Einbildung: am österreichischen Wesen soll die deutsche Welt genesen! […] Von Österreich aus […] soll die große ‚Sanierung der Seelen' ausgehen", wie der Politiker-Prälat Ignaz Seipel es verheißen und gefordert hatte.[38] Doch die Idee von einer „österreichischen Nation" lag sowohl Seipel, dem geistigen Pionier des ständestaatlichen autoritären Staates, als auch seinen späteren Nachfolgern Dollfuß und Schuschnigg noch meilenweit entfernt. Ein Kern ihrer politischen Weltsicht war bestimmt durch eine schizophren doppelte Identität: staatlich war man Österreicher, ethnisch hingegen deutsch. Im Juni 1934 gab Staats-

---

37) Binder, Dieter Anton: Der „christliche Ständestaat" Österreich 1934–1938, in: Steininger/Gehler, Österreich im 20. Jahrhundert, S. 210, mit Hinweis auf Irmgard Bärnthaler, Vaterländische Front. Geschichte und Organisation. – Wien/Frankfurt/Zürich 1971; dazu Botz: „Die VF. (erfüllte) die ihr zugedachten Propagandaaufgaben nur unzulänglich und schematisch und ihre Symbolisierungsfunktion im Regime nur halbherzig, (produzierte) eher Opportunisten und passive Mitglieder, Taufscheinchristen und Postenkleber als begeisterte oder auch nur loyale Anhänger des Regimes. Auch ihre Überwachungs- und Kontrollfunktion konnte sie nur unzulänglich wahrnehmen", was der „März 1938 zeigte, als […] selbst Funktionäre der VF. schon die illegale Mitgliedschaft der NSDAP erworben hatten". Botz, Gerhard: Gewalt in der Politik. Attentate, Zusammenstöße, Putschversuche in Österreich 1918 bis 1938; 2. Aufl. – München 1983, S. 242.

38) Heer, S. 328.

sekretär Hans Pernter (ab 1936 Schuschniggs Nachfolger im Unterrichtsministerium) sein Bestes, um 1200 in Klagenfurt versammelten Lehrern die Nuancen zu erklären:[39]

> Unsere vaterländische Erziehung geht von dem Gedanken aus, daß Österreich ein deutscher Staat ist, sie kennt keinen Gegensatz zwischen den Begriffen Österreich und deutsch.[40] Eine österreichische vaterländische Erziehung [...] zeigt auf, wie viele Heldenkämpfe dieses Österreich für das Deutschtum durch alle Jahrhunderte geführt und wie viele große Schöpfungen deutschen Geistes in Wissenschaft und Kunst es dem deutschen Kulturschatze geschenkt hat.

Mit einem kräftigen Seitenhieb auf den Hitlerismus beim deutschen Nachbarn, auch um die Distanz des österreichischen Ständestaates zum nationalsozialistischen Staats- und Volksgedanken scharf zu betonen, fuhr der Redner fort:

> Eine Vergötzung der Nation, die sich zu den Verirrungen eines Mythos von Blut und Rasse versteigt und zu einer brutalen Unduldsamkeit führt, lehnen wir ab.[41] Wir halten an dem großen Gedanken der Toleranz fest, der das österreichische Deutschtum stets ausgezeichnet und befähigt hat, als Träger deutscher Kultur weit über seine Grenzen hinaus auf andere Völker zu wirken.[42]

---

39) Zit. nach „Reichspost" vom 7. Juni 1934, S. 4. Sperrungen im Original.
40) Wenige Tage vorher wehrte sich der Reichsführer der OSS (Ostmärkische Sturmscharen), Bundeskanzler Schuschnigg, anlässlich einer Fahnenweihe des Studentenfreikorps der OSS in Graz gegen „die These, daß deutsch und österreichisch Gegensätze seien". Nämlich wegen der Verpflichtung, „der jungen Generation ein freies deutsches Südland zu erhalten [...] und sie vor jenem Unglück zu bewahren, in das die ältere Generation gestürzt wurde". Zit. nach „Wiener Zeitung" vom 4. Juni 1934, S. 3 („Dr. Schuschnigg an die Studentenschaft."). Sperrung im Original. – Derselbe im Oktober 1935, abermals in Graz: „Es ist eine historische Lüge, zu behaupten, daß derjenige, der für Österreich arbeitet, gegen das deutsche Volkstum sei." Zit. nach „Wiener Zeitung" vom 7. Oktober 1935, S. 2.
41) Wer „vom Mythos des Blutes spricht", erklärte Schuschnigg, der verfolge einen „furchtbaren Gedankengang". Die „Antithese vom Mythos des Blutes" sei „das Mysterium des Geistes", dem alle dienen sollten. Im Konkreten: „Für uns Österreicher gibt es nur eine Pflicht, die Pflicht des Dienstes an der Gemeinschaft um der Gemeinschaft willen, die Pflicht, sich einzufügen in gläubiger Demut. [...] Fragt nicht lange, sucht nicht lange, sondern schafft!" Zit. nach „Wiener Zeitung" vom 25. März 1935, S. 2. Sperrungen im Original.
42) Zit. nach „Reichspost" vom 7. Juni 1934, S. 4. Sperrungen im Original.

Dem Bonmot von Johannes Schober über das „Volk in zwei Staaten" wurde von nirgends her widersprochen und Schuschnigg verabschiedete sich am 11. März 1938 „mit einem *deutschen* Wort".

In das vielleicht doch in schwachen Ansätzen aufkeimende nationale Österreich-Bewusstsein interpretierte Schuschnigg theoretische, romantisch-mystische Visionen hinein.[43] Österreich-ideologische Silhouetten, die an den Reichsgedanken anknüpften, an die Idee des *Sacrum Imperium*, des Heiligen Römischen Reiches.[44] Das geschichtliche Rad sollte zurückgedreht werden, genauer gesagt: Stabilisierung und Modernisierung durch Wiederbelebung vorliberaler, feudaler Gesellschaftsstrukturen und Machtverhältnisse – ohne blasphemischen Gesellschaftsvertrag der Aufklärer, sondern „mit einem gottverordneten Oben und Unten".[45]

In einer zukünftigen Mitteleuropa-Föderation, so Schuschnigg zur Aufklärung der Lehrerschaft, werde Österreich „mit dem deutschen Wesen"[46]

---

43) Zum österreichischen Staatsbewusstsein merkte der Politologe Anton Pelinka an: „Die sieben Jahre zwischen dem Ende des autoritären Ständestaates und dem Ende des ‚Tausendjährigen Reiches' wirkten als Katalysatoren im Sinne der Entstehung eben dieses Selbstbewußtseins. Die 2. Republik hatte aus dem ‚deutschen' Österreich, als das sich der Ständestaat eben auch verstanden hatte, gelernt – nun war nicht nur der Anschluß tot, es war auch die Betonung des ‚deutschen' Charakters Österreichs am Ende." Pelinka: Was blieb vom Ständestaat? In: Sonderbeilage der Wiener Zeitung 1988 zum Jahr 1938, S. 47.

44) „So hegt und pflegt Österreichs Jugend den Reichsgedanken als oberstes Ziel seines Strebens." Tzöbl, S. 47.

45) Maderthaner, Wolfgang: 12. Februar 1934: Sozialdemokratie und Bürgerkrieg, in: Steininger, Rolf; Gehler, Michael (Hg.): Österreich im 20. Jahrhundert. Von der Monarchie bis zum Zweiten Weltkrieg, Bd. 1, Wien 1997, S. 165; in der Rundfunkrede zum 1. Mai 1934 sprach Dollfuß von „neuen Wegen", die „die Fehler nicht nur von 15 Jahren, sondern von 150 Jahren geistigen und politischen Irrwahnes" korrigieren würden, womit er die Errungenschaften der Aufklärungsära meinte; zit. nach „Reichspost" vom 2. Mai 1934, S. 3.

46) Vgl. die Charakterisierung des „christlichen Ständestaates" von Joseph August Lux, in: Das goldene Buch der Vaterländischen Geschichte für Volk und Jugend von Österreich, Wien 1934, S. 340 f.; bezeichnend für die auch auf rassenideologischen Momenten basierende Österreich-Ideologie hieß es darin: „Aus dem Zusammenleben mit vielen Völkern, ihren Mischungen und Legierungen seit der keltoromanischen Zeit mit dem deutschen Wesen in Österreich hat sich ein konstanter musischer Typus herausentwickelt, daß man mit Fug und Recht von einer österreichischen Rasse, zumindest von einer österreichischen Nation reden kann." Abgedruckt bei Dieter A. Binder, in: Steininger/Gehler, Österreich im 20. Jahrhundert, S. 249.

zwar nicht eine „herrschende", wohl aber eine kulturell „führende" Stellung einnehmen, wie das die Habsburger über Jahrhunderte so erfolgreich zum Wohle aller ihrer Völker praktiziert hätten. Gerade die Geschichte widerlege „auch das bekannte Schlagwort ‚Heim ins Reich!', das die Nationalstaatsidee [der Nationalsozialisten in Deutschland, Anm. d. Verf.] der österreichischen Staatsidee entgegenhält. Österreich hat dem zentralisierten Einheitsstaat Deutschland, der längst kein Reich im Sinne der deutschen Reichsidee ist, niemals angehört und kann daher nicht dorthin heimkehren."[47] Zudem würde die „großdeutsche Lösung" den deutschen Brüdern zugute kommen, die als Minderheitengruppen in nicht-deutschen Staaten lebten. Eine geografische Grenzziehung des Deutschtums zwischen Rhein und Neusiedler See, so Schuschniggs Seitenhieb auf Hitlers „Heim ins Reich"-Politik, sei daher kleinmütig und könne nur „Kleindeutsche" befrieden. Schuschniggs Pathosvision wörtlich: „Nur wenn es gelingt, das große Reich aufzurichten, zu dem auch die Auslandsdeutschen gehören, ist die großdeutsche Frage gelöst; Österreich aber ist berufen, Träger dieser Idee zu sein, deren Erfüllung einmal zwangsläufig kommen muss." Das in den Friedensverträgen abgespeckte Staatsgebilde vergegenwärtige die „Zelle einer besseren Zukunft", denn, so der Visionär die Jugend väterlich warnend:[48]

> Man streiche dieses Österreich und man streicht damit auch die deutsche Zukunft auf ein Menschenalter, vielleicht auf immer.

In diesem „Geleitwort" zu Tzöbls Veröffentlichung „Vaterländische Erziehung" (1933) bedauerte der „Bundesminister für Justiz und Unterricht", Kurt Schuschnigg, dass ein „großer Teil (der Jugend) in früheren Zeitläuften ein anderes, immer aber ein Antiabzeichen getragen (hat) und jetzt eben das Hakenkreuz" umhänge. Die Ursachen für die Unwilligkeiten er-

---

47) Burgenländisches Lehrerblatt. Organ des Kath. Landeslehrervereines f. d. Burgenland, 6/1936, S. 102. Fortan Bgld. Lbl.
48) Schuschnigg, in: Tzöbl, S. 6–9 („Um Österreichs Jugend"). – Neben der nach außen gerichteten mitteleuropäischen Dimension sollte dieses (utopische) Staatsgebilde „als katholisch-österreichisch und nicht protestantisch-preußisch oder heidnisch-nationalsozialistisch angesehen (werden)." Summa summarum übten nach Staudinger die ideologischen Motive des Deutschen Reiches schon allein wegen der machtpolitischen Basis „eine ungleich stärkere Anziehungskraft (aus) als die österreichische Position." Anton Staudinger, Hausgemachte Deutschtümelei und Wiener Antisemitismus, in: Sonderbeilage der Wiener Zeitung 1988 zum Jahr 1938, S. 14.

blickte er in der Beobachtung, dass „der junge Mensch [...] das alte Österreich nicht kennengelernt" habe, weil „vielleicht das Elternhaus ausgelassen, in vielen Fällen die Schule, gewiß aber der Staat sich um die vaterländische Erziehung fast gar nicht gekümmert" hat. Anstatt klar zu machen, dass Österreich „Erbe einer großen Vergangenheit ist, [...] versuchte (man) der Jugend aus einer ‚völkischen' Ideologie heraus einzureden, daß es im deutschen Interesse liege, wenn alles Österreichische getilgt würde". Vehement stemmte er sich gegen „die Behauptung, daß die besseren Deutschen jene seien, die sich das ‚deutsche Christentum' zu eigen machten". Zwar „anerkenne" er, „daß selbstverständlich der deutsche Protestantismus [...] seine volksaufbauenden Kulturkräfte hat. Wir wenden uns aber gegen die Behauptung, daß der Katholizismus ein Deutschtum minderer Güte im Gefolge habe, wie sie an vielen Volks- und Mittelschulen und an anderen Hochschul-Kanzeln doziert wird."

Um daher diese historisch falschen Interpretationen zu berichten, „muß (man) den jungen Menschen möglichst früh über die Geschichte seines Heimatstaates orientieren und ihnen sagen, daß die große deutsche Frage mit dem Anschluß gar nicht zusammenhängt [...]; denn über allen deutschen Staaten [des Heiligen Römischen Reiches, Anm. d. Verf.] stand die große Fiktion der Einheit der heiligen Krone – und die war bei uns zu Hause". Indes, die „in erster Linie gefährdeten Menschen sind die zwischen 14 und 20 Jahren", doch es gelte alle jugendlichen Altersgruppen „zu allererst in vaterländischem Sinne, und zwar so deutsch wie möglich" zu erfassen. Hierfür könnten Jugendorganisationen zum „Eintritt in eine Front, etwa ‚Jungösterreich'" durch staatliche Subventionen gewonnen werden, wobei „taugliche Jugendbildner, nicht immer nur Lehrer, dafür zu sorgen (hätten), daß dieses ‚Jungösterreich' das gemeinsame Abzeichen und Uniform erhielte, körperlich ertüchtigt und im vaterländischem Sinne erzogen werde. [...] Das Zusammenführen verschiedener junger Menschen, Mittelschüler und Lehrlinge, würde das Gefühl der Volksgemeinschaft [nach dem sozialen Motto „Gemeinwohl geht vor Eigenwohl", Anm. d. Verf.] heben. [...] Könnten wir heute schon auf eine vier- bis fünfjährige Erfassung durch vaterländische Erziehung zurückblicken, es würden weniger Bomben explodiert sein." Ergo sei notwendig, „daß das herrliche Buch der deutschen Geschichte unserer Jugend vorgelegt werde in der Fassung, die mit der Wahrheit zusammenstimmt. Dann würde die breite Masse es sich überlegen, gegen Österreich Sturm zu laufen, wenn dessen Selbständigkeit auf dem Spiele steht."[49]

---

49) Schuschnigg, in Tzöbl, S. 6–9.

Anlässlich des am 27. Mai 1934 in allen Landesteilen pompös veranstalteten Jugendtages eröffnete der Bundesminister für Unterricht via Rundfunk sein Idealbild eines österreichischen Jugendlichen. In metaphorischem Stil fasste Schuschnigg seine Losungen zusammen in „Die fünf Gebote der Jugend", die sich jeder „in die Herzen" schreiben sollte (gekürzt):[50]

- Du sollst gehorsam sein! Es muß der Stolz der jungen Menschen in Österreich sein, freiwillig, ohne Zwang Disziplin zu halten.
- Zweitens: Du sollst Kamerad sein, guter Kamerad, ein offener froher Geselle.
- Drittes Gebot: Du sollst stark sein. Stark selbstverständlich auch, was die körperliche Kraft betrifft. Du sollst dich bilden im Turnen und Sport.[51] Du sollst gerade und aufrichtig sein, ein Feind jeder Verlogenheit. […]
  Nein, ein österreichischer Junge, ein österreichisches Mädel lügt nicht.
- Du sollst viertens tapfer sein. […] Schneidig sein, Mut haben für alles, was man sagt, überlegterweise sagt, einzutreten, aber ja nicht beispielshalber vorerst etwas anstellen, womöglich heimlich, in der Nacht, und dann winseln und den Verfolgten spielen. Das ist unjugendlich, das ist verwerflich, das macht ein deutscher Junge nicht.
- Schließlich fünftens das letzte, vielleicht das wichtigste Gebot für den jungen Menschen: Du sollst treu sein!
  Der junge Mensch, der junge Deutsche, der junge Oesterreicher muß treu sein, treu seinem Glauben, treu seiner Heimat und darum treu seinem Volke.[52]

---

50) Zit. nach „Reichspost" vom 28. Mai 1934, S. 3; vgl. ebenso „Wiener Zeitung" vom 29. Mai 1934, S. 2.
51) Zum Thema „Sport" Vizekanzler und VF-Bundesführer Starhemberg 1934: „Ich habe nicht ohne Absicht die Führung des österreichischen Sportwesens übernommen. Ich bin überzeugt, daß gerade der Sport der beste Weg ist, um an die Jugend heranzukommen. Die sportliche Betätigung ist aber auch das beste Mittel, um die Jugend aus einer ungesunden Art der politischen Betätigung herauszubringen, sie einer Politik der bloßen Phrase zu entreißen." Zit. nach „Reichspost" vom 24. Oktober 1934, S. 3.
52) Nicht auszuschließen, dass Schuschnigg für diese Rede eine Anleihe von seinem Gegner Adolf Hitler zeichnete. Auf dem Reichsparteitag im September 1933, also wenige Monate vor Schuschniggs Appell an die österreichische Jugend, schrie der deutsche Diktator den in Nürnberg versammelten Jugendlichen auffallend Ähnliches entgegen: „Ein *Gehorsam*, eine Unterordnung muß uns alle erfüllen. Ihr müßt *treu* sein! Ihr müßt mutig sein! Ihr müßt *tapfer* sein und ihr müßt untereinander eine große herrliche *Kameradschaft* bilden!" Aus: „Der Führer zu Deiner Verpflichtung" – Graz (HJ-Gebietsführung), o. J., hg. von der Reichsjugendführung Berlin. Die 8-seitige Broschüre mit Hitler-Sprüchen erhielten 14-Jährige, die feierlich vom Jungvolk (JV) in die Hitlerjugend (HJ) bzw. vom Jungmädelbund (JM) in den Bund deutscher Mädchen (BDM) aufgenommen wurden; quasi eine Lebensfibel für die Zukunft. Hervorhebungen im Original.

Die analytischen Erklärungsversuche und Anrufungen des Kanzlers wiederholten sich gebetsmühlenartig in seinen Gastvorträgen vor Pädagogen und waren inhaltlicher Bestandteil der von den Lehrern wegen der relativ hohen Selbstkosten (Kursgebühr, Unterkunft) zu Recht gefürchteten „Lehrereinführungskurse", denen sich auch weibliche Lehrkräfte zu unterziehen hatten.[53] Kenntnis darüber besitzen sollte aber auch die breite Öffentlichkeit. Mit den zitierten Gedankengängen Schuschniggs und speziell mit der Thematik „einer verfehlten Erziehung" befasste sich wiederholt die *Güssinger Zeitung* und betrieb dabei ebenfalls „Ursachenforschung". Einen Artikel dieses Blattes haben wir dafür ausgewählt:

Die Jugend.

„'s Militär fehlt, dass die Buben g'hobelt werden," das ist so überwiegend die Volksmeinung, gemäss der die Jugend von der heutigen Verbrecherbahn abkäme. In unserer Zeit hat die Autorität des Vaters Segensvolles bewirkt. Und „bibelfest" waren auch unsere Eltern; sie wussten, dass „der sein Kind züchtigt, der es liebt ..." Und ein Drittes! Wir wurden auch streng religiös mit allen moralischen Folgerungen erzogen.

Gewiss! Wir brauchen das Militär; nun das kommt. Die Sorge liegt bald hinter uns.

Das Zweite, die Autorität des Vaters? Also, da sündigt der Zeitgeist schwer, sehr schwer. „Ich kann nicht Herr meines Buben werden", ein trauriges und beschämendes, leider häufiges Geständnis! Solche Erziehungsfehler rächen sich allerdings schwer. Aber ganz traurig ist's, wenn, wie's an der Südbahn der Fall war, eine wohlbestallte Bürgersfrau, wegen eines Verbrechens eingesperrte Jungen aufforderte, „stolz auf ihre Heldentat (Bombenwurf) zu sein"!!

Und das Dritte, die religiöse Erziehung? Na, das ist ja der Fluch des freisinnigen Protzentums, dass es sich „hoch und stolz über die Religion stellt", dass es „sich erhaben dünkt" über althergebrachten Väterglauben und Vätersitte. Diese Religionslosigkeit nimmt dann den Jungen jede[n] Halt, jede Hemmung in den gefährlichen Flegeljahren.

Es ist schon so, wie viele meinen, dass nur mehr allergrösste Strenge Ordnung machen kann. Wir allerdings lenken die jungen Menschen unseres Standes in den Fortbildungsvereinen auf ernste, sachliche Arbeit. Reinhaltung des Leibes, Verwaltungsgefühl [wohl „Verantwortungsgefühl" gemeint, Anm. d. Verf.] vor Gott, ... – so sagen wir's unsere[r] Jugend. Und diese Bauernjugend wird einst Ordnung machen.

GÜSSINGER ZEITUNG, 13. 8. 1933, S. 2

---

53) Aus der *Schul- und Ortschronik* VS Neuberg, S. 14: „*16.–27. Feb. (1937). O.-L. Rafeiner besucht den Ö. Jungvolk-Führerkurs in Wien.*"

1.3 Religiös – sittlich – vaterländisch – österreichisch – und wehrtüchtig!

Die „sittlich-religiöse"⁵⁴ und „vaterländisch-österreichische"⁵⁵ und/oder „vormilitärische Erziehung" beanspruchte Verfassungsrang. Das breite Spektrum der pädagogischen, „unerbittlichen Forderungen" kulminierte im Sammelbegriff *Vaterländische Erziehung*, deren Bandbreite sich erstreckte von der „Charakterschule", die „der Jugend Ehrfurcht vor dem Ewigen beibringe",⁵⁶ von der „Beschäftigung mit der Geschichte des österreichischen Vaterlandes" und dem „Vertrautmachen mit heimischer Sitte und heimischem Brauchtum" bis zur „vormilitärischen Ausbildung im Rahmen des Turnunterrichtes für Knaben"⁵⁷ inklusive „Schießübungen", „Handgranatenwerfen" und „Luftschutzschulungen".⁵⁸ Des Weiteren vom „Besuch mili-

---

54) Die Wortkombination „sittlich-religiös" wurde später in „religiös-sittlich" umgestellt, „denn eine sittliche Erziehung ist nur auf Grundlage einer Religion möglich." Zitat aus der Rede des burgenländischen Schulreferenten Posch im Landtag zum neuen Lehrerbildungsgesetz, abgedruckt in: Bgld. Lbl. 1/1937, S. 110; Staatsekretär Pernter vom Unterrichtsministerium: Aus der „christlichen Kultur ergibt sich die Forderung, daß die religiös-sittliche Erziehung der grundlegende Faktor unserer gesamten Schulerziehung sein muß, der sie zugleich das sicherste Fundament vaterländischer Erziehung gibt [...]." Zit. nach „Reichspost" vom 7. Juni 1934, S. 2.
55) Am 14. März 1934 sprach Schuschnigg als Unterrichtsminister vor einer Versammlung des Katholischen Tiroler Lehrervereines ausführlich über die „drei Erziehungsgrundsätze [...]: 1. Religiös-sittliche Erziehung, 2. vaterländische Erziehung und daher 3. selbstverständlich die volkstreue [= nationale, Anm. d. Verf.] Erziehung." Die Rede ist vollständig abgedruckt im Bgld. Lbl. 7–8/1934, S. 86 f.; über die „Grundsätze der vaterländischen Erziehung" siehe „Amtliche Mitteilungen der Apostolischen Administratur des Burgenlandes", Nr. 213/1934, S. 78 ff.
56) Vgl. „Güssinger Zeitung" vom 19. Mai 1935, S. 1.
57) Vgl. VOBl. 28/1935. Wien, am 15. Juni 1935 („Verordnung des mit der Leitung des Bundesministeriums für Unterricht betrauten Bundeskanzlers vom 12. Juni 1935, betreffend die Festsetzung des Lehrplanes für die Hauptschulen").
58) Vgl. LABl. f. d. Bgld. 134/1937: Lehrereinführungskurse für die vormilitärische Jugenderziehung; die Lehrgänge seien „während der Sommerferien 1937 [...] von vierzehntägiger Dauer abzuhalten, deren Lehrstoff ‚Die vormilitärische Ausbildung im Rahmen des Turnunterrichtes einschließlich der Schießausbildung und der Luftschutzschulung' umfasst". Vgl. auch: LABl. f. d. Bgld. 496/1937 (gemäß Erl. des Bundesministeriums für Unterricht vom 4. November 1937, Z. 37.654 – II/10/KE): Lehrereinführungskurse für die vormilitärische Jugenderziehung („Winterübungen 1937/38"); vgl. auch ANHANG DOK III.

tärischer Museen durch Schüler"⁵⁹ von den Volksschulen bis hinauf zu den Universitäten (Hochschullager⁶⁰). Neben der Wehrgeografie stellte auch die „Erziehung zum Wirtschaftpatriotismus" („Kauft österreichische Waren!")⁶¹ ein wesentliches „vaterländisches" Bildungselement dar, ebenso der „Anbau von Arzneipflanzen im Schulgarten";⁶² die Verwendung von Symbolen bei Schulfeierlichkeiten und außerschulischen Festveranstaltungen (Fahnen, Schüler- bzw. VF-Abzeichen bei Lehrern); das Singen von Liedern wie *Das Lied der Jugend*, im Volksmund *Dollfußlied* genannt, und das der Bundeshymne. Und schließlich karitative Aktionen wie Spenden, beispielsweise für die „Hinterbliebenenhilfe durch die Schulen des Burgenlandes"⁶³ oder am „Opfertag für die Kinder von Arbeitslosen am 1. Mai 1934".⁶⁴ Den landesweit umfangreichsten Wohltätigkeitsrahmen nahm wohl die „Winterhilfsaktion der Vaterländischen Front" ein, im speziellen Fall die „Winterhilfe an den Schulen".⁶⁵

Religiös-sittlich im Sinne christlicher Nächstenliebe auf der einen Seite, *vormilitärisch* in der Bedeutung von *Wehrhaftigkeit*⁶⁶ und *Führer-*

---

59) Vgl. LABl. f. d. Bgld. 201/1936, ausgegeben am 7. Mai 1936.
60) Vgl. VOBl. 62/1935, § 2. Wien, am 15. Dezember 1935 („Bundesgesetz, betreffend die Erziehungsaufgaben der Hochschulen (Hochschulerziehungsgesetz). B.G.Bl. Nr. 267, ausgegeben am 1. Juli 1935").
61) Vgl. LABl. f. d. Bgld. 204/1934, ausgegeben am 11. Mai 1934; dazu ein Beispiel, wie man auch zu Wirtschaftpatriotismus erziehen konnte: „Im Sinne der Erlässe [...] sollen die Schüler beim Unterricht nur Schulbedarfsgegenstände inländischer Erzeugung verwenden. Die Eltern [...] werden daher ersucht, auch in diesem Sinn zu wirken und insbesondere bei Ankauf von Bleistiften, Schreib- und Füllfedern, Linealen, Reißzeugen, Farben usw. vom Händler nur tatsächlich in Österreich erzeugte Gegenstände zu verlangen. Die Direktion und die Lehrer werden sich im Laufe des Schuljahres von Zeit zu Zeit überzeugen, ob dieser die heimische Industrie fördernden Anregung auch entsprochen wird." In: Jahresbericht des Bundesrealgymnasiums in Eisenstadt 1935/36, S. 43. Sperrungen im Original; vgl. dazu auch Oskar Freund, Erziehung zum wirtschaftlichen Denken – bleibt das immer eine Utopie?, in: „Pädagogischer Führer", Heft 1/1935, S. 98–102.
62) Vgl. LABl. f. d. Bgld. 493/1933, ausgegeben am 7. Dezember 1933.
63) Vgl. LABl. f. d. Bgld. 128/1934, ausgegeben am 15. März 1934.
64) Vgl. LABl. f. d. Bgld. 209/1934, ausgegeben am 11. Mai 1934.
65) Vgl. LABl. f. d. Bgld. 593/1934, ausgegeben am 13. Dezember 1934, bzw. LABl. f. d. Bgld. 457/1937, ausgegeben am 21. Oktober 1937.
66) In einem „unmittelbar praktischen Hilfsbuch" hauptsächlich für Turnlehrer, in dem es laut Eigenrezension galt, „die Anforderungen des Militärs mit den Grundsätzen der Jugenderziehung in Einklang zu bringen" und das Werk deshalb „besonders auch für die Schule (berechnet)" sei, hieß es zur „Wehrhaftigkeit": „Im Zusam-

tum[67] auf der anderen. Dazu ein kurzes Beispiel: Es war eine katholische [sic!] österreichische Lehrerzeitschrift, in der 1935 zu lesen stand:[68]

> Die Bildungswerte des Soldatentums, die Bedeutung von Zucht, Gehorsam, Kameradschaft, Treue, Mut, Entschlossenheit muß er [der Lehrer, Anm. d. Verf.] den jungen Menschen irgendwie zum Erlebnis werden lassen. Darum muß die vormilitärische Erziehung organisch ins Schul- und Jugendleben eingeführt werden.

Dieser Text hätte stilistisch und inhaltlich unverändert in jedem nationalsozialistischen Erzieherpamphlet, selbst in Hitlers „Mein Kampf" seinen Platz einnehmen können. Die Stelle erklärt auch die seinerzeit von Dollfuß artikulierte Strategie, Hitler zu „überhitlern". Die braune Welle wäre aufzuhal-

---

menhang mit dem Neuaufbau unserer Wehrmacht ist auch die Frage der vormilitärischen Erziehung, die ‚die männliche Jugend zur Wehrhaftigkeit erziehen und sie für die Verteidigung des Vaterlandes sittlich, geistig und körperlich vorbereiten soll' (neuer Mittelschullehrplan), dringlich geworden." Auf ihr könne „dann in geeigneter Weise die soldatische Berufsausbildung aufbauen. [...] Die Jugend [...] wird Verständnis und Willen zur Wehrhaftigkeit haben." Burger, Wolfgang; Groll, Hans: Handbuch der vormilitärischen Erziehung. – Wien/Leipzig 1936, S. 3, 7. Sperrungen im Original. – Ausführlich zur „Wehrhaftigkeit im engeren" („Kriegserziehung") und „im weiteren Sinne" („sittliche und intellektuelle Tüchtigkeit" im Rahmen der „sittlich-religiösen Erziehung [...]" innerhalb „unserer katholischen Jugendverbände") siehe Kommentar eines „Jugendführers" in der „Reichspost" vom 2. Juni 1934, S. 1 f.

67) Schuschnigg am 6. Oktober 1935 bei einer Kundgebung des Lehrerringes der Ostmärkischen Sturmscharen in Graz: „Hauptsache ist und bleibt immer die lebendige Einwirkung des Lehrers auf die jungen Menschen, und nirgends hat das Wort Führer und Führertum mehr Berechtigung als in der Schule." Zit. nach Bgld. Lbl. 11/1935, S. 139; in diesem Kontext erweist sich eines der wenigen Unterscheidungsmerkmale zwischen der nach dem Selbstführungsprinzip ausgerichteten Hitlerjugend in Deutschland, die (zumindest bis zum Krieg) den Lehrer als Jugendführer ablehnte; zu den „Parallelen zu Stil und Angeboten" und den „Differenzen" im Vergleich zum Österreichischen Jungvolk (ÖJV) siehe J. Gehmacher, Jugend ohne Zukunft, S. 408 ff.

68) Schwarzinger, Ernst, in: „Die Österreichische Schule" – Monatschrift zur beruflichen Fortbildung der Lehrerschaft, Heft 2/1938, Wien, S. 122 („Über die praktische Anwendung militärischer Formen im Schulbetrieb"). Bei der Vaterländischen Kundgebung in Salzburg am 20. Jänner 1935 führte Bundeskanzler Schuschnigg aus: *„Der Lehrer [...] muß in den Kindern den Opfergeist großziehen, der von selbst den jungen Menschen dazu bringt, daß er weiß, daß Einordnung und Unterordnung das Wesentliche sind im Aufbau der Zeit."* Zit. nach: Bgld. Lbl. 5/1935, S. 54.

ten, so Dollfuß' fataler Irrtum, indem man nämlich selbst ausführe, was die Nazis versprechen würden.[69]

---

69) Herbert Dachs, in Tálos/Neugebauer 1985, S. 192, mit Hinweis auf Goldinger, Walter: Protokolle des Klubvorstandes der Christlichsozialen Partei 1918–1934. – Wien 1980, S. 212; vgl. auch Kurt Bauer, Hitler. Anmerkungen zum Verhältnis zwischen austrofaschistischem Regime und illegalem Nationalsozialismus, in: Zeitung Gedenkdienst, 2/2004; hier aus: http://zeitung.gedenkdienst.at/index.php?id=441 (08.12.2006)

2 Schulorganisatorische Veränderungen ab 1933

2.1 Eine Strukturenskizze über die allgemeinbildenden Schultypen

Ehe wir uns den schulorganisatorischen Realitäten im Detail zuwenden, sei ein kurzer Blick auf die hierarchische Kompetenzstruktur der Schulgesetzgeber, Vollziehungs- und Aufsichtsorgane gerichtet. „Dem unerwünschten Zustande der Rahmengesetze", legte 1934 Otto Ender in der „Wiener Zeitung" dar, sei „durch die Verfassung ein radikales Ende bereitet". „Ausschließlich dem Bunde steht die Gesetzgebung hinsichtlich der Hoch- und Mittelschulen und verwandter Lehranstalten zu […]." Der Bund behalte sich „hinsichtlich der Schulaufsicht an Mittel-, Volks- und Hauptschulen" und übrigen Schultypen „die Grundsatzgesetzgebung" vor. Ebenso seien „die dienst- und bezugsrechtlichen Verhältnisse der öffentlichen Lehrpersonen an Volks- und Hauptschulen" Bundesangelegenheit. Landessache hingegen seien „die Ausführungsgesetze. […] Bei der Durchführung der Schulgesetze bedient sich der Bund in erster Linie des Unterrichtsministeriums […]. In den Ländern übt der Bund die Verwaltung durch die Landesschulräte mit dem Landeshauptmann an der Spitze und durch die Bezirksschulräte [sie waren Bundesbehörden, Anm. d. Verf.] und durch die Ortsschulräte aus. Der zuständige Minister kann diesen Schulbehörden in den Ländern Weisungen geben, die der Landeshauptmann nicht durch einen Beschluß des Landessschulrates ablehnen darf." Schließlich stehe Organen des Unterrichtsministeriums das uneingeschränkte Inspektionsrecht bei allen Lehranstalten zu.[70]

Unterrichtsstaatssekretär Dr. Pernter entwarf im Herbst 1934 einen statistischen Überblick über den zahlenmäßigen Ist-Zustand der österreichischen Schullandschaft.[71] Demnach bestanden zu dem Zeitpunkt

---

70) Otto Ender, in: „Wiener Zeitung" vom 6. Dezember 1934, S. 3 („Die Schule in der neuen Verfassung."). Sperrungen im Original.
71) „Wiener Zeitung" vom 31. Oktober 1934, S. 2 („Österreichs Schulen in Ziffern").

- „4691 Volksschulen und 643 Hauptschulen, die von 866.500 Volks- und Hauptschülern (davon 430.000 Knaben) besucht" wurden.
- „17 Lehrer- und 19 Lehrerinnenbildungsanstalten" sorgten „für die Heranbildung der Lehrer" bzw. Lehrerinnen.
- „43 kaufmännische Wirtschaftsschulen (früher Handelsschulen), 525 gewerbliche" und „53 ländliche Fortbildungsschulen" sowie „14 Haushaltungsschulen" standen zur beruflichen Aus- und Fortbildung zu Verfügung.
- Die „169 Mittelschulen" besuchten 1933/34 „insgesamt 66.000 Schüler, davon rund 44.000 Knaben und 22.000 Mädchen". (Man beachte das geschlechtsspezifische Ungleichgewicht zu Ungunsten der Mädchenausbildung, worauf noch einzugehen sein wird.) Von den Mittelschulbesuchern bekannten sich 77 Prozent zur katholischen Kirche, 10 Prozent waren evangelisch, 11 Prozent israelitisch und 2 Prozent konfessionslos.
- „Von besonderer Bedeutung für das gesamte Unterrichtswesen", so Pernter, seien „die 1373 katholischen Lehr- und Erziehungsanstalten", darunter 6 Lehrer- und 13 Lehrerinnenbildungsanstalten, „20 Mittelschulen für Knaben, 18 für Mädchen, eine gemischte Mittelschule."
- Darüber hinaus besitze Österreich für die akademische Ausbildung „10 Hochschulen, davon 3 Universitäten, 2 Technische Hochschulen und 5 weitere Fachhochschulen".

Die mit Abstand höchsten Schülerzahlen wiesen die Volksschulen auf, die meisten infolge der dörflichen Siedlungsstrukturen „niederorganisiert und schlecht ausgestattet" und „wo sich die 10- bis 14-jährigen mit dem Angebot in der wenig differenzierten Oberstufe begnügen mussten".[72] Die in überfüllten Klassen erzielten Lernleistungen waren alles andere als berauschend: Bis zu 40 Prozent [sic!] der Schüler bzw. Schülerinnen waren Repetenten, folglich standen sie nach der 8-jährigen Volksschulzeit ohne Pflichtschulabschluss da.

Eine Momentaufnahme zum Beweis: An der hoch organisierten Volksschule Stegersbach mussten im Juli 1935 von den 70 [sic!] Kindern der 1. Klasse 16 mit „sitzenbleibend" protokolliert werden (22,9%), 11 von 55 schafften nicht die 2. Klasse (20%), 12 von 66 saßen im Herbst wieder in der 3. Klasse (18,2%). 11 der 64 Schüler (17,2%) von der 4. Schulstufe waren Repetenten (ein Schüler oder eine Schülerin trat bereits aus). Die 5. Schulstufe hatten 12 Schüler zu wiederholen, das entsprach genau einem Viertel! 5 der in dieser Klasse insgesamt 48 Schüler hatten die Schulpflicht bereits hinter sich. Somit gehörte an der gesamten Anstalt jeder vierte Schüler zu den „Sitzenbleibern"; wie viele unter ihnen schon ein zweites Mal oder öfter

---

72) Vgl. Jandl, S. 49.

zu wiederholen hatten, lässt sich nicht nachvollziehen. Übrigens befanden sich unter den 62 Gescheiterten 39 Knaben, somit nahezu zwei von drei aller Wiederholer. Nicht berücksichtigt bei dieser zahlenmäßigen Erfassung sind die – gemäß damaligem Sprachgebrauch sogenannten – *Zigeunerkinder*. Zum besagten Zeitpunkt absolvierten von den 45 Romas nicht weniger als 38 die *Zigeunerklasse* negativ, d. h. mit „Note 4".[73] Mehr darüber weiter unten.

Zum aufgezeigten Topos „Wiederholen" muss berücksichtigt werden: In den überwiegend kleinbäuerlichen Familien gehörte die Einbindung der Kinder in die harte Arbeitswelt zur Alltagsnormalität. Schul-„Versäumnisse", wie man in der bürokratischen Schulsprache die Abwesenheiten vom Unterricht nannte, zählten daher vor allem in den für die Landwirtschaft arbeitsintensiven Monaten zu den Gewöhnlichkeiten einer Landschule. Kinderarbeit war „zum Schutz der Betroffenen" auch gesetzlich geregelt. Die Schule – de facto der Lehrer oder die Lehrerin – hatte dem Verständnis entgegenzubringen und bei Bedarf die Kinder vom Unterricht zu befreien; dass mehrtägige, nicht selten wochenlange Abwesenheit einen raschen Anschluss „an den Stoff" nur schwer erlaubte, kann man sich denken.

LGBl. f. d. Bgld. 31/1936
(Ausgegeben und versendet am 26. März 1936)

Gesetz betreffend die Regelung der Kinderarbeit in der Land- und Forstwirtschaft.

§ 1. (1) Kinder […], das sind Knaben und Mädchen vor dem vollendeten 14. Lebensjahre, dürfen in der Land- und Forstwirtschaft […] zur Arbeit (Kinderarbeit) verwendet oder sonst beschäftigt werden. […].

§ 6. (1) In der Landwirtschaft ist die Verwendung […] vor dem vollendeten 10. Lebensjahr verboten. Nach dem vollendeten 10. Lebensjahr dürfen sie zu leichten Arbeiten, die ihren Körperkräften entsprechen, verwendet werden, wie: Viehhüten, Wartung des Kleinvieh, Bekämpfung von Schädlingen und Unkraut ohne Verwendung von Gift, Kartoffelklauben, Aufbinden von Weinreben, […] und dgl. […].

§ 8. ... (3) […] Den Kindern ist die zur Aufarbeitung ihrer Schulaufgaben notwendige Zeit im Ausmaß von mindestens einer Stunde am Nachmittage freizuhalten.

Ob beispielsweise das „Kartoffelklauben" oder „Aufbinden von Weinreben" von 10-Jährigen zu „leichter Arbeit" gezählt werden darf? Damals jedenfalls war es so.

---

73) Vgl. Protokolle der Volksschule Stegerbach vom 17. Sept. 1926 bis 5. Juli 1939, hier Protokoll der Schlusskonferenz vom 5. Juli 1935, o. S.

Die gesetzlich festgelegten „Schulbesuchserleichterungen" – sie waren ursprünglich gedacht für die Monate von Anfang April bis Ende Oktober – waren keinesfalls einer Anhebung der Bildung zuträglich, zumal sie die Schüler auch zum Daheimbleiben animierten. Üblicherweise erfolgte rasch die Genehmigung diesbezüglicher Ansuchen durch die Bezirksschulräte und den Landesschulrat. In den meisten Fällen jedoch, so zeigen die vorhandenen Dokumente, baten die Eltern um Unterrichtsbefreiung, wenn ihre Lieblinge bereits die Oberstufe besuchten, also über 10 Jahre alt waren; sie sollten nicht „tatenlos" den Tag in der Schule vertrödeln, stand doch daheim eine Menge Arbeit an. In den meisten Eingaben bat man bloß um Befreiung derer, die in der 8. Schulstufe saßen. Das Landesschulgesetz 1937 (LGBl. 40/1937, § 42, 2) gewährte Ausnahmen:

> Diese Erleichterungen können auch Kindern ganzer Schulgemeinden auf dem Lande gewährt werden, wenn die Vertretungen sämtlicher eingeschulter Ortsgemeinden auf Grund von Gemeinderatsbeschlüssen darum ansuchen und hiebei nachweisen, daß wenigstens 75 vom Hundert der Kinder zur länger dauernden Mithilfe in der Landwirtschaft der Eltern oder deren Stellvertreter gezwungen sind.

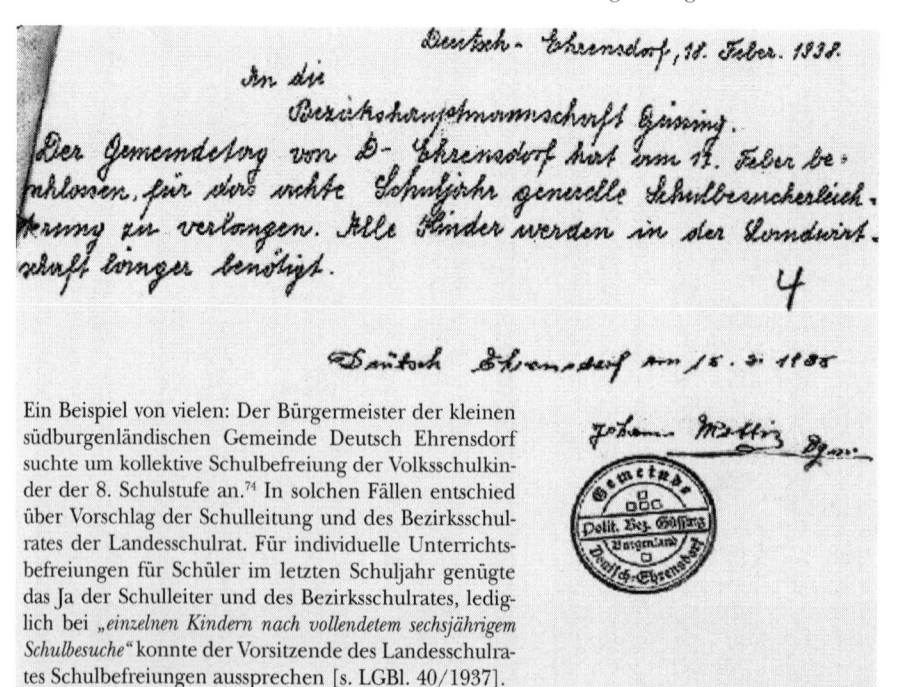

Ein Beispiel von vielen: Der Bürgermeister der kleinen südburgenländischen Gemeinde Deutsch Ehrensdorf suchte um kollektive Schulbefreiung der Volksschulkinder der 8. Schulstufe an.[74] In solchen Fällen entschied über Vorschlag der Schulleitung und des Bezirksschulrates der Landesschulrat. Für individuelle Unterrichtsbefreiungen für Schüler im letzten Schuljahr genügte das Ja der Schulleiter und des Bezirksschulrates, lediglich bei *„einzelnen Kindern nach vollendetem sechsjährigem Schulbesuche"* konnte der Vorsitzende des Landesschulrates Schulbefreiungen aussprechen [s. LGBl. 40/1937].

---

[74] Bgld. LArch., IV A – 1/1938, Heft II.

Die Ausnahme von der Ausnahmesituation: „Zur Teilnahme an den religiösen und vormilitärischen Übungen" traten alle diesbezüglichen Gesetzesparagrafen außer Kraft – „Zuwiderhandeln hat den Entzug der Schulbesuchserleichterungen zur Folge".[75]

Die Sozialdemokratie war in den republikanischen Jahren bei ihren Reformbestrebungen gescheitert, so im Bemühen um die einheitliche Gesamtschule. Die 1927 aus der Bürgerschule hervorgegangene Hauptschule war bis zum Schuljahr 1933/34 dort, wo es die Schülerzahlen zuließen (die Schülerhöchstzahl pro Klasse betrug 55), zweizügig geführt und besaß auch nach der Novellierung durch das Hauptschulgesetz vom März bzw. den Durchführungsbestimmungen vom 12. Mai 1934 nicht den Status einer Regelschule. Die statistischen Daten über die Anzahl der Hauptschulbesucher auf Bundesebene weisen, regional gesondert betrachtet, erhebliche Unterschiede auf. 1932/33 besuchten „nur ca. 17 Prozent der 10- bis 14-Jährigen diesen Schultyp";[76] im Burgenland hingegen gab es derer lediglich drei bis vier Prozent [sic!],[77] wobei die vielerorts äußerst unzulänglichen Verkehrsverbindungen des Landes zu diesem mickrigen Anteil nicht unwesentlich beitrugen. Woher aber auch, und das war wohl das höchste Hindernis, sollten die meist kinderreichen Eltern das Schulgeld oder, nicht weniger drückend, das *Kostgeld* (= Quartier- und Essenskosten auswärtiger Zöglinge bei Gastfamilien im Schulstandort) nehmen?

Als Gebot der neuen – wir kommentieren: eigentlich alten, vorliberalen – Zeit galt es, die von Gott bestimmten gesellschaftstrennenden Schranken in die praktische Schulwirklichkeit umzusetzen. Hier zeigte sich, dass Dollfuß am 1. Mai 1934 den angeblich 50.000 Jugendlichen im Wiener Stadion nur Worthülsen servierte, als er pathetisch zu erklären versuchte: „Es gibt keinen Unterschied zwischen euch. […] Es ist keiner mehr oder weniger als ein anderer […], ob eure Eltern diesem oder jenem Stand angehören."[78] Schulreformerische Schlagworte wie *Chancengleichheit* oder *Durchlässigkeit* der Schüler (sie sollten in der Kreisky-Ära wieder auferstehen und bis zur Gegenwart nicht enden) wurden von regimegefügigen Schreibtischpädago-

---

75) LGBl. 40/1937, § 42 (3).
76) Vgl. Zahradnik, Michael: Sozialgeschichte der Schule, in: Diem-Wille, Gertraud; Wimmer, Rudolf (Hg.): Materialien und Texte zur politischen Bildung, Bd. 1: Familie und Schule. – Wien 1987, S. 146.
77) Jandl sprach von „ca. 3%"; dies. S. 49.
78) Zit. nach „Reichspost" vom 2. Mai 1934, S. 2. Sperrung im Original; vgl. ebenso E. Weber, Dollfuß an Österreich, S. 250 f.

gen zur widernatürlichen „Gleichmacherei"-Posse gebrandmarkt. Die Schulverwaltung, urgierten sie, habe diesem liberalen Spleen striktest entgegnen zu treten. Demzufolge „tat sich" in den Lehrplanverordnungen, so gestand Ludwig Battista, ein vertrauter Schulmann der Christlichsozialen und somit unverdächtiger Zeitzeuge, „die Kluft zwischen der Mittelschule und dem Volksschulsystem [sowie der Hauptschule, Anm. d. Verf.] wieder auf".[79]

Ein kurzer Ausblick: Im nationalsozialistischen Österreich sollte nach der Volksschule jedes Kind, ob arm oder reich, wenn es nicht ohnehin eine höhere Schule anstrebte, die Hauptschule verpflichtend besuchen. Alleinige Voraussetzungen: „die charakterliche Haltung, die körperliche Eignung und die geistige Leistungsfähigkeit des Schülers".[80] Dadurch hätte dieser Schultyp beinahe den Status einer Regelschule erlangt. Das Zahlen von Schulgeld gehörte ab 1942 der Vergangenheit an. Der Typus *Hauptschule* wurde – trotz gravierender Reduzierung der Typenvielfalt im nationalsozialistischen Schulwesen – ab 1942 im Altreich nach österreichischem Muster übernommen,[81] quasi als „Geschenk der Ostmark". Die fatale Kriegsentwicklung ermöglichte jedoch nur ansatzweise eine flächendeckende Verbreitung in den deutschen Landen.

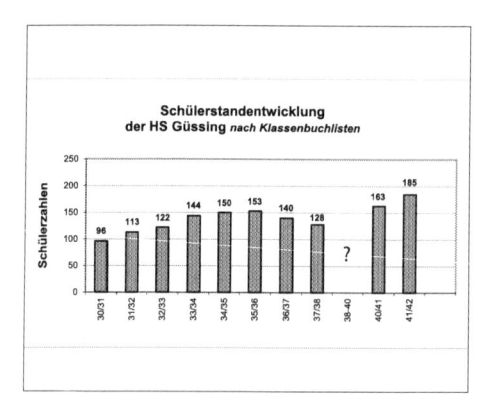

Die Schülerstandkurven der beiden voneinander nur 15 Kilometer entfernten Land-Hauptschulen Güssing und Stegerbach weisen zeitlich teils ähnliche, teils unterschiedliche Entwicklungsverläufe auf. Hielt in Güssing der Zustrom bis Mitte der 30er an, so explodierte er nahezu in der Nachbarschule in den ersten drei Jahren des Jahrzehnts, um in den folgenden vier Jahren auf einen für das Weiterbestehen der Anstalt Besorgnis erregenden Tiefstand abzufallen. Dann die – für beide Schulen – erfreulichen Besucherströme in den nationalsozialistischen Anfangsjahren: Stegersbach konnte bis 1940/41 die Besucher-

---

79) Zit. nach Fischl, Schulreform, S. 86.
80) Zit. nach ebenda, S. 72; man beachte die nicht zufällig erfolgte Reihenfolge der Kriterien! „Charakterliche Haltung" bedeutete Regimetreue der Eltern und freilich auch der Kinder; die körperlichen Fähigkeiten zwecks dem hehren Ziel „Wehrertüchtigung" waren dem kognitiven Leistungsvermögen vorangestellt.
81) Erl. des RMfWEV vom 9. März 1942: Bestimmungen über Erziehung und Unterricht in der Hauptschule, zit. nach Fricke-Finkelnburg, Renate: Nationalsozialismus und Schule. Amtliche Erlasse und Richtlinien 1933–1945. – Opladen 1989, S. 73 ff.

Schülerstandentwicklung der HS Stegersbach nach Eigl

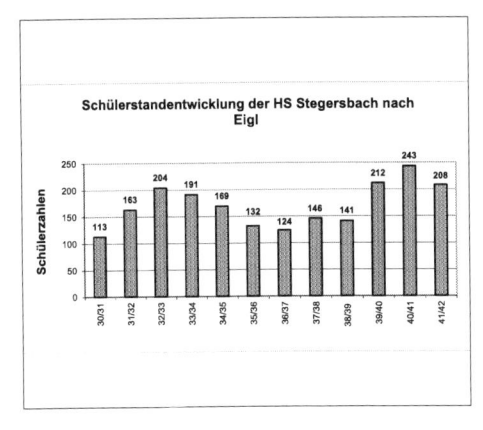

Jahr	Schülerzahlen
30/31	113
31/32	163
32/33	204
33/34	191
34/35	169
35/36	132
36/37	124
37/38	146
38/39	141
39/40	212
40/41	243
41/42	208

zahlen nahezu verdoppeln, und im folgenden Schuljahr erreichte die HS Güssing den höchsten Schülerstand seit ihrem Bestehen. Ein Indiz, dass die *neue Zeit* Zukunftsoptimismus erzeugte. In den weiteren Kriegsjahren senkte sich abermals die Kurve, lediglich in Stegersbach wuchs sie wieder im „letzten" Schuljahr (1944/45). Direktor Eigl: „*[...]ist darauf zurückzuführen, daß gegen Ende des Krieges aus Wien und Umgebung zahlreiche Kinder wegen der Bombengefahr aufs Land, so auch nach Stegersbach, gebracht wurden* [Erweiterte Kinderlandverschickung – EKLV, Anm. d. Verf.]." M. Eigl: *Gründung und Entwicklung der Hauptschule Stegersbach*, in: *Die Hauptschule in Stegersbach*

Um den Diskurs über die veränderten Organisationsformen vorläufig abzurunden, seien zwei „totgeborene Kinder" (Fischl) der Schulverwaltung genannt. Zunächst zur Lehrerausbildung: Die Ausbildung zum Volksschullehrer dauerte vier, eventuell mit Vorbereitungsklasse (für Schüler, die beim LBA-Eintritt das 15. Lebensjahr noch nicht erreicht hatten) ein Jahr länger. Eine Gesetzesbestimmung vom Feber 1937 erhöhte die Ausbildungszeit auf sechs Jahre und die 34 Lehrerbildungs*anstalten*[82] sollten den Namen Lehrer*akademien* führen. Ein Abschluss berechtigte zum Universitätsbesuch. Was mit flüchtigem Blick als Fortschritt angesehen werden konnte, entpuppte sich für die Pädagogikstudenten als grobe Benachteiligung gegenüber den Kollegen in den Gymnasien, die schon nach vier Jahren mit dem Reifezeugnis auch die Hochschulreife erlangten. Erschwerend für ein Hochschulstudium wäre nach sechs Jahren Akademiebesuch hinzugekommen, dass man für ein solches auf Verordnungsweg Einschränkungen eingebaut hätte.[83] „Wäre" deshalb, weil das Reformproblem noch im ersten Jahr der Akademien, im Schuljahr 1937/38, quasi extern erledigt wurde: Unter nationalsozialistischer Herrschaft blieb – jedenfalls bis zur ersten Kriegshälfte! – die vorher geltende Form erhalten.

Ins schulgeschichtliche Kuriositätenkabinett Österreichs gehört der erst im Februar 1938 gefasste Beschluss zur Gründung eines „Dollfuß-Kollegs". Als Standort war die Bundeserziehungsanstalt Traiskirchen auserwählt wor-

---

82) Vgl. auch Engelbrecht, Helmut: Die Eingriffe des Dritten Reiches in das österreichische Schulwesen, in Heinemann 1980, S. 114; ebenso: Staber, Jahresbericht LBA Oberschützen 1936/37, S. 31.
83) Fischl, Schulreform, S. 87.

den, eine Bildungsstätte mit bislang schulreformerischem Habitus. Entsprechend einem klar vorgegebenen Ausleseverfahren sollte für zunächst einmal 80 Schüler ein elitäres humanistisches Gymnasium als Kaderschmiede für die zukünftige Staatsbürokratie entstehen. Als Aufnahmekriterien in den Bundesländern wären nach dem Proportionalitätsprinzip die jeweiligen Bevölkerungszahlen ebenso entscheidend gewesen wie überdurchschnittliche Zeugnisnoten der Bewerber in den vierten Klassen der Volksschulen und die (zu überprüfende!) Zugehörigkeit der Eltern zur Vaterländischen Front.[84] Ob man das (gescheiterte) Projekt als Korrelat zu den Elitebildungsstätten in Deutschland, den Nationalpolitischen Erziehungsanstalten (*NPEA*, gebräuchlicher *Napola*) und den Adolf-Hitler-Schulen (*AHS*) gedacht hatte, entzieht sich einer Beurteilung. Jedenfalls war der „Widerruf dieses [...] Erlasses dann eine der ersten Handlungen der neuen nationalsozialistischen Schulverwaltung".[85]

Exkurs – Zigeunerschulen am Beispiel Stegersbach

Eine Besonderheit in vielerlei Hinsicht stellte im Burgenland die „Einschulung der Zigeunerkinder" dar, eine der ersonnenen Maßnahmen im Rahmen der „Bekämpfung des Zigeunerunwesens".[86] Diese (bald gängig verwendete) Terminologie geht auf einen im Jahr 1922 vom Gendarmeriekommando Oberpullendorf an die politische Öffentlichkeit gerichteten Aufruf zurück. Auf den Appell, der noch im selben Jahr zur Diskussion über die Schulpflicht für die Kinder dieser Minderheit auf parlamentarischer Ebene

---

84) Vgl. LABl. f. d. Bgld. 126/1938: Aufnahme in die 1. Klasse des Dollfuß-Kollegs in Traiskirchen im Schuljahre 1938/39, und LABl. f. d. Bgld. 127/1938: Aufnahme in die 1. Klasse der Bundeserziehungsanstalten im Schuljahr 1938/39.
85) Fischl, Schulreform, S. 97.
86) Die Zahl der Roma „belief sich in der Zwischenkriegszeit im Burgenland auf 6.000–7.000, wovon die Hälfte im Bezirk Oberwart wohnte". Moritsch, Andreas; Baumgartner, Gerhard: Der nationale Differenzierungsprozeß in Südkärnten und im südlichen Burgenland, in Holzer/Münz, Trendwende?, S. 117; nach der Volkszählung vom 22. März 1934 zählten die drei südlichsten Bezirke Oberwart, Güssing und Jennersdorf 4977 „Zigeuner", davon lebten zu dem Zeitpunkt zwei von drei im Oberwarter Bezirk, exakt 3302; Daten entnommen aus: Das Joanneum. Beiträge zur Naturkunde, Geschichte, Kunst und Wirtschaft des Ostalpenraumes, hier Bd. I: Ostalpenraum und das Reich. – Graz 1940, S. 52–58 („Die Wohnbevölkerung des Burgenlandes").

zwang und als Ergebnis den Vorschlag hervorbrachte, in Gemeinden mit übermäßiger Roma-Bevölkerung eigene *Zigeunerschulen* einzurichten. In Orten mit geringem Roma-Anteil sollten die Kinder in die bestehende Volksschule integriert werden. Ein Jahr später bestand denn tatsächlich im Burgenland gemäß Erlass der Burgenländischen Landesregierung vom 12. Juli 1923 die angepeilte Schulpflicht. Seitens der offiziellen Stellen war mit diesem Verordnungswerk ein deutlicher Schritt gesetzt für den Beweis, es mit dem Integrationswillen aufrichtig zu meinen. Stellte sich bloß die Frage, ob denn die lobenswerten Absichten auch in den Köpfen der Bevölkerung – auf beiden Seiten – so gewollt waren!

Die folgenden Jahre zeigten, dass man den Schulbesuch der Roma an den jeweiligen Volksschulen höchstens als mit „sehr unregelmäßig" bezeichnen konnte. Die Schwierigkeiten reichten von Sprachproblemen – die Muttersprache Romanes war kein Unterrichtsfach –, vom Analphabetentum der Roma-Eltern, von mangelhafter oder fehlender Kleidung ihrer Kinder bis hin zu der von der übrigen Bevölkerung vertretenen Meinung, durch den Kontakt mit Romas die eigenen Kinder den Gefahren sittlicher Verderbung und der Ansteckung mit körperlichen Krankheiten auszusetzen. Nicht überall ohne öffentlichen Protest, wie das Beispiel Oberwart zeigt. Dort gab es eine „Zigeunerkolonie [...], deren Mitglieder katholisch waren", und „der Bezirksschulinspektor (verlangte) die Zwangseinschulung der (etwa 100) Zigeunerkinder in die katholische Schule. Dagegen wehrte sich der Schulstuhl und gab zu bedenken, ‚daß die Durchführung der diesbezüglichen Verordnung aus gesundheitlichen Rücksichten unmöglich sei. Die Behörde möge Sorge dafür tragen, daß die staatliche Schule, welche die Aufgabe hatte, für den Unterricht der Zigeunerkinder zu sorgen, ihrem Zwecke zurückgegeben werde'." Der Einspruch des Schulstuhls wurde mit Erfolg gekrönt.[87]

Um all dem zu entgehen, schuf man, besser gesagt, versuchten die vorgesetzten Schulstellen in den 1920er-Jahren eigene, von den – offizielle Lesart – *bürgerlichen* Schülern räumlich abgeschiedene *Zigeunerklassen* zu installieren, was ebenfalls nicht überall reibungslos vonstatten ging. In Unterwart etwa (1934: 1267 Einwohner, davon 184 Romas) erklärte sich der Gemeinderat gegenüber der Landesregierung aus finanziellen Gründen außer

---

87) Sill, Ferenc; Triber, Ladislaus: Die katholische Kirche im Komitat Vas und in der Oberen Wart ab 1526, in: Die Obere Wart. Festschrift zum Gedenken an die Wiedererrichtung der Oberen Wart im Jahre 1327. – Oberwart 1977, S. 402, mit Hinweis unter Anm. 51 auf „Kath. Pfarrarchiv Oberwart, Zl. 140 vom 25. Juli 1925".

Stande, „für die 28 schulpflichtigen ‚Zigeunerkinder' eine Sonderklasse einzurichten", obschon er „die kulturelle Notwendigkeit der Einschulung der Zigeunerkinder" unterstrich.[88]

Redlich bemühten sich die Gemeindeväter und Schulstuhlmitglieder von Stegersbach, das, wie man es noch nannte, *Zigeunerproblem* zu lösen. Die Volkszählung von 1934 gewährt Einblick in die demografische Situation des Marktortes: Von den 2780 Bewohnern zählten 270 zur Gruppe der Zigeuner.[89] 1933/34 besuchten 45 ihrer Kinder die Zigeunerschule (s. nachf. Tab.). Bereits 1924 war die erste „Romaschule Österreichs" eingerichtet[90] und in die röm.-kath. Volksschule integriert worden. Wenn auch nicht überall zur Freude der Ortsbewohner, weshalb man ab 1925/26 die *Zigeuner* in einer separaten Klasse einem Lehrer anvertraute. Drei Jahre später zielten die Überlegungen der Landesregierung, der Apostolischen Administration und des örtlichen Schulstuhls erneut auf eine Integrierung der etwa 30 Roma-Kinder in den bürgerlichen Volksschulklassen – ganz im Sinne des Lehrkörpers der Volksschule, der protokollarisch in der Schulschluss-*Verhandlungsschrift* vom 7. März 1928 zur leidigen Angelegenheit festgehalten wissen wollte (siehe Abbildung).[91]

Bei der Eröffnungskonferenz Anfang September 1928 konnte der Vorsitzende, Kreisinspektor (des Dekanats) Oberlehrer Alexander Luif den Anwesenden „*den an den hiesigen Schulstuhl ergangenen Erlaß der Apost. Administration bezüglich Auflassung der Zigeunerklasse*" verlesen: „*Die Zigeunerkinder werden in die ihren geistigen Fähigkeiten, bzw. ihrem Alter entsprechenden Klassen (Schulstufe) eingeteilt.*" Die Vermehrung der Taferlklassler mit 18 Zigeunerkindern ergab einerseits die erfreuliche Konsequenz einer neuen „*Klassenverteilung: Die 1. Klasse wird wegen der hohen Schülerzahl (93) getrennt in 1A und 1B Klassen, u. zw. so, daß die Knaben in* [sic] *die 1A, die Mädchen die 1B besu-*

---

88) Vgl. Schwarzmayer, Eva: Die burgenländischen Roma auf dem Weg zu einer neuen Identität, in Holzer/Münz, Trendwende?, S. 238, mit Hinweis auf J. Bertha: Die Schwierigkeit der Zigeunerintegration. Dargestellt am Beispiel der burgenländischen Gemeine Unterwart, in: Das Menschenrecht 1/1977, S. 8–11.

89) Daten aus: Das Joanneum. Beiträge zur Naturkunde, Geschichte, Kunst und Wirtschaft des Ostalpenraumes, hier Bd. I, S. 54.

90) Vgl. Mühl, Dieter: Die Roma von Kemeten. Projekt zur namentlichen Erfassung der Roma-Holocaust Opfer von Kemeten. – Oberwart 1999, S. 19, mit Hinweis auf Georg Gesellmann: Die Zigeuner im Burgenland in der Zwischenkriegszeit. Die Geschichte einer Diskriminierung. – Phil. Diss., Wien 1989.

91) Faksimile entnommen aus: Protokolle der Volksschule Stegerbach vom 17. Sept. 1926 bis 5. Juli 1939, o. S. Fortan: Protokolle VS Stegersbach.

> *6. Klassenverteilung:* Kann wegen der Zigeuner nicht vorgenommen werden. Der Lehrkörper ist der Überzeugung, dass der jetzige Zustand, wonach die schulpflichtigen Zigeunerkinder in einer eigenen Zigeunerklasse unterrichtet werden, unhaltbar ist. Der außerordentlich hohe Prozentsatz der Schulversäumnisse vernichtet trotz hingebungsvoller Arbeit der Lehrkraft den entsprechenden Unterrichtserfolg. Der Umstand ferner, dass die Kinder unter sich sind, erhält sie in ihrer Verwahrlosung. Der Lehrkörper steht daher auf dem Standpunkt, dass die Zigeunerklasse aufgelassen werde, obwohl er sich nicht der Erkenntnis verschließt, dass die Aufteilung der Zigeunerkinder, die zum Großteil sittlich herabgekommen sind, auf die übrigen Klassen große pädagogische und moralische Gefahren in sich birgt. Er schlägt darum vor, besonders verwahrloste und nicht entsprechend gekleidete Zigeunerkinder — manche erscheinen geradezu halbnackt — vom Unterrichte auszuschließen.

chen."[92] Die hierbei eingehandelte Problematik der schulinternen Reform: Fünf Monate danach mussten bei der Halbjahreszensur allein in diesen beiden ersten Klassen 11 der genannten 18 mit der „Note 4" in einem oder in mehreren Unterrichtsfächern klassifiziert werden (Notenskala 1 bis 4!), drei Zigeunerkinder „*konnten wegen mangelhaftem*" und „*schlechtem Schulbesuch nicht abgeschlossen werden*". Somit blieben vier (!), die den Lernanforderungen gerecht wurden. Von den 75 der sogenannten *bürgerlichen Schüler* der 1A und 1B schlossen fast gleich viele wie bei den Romas negativ ab, exakt 13, was eine Quote von 17,3 Prozent ergab – im Unterschied zu den 78 Prozent negativ beurteilten Zigeunern eigentlich ein sehenswerter „Erfolg". In der 3. Schulstufe erzielte in diesem Schulhalbjahr kein einziges der sechs Roma-Kinder einen positiven Abschluss, während von den 59 bürgerlichen Schulkindern dieser Klasse 14 mindesten einen „Vierer" ins Halbjahreszeugnis (23,7 Prozent) bekamen.[93]

Die bei den Lehrern – und Roma-Schülern – von Frustration geprägte Schulsituation, die die soeben ausgewählten Beispiele illustrieren, bestimm-

---

92) Ebenda, *Verhandlungsschrift* vom 3. September 1928.
93) Ebenda, Daten und Berechnungen nach *Verhandlungsschrift* vom 30. Januar 1929.

te über die nächsten Schuljahre das Klima dieser Anstalt. Die Negativerfahrungen bei den „lernfaulen Kindern" selbst, die sich in den Zensuren niederschlugen, spiegeln sich mehr als deutlich an den von den Klassenlehrern penibel notierten *Versäumnissen* am Unterricht. Die in der nachstehenden Tabelle aus den Konferenzprotokollen eruierten (gerundeten) Prozentsätze, in den meisten Fällen Durchschnittswerte am Ende des zweiten Semesters, präsentieren ein unverblümtes Bild.

Der Eingliederungsversuch ab Herbst 1928 ging – profan gesagt – vollkommen in die Binsen. So standen die Jahre 1929 und 1930 im Zeichen reger Bemühungen, unter spürbaren Finanzaufwendungen ein weit ab vom Volksschulgelände gelegenes Bauwerk, nämlich einen Trakt des Gemeindehauses für eine isolierte Zigeunerklasse, eine Quarantänestation in vielfacher Hinsicht, zu adaptieren. Von politischen Persönlichkeiten wie dem Stegersbacher Johann Wagner, dem späteren Landeshauptmann, mit der *Zigeunerplage* bestürmt,[94] kamen die Landtagskollegen nicht zur Ruhe. Und sie reagierten trotz angespannter Budgetsituation, wie einer Kurzmeldung der *Güssinger Zeitung* von 1929 zu entnehmen ist:[95]

> Die Zigeunerschule in Stegersbach. Die Landesregierung hat den vom Landtag beschlossenen Betrag von 15.000 Schilling für die Zigeunerschule in Stegersbach flüssig gemacht.

„Die diesbezüglichen Bauarbeiten", berichtete das Blatt in der nächsten Ausgabe, wurden [...] am 2. August (1930) vergeben."[96] Ein drei Wochen danach vom Schulstuhl an die vorgesetzte Kirchenbehörde gerichtetes Schreiben gibt über die Anstrengungen und Rechtfertigungserklärungen Auskunft. Wie dargestellt, besuchten ab Herbst 1931 die bürgerlichen und die Zigeunerkinder wieder voneinander getrennte Klassen.

---

94) Siehe beispielsweise die Rede Wagners vor dem Landtag, darunter zu den Topoi Schul- und Zigeunerfrage, abgedruckt in der „Güssinger Zeitung" vom 27. Januar 1929, S. 1–3, und, in Fortsetzung, vom 3. Februar 1929, S. 1-3.
95) „Güssinger Zeitung" vom 18. August 1929, S. 4; Hervorhebung im Original in Fettdruck. Wir konnten rund $1^1/_2$ Dutzend Artikel allein von diesem Wochenblatt bezüglich der *Zigeunerfrage, Zigeuner-* bzw. *burgenländischen Landplage* und *Kulturschande,* über das *Zigeunerunwesen,* über *diebische Zigeuner* u. dgl. m. im Zeitraum von 1923 bis zu den Umbruchtagen im März 1938 ausmachen; siehe beispielsweise „Güssinger Zeitung" vom 30. Dez. 1923, 10. Okt. 1926, 5. Juni 1927, 9. Dez. 1928, 27. Jan., 3. Feb. und 31. März 1929, 27. April und 24. Aug. 1930, 12. April 1931, 21. Jan. 1932, 22. und 29. Jan. 1933, 14. Nov. 1937 und 13. Feb. 1938.
96) Ebenda, 24. August 1930.

Schuljahr	Anzahl der Schüler in der „Zigeunerklasse"*	Negative (Halb-)Jahresabschlüsse bzw. „nicht abgeschlossen"		„Versäumnisse" / „Fehlende" von allen
		absolut	in %	
1926/27	30	9 „bleiben zurück"	30	6,4%
1927/28	32	Feb. '28: 10 mit „Note 4" und 5 „nicht klassifiziert"	46,8	29,2%
1928/29 – 1930/31 Aufgeteilt auf die übrigen VS-Klassen („Integration")				
1931/32	41	16 „bleiben zurück" und 3 „nicht abgeschlossen"	46,3	37,2%
1932/33	47	15 „bleiben zurück"	31,9	31,6%
1933/34	45	27 „bleiben zurück"	60	16,2%
1934/35	45	38 „sitzenbleibend"	84,4	16,3%
1935/36	48	19 „wiederh."	39,6	31,1%
1936/37	47	19 „wiederh." und 6 „nicht abgeschlossen"	40,4	35,2%
1937/38	55**	23 „nicht abgeschlossen", 16 „bleiben zurück"***	70,9	44%***

*Die Schülerzahlen variierten meist innerhalb eines Schuljahres, u. a. auch wegen Ausschluss seitens der Schulleitung bzw. des Schulstuhles. **September 1937. ***1. Halbjahr

Noch waren die Bauarbeiten nicht beendet, bezog abermals die erwähnte Zeitung Stellung zur „Zigeunerfrage, diesem größten Elend der Gemeinde Stegersbach". Auf die Schule eingehend, meinte der Kolumnist „F. G." (Franz Grabner, weltlicher Präses des Schulstuhls in Stegersbach):

> Es ist uns gelungen, als erste Gemeinde im Burgenlande, eine Zigeunerschule zu errichten, wo die Zigeunerkinder ihren Eigentümlichkeiten und Fähigkeiten entsprechenden Unterricht erhalten.
> [...] Jetzt erst erwachsen der Gemeinde und Gesellschaft grosse Pflichten. Wir müssen die Kinder mit Kleider(n) versehen, dass sie die Schule besuchen können. Wir müssen die Schule mit allerlei Lehrmitteln und Werkzeugen versehen [...]. Sind die Zigeunerkinder der Schule entwachsen, so muss dafür Sorge getragen werden, dass sie einer entsprechenden Beschäftigung zugeführt werden, da sonst die Erfolge der Schule in Frage gestellt werden.
> GÜSSINGER ZEITUNG, 31. 1. 1931

Nicht bloß mit Faulheit, unterstem Sozialniveau und ähnlichen vorschnell disqualifizierenden Äußerungen ließen sich die „mangelhaften Schulbesuche" und der daraus resultierende sehr geringe Lernertrag begründen. Die grassierende Arbeitslosigkeit suchte in erhöhtem Maß die Romabevölkerung heim, selbst kleinste finanzielle Ausgaben, die nun einmal das Schulegehen ihrer Kinder erfordert hätten, standen selten zur Verfügung. Die Schulprotokolle erwähnen einige Male einen der Hauptgründe für das Fernbleiben von der Schule. Beispielsweise im Halbjahr-Protokoll im Februar 1933 heißt es: *„Der hohe Prozentsatz in der Zigeunerklasse findet seine Ursache in der Tatsache, daß die Zigeunerkinder keine Kleider besitzen."*[97] Vor allem mangelte es in den kalten Jahreszeiten an Schuhen. Noch vor dem Winter 1932 hatte die Gemeinde Stegersbach von den Schuhmachern des Ortes 134 Paar Schuhe für die Zigeunerkinder in Auftrag gegeben.[98] Tatsächlich lassen sich in den Wintermonaten (allerdings auch in den wärmeren Juni-/Julitagen!) größere Häufigkeiten an *Fehlenden* feststellen. Im Dezember 1937 wurden 51,8 Prozent registriert.[99] Ob folgender Antrag von „Herrn Koll. Stöhr", der 1934/35 die Zigeunerklasse führte, klug war, bleibt dahingestellt: *„[...] daß es vorteilhafter sei, für die, den Zigeunerkindern zuerkannten Schuhe, nicht Leder, sondern Holzsohlen zu verwenden."*[100] Gelegentliche Zutei-

---

97) Protokolle, VS Stegersbach, *Verhandlungsschrift* vom 17. Februar 1933.
98) Six, Maria: Die Zigeunerschule (1924–1938), in: Stegersbach 1989, S. 256.
99) Protokolle, VS Stegersbach, *Protokoll* vom 9. Februar 1938.
100) Ebenda, *Verhandlungsschrift* vom 15. Februar 1935.

lungen von Kleidungsstücken änderten nur wenig, und eine Geldsammlung zum besagten Zweck wurde nur ein Mal notiert: *„Zur Unterstützung der Zigeunerkinder wurde eine Sammlung eingeleitet, die einen Betrag von 46,40 S brachte."*[101]

Wie hitzig die Debatten bei den Lehrerkonferenzen und bei Versammlungen des Schulstuhls abliefen, lassen folgende protokollarischen Notizen erahnen:[102]

> Der Lehrkörper hat sich eingehend mit dem Unterrichtserfolg in der Zigeunerklasse befaßt und ist zur Ansicht gekommen, daß bei dem nachlässigen Schulbesuch und dem jeden Erziehungs- und Unterrichtserfolg verhindernden Einflüssen des Zigeunerlebens trotz aufopfernder Hingabe seitens der Lehrer und Anwendung aller zur Verfügung stehenden Mittel ein sichtbarer Erfolg überhaupt nicht erreicht werden kann. Da nach Ansicht des Lehrkörpers jede Mühe umsonst ist u. der Aufwand aller materiellen Mittel zwecklos erscheint, beantragt der Lehrkörper, die Zigeunerklasse aufzulassen u. die 7. Lehrstelle zur Entlastung der überfüllten Oberstufe zu verwenden.

Der *„röm. kat. Schulstuhl"* ließ den Vertreter der Volksschule, Eugen Halvax, ins Sitzungsprotokoll vom 16. Februar 1936 schreiben:[103]

> Direktor [der VS-Stegersbach, Anm. d. Verf.] Alexander Luif erklärt, daß der Schulbesuch in der Zigeunerklasse ein äusserst [sic] schlechter ist. Trotzdem die Zigeunerkinder mit Schuhen beteilt wurden, ist der Schulbesuch nicht nur nicht gestiegen, sondern hat sich noch beträchtlich verschlechtert, so daß regelmäßig von 46 Kindern 22 bis 25 Kinder fehlen. [...] Nun könnte man als letztes Mittel nur noch die Bestrafung der Kindeseltern mit Kerkerstrafen beantragen. Dazu ist aber ein Strafantrag des Schulstuhles notwendig. – Über das Thema der Rentabilität und Unrentabilität der Zigeunerklasse entspinnt sich eine längere lebhafte Debatte, an der sich alle Anwesenden beteiligen und worin zum Ausdruck kommt, daß der Unterricht in der Zigeunerklasse in dieser Form, wie er jetzt besteht, dem unregelmässigen [sic] Schulbesuch und anderer in der Lebensweise der Zigeuner bedingten [sic] Umstände halber schon von vorneherein zum Scheitern verurteilt ist. – Mit Ausnahme des weltl. Präses Dir. Grabner sind alle anwesenden Mitglieder des Schul-

---

101) Ebenda, *Verhandlungsschrift* vom 11. Februar 1937.
102) Ebenda, *Verhandlungsschrift* vom 30. Juni 1933; zu den Klassengrößen an der VS-Stegersbach im Herbst 1934, aufsteigend von der 1. bis 6. Klasse (hier 6., 7. und 8. Schulstufe): 56, 60, 66, 72, 43 und 44 Schüler; in der Zigeunerklasse 48; vgl. ebenda, handgeschriebenes *Protokoll* vom 15. September 1933.
103) Durchschlag des Sitzungsprotokolls (Auszug) vom 16. Februar 1936; Quelle: nichtkatalogisierter Ordner im Archiv der VS Stegersbach.

stuhles der Ueberzeugung, daß der Schulstuhl kein geeignetes Mittel besitzt, obigem Uebelstande abzuhelfen, da die Zigeunerfrage nur auf breiterer Grundlage zu lösen sei. Es wäre daher wünschenswert, die Zigeunerklasse als solche überhaupt aufzulösen.

Häufiger als bei den anderen Schülern wurden bei den Zigeunerkindern die schlechteren Betragensnoten „gut", „entsprechend" oder – bei schweren sittlichen Vergehen – „nicht entsprechend" (Note „4") eingetragen mit Begründungen wie *„unentschuldigtes Fernbleiben"* von der Schule, *„Störung des Unterrichts", „freches Reden", „Frechheiten gegenüber den Lehrpersonen", „Diebstahl"* oder *„(große) Diebstähle", „tanzen", „unsittliches"* oder *„lügenhaftes Benehmen".* So erhielten im Jahreszeugnis 1926/27 in *Betragen* die Note *4* Agata K. und Franz M. von der 2. bzw. 3. Schulstufe der Zigeunerklasse *„wegen geschlechtlichem Verkehr".*[104]

Wie aus dem oben Dargestellten hervorgeht, teilten sich Gemeinde und Kirche die Investitions- und Erhaltungskosten der Zigeunerschule, einen Teil der Lehrerbesoldung leistete die Apostolische Administration. Durch eine Ausweichklasse, die organisatorisch weiterhin der Volksschule angegliedert war, in einem Hofgebäude hinter dem heutigen Rathaus wurden also die bürgerlichen Kinder vor „unangenehmen Einflüssen" geschützt.[105]

---

104) Protokolle VS Stegersbach, *Verhandlungsschrift* vom 28. Juni 1927; eine ihrem Inhalt nach anscheinend zeitlose, um nicht zu sagen: aktuelle, nie verstummende Diskussion unter den Lehrern bezüglich Disziplin der Schüler ist im *Protokoll* vom 15. Dezember 1931 festgehalten. An der VS Stegersbach waren dieses Mal die „bürgerlichen" und nicht die Zigeunerschüler(!) Objekt der Debatte:
Der Lehrkörper [...] spricht sich aus folgenden Gründen für die Beibehaltung der Klassifikation aus Betragen und Fleiß in den Entlassungszeugnissen der Volksschulen aus:
1. Die Lehrerschaft verfügt angesichts der zunehmenden Verwilderung der Schuljugend und der vielfach zu beobachtenden Interessenlosigkeit vieler Eltern gegenüber Erziehungsfragen über so wenig wirksame Disziplinierungsmittel, daß sie aus diesem Grunde auf die noch vorhandenen nicht verzichten kann.
2. Die Klassifikation aus Betragen und Fleiß [...] gibt Gewerbetreibenden, Handwerkern u. a. eine wertvolle Stütze für die Beurteilung bei Aufnahme von Schulentlassenen.
(Diese Anmerkung möge heutigen Lehrerinnen und Lehrer zum „Trost" gereichen und vor der irrigen Meinung bewahren, „früher sei alles besser gewesen". Die Autorin dieser Studie war selbst fünf Jahre lang an einer Polytechnischen Schule in Wien tätig und weiß daher, wovon sie spricht.)
105) Schwarzmayer, Roma, in Holzer/Münz, Trendwende?, S. 238; laut Volkszählung vom 22. März 1934 umfaßte die „Zigeunerkolonie" von Stegersbach 270 Bewohner, was einem Anteil von 9,7 Prozent der Gesamteinwohnerzahl (2780) entsprach; Zahlendaten berechnet bzw. entnommen aus der Reihe: Das Joan-

Ein Lehrer wurde meist für ein Jahr der Zigeunerklasse zugeordnet. Dafür erkor man vorzugsweise Junglehrer, *„die in Stegersbach sesshaft werden wollten".*[106] Hier hatten sie quasi eine einjährige Bewährungsprobe abzulegen. Da konnte es schon vorkommen, dass Lehrer und Schüler sich auf sprachlicher Ebene nicht verständigen konnten. Zur Verfügung gestellte Schulutensilien – Leihbücher, Hefte, Bleistifte etc. – bewahrte täglich der Lehrer „vorsichtshalber" in der Schule auf.

Da aber der Lehrplan von jenem der konfessionellen Volksschule abwich, machte sich VS-Direktor Luif in Gemeinschaft mit dem Bezirksschulrat daran, einen „geeigneten" für die besonderen Verhältnisse zu konzipieren. Das Ergebnis glich der Quadratur des Kreises: Einerseits, den Integrationsgedanken fördernd, sollten landwirtschaftliche Alltagstätigkeiten gelehrt bzw. vermittelt werden, auf der anderen Seite aber auch das – laut Volksmund – den Zigeunern „im Blut liegende Geigenspielen". Die Erziehung zum Bauern, zum *Gadje*, intendierte den Identitätsverlust, während das Instrumentalspiel die kulturelle Eigenart bewahren helfen sollte.

LABl. 518/1934
(Ausgeben am 29. November 1934.)

Besonderer Lehrplan für Zigeunervolksschulen im Burgenlande.[107]

LEHRPLAN
für die 5., 6., 7. und 8. Schulstufe der 1- und 2-klassigen Zigeunerschule.

ERDKUNDE:
[…] Die Siedlungsgeschichte der Zigeuner. Die wandernden Zigeuner. Die Zigeuner als Landplage.
„Karl der Große […], der Handwerkerstand", – „Abstammung und Stämme der Zigeuner und durch wen unsere Zigeuner ins Land kamen."

NATURGESCHICHTE:
[…] Anlage und Pflege kleiner Gemüse- und Blumenbeete. Pflege von Topfpflanzen. Setzen, Veredeln und Pflege von Obstbäumen (der Waldbäume, der Weidenru-

---

neum. Beiträge zur Naturkunde, Geschichte, Kunst und Wirtschaft des Ostalpenraumes, hier Bd. I: Ostalpenraum und das Reich. – Graz 1940, S. 53; heute vertritt der Ur-Stegersbacher und pensionierte HS-Direktor Josef Derkits die Meinung, die Stegersbacher hätten an eine Assimilierung der ortsansässigen Roma geglaubt; aus dem Gespräch mit der Autorin im Februar 2007.

106) Aus dem Gespräch mit Josef Derkits, Februar 2007, Stegersbach.
107) Hier werden auszugsweise die Abänderungen bzw. Unterschiede zum Normallehrplan angeführt.

te, der Rosen ...), [...] Die eßbaren und giftigen Pilze der Heimat. Die Kinder müssen die Pilze mit Bestimmtheit erkennen und bestimmen können. [...] Praktische Einführung in die Bienen- und Kleintierzucht.

NATURLEHRE:
[...] Eingehend sind die in Orchestern benützten Musikinstrumente zu behandeln.

ZEICHNEN UND HANDARBEIT:
Technisches Darstellen:
5. und 6. Schulstufe der Knaben.
Erziehung zu genauer und sauberer Arbeitsweise, zu Ausdauer und Gewissenhaftigkeit bei jeglicher Arbeit.
7. Schulstufe der Knaben.
Holzarbeiter: Herstellung einfacher Gebrauchsgegenstände (Kästchen, Rahmen, Stiele für Werkzeuge, Bürstenrücken, Kochlöffel, Schaufel u. ä.) durch Sägen, Bohren, Ausstemmen, Schnitzen, Raspeln, Verleimen, Nageln, Verschrauben des Holzes. Der Gebrauch des Schlichthobels. Die wichtigsten Holzverbindungen. Das Besenbinden aus Birkenruten.
8. Schulstufe der Knaben:
Tonarbeiten, Brennen und Glasieren. Bürstenbinden. Korbflechten aus Stroh und Ruten. Anfertigung von Rutenmöbeln. Leichte Blech-, Draht- und Metallarbeiten. Löten und Nieten.

MUSIK:
Violinspiel, verbindlich für alle Knaben mit musikalischem Talent. Außerdem soll ein Orchester zusammengestellt werden, [...]. Womöglich soll jeder Knabe auf mehr Instrumenten das Spielen erlernen und üben. [...].

Bezeichnenderweise fehlte diesem „besonderen Lehrplan" eine spezifische Regelung des Sprachunterrichtes. Das Fach *Deutsch* blieb unerwähnt, weil der *Normallehrplan* auch hier gelten sollte. An einen Unterricht in Romanes dachte der Gesetzgeber auch nicht im Minderheitenschulgesetz von 1937, wie das für die Muttersprache kroatischer oder ungarischer Kinder der Fall war. Lapidar war mit einem Satz diese Sache vom Tisch gewischt: „Bei der Berechnung der Hundertsätze [für die Unterrichtserteilung in der Muttersprache, Anm. d. Verf.] sind Roma nicht mitzurechnen."[108] Um ihre Sprache in der Schule systematisch zu erlernen, das sei hier eingefügt, bedurfte

---

108) LGBl. f. d. Bgld 40/1937, ausgegeben und versendet am 15. Juli 1937: Gesetz über die Regelung des Volksschulwesens im Burgenlande (Burgenländisches Landesschulgesetz 1937 – L.Sch.G. 1937), § 7 (3); vgl. auch Kaiser, Andrea: Zweisprachige Erziehung in Kindergarten und Schule, in Holzer/Münz, Trendwende?, S. 246.

es nach der NS-Verfolgungsherrschaft noch vieler Jahrzehnte, nämlich bis in die 1990er-Jahre.

> 11. **Bevölkerung:** Unsere Heimat ist ein nahezu rein deutsches (über 97%) und christliches (95%, davon über 90% römisch-katholisch, ungefähr 4% protestantisch) Land. Die Ostalpen und ihr Vorlande bilden ein Bollwerk des deutschen Volkstums gegen Süd und Ost. Auch die 52.000 Tschechen und Slowaken (Wien und Umgebung), 32.000 Slowenen (Südkärnten und Südsteiermark), 42.000 Kroaten und 18.000 Magyaren (Burgenland) gehören zum **deutschen Kulturbereich.** Außerhalb dieser Kultur stehen nur die 7000 Zigeuner und andere Volkssplitter.

Welche gesellschaftliche Position *„die 7000 Zigeuner"* in Österreich bezogen, darüber belehrte das Hauptschul-Erdkundebuch von Amann/Kaindlstorfer, *Lernbuch der Erdkunde*, S. 93 (1937). Aus dem Nachlass einer Schülerin der HS Güssing.

Im April 1937, drei Monate vor dem Inkrafttreten des eben erwähnten Gesetzes überreichte der burgenländische Abgeordnete des Ständischen Landrates aus Unterschützen Gottlieb Grabenhofer Bundeskanzler Schuschnigg eine *Denkschrift zur Zigeunerfrage*. Die Empfehlung darin: „Wegnahme der Kinder und Unterbringung in Erziehungsanstalten".[109] Der dringende Wunsch fiel unter die Kategorie „Erklärung der Zigeunerfrage zur Bundesangelegenheit". Eigentlich nichts Neues! Dieses und noch weitere Begehren wurden schon in einer „Enquete über die Zigeunerfrage" am 15. Januar 1933 in Oberwart diskutiert, um die Beschlüsse in Petitionsform der Wiener Regierung vorzulegen. Das Diskussionsforum an der Spitze setzte sich aus Landespolitikern des Südburgenlandes zusammen, umgeben von „fast alle(n) Bürgermeister(n) des Bezirkes Oberwart".[110] Der Zeitung war zu entnehmen: Projekte „wie Ausrottung, Sterilisierung etc." hätten zwar trotz „der begreiflichen Empörung der Bevölkerung heraus weit übers Ziel (ge)schossen". Der Vorschlag, sämtliche „Zigeuner in einer Zwangssiedlung" zu zentralisieren, „wobei die Angesiedelten durch scharfe Maßnahmen zur Arbeit angehalten werden", wurde gutgeheißen. „In dieser Siedlung würden die Kinder vom frühesten Alter an eine besondere Obsorge zugeführt werden. Endlich das dritte Projekt sieht vor,

> allen Zigeunern ihre Kinder vom 2. Lebensjahr an wegzunehmen und in neu zu schaffenden Erziehungsheimen unterzubringen.

Unter allen Befugnissen der Regierung möge die „rigorose Auslegung der bestehenden Gesetze" primär dazu beitragen, dass „eine(r) weitere(n) Aus-

---

109) Mindler, S. 112, mit Hinweis auf Georg Gesellmann: Die Zigeuner im Burgenland in der Zwischenkriegszeit. Die Geschichte einer Diskriminierung. – Phil. Diss., Wien 1989, S. 185.
110) „Güssinger Zeitung" vom 22. Januar 1933, S. 2.

beutung des Volkes durch diese Parasiten ein Riegel" vorgeschoben werde.[111] Dann der Satz, nicht ahnend, welche zu diesem Zeitpunkt für undenkbar gehaltene Apokalypse an die Wand gemalt wurde: „Welchem Projekt im Zuge der Verhandlungen der Vorrang gegeben wird, kann erst die Zukunft zeigen."[112]

2.2 Zur Ausgangslage und Rekonfessionalisierung des Schulwesens

2.2.1 Der Politische Katholizismus – eine ideologische Säule des autoritären Ständestaates

> Trennung von Schule und Religion bedeutet nichts anderes, als die Einheit des Lebens, die Verbundenheit zwischen Natur und Uebernatur zu zerstören, und so die fruchtbarsten Kraftströme für die Schule abzugraben. Die Religion aus der Schule zu drängen, heißt die Autorität des Lehrers und der Schule vernichten.
> *Unterrichtsminister Dr. Anton Rintelen am 13. Mai 1933 bei der 30. Generalversammlung des Katholischen Landes-Lehrervereines in Linz.*[113]

Die Gemeinsamkeiten zwischen faschistischen Herrschaftstypen und den Kirchen, weniger auf ideologischem Terrain, umso mehr gekennzeichnet durch zentralistisch ausgerichtete Machtstrukturen, konnten nicht übersehen werden: die Befürwortung autoritärer, hierarchisch gegliederter – kurzum: antidemokratischer – Führungsprinzipien;[114] die Abscheu vor liberalen

---

111) Ebenda. Hervorhebung im Original.
112) Ebenda.
113) Zit. nach „Reichspost" vom 14. Mai 1933 S. 4 („Gute Schule durch gute Lehrer").
114) Über das Führerprinzip führte ein „Professor für Apologetik" auf einer Wiener Seelsorgertagung aus, es sei „nicht erst eine Schöpfung der Nachkriegszeit. Es ist eine uralte Sache, so alt wie die Kirche. [...] Entweder bekennen wir uns zum Führerprinzip oder nicht. Wenn ja, dann müssen wir folgerichtig zugeben, daß der Bischof nur nach oben hin verantwortlich ist, nicht nach unten." Zit. nach „Wiener Zeitung" vom 5. Januar 1935, S. 3 („Der Führergedanke in der Kirche").

Ideen,¹¹⁵ die Gott (im Nationalsozialismus) zur Privatsache degradierten, und die Aversion gegen die „voraussetzungslose Wissenschaft" des Liberalismus;¹¹⁶ der Antibolschewismus mit dem Ziel, die Arbeiterbewegung zu zerschlagen, war es doch nach einer Erklärung Papst Pius XI. „unmöglich ... gleichzeitig guter Katholik und wirklicher Sozialist zu sein".¹¹⁷ Als weitere Elemente müssen zu diesem Verbindungsmuster gezählt werden „ein reaktionäres Familien- und Frauenbild, eine (in Österreich durch Hilfsmaßnahmen für ‚Judenchristen' nur teilweise gemilderte) antisemitische Grundhaltung"¹¹⁸ und eine spezifische gesamtdeutsche Geschichtsauffassung.

Der wesentlichste Punkt im polarisierten Unstimmigkeitskraftfeld zwischen christlicher Sinnstiftung bzw. christlichsozialer Gesellschaftsauffassung etwa eines Bischofs vom Schlage Gföllners und – auf der Konfrontationsseite – nationalsozialistischer Daseinsorientierung bezog sich auf Hitlers Rassenmythos, verstanden als These von der naturgegebenen Ungleichwertigkeit der Menschen. In seinem Buch *Dreimal Österreich* (1937) sträubte sich der Katholik und Jurist Kurt Schuschnigg gegen die vom Nationalsozialismus vertretenen „allein gültigen Kategorien von Über- und Untermenschen, [...] weil eine solche Staats- und Rechtsphilosophie zwangsläufig Rückschritt bedeutet".¹¹⁹ Dabei, stellte Jonny Moser klar, „(war) die Haltung

---

115) „Im Gegensatz (zur) katholischen Auffassung hat der Liberalismus den Intellektualismus zuhöchst erhoben und darüber die religiöse und sittliche Erziehung vernachlässigt, sodaß er an den Folgen dieser Einstellung zugrunde ging." Kreisinspektor Otto Wimmer, in: Bgld. Lbl. 9/1934, S. 111–115, hier S. 113 („Gedanken und Lesefrüchte zur vaterländischen Erziehung im neuen Österreich").

116) Dazu die „Reichspost" vom 4. Mai 1935, S. 1, im Zusammenhang mit der „Erziehungsaufgabe der Hochschule": „Der Liberalismus hat mit seiner nun gottlob überwundenen Forderung nach einer sogenannten ‚voraussetzungslosen' Wissenschaft die Objektivität, die Grundlage jeder wahren Wissenschaft ist und bleibt, schwer in Mißkredit gebracht, sie als eine Art Standpunkt- oder Gesinnungslosigkeit erscheinen lassen." Daher „(konnte) auf einer Philologentagung der Ruf erschallen: Wir brauchen keine ‚objektive', sondern eine ‚kämpferische' Wissenschaft [...]."

117) Vgl. Reichhold, Ludwig: Kampf um Österreich. Die Vaterländische Front und ihr Widerstand gegen den Anschluß 1933–1938, 2. Aufl. – Wien 1985, S. 397, FN 19.

118) Sauer, Walter: Loyalität, Konkurrenz oder Widerstand? Nationalsozialistische Kultuspolitik und Reaktionen in Österreich 1938–1945, mit einer Fülle weiterführender Literaturhinweise, in: Tálos, E.; Hanisch, E.; Neugebauer, W.; Sieder, R. (Hg.): NS-Herrschaft in Österreich. Ein Handbuch; 1. Aufl. – Wien, Nachdruck 2001, S. 175. Fortan: Tálos 2001.

119) Zit. nach Reichhold, S. 56.

der Vaterländischen Front und die des Regierungschefs, Dr. Kurt Schuschnigg, den Juden gegenüber immer etwas zwiespältig."[120]

„Die engagiertesten Gegner des Nationalsozialismus im katholischen Lager", konstatierte T. Albrich, „waren exponierte Antisemiten", wobei „die Grenzen zwischen ‚religiösem' und ‚rassischem' Antisemitismus (verschwammen)."[121]

Emmerich Czermak, der letzte Parteiobmann der Christlichsozialen, verlangte 1933 „die Errichtung konfessioneller Schulen für jüdische Kinder sowie einen *nummerus clausus* für Juden in akademischen Berufen und öffentlichen Positionen". Czermaks Denkposition verschaffte ihm im November 1933 lobende Erwähnung im deutschen antisemitischen Hetzblatt *Der Stürmer*.[122]

Friedrich Heer ätzte über die Augen-zu-Politik von Dollfuß und Schuschnigg, der in stärkerem Maße als sein Vorgänger dem Politischen Katholizismus verpflichtet war:[123]

Während man in Österreich lauthals Schulkinder und Beamte auf österreichischen Patriotismus verpflichten wollte, unterband man jede religiöse und politische Aufklärungsarbeit über die Greuel in Hitler-Deutschland. Antinationalsozialistische Bücher und Schriften wurden 1933–1938 verboten. Schuschnigg reagierte nicht auf Berichte von Konzentrationslagern im Dritten Reich. [...] Ein schleichender, ja von geistlichen und publizistischen Sprechern offen bekannter Antisemitismus, der sich bisweilen schamhaft als ‚Antijudaismus' gewandete, war dem radikaleren nationalsozialistischen Antisemitismus nicht gewachsen, ja bereitete ihm vor allem in der Jugend die Wege.

Demgegenüber – andere Seite der Medaille – ließ der autoritär-faschistische Staat auch eine leise Unterdrückung antisemitischer Gelüste erkennen. Schuschnigg konnte oder wollte sich Imagekratzer durch die Presse

---

120) Moser, Jonny: Die Katastrophe der Juden in Österreich 1938–1945 – ihre Voraussetzungen und ihre Überwindung, in: Studia Judaica Austriaca, Bd. V: Der gelbe Stern in Österreich. Katalog und Einführung zu einer Dokumentation, hg. vom Verein „Österreichisches Museum in Eisenstadt". – Eisenstadt 1977, S. 104.
121) Albrich, Thomas: Vom Vorurteil zum Pogrom: Antisemitismus von Schönerer bis Hitler, in Steininger/Gehler, Österreich im 20. Jahrhundert, S. 336.
122) Ebenda, S. 332 f.
123) Heer, S. 335 und 337 f.; gegenüber dem französischen Außenminister Delbos und einem französischen Pressevertreter bezichtigte 1937 Karl Renner Bundeskanzler Schuschnigg, er habe Juden aus den öffentlichen Stellen systematisch entfernt; vgl. Nasko, Renner. in: Weissensteiner/Weinzierl, Bundeskanzler, S. 244.

westeuropäischer Staaten ersparen. Die Bremsmanöver, die vom innen- und außenpolitischen Schussfeld fernhalten sollten, wirkten umso mehr, je lauter die Nationalsozialisten ihre Judengegnerschaft propagierten und anfingen, sie in Deutschland – etwa durch das „Blutschutzgesetz" und „Reichsbürgergesetz" 1935 – auch in die Tat umzusetzen. In diesem Zusammenhang sei erwähnt, dass das katholische Österreich bis 1938 Juden aus Deutschland Zuflucht gewährte, wenn auch diese Sorte von Immigranten nicht mit Willkommenssträußen von öffentlicher Seite empfangen wurde.[124]

Virulenter Antisemitismus vor 1938 im Burgenland

Entgegen vereinzelten Beteuerungen seitens unserer Interviewpartner war der antisemitische Schoß im Burgenland schon lange vor dem Nationalsozialismus fruchtbar.[125] Eine „180-Grad-Wende" (O-Ton Walter Fandl/Güssing im Gespräch für diese Untersuchung) in Richtung Judengegnerschaft erst während und nach den Anschlusstagen mag von vielen jüdischen und christlichen Schülern zwar als Plötzlichkeit erlebt worden sein. Eine Erklärung liegt möglicherweise darin, dass der Umgang jüdischer Kinder vorzugsweise „in einem jüdischen Milieu vor negativ-dominierten Kontakten mit der feindlich gesinnten Umwelt bewahrte"[126], andererseits aber auch

---

124) Auf die „ungünstige Lage" der rund 2.500 rassisch verfolgten Flüchtlinge, die zwischen 1933 und 1938 in Österreich Aufnahme fanden, wies T. Albrich hin. Zum einen sei die Größenordnung eine bescheidene gewesen, wenn man bedenkt, dass schon 1935 rund 65.000 Deutsche das Heil im Exil gefunden hatten. Zweitens: „Diese Flüchtlinge erhielten in Österreich keine staatliche Unterstützung." Sie waren auf ausländische Spenden über die Israelitische Kultusgemeinden angewiesen; Albrich, in Steininger/Gehler, Österreich im 20. Jahrhundert, S. 335, mit Hinweis auf Oliver Rathkolb, Asyl- und Transitland 1933–1938?, in: Heiss/Rathkolb (Hg.), Asyl wider Willen, S. 115.

125) Vgl. Lichtenberger, Sabine; Tschögl, Gert: Zur burgenländisch-jüdischen Geschichte, in: Lang; u. a.: Vertrieben, S. 494–513, hier S. 503 f.

126) Lichtblau, Albert: Schnittpunkte autobiographischer Texte von Autoren österreichisch-jüdischer Herkunft: Selbstbild, Koexistenz, Religion und Verfolgung. Eine Auswertung der Sammlung „jüdischer Lebensgeschichten" (Wien), das Leben in Österreich bis zum Nationalsozialismus betreffend, in: Juden im Grenzraum. Geschichte, Kultur und Lebenswelt der Juden im burgenländisch-westungarischen Raum und in den angrenzenden Regionen vom Mittelalter bis zur Gegenwart. Symposion im Rahmen der „Schlaininger Gespräche" vom 19.–23. September 1990 auf Burg Schlaining, in: Wissenschaftliche Arbeiten aus dem Burgen-

Freundschaften zu Kindern aus christlichen Familien entstanden, die grundsätzlich immun gegen jede Art antijüdischer Ressentiments waren. Oder man ignorierte, verdrängte vielleicht einfach das, „was in der Luft lag". Des Weiteren muss in Betracht gezogen werden, dass nationalsozialistische Gesinnungsfreunde im autoritären Regime stillzuhalten hatten, andernfalls sie sich Repressionsgefahren aussetzten. Die Rede ist von „Ariern" wie jenen jungen Leuten in Güssing, die in den ersten Nazi-Tagen betagte und angesehene Bürger des Ortes auf offener Straße bespuckten und mit Schlägen malträtierten.[127]

Dass Schüler mit mosaischem Bekenntnis[128] antisemitisch motivierte Demütigungen seitens ihrer Mitschüler über sich ergehen lassen mussten, geht hervor aus einigen Zeitzeugengesprächen mit „ehemaligen Österreichern", genauer gesagt: seinerzeit jüdischen Burgenländern, die sich als „Betroffene" im Rahmen eines Oral History-Projekts der *Burgenländischen Forschungsgesellschaft* nach mehr als sechs Jahrzehnten ihrer Vertreibung einem Interview stellten. Der heute in New York lebende Fred Poll („eigtl. Politzer") etwa, der in seiner Heimatstadt Eisenstadt, wo *„es einen starken Antisemitismus (gab)"*, das Gymnasium besuchte. Im Schwimmbad, so gab er zu Protokoll, *„wurden wir belästigt und schikaniert"*. Ihr „Anderssein" gaben ihnen Schüler zu verstehen, die auf dem Schulweg *„Steine nach uns (warfen)"*.[129] – Als Gegenbeispiel zu Polls Reminiszenzen stehen die Erklärungen einer Schülerin, die im selben Realgymnasium 1937 maturierte. Sie, Martha Mond geb. Gabriel habe zwar *„genau gewusst"*, wer von den Professoren Nazi war. Beispielsweise der Geschichtsprofessor. *„Außerdem sind sie mit weißen Strümpfen"*, dem „geheimen" Uniformsymbol der illegalen Bewegung, *„herumgegangen, mit diesen Dreiviertel-Strümpfen"*. Antisemitismus habe sie aber *„nicht gespürt in der Schule. Auch nicht von den Schülern."*[130] Quellenkritisch begegnet

---

land, Heft 92 (Sigel WAB 92), herausgegeben vom Burgenländischen Landesmuseum Eisenstadt. – Eisenstadt 1993, S. 363–404, hier S. 394.

127) Laut Aussage einer Güssingerin im Jahr 2004, die namentlich nicht genannt werden will.

128) Laut Engelbrechts Untersuchungen gab es österreichweit im Schuljahr 1936/37 insgesamt nur 1,1 Prozent jüdische Pflichtschulkinder, „jedoch 10,3% – in Wien sogar 19,1% (über 6.000) – der Sekundarschüler, 10,9% Hochschüler". Engelbrecht, in Heinemann 1980, S. 116 bzw. 125.

129) Vgl. Interview mit Gert Tschögl im Oktober 2002, in: Lang; u. a.: Vertrieben, S. 156 f.

130) Vgl. Interview mit Gert Tschögl im „Oktober 2001 Buenos Aires", ebenda, S. 83. – „Lebensgeschichtliches Erinnern", so heißt es in der „Einleitung" zum Buch, aus

man mit dieser Aussage einer „Auch-Wahrheit", der Problematik der wissenschaftlichen Untersuchungsmethode „Zeitzeugengespräche".

Ebenso aufgrund antisemitisch motivierter Anfeindungen Mitte der 1930er-Jahre verließ der aus Oberwart stammende Schüler des Evangelischen Realgymnasiums in Oberschützen, Joseph Paul Weber, seine Schulanstalt. Seine Noten verschlechterten sich zusehends, weil der *„Antisemitismus meiner Schulkameraden so unerträglich (wurde), dass ich es nicht mehr aushielt"*. Weber wurde *„verprügelt"* und mit dem *„damals üblichen Schimpfnamen ‚Saujud'"* bedacht.[131]

Papst Pius XI.: *„Die Lehrer sind Apostel"*[132]

Nochmals zurück zum Zweigespann Staat – Kirche. Die liturgischen Inszenierungen bei Versammlungen, die Massenmobilisierungen waren ein Konglomerat aus sakralen Gefühlsempfindungen und politisch-ideologischen Werbefeldzügen. Das Bekenntnis zu Österreich sollte identisch sein mit dem Bekenntnis zur katholischen Kirche.

Ein, man könnte auch sagen, *das* Hauptaugenmerk galt der Jugend. Anfang Januar 1936 wies Schuschnigg als Bundeskanzler und Leiter des Unterrichtsministeriums auf einer „Führertagung der ‚Reichsarbeitsgemeinschaft der katholischen Jugendverbände Oesterreichs'" wiederholt auf die Synthese von Staat und katholischer Kirche hin:

Der Bundeskanzler bei der katholischen Jugend.

[…] Glaubt mir: Uns alle trägt doch der Glaube und (die) leidenschaftliche Ueberzeugung, dass *dem vaterländischen Gedanken niemand aktiver dient als der, der sich zum katholischen Gedanken bekennt.* […] *In Oesterreich geht es heute um ungeheuerlich grosse Dinge.* Es geht darum, aus eigener Kraft den Beweis für die Synthese von Autorität und Freiheit,[133] von Glaube und Volkstum zu erbringen, den Beweis für die Unge-

---

    dem diese Interviews entnommen wurden, „ist ein Vorgang, der unter sich ständig verändernden Gegenwartsbezügen neu erzählt, weglässt, tradiert. […] Unterschiedliches Erinnern an *ein* historisches Ereignis ist daher nicht in den Kategorien ‚wahr' oder ‚falsch', sondern unter den je individuellen biographischen Bedingungen der ErzählerInnen zu betrachten." Ebenda, S. 10.
131) Vgl. Interview mit Gert Tschögl im „Oktober 2002 in Pacifica (USA)", ebenda S. 382 f.
132) Zit. nach „Wiener Zeitung" vom 13. September 1935, S. 4.
133) Schuschniggs Interpretation von „Freiheit" in seinen Erläuterungen zur Maiverfassung: „In diesem Sinne gewährleistet die neue Verfassung zwar auch die indivi-

rechtigkeit der Behauptung durchzuführen, dass katholischer Glaube und Deutschtum Gegensätze seien. *Es handelt sich also um den Beweis, dass Oesterreich eine Musterstätte deutschen Katholizismus ist.*"[134]

GÜSSINGER ZEITUNG, 12. 1. 1936, S. 1 f.

Obwohl nach Beschluss der Bischofskonferenz vom 30. November 1933 Geistliche keine politischen Funktionen mehr wahrnehmen durften, um damit der „Politik von der Kanzel", dem Tagesstreit um kirchen- und kulturpolitische Belange auszuweichen, zeigte sich die merkwürdige Verquickung der beiden Machtinstanzen Staat und Kirche in der Doppelbödigkeit mancher Verfassungstexte vom Mai 1934 und in der tagespolitischen Handhabung derselben. Ernst Hanisch zu Antagonismen[135] und geradezu modernfundamentalistisch anmuteten, jedenfalls antiliberalen Auflagen:

Zwar sollte die Zulassung zu den öffentlichen Stellen vom Religionsbekenntnis unabhängig sein, aber für den Schuldienst können Ausnahmen durch Gesetz aufgestellt werden. Im Klartext gesprochen: Zumindest die Schuldirektoren mussten katholisch sein.[136] Zwar heißt es: Niemand dürfe zu einer kirchlichen Feierlichkeit gezwungen werden, aber Verpflichtungen zur Anwesenheit bei kirchlichen Veranstaltungen, aus Rücksicht des öffentlichen Dienstes, werden davon selbstverständlich nicht berührt (Artikel 27, 3). Beamte und Lehrer müssen bei den patriotisch

---

duelle Freiheit, so wie es in den Staatsgrundgesetzen der früheren Zeit geschehen war. Aber die Freiheit ist nicht mehr eine zügellose, sie ist, namentlich wo es um die Freiheit der Meinungsäußerung handelt, mit jenen Schranken umgeben, die für den Schutz der lebensnotwendigen Interessen des Staates und der Kultur notwendig sind, nicht zuletzt gerade für den Schutz der Jugend, die das kostbarste Gut des Staates und der Boden ist, aus dem die Kultur unserer Zukunft hervorwächst." Schuschnigg, in: „Reichspost" vom 1. Mai 1934, S. 4 („Kulturpolitik in Verfassung und Konkordat.").

134) Alle Fettdrucke entsprechen dem Original der „Güssinger Zeitung", ebenso die Interpunktionen.
135) Brook-Shepherd schreibt in diesem Kontext über Dollfuß: „Er sah die Österreicher als Träger einer heiligen Mission, denn seine Maiverfassung stellte den ersten (und letzten) Versuch in diesem Jahrhundert dar, ein Reich Gottes auf Erden zu errichten." Brook-Shepherd, Gordon: Österreich. Eine tausendjährige Geschichte. TB-Ausg. 5/2000. – Wien 1998, S. 362.
136) Dazu Kurt Schuschnigg in seiner Erläuterung der „Kulturpolitik" analog der Maiverfassung von 1934: „Auch bei der Zusammensetzung der Schulbehörden sollen die für das Schul- und Erziehungswesen in Betracht kommenden Interessen vertreten sein, wobei gemäß dem Konkordat speziell auch die Vertretung der Kirche gewährleistet ist." Zit. nach „Reichspost" vom 1. Mai 1934, S. 4.

aufgezogenen kirchlichen Feiern teilnehmen, und speziell die Lehrer müssen die Osterbeichte der Kinder überwachen. [...] Gesetzliche Zwänge behinderten den Austritt aus der Katholischen Kirche. Mit Erlaß vom 16. August 1933 bestimmte das Bundesministerium für Unterricht, daß jeder Austrittswillige seinen gesunden Geistes- und Gemütszustand nachzuweisen habe [BGBl. 379/1933, Anm. d. Verf.].[137]

Wie er sich den „guten Lehrer" vorstellte, bekannte Unterrichtsminister Anton Rintelen (zehn Tage vor seinem unfreiwilligen Ausscheiden aus der Regierung) im Mai 1933 vor der Generalversammlung des Katholischen Landes-Lehrervereins in Linz: Einer „glaubenslose(n) Schule" bzw. „ein(em) glaubenslosen Lehrerstand" könne ein Österreicher „sein Bestes, seine Kinder" nicht anvertrauen. Sein Credo laute daher:[138]

> „Die Würde der Schule und des Lehrerstandes ist nur mit dem christlichen Charakter der Schule und des Lehrerstandes gesichert und im Bewußtsein des Volkes verankert."

---

137) Hanisch, in: Talos/Neugebauer, S. 62 f., mit Verweis auf: Die Gegenreformation in Neu-Österreich: Ein Beitrag zum katholischen Ständestaat. – Zürich 1936, S. 116 f. Hervorhebungen im Original. – Im Unterschied zur bisherigen Gepflogenheit wurde gemäß eines im Juni 1935 vom Bundesgerichtshof gefällten Erkenntnisses ein Austritt von Eltern aus einer Konfessionsgemeinschaft bei nicht gleichzeitig erfolgtem Eintritt in eine andere Glaubensgemeinschaft nicht als „Religionswechsel" im Sinne des Reichsgesetzblattes vom Mai 1868 (RGBl. Nr. 49) gedeutet. Auswirkungen hatte der Schiedsspruch auf Kinder der von jetzt ab Konfessionslosen: Waren sie jünger als sieben Jahre, entfiel das Mitentscheidungsrecht der Eltern über eine weitere Zu- bzw. Nicht-Zugehörigkeit ihrer Kleinen, „denn für Kinder unter sieben Jahren kommt denn doch wohl Glaubens- und Gewissenfreiheit nicht in Frage, da die Erfassung des Begriffes Freiheit in Glauben und Gewissen eine geistige Reife und einen verhältnismäßig hohen Grad von Ueberlegungsfähigkeit voraussetzt." „Reichspost" vom 22. Juni 1935, S. 3; vgl. ergänzend dazu die „Tagespost" vom 21. September 1938, S. 3: „Durch Verordnung des Reichsstatthalters vom 9. September 1938 wurden die [...] im Jahre 1933 eingeführten verfahrensrechtlichen Erschwerungen bei Religionsaustritten beseitigt [...]. Demnach sind Austritte aus einer Kirche oder Religionsgemeinschaft [...] zwar wie bisher [...] zu melden, doch ist von Seiten der Behörden die Prüfung der Identität, des Lebensalters (vollendetes 14. Lebensjahr) und des Geistes- und Gemütszustandes des Austretenden nur dann vorzunehmen, wenn Umstände vorliegen, die begründeten Zweifel zu erregen geeignet sind. Das Recht der freien Wahl des Religionsbekenntnisses für jedermann erscheint daher in seiner ursprünglichen Gestalt wieder erneuert."

138) Zit. nach „Reichspost" vom 14. Mai 1933 („Gute Schule durch gute Lehrer"), S. 4.

Am Ende seiner Rede bemühte er ein Papstwort: „Gute Schulen sind nicht so sehr die Frucht guter Lehrpläne, als vielmehr und vor allem guter Lehrer."

Wie die weltlichen, so begriffen auch die geistlichen Protagonisten den Lehrberuf als Alpha und Omega für die Umsetzung ihrer Vorstellungen. Die Ansprache von Kardinal Innitzer vor Lehrern in Mödling am 11. Mai 1935 kam einem anbiedernden Liebeswerben gleich, wenn er ausführte:[139]

> Sie haben als katholischer Lehrer eine neue Aufgabe in der neuen Zeit. Sie müssen zeitaufgeschlossen sein. Vor einiger Zeit hat der Heilige Vater [...] gesagt: Die Lehrer sind Apostel. Ein schönes Wort. Die Lehrer empfangen auch von Christus eine Sendung, besonders als katholische Lehrer. Sie stehen neben den Priestern. Unser Stolz soll es sein, daß sich Christus selbst als Lehrer bezeichnet hat. [...] Wie erhaben ist der Lehrberuf, wenn wir in ihm den Auftrag Christi sehen! [...].
> Alles muß im katholischen und im vaterländischen Geiste aufgebaut werden. [...] Eine solche Arbeit kann nur Erfolg haben in einer innigen Verbindung von Religion und Volkstum, Religion und Bildung, Religion und Erziehung. [...].

2.2.2 Religion in der Schule

2.2.2.1 „Zunächst steht die Erziehung in ganz überragendem Sinne der Kirche zu ..."[140]

> Wir haben [...] Vorsorge getroffen, daß in der Schule wieder Religion gelehrt wird.
> Den jungen Menschen zum Materialisten und Egoisten zu erziehen und jeden Hinweis auf die höhere Macht, der er verantwortlich ist, zu unterdrücken, dem jungen Menschen das Gebot „Liebe deinen Nächsten" und „Ehre Vater und Mutter" vorzuenthalten und jedes religiöse Fundament zu nehmen, das ist die größte Untat und das größte Verbrechen, das man an der Jugend begehen kann.
> *Bundeskanzler Engelbert Dollfuß in seiner Trabrennplatzrede vom 11. September 1933*[141]

---

139) Zit. nach Bgld. Lbl. 5/1935, S. 53. Kursivdruck im Original.
140) Bgld. Lbl. 11/1935, S. 135.
141) Zit. nach E. Weber, Dollfuß an Österreich, (Trabrennplatzrede), S. 28 f.; vgl. auch Bgld. Lbl. 5/1935, S. 54.

> Die katholische Kirche wird,
> ob es genehm oder nicht genehm ist,
> ihren erzieherischen Einfluss fortsetzen.
> *Fürstbischof Dr. Pawlikowski in Graz vor der*
> *Festversammlung des Schulvereins anlässlich des*
> *Schulsonntags am 25. November 1934.*[142]

Man muss sich vor Augen halten, dass die katholische Kirche im gesamtständestaatlichen Konstrukt die Chance erblickte, ihr seit der Aufklärungsära und von den freidenkerisch-liberalen Strömungen des vergangenen Jahrhunderts ramponiertes Terrain aufpolieren zu können. Darüber hinaus sollte jene gesellschaftsrelevante politisch-katholische Einflussposition wieder erlangt werden, die sie vordem Jahrhunderte lang bekleidet hatte. Der dogmatische Kristallisationspunkt aller konservativ-klerikalen Überlegungen gipfelte im einseitigen Absolutheitsanspruch der römisch-katholischen Kirche. Der vermeintliche Besitz der Unfehlbarkeit rechtfertigte und begründete somit auch jene Selbstsicht, die sie als eine über Familie und Staat erhabene Erziehungsinstanz begreifen ließ.

Mit der monopolistischen Führungsrolle der Kirche bei grundsätzlichen Erziehungsfragen befasste sich im November 1935 das *Burgenländische Lehrerblatt*. Darin hieß es (gekürzt):[143]

> Zur Erziehung gäbe es drei notwendige Gemeinschaften [...]: zwei Gesellschaften der natürlichen Ordnung, die Familie nämlich und den Staat. [...] Die dritte Gesellschaft [...] ist die Kirche, eine Gesellschaft übernatürlicher und allumfassender Ordnung, [...] da sie in sich alle Mittel enthält zur Erreichung ihres Zieles, das da ist das ewige Heil der Menschen. Sie ist daher die höchste in ihrer Ordnung. [...].
> Zunächst steht die Erziehung in ganz überragendem Sinne der Kirche zu [...]. Der erste Rechtsgrund liegt [...] in der höchsten Lehrgewalt, die der göttliche Stifter seiner Kirche verliehen hat mit den Worten: „Mir ist alle Gewalt gegeben im

---

142) Zit. nach „Reichspost" vom 28. November 1934, S. 6.
143) Bgld. Lbl. 11/1935, S. 135–138; der Artikel lehnt sich durch wörtliche Wiedergabe von Textpassagen sehr an die Erziehungsenzyklika „Divini illius Magistri" von Pius XI., erschienen am 31. Dezember 1929; vgl. auch Ettl, Johann: Die geschichtliche Entwicklung und rechtliche Stellung der konfessionellen Volksschule des Burgenlandes. Phil. Diss., o. O., 1942, S. 79–83; Ettl war Pfarrer im burgenländischen Wallern von 1940 bis 1954, dann Kanzleidirektor der Apostolischen Administration in Eisenstadt, ab 1967 Bischöflicher Vikar; mitbeteiligt an der Gründung der Pädagogischen Akademie in Eisenstadt, einer Stiftung von Diözese und Land (1968); vgl. Zelfel, Hans Peter: Ettl Johann, in: Burgenland – Geschichte, Kultur und Wirtschaft in Biographien, S. 76.

Himmel und auf Erden. Darum gehet hin und lehret alle Völker [...] und lehret sie alles halten, was immer ich euch geboten habe." [...] Diesem Lehramt wurde von Christus [...] die Unfehlbarkeit verliehen. Damit wurde die Kirche „[...] zur Säule und Grundfeste der Wahrheit gesetzt [...]"[144]

Der zweite Rechtsgrund ist die übernatürliche Mutterschaft, durch welche die Kirche [...] die Seelen [...] ernährt und erzieht. [...] „Sie (ist) die höchste und sicherste Lehrerin der Menschheit und ihr (wohnt) das unverletzliche Recht auf freie Ausübung des Lehramts (inne)." Daraus folgt mit Notwendigkeit, daß die Kirche [...] in der Ausübung ihrer Erziehungsmission unabhängig ist von jedweder irdischen Macht [...] auch hinsichtlich der notwendigen Mittel zu deren Erreichung. Hinsichtlich jeder weiteren Erziehung und menschlichen Schulung [...] hat darum die Kirche das unabhängige Recht, von ihnen Gebrauch zu machen und besonders darüber zu urteilen, inwieweit sie der christlichen Erziehung nützlich oder schädlich sind. [...] Dies hat Pius X. sel. Angedenkens mit klaren Worten ausgedrückt: [...] „Alle seine [des Menschen, Anm. d. Verf.] Handlungen, sofern sie sittlich gut oder schlecht sind, [...] unterstehen dem Urteil der Kirche."

Anschließend wurde zwar eingeräumt, der einzelne Mensch besitze „Teilwahrheiten der Moral [...], zu deren Kenntnis der Mensch vermittelst der bloßen Vernunft gelangen kann", aber: Allein der Kirche komme „die vollkommene Wahrheit (omnem veritatem)" zu. Aus dieser Dogmatik ergab sich der „Umfang der Erziehungsrechte der Kirche", über den der Aufsatz fortsetzte:

Mit vollem Recht fördert daher die Kirche [...] die Literatur, die Wissenschaft und die Künste, sofern sie für die christliche Erziehung notwendig und dienlich ist, indem sie für alle Fächer und für alle Kulturgrade eigene Schulen und Institute gründet und unterhält. Selbst die sogenannte körperliche Erziehung darf nicht als ihrem mütterlichen Lehramt fremd erachtet werden, gerade weil auch ihr der Begriff des Mittels anhaftet, das der christlichen Erziehung entweder nützen oder schaden kann. [...] Dabei verursacht sie den Staatsgesetzen nicht die geringste Unzuträglichkeit, da die Kirche [...] sich nicht dagegen sträubt, daß ihre Schule und Erziehungsinstitute [...] den gesetzlichen Bestimmungen der Staatsgewalt anpasst, und [...] bereit ist, sich mit derselben zu verständigen und in gemeinsamem Einvernehmen Abhilfe zu treffen, wo sich Schwierigkeiten ergeben sollten.

Überdies ist es ein unveräußerliches Recht und zugleich eine unerlässliche Pflicht der Kirche, der Gläubigen, zu wachen in jedwedem Institut, ob öffentlich oder privat, nicht allein hinsichtlich des dort erteilten Religionsunterrichtes, son-

---

144) Das Zitat stammt aus den Rundschreiben „Divini illius Magistri" (1929) von Pius XI. – Papst Leo XIII. in der Enzyklika „Affari vos" (Dezember 1897): „Nun gibt es für den Katholiken nur die eine und einzige wahre Religion, nämlich die katholische." Zit. nach ebenda, S. 78, 80.

dern auch in allen anderen Fächern und allen Anordnungen, die zu Religion und Moral in Beziehung stehen.

[...] (Die Kirche) hält von der Jugend jenes Sittengift fern, das in diesem unerfahrenen und unbeständigen Alter leichter zu verfangen pflegt [...]. Denn ohne den rechten religiösen und sittlichen Unterricht wird, wie Leo XIII. weise bemerkt, „alle Geisteskultur ungesund sein. Die Jünglinge, die an keine Ehrfurcht vor Gott gewöhnt sind, werden die Zucht zu einem ehrbaren Leben nicht ertragen lernen, und da sie ihren Begierden nie etwas zu versagen gewohnt sind, werden sie sich leicht zu Störungen der staatlichen Ordnung verführen lassen".

Schließlich ging der anonyme Artikelschreiber auf die großen, die über die ganze Welt verstreuten Leistungen der katholischen Kirche ein, die sie ihrer pädagogischen Sendung entsprechend über viele Jahrhunderte erbracht habe, und folgerte daraus:

Daraus ergibt sich mit Evidenz die Feststellung, daß die Erziehungsaufgabe rechtlich und tatsächlich der Kirche in ganz hervorragender Weise zukommt, und daß für jedes vorurteilsfreie Denken kein vernünftiger Grund ersichtlich ist, der Kirche entgegenzutreten oder sie an dem Werke zu hindern, dessen wohltätigen Früchte die Welt jetzt genießt.

2.2.2.2 Der Schulstreit im Blick auf das Burgenland, sein „Ende" und die Umgestaltungen *„im Sinne der Kirche"*

Die innenpolitischen Auseinandersetzungen der beiden großen weltanschaulichen Gruppierungen waren schon seit Beginn der Ersten Republik in einem besonderen Ausmaß durch Polarisierungsprozesse auf dem Erziehungsfeld Schule gekennzeichnet. Sowohl das bürgerliche als auch das sozialdemokratische Lager verstanden Erziehungspolitik als eminent wichtiges Steuerungsinstrumentarium für die Durchsetzung der jeweiligen gesellschaftspolitischen Moral- und Wertevorstellungen.[145] Bundesweiten Aus-

---

145) Der Zugriff der faschistischen Regime auf die schulische Jugend darf keineswegs als „Entdeckung" des Faschismus verstanden werden. Auch in allen anderen Herrschaftsformen war, seit es Schule gibt, die Schuljugend stets begehrtes Objekt der Herrschenden. Bildete bis ins 19. Jahrhundert das Schulwesen eine Domäne der Kirche(n), so meldete von da an der Staat seine Ansprüche auf die Erziehungsinstitution Schule an (s. für Österreich beispielsweise das Reichsgrundgesetz von 1867). Im autoritären Österreich, intensiver und effizienter in Hitler-Deutschland, erfolgte lediglich eine Akzentverschiebung auf dem politischen Struktur-

druck fand das Konfliktpotential einerseits durch die „rote" Anhängerschaft der von Otto Glöckel[146] in Wien umgesetzten Schulreformen; auf der Gegenseite stand die nationale und die insbesonders in den Bundesländern stark vertretene katholische Lehrerschaft (mit einer starken Verankerung in der Schulbürokratie als Rückhalt) den „Glöckel-Jüngern" ablehnend, ja teilweise geradezu gehässig gegenüber. Die ab Mitte der 1930-er Jahre in Obhut der „vaterländisch"-religiös geprägten *Schwestern des göttlichen Erlösers* in Eisenstadt gestandene Gabriele Strausz bezeugt die antipathische Stimmung der Klosterinsassinnen gegenüber allem, was mit der („gottlosen") Sozialdemokratie in Zusammenhang stand:[147] *„Alles, was ‚rot' war, war der Teufel! Vor jedem 1.-Mai-Aufmarsch beteten die Schwestern, dass es an dem Tag regnet."*

Den ideologischen Spreizpunkt bildete der auf konfessioneller Seite und von konservativ- bzw. rechtsgesinnten Schulpolitikern verbissen kritisierte „kulturbolschewistische" Glöckel-Erlass aus dem (Koalitions-)Jahr 1919, der de facto – entsprechend dem Reichsvolksschulgesetz von 1869 (s. unten) – Religion in den Schulen zur Privatsache entwertet hatte. Der Erlass hob den Zwang der Schüler zum Mitmachen bei religiösen Übungen auf, dass die Lehrer die Schüler hierbei nicht zu beaufsichtigen haben und bei der Notengebung die Teilnahme an solchen Kultinszenierungen unberücksichtigt lassen. Was die Einführung der Gesamt(mittel)schule anlangte, so handelte es sich – nach „einem erfahrenen österreichischen Schulmann" in der *Reichspost* – um „eine Kardinalforderung aller marxistischen Schulreformer".[148]

---

feld, dessen Bereiche (Wirtschaft, Militär, Familie, Soziales, Kirche… und eben auch Schule) die jeweiligen Staatsregierungen „ordnend" reformierten. Anders formuliert: Die Schwerpunktsetzungen der politischen Eingriffe erfolgten nach ideologischen Kriterien und freilich auch nach dem Dafürhalten bezüglich der machtpolitischen Wichtigkeit jedes Bereiches; ausführlich „Zum Verhältnis von Schule und Politik" Rolf Nemitz, in: Heil Hitler, Herr Lehrer, S. 239 ff.

146) „Glöckel, Otto, […] 1919–20 Unterstaatssekretär für Unterricht […]. Führender Organisator der sozialdemokratisch ausgerichteten Schulreform in der 1. Republik (Einheitsschule). Glöckel und seine Mitarbeiter […] wollten Chancengleichheit durch Abbau von Bildungsbarrieren, soziale Integration und Ausschaltung des kirchlichen Einflusses erreichen." Bamberger, Österreich Lexikon, Bd. 1, S. 407.

147) Interview, Februar 2003 in St. Michael i. Bgld.

148) „Reichspost" vom 23. August 1934, S. 1 f. Sperrung im Original. Der anonyme Verfasser bezog sich auf die Absicht der Nationalsozialisten in Deutschland, die im Zuge ihrer angestrebten Schulreform, speziell einer umfassenden Reduzierung der Schultypen, die „Einheitsoberstufe" ins Auge fassten.

So verwundert es nicht, dass bereits wenige Wochen nach der Ausschaltung oder „Nicht-Wiedereinberufung" des Parlaments 1933 eben diese Regelung aufgehoben wurde. Darüber glossierte die katholisch und christlichsozial orientierte *Güssinger Zeitung*, ohne das darob empfundene Glücksgefühl hintan zu halten:

Der Glöckel-Erlass aufgehoben.
Forträumung des Revolutionsschuttes auch im Unterrichtswesen.

Der Bundesminister für Unterricht hat mit einem von 10. April 1933 datierten Erlass Zahl 10098-I die Aufhebung des Erlasses vom 10. April 1919, betreffend die Teilnahme der Schuljugend an religiösen Übungen, verfügt. Der Erlass des Unterrichtsministers Dr. Rintelen ergeht an alle Landesschulräte […]. Er lautet:

„Der Erlass des Unterstaatssekretärs für Unterricht vom 10. April 1919, Zahl 950, Volkserziehung Nr. 9 […] wird ausser Kraft gesetzt, damit treten die durch diesen Erlass aufgehobenen Bestimmungen der §§ 10, 63, 74 und 191 der Schul- und Unterrichtsordnung, betreffend die religiösen Übungen wieder in Wirksamkeit.

Der Bundesminister: gez. Rintelen."

* * *

Am 10. April (1919) hat der damalige Unterstaatssekretär und Leiter des Unterrichtsamtes Glöckel […] im Verordnungsblatt publiziert, […] dass an allen dem Unterrichtsamte unterstellten mittleren Lehranstalten die Schuljugend in keiner Weise von der Schule zur Teilnahme an den religiösen Übungen seitens der Schule verhalten werden dürfe und dass die Nichtteilnahme an den religiösen Übungen auf die Klassifikation der Schüler keinen Einfluss haben sollte. Ebenso habe an den allgemeinen Volks- und Bürgerschulen jedweder Zwang in der angedeuteten Richtung zu entfallen […].

Nun hat der gegenwärtige Bundesminister […] Dr. Anton Rintelen, auf den Tag genau 14 Jahre später […] einem Zustand ein Ende bereitet, der in der „Reichspost" Jahre hindurch an vielen hunderten Beispielen als unheilvoll dargetan wurde. Die Durchführung einer gesetzlich nicht begründeten Verordnung musste in der Praxis Folgen zeitigen. Die Pflichterfüllung der Religionslehrer konnte nur unter den grössten Schwierigkeiten vor sich gehen, ihr Wirken war die ganzen Jahre hindurch bis zum heutigen Tag gefährdet, in manchen Fällen unmöglich gemacht.

Dank des Wiener Oberhirten

Der Unterrichtsminister hat dem Kardinal Erzbischof Dr. Innitzer von seiner Schlussfassung Mitteilung gemacht und hierauf folgendes Schreiben erhalten:

„Wien, am 13. April 1933.
Sehr verehrter Herr Bundesminister!
Die Mitteilung […] nehme ich mit besonderem Danke zur Kenntnis und begrüsse es aufrichtig, dass damit der gesetzlich festgelegte Rechtszustand bezüglich der sittlich-religiösen Erziehung der Jugend wieder hergestellt ist.

> Ich darf wohl hinzufügen, dass überall dort, wo in der Praxis aus der Anwendung des nunmehr aufgehobenen Erlasses dem Religionsunterricht und der Durchführung der religiösen Übungen Schwierigkeiten erwachsen sind, der Wegfall solcher Hemmungen als dankenswerte Hilfe für die religiöse Erziehung betrachtet wird. [...]
> Genehmigen Herr Bundesminister die Versicherung besonderer Verehrung Ihres aufrichtig ergebenen
> Th. Kardinal Innitzer,
> Erzbischof."
>
> GÜSSINGER ZEITUNG, 30. 4. 1933, S. 1

Ludwig Rotter, der Referent der Katholischen Aktion für das katholische Privatschulwesen, wandte sich in der *Reichspost* mit einem „Wort an die katholischen Eltern". Der Professor stellte darin die Vorzüge der „katholischen Schule" den erzieherischen „Hemmnissen" der „Simultanschule" (= öffentliche weltliche Schule, auch: „allgemeine Schule", „Gemeinschaftsschule" für Kinder mit verschiedenen Konfessionen) gegenüber:[149]

> Die *allgemeine Schule* soll den gläubigen Katholiken, Protestanten und Juden genügen, sie soll aber auch jene befriedigen, die dem Glauben gleichgültig gegenüberstehen, von jenen nicht zu reden, die den Himmel den Engeln und den Spatzen überlassen wollen. Die Schwierigkeiten, die sich aus der verschiedenen gesinnungsmäßigen, gesellschaftlichen und politischen Einstellung der Elternschaft für die gemeinsame Erziehung [...] ergeben, [...] werden in der allgemeinen Schule noch vermehrt durch die Verschiedenheit der Gesinnung der Lehrer, ihr Beispiel und ihre bald positiv bejahende, bald skeptisch verneinende Geisteshaltung, die im Fachlehrersystem stunden-, im Klassenlehrersystem schuljahrweise, wenn nicht öfters wechseln kann [...]. Die Gefahr ist groß, daß – bei der Oberflächlichkeit der Jugend – sich solcher Einfluß in Gleichgültigkeit oder kritischer Ablehnung auswirkt.
> Der Effekt [...] ist eine vollständige oder doch teilweise Aufhebung des Erziehens. Und Unklarheit und Gleichgültigkeit, gepaart mit skeptischem Kritizismus, sind [...] der beste Nährboden für jede Jugendverführung im späteren Leben.
> Anders ist es in der *katholischen Schule*. Dort ist die Bahn der Erziehung nach dem Hochziele katholischer Überzeugung und Gesinnung von diesen Hemmungen frei. Die Schüler haben und bereiten der Schule von Haus aus ungleich weniger Hindernisse. Lehrer und Lehrerinnen streben alle nach gleichem Ziel, der gleichen Richtung in der Erziehung [...] Ein Fortschritt folgt dem anderen, nicht nur im Erkenntniserwerb, auch in der Ueberzeugungs- und Gesinnungsbildung, der Krone

---

149) „Reichspost" vom 26. August 1934, S. 6. Kursivdruck durch die Autorin; Sperrungen im Original.

der Erziehung. Es wächst nicht nur Wissen und Können, es wächst auch – und das ist das ungleich wertvollere – der Charakter.

Den Augen der Jugend erschließt sich mit den Kenntnissen von den Einzeldingen das planvoll einheitlich geformte Weltbild. Die Jugend begreift mit dem Zusammenhang der Geschehnisse Idee, Gesetz und Weisheit des ewigen Gesetzgebers. Sie lernt das geistig Erfasste in der richtigen Absicht anwenden, ihr Wollen einem höheren sittlichen Gesetz unterstellen.

Schulgeschichtliche Rückschau in Blickrichtung Burgenland

Eine Sonderheit auf Bundesebene bildete der relativ hohe Anteil an konfessionellen Anstalten. Die katholische Kirche, Nutznießer wie Domestik des autoritären Regimes, übte eine tonangebende Stellung in der Schulaufsicht aus, war sie doch im Besitz einer nicht geringen Anzahl von Schulstätten. In dieser Beziehung stach unter allen österreichischen Bundesländern das Burgenland aufgrund seines ungarischen Nachlasses als statistischer Ausreißer hervor: Laut „Schulstatistik für das Schuljahr 1936/37" war in diesem Land für 268 von den insgesamt 364 Volksschulen die katholische Kirche der Schulerhalter (66 ev. A. B., 1 ev. H. B., 6 israelitisch; denen standen 20 Gemeindeschulen und 3 Landesschulen gegenüber).[150] Alfred Lang hielt zur burgenländischen Schulstruktur der Jahre nach 1921 fest:[151]

> Während in Österreich durch das Reichsvolksschulgesetz von 1869 bereits 90% der Pflichtschüler/innen aus nicht-konfessionell geführten, also öffentlichen Schulen kamen, war das Verhältnis im Burgenland geradezu umgekehrt. [...] In der Folge gab es in vielen Gemeinden zwei oder mehrere Schulen gleichzeitig. Dies führte zu einer Aufteilung der Schülerzahlen, damit zu einer Verringerung der Klassen pro Schule und so zu einer Beförderung des nieder organisierten Schulwesens.

Einen verhältnismäßig höheren Anteil, als dies bei den Volksschulen der Fall war, verzeichneten in Österreich die Privatschulen mit Öffentlichkeitsrecht im Sekundarbereich (Schulgattungen für über 10-Jährige, also Gymnasium, Realgymnasium, Realschule, für Mädchen das Oberlyzeum und – seit 1927 – die 8-klassige Frauenoberschule). Um die Mitte der 1930er-Jahre standen 76 allgemeinbildende Sekundarschulen in privaten Händen,

---

150) LABl. f. d. Bgld 409/1937: Schulstatistik für das Schuljahr 1936/37; vgl. ebenso Engelbrecht, in Heinemann 1980, S. 113.
151) Lang, in Deinhofer/Horvath, S. 221.

somit nicht viel weniger als die Hälfte der insgesamt 168 „Mittelschulen". 45 (= 26,8 Prozent) von den Sekundaranstalten bezogen von Kirchen (zum überwiegenden Teil seitens der katholischen) und Religionsgesellschaften die wirtschaftliche und personelle Grundlage; 31 (= 18,4%) hatten Vereine und Private als Schulerhalter. Allein knapp über zwei Drittel der Lehrer- und Lehrerinnenbildungsanstalten wurden nicht staatlich geführt (23 von 34).[152]

Die Thematik über die konfessionelle Schuladministration gehörte seit der Zugehörigkeit zu Österreich zu den härtesten Nüssen der burgenländischen Landespolitik und führte bis zur „Lösung" unter der Dollfuß/ Schuschnigg-Ägide zu hitzigen Debatten im hiesigen Landtag. Den Bestrebungen der Sozialdemokraten mit dem Ziel einer Angleichung an die österreichischen Verhältnisse, im Politjargon: die Beseitigung der *pannonischen* oder *burgenländischen Schulschande,* stand das Bemühen der Kirchen und vor allem der christlichsozialen Partei entgegen, den Status quo, im behandelten Fall das in Ungarn „in Geltung gestandene Recht" (siehe Bundesverfassungsgesetz vom 25. Januar 1921, § 6, Abs.1) unverändert bestehen zu lassen.[153] Kein Blatt vor den Mund nahm sich der sozialdemokratische Wortführer, Landeshauptmannstellvertreter und Schulreferent des Burgenlandes Ludwig Leser in seinem Vortrag über „Die burgenländische Schul-

---

152) Die Zahlen beziehen sich auf das Schuljahr 1936/37; entnommen (und berechnet nach) Engelbrecht, in Heinemann, S. 114 f.; vgl. ders.: Die Geschichte des Österreichischen Bildungswesens – Erziehung und Unterricht auf dem Boden Österreichs, Bd. 5: Von 1918 bis zur Gegenwart. – Wien 1988, S. 301.

153) Zur Entwicklung der Überleitung des ungarischen Rechtswesens auf das österreichische bzw. zur Beibehaltung des Rechtswesens auf dem Gebiete des Schulwesens siehe Wolfgang Dax, Burgenländisches Landesrecht. Grundlagen und Entwicklung, in: Burgenländische Forschungen, Sonderheft III: „50 Jahre Burgenland" (Festgabe), hg. vom Burgenländischen Landesarchiv. – Eisenstadt 1971, S. 45–92, besonders zu den schulischen Übergangsbestimmungen S. 66 f.; Walter Feymann schrieb dazu: „Auf dem Verordnungsweg wurden österreichische Gesetzesbestimmungen im Burgenland in Kraft gesetzt, nicht jedoch die österreichischen Schulgesetze. Bis 1937 [LGBl. f. d. Bgld. 40/1937, Anm. d. Verf.] blieben daher im Burgenland die ungarischen Schulgesetze in Geltung, ein Kuriosum, dessen Ursachen in den politischen Verhältnissen Österreichs und des Burgenlandes zu suchen sind." Walter Feymann, Schulkampf – Kulturkampf. Der Kampf gegen das konfessionelle Schulwesen, in: Arbeitsgemeinschaft zur Erforschung und Dokumentation der Geschichte der burgenländischen Arbeiterbewegung (Hg.): Um Freiheit und Brot. Geschichte der burgenländischen Arbeiterbewegung von den Anfängen bis 1945, S. 87.

schande", den er „bei der Monatsversammlung des ‚Zentrallehrervereines Wien' am 20. Mai 1925 (gehalten)" hat.[154] Nicht weniger empfindlich zog Otto Glöckel zu Gericht. Drei Jahre nach Lesers Anklage schrieb er:[155]

> Das schwächlichste Kapitel der Schulentwicklung ist die burgenländische Schulschande. Burgenland, das vor 1918 Teil Ungarns und daher mit dem Fluch der konfessionellen, völlig rückständigen Volksschulen belastet war, konnte mit Recht hoffen, daß [...] das bestehende Reichsvolksschulgesetz auch [...] wirksam gemacht werden wird. Die Burgenländer sollten arg enttäuscht werden. [...] So ist gegenwärtig in einem Bundesland der österreichischen Republik ungarisches Schulgesetz wirksam, das die konfessionelle Schule mit all ihren Verbrechen an der Jugend aufrechterhält.

Prominenter Fürsprecher der Konfessionsschule, der „katholischen Schule", war Bundeskanzler Ignaz Seipel, der 1926 auf dem christlichsozialen Landesparteitag in Eisenstadt seiner Hoffnung Ausdruck verlieh, es werde „einmal die Zeit kommen, in der sich das übrige Österreich in diesem Punkt an das Burgenland angleicht".[156]

Zur Erläuterung der erwähnten ungarischen Hinterlassenschaft soll ein retrospektiver Umriss zu mehr Einsicht führen. Eine elementare Reform des ungarischen Schulwesens startete mit dem Jahr 1868, während in der österreichischen Reichhälfte das Reichsvolksschulgesetz (RVG) von 1869 die neuen Weichen stellte. Auf einen Nenner gebracht ging es den freisinnigen Vordenkern in beiden Reichshälften grundsätzlich darum, die bisher absolute Dominanz der (katholischen) Kirche auf das Schulwesen zugunsten eines säkularisierten Staatswesens zu brechen. Während, wie oben bereits gesagt, den „im Reichsrat vertretenen Ländern" (Cisleithanien) es gelang, den interkonfessionellen (Simultan-)Schulen (Staats-, Gemeinde- und Privatschulen) das Übergewicht zu verschaffen, blieb in Ungarn die Schulgewalt durch die zahlenmäßige Überlegenheit der Bekenntnisschulen

---

154) Vgl. Leser, Ludwig: Die burgenländische Schulschande, in: „Freie Lehrergewerkschaft Österreichs". – Wien 1925.

155) Glöckel, Otto: Drillschule, Lernschule, Arbeitsschule. – Wien 1928, S. 27; hier zit. nach Lang, in Deinhofer/Horvath, S. 223.

156) Zit. nach Feymann, Schulkampf, S. 97; bei der Vollversammlung des Katholischen Lehrervereins am 3. Juli 1928 sagte „Herr Prof. Tauschmann aus Wien": „In der Erziehung gibt es nur zwei Richtungen, eine Richtung hin zu Gott oder weg von Gott –, eine Pädagogik der Hölle oder eine Pädagogik des Himmels, wir Wiener wären froh, wenn wir eine burgenl. Schulschande hätten". Zit. nach „Neue Eisenstädter Zeitung" vom 15. Juli 1928, S. 2. Sperrung im Original.

den katholischen Amtsträgern zum Gutteil erhalten, oder ausgedrückt nach den Worten des burgenländischen Geistlichen Johann Ettl: „In Ungarn war die Kirche [...] Herrin ihrer Schulen."[157] Die Position begründete sich, mit den wichtigsten Punktuationen zusammengefasst, durch

- das Öffentlichkeitsrecht der katholischen Schulen,
- das Aufsichtsrecht der Kirche über ihre Schule,
- die Diensthoheit über das Lehrpersonal und
- das Überwachungsrecht über die Schulbücher.

Vor allem aber überließ die ungarische Regierung der kirchlichen Obrigkeit – in tatsächlichem Ergebnis den konfessionellen Gemeindegläubigen – das im 1868er-Gesetzeswerk eigentlich dem Staat und den politischen Gemeinden zustehende Primärrecht über die Schulerrichtung und Schulerhaltung. Mit dem großzügigen De-facto-Verzicht auf die („weltliche") interkonfessionelle Schule nahm der Staat die nach religiösem Kriterium bestimmte Desintegration der jungen Generation in Kauf. Andererseits entlasteten die Religionsgemeinschaften – in geringerem Maß freilich auch die evangelischen und israelitischen – das Staats- und die Gemeindebudgets, hatten doch, so der Wille bestand, die Konfessionsgesellschaften aus eigenen Mitteln die öffentlichen Volksunterrichtsanstalten zu errichten und zu erhalten, d. h. mit dem „freiwilligen" Obolus ihrer Gläubigen. Hier lag einer der Angelpunkte der ungarischen Schulpolitik bis zum Ersten Weltkrieg und damit der Situation, die sich im Burgenland nach der Monarchie fortsetzte.

Mit versessener Konsequenz sagten die Bischöfe Ungarns interkonfessionellen Anstalten den Kampf an – den Schulanstalten, in denen nach ihrem göttlichen Erziehungsverständnis Schüler mit nicht-katholischem Bekenntnis negativen Einfluss auf die kleinen katholischen Schäfchen ausübten. Schon gar nicht durfte deren Seelenheil durch nicht-katholische, liberales Gedankengut vermittelnde Lehrer aufs Spiel gesetzt werden!

Exemplarisch über den Kulturkampf einige Ausführungen aus dem Hirtenbrief an das katholische Glaubensvolk von Johann Zarka, Bischof von Raab, aus dem Jahr 1869:[158]

---

157) Ettl, S. 46.
158) Zit. nach Ettl, S. 47 ff., mit Hinweis auf Johann Zalka: Hirtenschreiben an alle Gläubigen der Raaber Diözese, abgedruckt in den *Litterae Circulares ad venerabilem Clerum almae Dioecesis Jaurinensis*, 1869.

> Wir wollen nicht, daß der Glaube unserer Kinder gefährdet oder geradezu verdorben werde. […] Wir wollen also keinen Lehrer, der nicht unseres Glaubensbekenntnisses ist; ja wir werden sogar unseren katholischen Lehrer dazu anhalten, daß, bevor er den Unterricht unserer Kinder übernehme, das katholische Glaubensbekenntnis öffentlich ablege.
> Zwar sei das (formelle) Oberaufsichtsrecht des Staates „in Ehren zu halten", doch – die Eltern beschwörend – können wir die sogenannten Gemeindeschulen, gemeinsame Staatsschulen, – wo es leicht geschehen kann, daß katholische Schüler protestantische oder jüdische Lehrer erhalten, – wo die Lehrbücher […] leicht möglich im Widerspruche mit unseren Grundsätzen vorgeschrieben werden […], – diese Schulen […] können wir nicht begünstigen.

Dann folgerichtig der Kernpunkt des Rundschreibens an seine „Geliebte(n) in Christo!":

> Daß die nach den Anforderungen des Staates zu bewerkstelligende Organisierung unserer Schulen auch materielle Opfer erheischen werde, wird euch wohl einleuchtend sein.

Die Katholiken Ungarns hatten verstanden – und leisteten ergeben die abverlangten Beiträge. Eine Statistik aus dem Jahr 1880 beweist das: Nicht weniger als 5411 röm.-kath. Volksschulen standen bloß 1669 Gemeinde- und 266 Staatsvolksschulen gegenüber.[159]

Zum Vergleich die gegenläufige Entwicklung in Österreich, hier hauptsächlich das elementare Schulwesen betreffend. War das niedere Schulwesen im Zeitalter des Neoabsolutismus (nach der 1848/49er-Revolution bis 1867) „in die Kandare der Kirche genommen" worden, so gelang es der kurzen „liberalen Ära", aufklärerische Programmpunkte in das „Staatsgrundgesetz" von 21. Dezember 1867 einzuflechten. Die liberale Lehrerschaft plädierte u. a. für die Aufwertung der Bildungsziele der Volksschulen, für verbesserte Lehrerausbildung und – für unseren Topos relevant – für die Beendigung der kirchlichen Schulaufsicht.[160] Das 1869 mit liberaler

---

159) Ettl, S. 48, mit Hinweis auf Heinrich Johann Schwicker: Die Volks- und Mittelschulen Österreichs-Ungarns, in: Schmid's Encyclopädie, Leipzig 1882.
160) Art. 17 (4) des Staatsgrundgesetzes: „Dem Staate steht rücksichtlich des gesamten Unterrichts- und Erziehungswesens das Recht der obersten Leitung und Aufsicht zu." Zit. nach Engelbrecht, Helmut: Geschichte des österreichischen Schulwesens, in: Wendepunkte und Kontinuitäten. Zäsuren der demokratischen Entwicklung in der österreichischen Geschichte. Sonderband der Schriftenreihe Informationen zur Politischen Bildung, hg. vom Forum Politische Bildung. – Innsbruck/Wien 1998, S. 24.

Handschrift erlassene Reichsvolksschulgesetz (RVG) – ihm war im Jahr zuvor das sogenannte *Schule-Kirche-Gesetz* vorangegangen, das die Verhältniskompetenzen der Kirche schon beschnitten hatte – steckte die Fronten zwischen den Staats- und Kircheninteressen neu ab: durch die Säkularisierung des Unterrichtsgeschehens etwa bei dem zu vermittelnden Wissens- und Kulturgut (Religionslehre nur auf ein Fach eingeengt), weiters durch die „Verstaatlichung" des Lehrerstandes durch Hebung desselben in den Beamtenstatus und durch Übertragung der Schulaufsicht auf eigens geschaffene staatliche Behördenstellen. Vor allem aber: Für den Zugang an öffentliche Schulen sollte für Schüler und Lehrpersonen die konfessionelle Zugehörigkeit irrelevant sein. Zwar erfuhren einige Bestimmungen wie die über die Schulaufsicht oder die Lehrplaninhalte in der klerikal-konservativen Ära des Ministerpräsidenten Eduard Graf Taafe im 1883 novellierten Reichsvolksschulgesetz antiliberale, jedenfalls zur Freude der Kirche vorgenommene Rückzieher. Beispielsweise galt Religion wieder als fächerübergreifendes Didaktikprinzip,[161] den Leitersessel durfte nur der einnehmen, der das Glaubensbekenntnis der Mehrzahl der Schüler nachwies, was faktisch auf die Eliminierung von Nicht-Katholiken hinauslief. Doch ungeachtet noch anderer Unterminierungen der obrigkeitsstaatlichen Schulpolitik blieben Strukturelemente des österreichischen Schulwesens, und das bis heute, erhalten, so der Beamtenstatus der Lehrerschaft.[162]

Piffls Einsatz für die katholische Schule

Hätte die Kirche nach 1921 – damit kehren wir ins Burgenland zurück – am faktisch unbeschränkten Machtumfang auf dem schulischen Erziehungs-

---

161) Damit „die Religion zum belebenden Prinzip des ganzen Unterrichts werde" (Ettl), schrieb Pius IX. in *Quum non sine* an den Erzbischof Hermann von Vicari (Freiburg) im Juli 1864: In den katholischen Bekenntnisschulen „muß die religiöse Unterweisung und Erziehung [...] im Unterricht so alles beherrschen, daß die übrigen Kenntnisse [...] als eine Beilage zur Hauptsache erscheinen. Deswegen ist die Jugend größten Gefahren ausgesetzt, wenn nicht [...] der Gesamtunterricht durch ein inniges Band mit der religiösen Unterweisung verbunden wird". Zit. nach Ettl, S. 76.

162) Zahradnik, in: Diem-Wille, Familie und Schule, insbesondere 134 ff.; vgl. auch Ludwig Battista, Die österreichische Volksschule – ihr Werden, ihre äußeren Arbeitsbedingungen und ihre Erziehungs- und Bildungsarbeit. 3. Aufl. – Wien 1948, besonders S. 13 ff.

sektor festgehalten, so wäre außer den politisch-ideologischen, antiklerikalen Gruppierungen ein weiterer Gegner entstanden: die Lehrerschaft. Die oberste Kirchenleitung, voran Kardinal Friedrich Gustav Piffl, der im Mai 1922 zum Apostolischen Administrator des Burgenlandes bestellt wurde (Übernahme des Amtes am 24. September d. J.), erkannte die Notwendigkeit von zumindest noch erträglichen Modifikationen, ohne dabei das Kind mit dem Bade ausgießen zu müssen. Gemäß Erlass der Apostolischen Administration vom Dezember 1922 zum Beispiel übernahm an Stelle des Gemeindepfarrers eine erfahrene Lehrkraft die pädagogische und administrative Leitung einer katholisch-konfessionellen Schulanstalt, und einen ebenso unbescholtenen, älteren Lehrer bestellte von nun an die Kirche als Kreisinspektor, eine Funktion, mit der bislang der jeweilige Kreisdechant betraut war.

Vielleicht noch mehr als Ignaz Seipel sah sich Kardinal Piffl durch seine Zusatzaufgabe im Burgenland verbunden, das Weiterbestehen der Bekenntnisschulen gegen alle Anstürme „von außen" zu verteidigen. Im Februar 1923 wandte sich der Apostolische Administrator mittels Hirtenbrief (inhaltlich übereinstimmend mit Bischof Zarkas Aufruf ein halbes Jahrhundert zuvor; s. oben) an die burgenländischen Katholiken, die, so erinnerte er hofierend, stets für „ihre katholischen Bekenntnisschulen […] freudig […] die größten Opfer brachten". Das katholische Volk habe immer um die Notwendigkeit einer Schule Bescheid gewusst, deren Erziehung zum „ewigen Heil […] auf den Fundamenten der ewigen Glaubenswahrheiten" aufgebaut sei. „In ihr soll nicht bloß eine gebildete, sondern auch eine edle und sittliche Jugend herangezogen werden. Sittlichkeit und Religion aber" könnten „ohne schweren Nachteil für die Erziehung voneinander nicht getrennt werden." Es dürfe daher Eltern „kein Opfer zu groß sein" und „kein Preis zu hoch".[163] Abschließend die Aufforderung zum „entschlossenen Kampfe gegen ausgesprochene Religionsfeinde und Kirchenfeinde" und zum Eintreten in der Schulfrage für „das von Gott gegebene Recht der Kirche. An der Überzeugungskraft […] muß sich der Ansturm des Unglaubens brechen."[164]

---

163) Mit größter Wahrscheinlichkeit kannte Piffl das Schreiben an die Bischöfe *Humanus genus* von Papst Leo XIII. aus dem Jahr 1884, worin es heißt: „Eure Sorgfalt verwendet auf die Erziehung der Jugend und glaubet nicht, daß eure Vorsorge jemals so groß sein wird, daß sie nicht übertroffen werden könnte […]." Zit. nach Ettl, S. 75.

164) Hirtenbrief von Februar 1923 abgedruckt bei Ettl, S. 52 ff., mit Hinweis auf Amtl. Mitteilungen d. Apost. Administration d. Burgenlandes, Nr. 3, S. 11 ff.

Seelenqualen bereitete dem Kardinal ein am 26. Dezember 1926 im Nationalrat mit 83 gegen 80 Stimmen angenommener Antrag, der von der burgenländischen Landesregierung stammte, umgehend die Geltung des österreichischen RVG von 1869 (Umwandlung der konfessionellen in interkonfessionelle Schulen) im Burgenland zu erwirken. Abermals sollte ein Rundschreiben des höchsten Administrators an die „katholischen Eltern" das Unannehmbare abwenden helfen. Daraus einige Auszüge:[165]

> Euren katholisch-konfessionellen Schulen ist neuerdings Krieg erklärt worden. [...] Die Kampfansage [...] ist erfolgt und eure heilige Pflicht ist es, den Fortbestand eurer katholischen Schulen mit katholischem Bekennermut zu verteidigen. [...].
>
> Haltet demnach im Bewusstsein eurer Verantwortung, die ihr einst für die Erziehung eurer Kinder vor Gottes Richterstuhl ablegen werdet müssen, fest an dem guten, alten Erbgut [...], und rufet allen, die an dem Bestande rütteln, ein lautes, nicht mißverständliches „die Hände weg!" mit allem Ernste und Entschlossenheit zu.
>
> [...] Die Schule, die man euch im Burgenlande [...] geben will, ist [...] eine sogenannte interkonfessionelle Schule. Wohl wird in dieser Schule noch der Religionsunterricht durch einen Seelsorger erteilt, aber die Lehrer [...] brauchen nicht katholisch zu sein, sie können ebensogut Protestanten oder Juden, als auch ohne jede Konfession sein. Daher kommt es oft, daß an diesen Schulen [...] die Erziehung [...] von Christus nichts mehr wissen will, [...] daß in solchen Schulen oft kein Gebet mehr gesprochen wird und kein Lied mehr gesungen wird, in dem noch der Name Gottes vorkommt. Deshalb [...] verlangen (die österreichischen Katholiken) für ihre katholischen Kinder die Einführung der katholischen konfessionellen Schule mit katholischen Lehrern. [...].
>
> Das katholische Volk des Burgenlandes hat ein historisches Recht auf seine katholischen Schulen [...] und dieses durch Gesetz und Gewohnheit verbriefte Elternrecht darf von niemand vergewaltigt werden, am allerwenigsten in einem demokratischen Staate, in dem der Volkswille so oft und so laut als die Grundlage aller politischen Freiheit gepriesen wird.
>
> Ich weise zum Schlusse auf das neue, die Katholiken im Gewissen verpflichtende Kirchenrecht hin [...]: „Für die Eltern besteht die allerschwerste Verpflichtung, ihren Kindern sowohl eine religiöse und sittliche[166] als auch eine körperliche und bürgerliche Erziehung nach Kräften angedeihen zu lassen.

---

165) Hirtenbrief von Januar(?) 1926 vollständig abgedruckt bei Ettl, S. 54–56, mit Hinweis auf *Amtl. Mitteilungen d. Apost. Administration d. Burgenlandes*, Nr. 53/I, S. 3 ff.
166) Aus der Enzyklika von Leo XIII. „Affari vos", Dezember 1897: „Keine Art sittlicher Erziehung verdient den Namen und wird eine Wirkung haben, wenn man die Religion hintansetzt. [...] So fordert Gerechtigkeit und Vernunft, daß die Schule nicht bloß den Schülern weltliche Wissenschaft vermittelt, sondern auch jene Sit-

In der Tat gelang es im Parlament den Angriff abzuwehren, hatte doch Seipel im Oktober 1926 sein IV. Kabinett aufgestellt. Daraufhin versuchten einige burgenländische Gemeinden mit mehrheitlich linksorientierter Bevölkerung, auf dem Verwaltungsweg zum Ziel zu kommen. Über die bereits von der burgenländischen Landesregierung genehmigten Beschlüsse zur Umwandlung ihrer konfessionellen in interkonfessionelle Schulen erhob die Apostolische Administration beim Unterrichtministerium Einspruch. Und dieses hob die vollzogenen Umwandlungen auf. Die von einigen Gemeinden beim Verwaltungsgerichtshof darob eingebrachten Beschwerden gegen die Ministerialentscheidung wurden mit floskelhafter Rechtsakribie im Januar 1929 endgültig abgeschmettert.[167]

Friedrich G. Kardinal Piffl war aus dem Gefecht als Sieger hervorgegangen. Und ging von der Verteidigungsstellung über in die Offensive. Nicht nur eine Schlacht, der Krieg, der zum „ewigen Heile" führt, musste gewonnen werden. Als höchster kirchlicher Repräsentant des Burgenlandes hegte er den innigsten Wunsch, eine katholische Lehrerbildungsanstalt im Land zu gründen. Es konnte nicht angehen, dass außer den wenigen katholischen Lehrerstudenten der evangelischen(!) LBA in Oberschützen viele Burgenländer außerhalb des Landes, die meisten in Wien, zu Lehrerwürden gelangten. Freilich kostete die Verwirklichung eines derartigen Bau- und Erhaltungsprojektes Geld. Viel Geld sogar. Doch da waren ja die Gläubigen. Wirtschaftnot hin, Wirtschaftnot her – sie würden die von ihnen erbetenen Beiträge leisten, handelte es sich doch um ein Himmelswerk. Seine ehrliche Überzeugung für das gute Werk soll nicht in Abrede gestellt werden. Ob sich F. G. Piffl ein Denkmal über sein Leben hinaus setzen wollte, ist hier nicht Gegenstand der Untersuchung.

Am 7. Februar 1932 wandte sich der Kardinal abermals mit einem schriftlichen Aufruf an seine „lieben Katholiken des Burgenlandes!". Er habe sich „entschlossen, mit Gottes Hilfe eine eigene katholische Lehrerbil-

---

tenlehre, die mit den Vorschriften unserer heiligen Religion verbunden ist, ohne die die ganze Erziehung [...] geradezu verderbenbringend wird. Daraus folgt dieses vor allem, daß katholische Lehrer erforderlich sind, daß als Lese- und Lehrbücher keine anderen verlangt werden dürfen, als die von den Bischöfen bewilligt sind [...]." Zit. nach Ettl, S. 78 f.

167) Vgl. Ettl, S. 56 f.; über die abweisenden Entscheidungsgründe des Verwaltungsgerichtshofes siehe ebenda; ebenso in Amtl. Mitteilungen d. Apost. Administration d. Burgenlandes, Nr. 96/IV.

dungsanstalt in Eisenstadt ins Leben zu rufen". Dann kam er zum Eingemachten:[168]

> Eurem Bischof stehen leider die Mittel nicht zur Verfügung, die Lehrerbildungsanstalt selbst zu bauen, sie einzurichten und die Lehr- und Erziehungskräfte wenigstens in bescheidenem Maße zu besolden. Darum wende ich mich an Euch mit der Bitte, daß ihr zusammenhelft, um die Summe aufzubringen. [...].
>
> Die Gesamtheit Eurer hochwürdigen Seelsorger hat sich schon bereit erklärt, sehr bedeutende persönliche Opfer für die Sache zu bringen. Die katholische Lehrerschaft des Burgenlandes hat ebenfalls bereits einen sehr ansehnlichen Betrag [...] gezeichnet und ist zu weiteren Opfern bereit. [...] Auch meinen eigenen Baustein[169] will ich gerne dem Werke widmen.[170] [...] Gebt [...] Euren Beitrag, jeder widme sein Scherflein. [...].
>
> Betet alle, Arme und Reiche, Erwachsene und Kinder, lasst insbesondere die Kleinen beten um den Segen des Himmels für das Werk, das im letzten Sinne doch ihnen gilt![171]

Mit Schuljahresbeginn 1932/33 nahm die röm.-kath. LBA in Eisenstadt den Betrieb auf (Piffl erlebte die Eröffnungsfeierlichkeit nicht; er war im April

---

168) Der Hirtenbrief vollständig abgedruckt in *Amtl. Mitteilungen d. Apost. Administration d. Burgenlandes*, Nr. 173, S. 41; ebenso bei Ettl, S. 58 f.; ebenso in „Güssinger Zeitung" vom 15. Mai 1932, S. 3 f., mit Kommentar über „die letzten Worte [...] unseres grossen, leider viel zu früh verstorbenen Kirchenfürsten".

169) Die Bausteinaktion wurde auf Jahre hinaus verlängert. So hielt die *Verhandlungsschrift über die am 18. September 1934 abgehaltenen Lehrerberatung* an der Volksschule Stegersbach fest: „*Anläßlich der am 23. d. M. stattfindenden Einweihung der Kath. Lehrerbildungsanstalt* [in Mattersburg, wohin die Umsiedlung von Eisenstadt erfolgte, Anm. d. Verf.] *sei es angezeigt, an diesem Tage die Baustein-Spenden einzusammeln.*" Im *Protokoll* der Konferenz vom 30. Oktober 1935 ist zu erfahren: „*Das von der r. k. Volksschule veranstaltete Theaterstück und der sich daraus ergebende Reingewinn fließt der katholischen Lehrerbildungsanstalt zu.*" Und noch ein Mal liest man von einer Spende dieser Anstalt (*Protokoll* vom 12. Februar 1936): „*Das Weihnachtsspiel ist sehr gut gelungen. [...] Der Apostol. Adm. (konnten) für die r. kath. Lehrerbildungsanstalt 74,72 S eingesendet werden.*" Alle Zitate aus: Protokolle VS Stegersbach, o. S.

170) Über die Summe, die der Oberhirte aus eigener Tasche locker machte, berichtete die „Güssinger Zeitung" in der erwähnten Ausgabe vom 15. Mai 1934, S. 3: „Kurz vor seinem Tode widmete Seine Eminenz für die Lehrerbildungsanstalt S 10.000 aus Eigenem."

171) Mit dem Projekt kam Kardinal Piffl einer Aufforderung Leos XIII. nach, der in *Humanus genus* (1884) geschrieben hatte: „Zugleich strebet danach, daß Schulen vorhanden sind, die durch gesunde Lehre und einwandfreie Lehrer sich empfehlen und die unter eurer Autorität und der Wachsamkeit des Klerus stehen." Zit. nach Ettl, S. 76.

verstorben). Zwei Jahre später übersiedelte die Anstalt in den neu erbauten Gebäudekomplex in Mattersburg, der am 23. September 1934 eingeweiht wurde. Nur vier Jahre lang durfte Piffls verwirklichter Herzenswunsch segensreich wirken. Die neuen Machthaber schlossen 1938 die von den burgenländischen Katholiken so mühsam bewerkstelligte Anlage.

„Erziehung zum Deutschtum"

Einigkeit durch die Bänke *aller* tragenden Parteien (Sozialdemokraten, Großdeutsche, Bauerbund – und Christlichsoziale!) bestand in der Auffassung, die Minderheitensprachen in den Schulen auf die Abstellgleise zu verfrachten. Der überstandene repressive Magyarisierungsdruck, vornehmlich aber der auf die Bevölkerung ausgeübte zuerst *Rote Terror* eines Bela Kun, dann der *Weiße Terror* Admiral Horthys mit den militärischen Kampfhandlungen ungarischer Freischärler 1921, nicht zu vergessen der Verlust von Ödenburg/Sopron als vorgesehene Landeshauptstadt – sie hinterließen im neu geschaffenen Burgenland eine „aggressiv deutsch-nationale, ungarnfeindliche Stimmung".[172] 1923 untersagte der großdeutsche Landeshauptmann Alfred Walheim, „ungarisch zu plappern".[173] Ein zeitgenössischer Schulhistoriker drückte den Kernpunkt der Bemühungen mit dem Satz aus: „Aufgabe der Schule ist es, zum Deutschtum zu erziehen",[174] und 1931 formulierte der Programmatiker der burgenländischen Sozialdemokratie, Ludwig Leser, seine Aversion gegenüber allen ungarischen Restbeständen im Land: „Aufräumen mit allem, was noch magyarisch ist."[175]

Das alles *hätte* schon früher geheißen die Unterrichtssprache Ungarisch – ebenso Kroatisch in den 58 (von insgesamt 64) kroatischen Volksschulen – aus sämtlichen Schulen zu verbannen, hätten da nicht vehement die Christlichsozialen mit grundsätzlichem Veto diese Absichten durchkreuzt. Denn mehr als die Germanisierung lag ihnen die kirchlich verwaltete Schule am Herzen. Der 1922 im Landtag gemeinsam mit den Großdeutschen

---

172) Baumgartner, Gerhard: Prolegomena zum Sprachverhalten ungarischsprachiger Burgenländer, in: Holzer/Münz, Trendwende?, S. 222.
173) Burgenländische Heimat vom 29. 9. 1923; hier zit. nach ebenda, S. 226.
174) Parr, Adolf: Das burgenländische Volksschulwesen im ersten Jahrzehnt der Zugehörigkeit zu Österreich. – Wien/Leipzig 1931, S. 31; hier zit. nach ebenda, S. 226.
175) Leser, Ludwig: 10 Jahre Burgenland, in: Burgenländische Freiheit 20/1931, S. 1; hier zit. nach ebenda, S. 223.

mehrheitlich gefasste Beschluss der Sozialdemokraten über die Einführung des österreichischen Schulgesetzes blieb ohne Folgen, da die im Nationalrat dominierenden Christlichsozialen das Abstimmungsergebnis negierten. Als Gegenreaktion errichteten gemischtsprachige Gemeinden mit stärkerem oder dominierend sozialdemokratischem Arbeiteranteil, der sich impulsiv für die deutsche Schriftsprache in Schule und Ämtern einsetzte, deutschsprachige Volksschulen. Teils gewiss aus Überzeugung, da bei den „Modernisierern" ein national-ideologisches Bewusstsein nur gering vorhanden war – vordergründig jedoch mit dem Motiv, nur so den deutsch-orientierten Assimilationswillen durchsetzen zu können. Nicht weniger spielte die zeittypische parteipolitische Polarisierung eine Rolle: Die Muttersprache in Kirche und Schule war für die sozialdemokratische Wählerschaft Sinnbild christlichsozialer Gesinnung. Der Ausspruch Maria Theresias, die Schule sei und bleibe ein Politikum, bewahrheitete sich auch in diesem Kontext.

Die mit deutlicher Mehrheit vorhandene pro-kroatische bzw. ungarnfreundliche Einstellung der Gemeindepfarrer avancierte trotz der gezeigten Gegenströmungen zum bestimmenden Faktor für die Kontinuität der burgenländischen Sprachenbuntheit in den Kindergärten, Schulen, Gemeindeämtern, Gesangs- und Kulturvereinen usw., wo immer die Geistlichen sich aktiv zeigten und in den Schulstätten als unangefochtene Souveräne (Vorsitzende der Schulstühle[176]) tätig waren, d. h. generell überall dort, wo sie ihre aus der Monarchiezeit stammende Autorität (größtenteils[177]) bewahren konnten.

Nachdem nun die Pfarrer die Verwendung der deutschen, kroatischen oder ungarischen Sprache in den Gottesdiensten und in Volksschulen vorgaben und deshalb die Organe der Landesregierung nur auf die Gemeinde-/Staatsschulen Einflussmöglichkeiten besaßen, mussten die offiziellen Ger-

---

176) Der örtliche Schulstuhl vermochte sich sogar gegen Entscheidungen der Apostolischen Administration durchzusetzen. Beispiel: Als dieser im September 1935 die Lehramtsanwärterin Stephanie Kleeweiß an die kroatische VS Neuberg zugewiesen hatte, war „*der Schulstuhl nicht einverstanden, weil die Genannte nur Deutsch kann*". Nach einer Woche verließ Kleeweiß den Ort, „*an ihre Stelle*" trat „*P. Ln. Helene Gregorich aus Klingenbach*". Schul- und Ortschronik VS Neuberg, S. 13.

177) Baumgartner wies auf zwei diesbezügliche Ausnahmen hin. In der ungarischsprachigen Gemeine Unterwart hatten die ehemaligen Kleinadeligenfamilien ihr Standesbewusstsein nicht gänzlich abgelegt, so dass „der Pfarrer bestenfalls ein Herr unter vielen (war)". Und in der Nachbargemeinde Rotenturm „(war) wiederum der Einflussbereich des Priesters durch die Gutswirtschaft und das Schloß Erdödy limitiert." Moritsch/Baumgartner, in Holzer/Münz, Trendwende?, S. 132.

manisierungsakte im minderheitensprachlichen höheren Schulwesen in eine bildungspolitische „Sackgasse" führen, wie es der Burgenland-Historiker G. Baumgartner nannte.[178] Die deutsch-fixierten Schullandesbehörden dachten nicht daran, in den vorhandenen Bürgerschulen – später Hauptschulen –, geschweige denn in den Gymnasien oder Lehrerbildungsanstalten eine andere als die Amtssprache Deutsch, abgesehen von Ungarisch und Kroatisch als angebotene Freigegenstände, lehren oder lernen zu lassen, was folgerichtig eine Weiterbildungsbarriere für Volksschüler kroatischer und ungarischer Gemeinden nach sich gezogen hätte. Noch nach dem Zweiten Weltkrieg bewog die Beibehaltung bzw. Wiedereinführung der bis 1937/38 vereinbarten Sprachregelungen Eltern, ihre Kinder in deutschsprachige Nachbar-Volksschulen zu schicken, um so bei einem späteren Übertritt in eine Haupt- oder Mittelschule einer „Sprachbehinderung" vorgebeugt zu haben.[179]

„Der Krieg mit dem Pfarrer"

Um zu verbildlichen, wie weit in der Praxis die priesterlichen Machtbefugnisse in den Schulstuben oder auch außerhalb derselben reichen konnten, lassen wir zeitgenössische Kinder und drei Lehrer zu Wort kommen:

> Wenn wir auf der Straße gespielt haben und der Lehrer oder Pfarrer gekommen ist, sind wir sofort weg gewesen.[180]

---

178) Ebenda, S. 144.
179) Den etwa 12-jährigen N. N. aus dem kroatischen Güttenbach (Südburgenland) schickten in den 30er-Jahren die Eltern für ein Jahr in die benachbarte Volksschule St. Michael i. Bgld., einzig zur Erlernung *„von wenigstens ein bisserl Deutsch"*. Der elterliche Gasthaushausbetrieb machte das erforderlich; Interview mit N. N. im Februar 2007, mit ausdrücklichem Wunsch auf Wahrung der Anonymität. – Anderes Beispiel: Noch lange nach dem Krieg schickten kroatische Stinatzer Familien ihre Kinder in die benachbarte deutschsprachige Volksschule von Wörtherberg. Ein ehemaliger Lehrer der Hauptschule Güssing versichert, als „reiner Kroate" fast kein deutsches Wort verstanden zu haben, als er Mitte der 1950er-Jahre als Taferlklassler in die genannte Schule eintrat.
180) Zitat eines Zeitgenossen, entnommen aus: Ober- und Unterbildeiner Dorfkalender. Ein Dorf an der Grenze. Ober- und Unterbildein 1921–1991. Ein Projekt der Burgenländischen Volkshochschulen/Politische Bildung. Projektleitung: Christiane Gruber; Christine Teuschler; hg. vom Landesverband der Burgenländischen Volkshochschulen. – Eisenstadt 1991, S. 14; noch lange Jahre nach dem Krieg war in den Dörfern zu beobachten, wie Kinder einer Begegnung mit dem Lehrer und/oder Pfarrer auf der Straße auswichen.

> Und wenn der Pfarrer beim Schultor hereinkam, das war so ein beleibter, ... wir sind alle gestanden und so ist er gegangen, mit den gespreizten Fingern, und wir ringsherum mussten die Hände abbussln.[181]

Ein Ur-Güttenbacher (Südburgenland):[182]

> Der Pfarrer – Horvath hat er geheißen und ist immer mittwochs von Neuberg kommen, hat in der Früh die Mess' gelesen und dann in der Schul' Religion unterrichtet – der war ein ganz, ganz scharfer! Ganz scharf! Beim Notengeben vielleicht noch schärfer als die Lehrer. Der hat uns auch bei den Ohren gezogen.

Die heilige Messe zu besuchen, *„war Pflicht"*, unterstreicht der pensionierte HS-Direktor von Stegersbach Josef Derkits, Jg. 1927, seinerzeit Schüler an derselben Anstalt:[183]

> Wir haben ein Kontrollheft gehabt, und in dieses haben wir uns den Mess'besuch vom Pfarrer, Kaplan oder vom Klassenlehrer bestätigen lassen müssen. Mit Datum und Signatur. Ein Mal im Monat hat der Pfarrer die Hefte kontrolliert. Bei Nicht-Anwesenheit hat's Strafe gegeben.
> Zum Religionsunterricht: Außer den zwei Wochenstunden in der Schule sind wir nochmals für zwei Stunden pro Woche in die Kirche gegangen. Nachmittags war das immer. Dort haben wir Kirchenlieder gelernt. Grundvoraussetzung: Liederbuch mithaben!

Stefan Loder trat 1933 in die Volksschule Strem ein. Befragt nach dem Religionsunterricht und den kirchlichen Erfordernissen, schildert er schmunzelnd und kopfschüttelnd zugleich aus seinen Erinnerungen:[184]

> Der Pfarrer war ganz schön streng. Da hat es Konsequenzen gegeben für den, der nicht in die Kirche gegangen ist. Dafür hat der Pfarrer auch Schläge ausgeteilt. Ich war Ministrant und kann daher sagen, dass ich fast täglich in der Kirche war. Ich werde Ihnen erzählen, wie ein Sonntag abgelaufen ist:
> – In der Früh: Aufstehen und Kühe füttern; danach Frühstück.
> – Um $^1/_2$8 oder 8 Uhr Messe. Die hat nur eine Stunde gedauert.
> – Um 10 Uhr wieder Messe. Die hat zwei Stunden gedauert, weil der Pfarrer so lang predigt hat.
> – Um 12 Uhr Mittagessen und abermals Kühe füttern; damals war's so üblich: Auch zu Mittag ist die Stallarbeit verrichtet worden.

---

181) Ebenda.
182) N. N. im Interview vom Februar 2007, Güttenbach.
183) Aus dem Interview vom Februar 2007, Stegersbach.
184) Aus dem Interview vom März 2004, Strem.

- Um ½2 oder 2 Uhr war Nachmittagsandacht.
- Von 3 bis 4 Uhr – im Sommer bisschen länger – war Pause.
- Danach wieder im Kuhstall die Arbeit.
- Und um 20 Uhr wieder in die Kirche zur Abendandacht.

Das hat geheißen: Der Sonntag war eigentlich kein Ruhetag für die Leut', die die ganze Woche hindurch hart gearbeitet haben. Aber der Pfarrer hat das ja nicht verstanden; der war ja ausgerastet am Sonntag.

Wenn's mich nach dem Religionsunterricht fragen: Wir haben alles auswendig lernen müssen: Bibelstellen, aus dem Katechismus und so halt. Der Pfarrer war wie der Herrgott!

Ein praktizierender Katholik und „Hahnenschwanzler" der Ersten Republik beschrieb sein Lehrer-Dienstverhältnis:[185]

Vor allem war ich Angestellter der Kirche. Der Pfarrer konnte mir befehlen, Kantor zu sein. Einzelne Lehrer mussten sogar in der Ferien eine Bestätigung bringen, daß sie zur Kirche gingen. Und der Pfarrer und der Bürgermeister hatten oft auch schon eine Frau für den Lehrer bereit.

Und das erzählt uns Robert Hazivar, der im Schuljahr 1934/35 im kroatischen Oslip dienstverpflichtete und karg entlohnte Probelehrer:[186]

In der Volksschule gab es wöchentlich zwei Religionsstunden. Eine davon hab' ich als Lehrer halten müssen [sog. „Religionswiederholungsstunden", Anm. d. Verf]. Der Stoff war die biblische Geschichte. In der anderen Stunde unterrichtete der Pfarrer: Glaubenslehre, Katechismus, Vorbereitung auf die Erstkommunion und Firmung usw.[187]

Konferenzprotokolle der Schulen geben Einblick in die Wirkungsmächtigkeit der Schulstühle und obersten Kirchenführungen. Dazu einige Streiflichter aus den Bestimmungen, denen die Volksschullehrer von Stegersbach nachzukommen hatten:

---

185) Reiterer, Albert F.: Die Schlüssel zum Himmelreich. Religion und Politik bei den Burgenlandkroaten, in: Holzer/Münz, Trendwende?, S. 199.
186) Aus dem Interview vom Februar 2003, Eberau.
187) Was gängige Praxis war, erhielt im BGBl. 136/1936 und im Burgenländischen Landesschulgesetz 1937 (LGBl. 40/1937, § 9, Abs. 4) legistische Form: „An jenen Orten, in denen kein Geistlicher vorhanden ist, welcher den Religionsunterricht regelmäßig zu erteilen vermag, kann der Lehrer mit Zustimmung der Kirchenbehörde verhalten werden, bei diesem Unterrichte für die seiner Konfession angehörigen Kinder [...] mitzuwirken."

Die Schülermesse beginnt täglich um ¹/₄ 8 Uhr. Von den Kirchenliedern werden vorläufig die bekannten geübt.[188]
Zur Hebung des Kirchengesanges werden wöchentlich in einer Religionswiederholungsstunde die Schüler der 3., 4. und 5. Klasse zwecks Übung der Kirchenlieder zusammengezogen.[189]
Die Kinder haben Lehrpersonen und ihnen bekannte Personen mit „Gelobt sei Jesus Christus" zu grüßen. Fremden Personen gegenüber und in Geschäftslokalen kann der Gruß „Grüß Gott" verwendet werden.[190]
Kirchenaufsicht ist [von den Lehrern, Anm. d. Verf.] ab Neujahr 1935 nicht nur beim Hochamte, sondern auch bei der Frühmesse zu versehen.[191]
Da der Besuch der Schülermessen an Wochentagen seitens der Schulkinder sehr mangelhaft ist, ersucht der Vorsitzende die Lehrkräfte, den Kindern den strengen Auftrag zu erteilen, die täglichen [sic!] Schulmessen pünktlichst und gewissenhaft zu besuchen.[192]
Bei den Schülermessen, welche bis 1. November dauern, haben alle Lehrpersonen die Aufsicht zu führen. Für die Aufsicht an Sonn- und Feiertagen wird eine Einteilung vom Vorsitzenden [Kreisinspektor Dir. Alexander Luif, Anm. d. Verf.] getroffen werden.[193]

Befragt nach der Liquidierung des konfessionellen Schulwesens im Einmarsch-Jahr und seiner diesbezüglichen Meinung, gibt Franz Metzger aus Stegersbach, damals Volksschullehrer im dritten Dienstjahr, zur Antwort:[194]

> Das Ende war gut! Für die katholische Lehrerschaft war das eine Erleichterung. Die Lehrer haben die Aufsichtspflicht bei den Sonntagsmessen gehabt. Andernfalls, wenn sie nicht da waren oder die Aufsicht war nicht, wie sie hätt' sein sollen, haben sie einen Rüffler vom Pfarrer bekommen. Das war der „Krieg mit dem Pfarrer", hat man damals g'sagt.

Und dieser „Krieg" zwischen „Pfarrer und Lehrer, die beiden tragenden Stände im Lebensraum des Dorfes",[195] war mehr als ein offenes Geheimnis.

---

188) Protokolle, VS Stegersbach, *Verhandlungsschrift* vom 2. September 1929.
189) Ebenda, *Verhandlungsschrift* vom 16. November 1930; vgl. auch *Verhandlungsschrift* vom 18. November 1934.
190) Ebenda, *Protokoll* vom 15. Dezember 1931.
191) Ebenda, *Protokoll* vom 21. Dezember 1934.
192) Ebenda, *Protokoll* vom 4. Mai 1935.
193) Ebenda, *Protokoll* vom 14. September 1936.
194) Aus dem Interview vom April 2008, Stegersbach.
195) Zit. nach „Wiener Zeitung" vom 13. September 1935, S. 4 („Pfarrer und Lehrer im Dorf").

Wie die *Wiener Zeitung* zu berichten wusste, kam es in der Tat am 9. September 1935 erstmalig „unter zahlreicher Beteiligung von Seelsorgern und Lehrern aus allen österreichischen Diözesen" im niederösterreichischen Hubertendorf zu einer Tagung, in der die Befindlichkeiten angesprochen wurden. „Fachlehrer Kapfhammer" aus Aspang sprach in seinem Referat „den Gegensatz zwischen Pfarrer und Lehrer im Dorfe, der vielfach noch bestehe", an. Man könne ihn „auf jene Zeit zurückführen, wo der Pfarrer noch der Vorgesetzte des Lehrers war" (als ob jetzt, nach Sanktionierung des konfessionellen Schulwesens durch das Konkordat, die Oppositionsfelder der Vergangenheit angehört hätten!) „Das Streben des Lehrers", so der Referent, „nach der Anerkennung seiner Standesmündigkeit habe ihn notwendig in Opposition zum geistlichen Stande gebracht." Dann den christlichen Geist beschwörend an die geistlichen Anwesenden: „Die Stellung des Pfarrers zum Lehrer müsse aber immer die des guten Hirten sein, der in priesterlicher Liebe die Gemeinschaft mit dem Lehrer suche und halte."[196]

Die Umgestaltung „im Sinne der Kirche"

Nun zur „Lösung" der Schulstreits. Der burgenländische Schulhistoriker Norbert Frank gab in einem Aufsatz zum „österreichische(n) Staatskirchentum" einen Überblick über die vollkommene Wiedergewinnung der kirchlichen Bedeutung und Macht während des autoritären Ständestaates, in dem endlich „Seipels Herzenswunsch" (O-Ton Glöckel) gesetzliche Geltung errang:[197]

> Durch die ständische Verfassung vom 1. Mai 1934 [...] wurde nun die Erziehung der Jugend zu Religion und Vaterland verlangt; die Teilnahme der Schuljugend an religiösen Übungen, welche seit 1933 für konfessionelle Schulen verpflichtend gewesen war, wurde nun auch den kommunalen Volks- und Hauptschulen vorgeschrieben; die Lehrer hatten dabei ihre Schüler zu beaufsichtigen (Amtl. Mitt. d. Apost. Administr. d. Bgld., Nr. 208 v. 19. März 1934, 1934/5, S. 25 f.). [...] Den kon-

---

196) Ebenda.
197) Frank, Norbert: Das österreichische Staatskirchentum am Beispiel der konfessionellen Schule im Burgenland, in: Burgenländische Heimatblätter, Heft 3/1989, hg. vom Amt der Burgenländischen Landesregierung. – Eisenstadt 1989, S. 133; vgl. auch „Bahnbrechende burgenländische Schulreform beschlossen" in der „Wiener Zeitung" vom 22. Dezember 1934, S. 4; vgl. auch „Güssinger Zeitung" vom 12. April 1936, S. 3 („Neuregelung der Schulverhältnisse im Burgenland").

fessionellen Schulen der übrigen Bundesländer wurden die Rechte einer öffentlichen Lehranstalt erst durch dieses Konkordat (von 1933) zugesprochen.[198]

Mit 31. März 1935 wurden im Burgenland alle Staatsvolksschulen[199] aufgelassen (LGBl. 18/1935) und die Gemeinden verpflichtet, diese Volksschulen zu übernehmen, wo keine andere Schule im Ort existierte bzw. sonst niemand sich um die Weiterführung bemühte wie die katholische Kirche [...]. Durch das Volksschulaufwandgesetz (LGBl. 26/1935) [...] fielen die finanziellen Lasten für die Schulen hauptsächlich den Gemeinden zu (Schulbau, Erhaltung, Sachaufwand); für die Lehrerbesoldung hatte das Land aufzukommen.

Mit dem Burgenländischen Landesschulgesetz 1937[200] erhielt das Schulwesen im Burgenland eine neue gesetzliche Grundlage. Damit haben die bisher gültigen ungarischen ihre Wirksamkeit verloren. Geblieben ist bzw. übernommen wurde der Grundsatz, daß für die Errichtung einer Volksschule zunächst und in erster Linie die gesetzlich anerkannten Religionsgemeinschaften zuständig waren und nur, wenn diese innerhalb einer bestimmten Frist dieses Recht nicht in Anspruch nehmen sollten, war die Gemeinde zur Errichtung verpflichtet. Aufgrund dieses Gesetzes kam die Bestellung der Schulleiter und der Lehrer an den konfessionellen Schulen der Kirchenbehörde zu. Die oberste Schulaufsicht jedoch behielt sich der Staat vor. Als oberste Vollziehungsbehörde fungierte der Landesschulrat; in den Bezirken wurden Bezirksschulräte und in den Gemeinden Ortsschulräte installiert.

Einige uns wichtig erscheinende Bestimmungen bzw. Erläuterungen zum soeben Zusammengefassten seien noch angefügt:

- Konfessionelle Schulen hatten in ihrer Bezeichnung die jeweilige Religionsgesellschaft, der sie zugehörten, zum Ausdruck zu bringen.

---

198) Schuschnigg in der „Reichspost" vom 1. Mai 1934, S. 4: Für „solche Schulen, die eine beträchtliche Frequenz aufweisen", werde laut Konkordat „der betreffende Schulerhalter [...] angemessene Zuschüsse zu erhalten haben. [...] Hiedurch soll nämlich nicht nur eine Förderung des katholischen Privatschulwesens eintreten, sondern es soll damit auch die erste Voraussetzung für die Entwicklung zur öffentlichen konfessionellen Schule geschaffen werden." Sperrungen im Original.

199) Von den insgesamt 48 Landesvolksschulen wurden 40 „von der katholischen, eine von der evangelischen Kirche und vier von den Gemeinden übernommen." Drei unterstanden weiterhin der Landesverwaltung: „Joseph Haydnschule in Oberpullendorf, Schulen in Helenenschacht und Schallendorf." Lang, in Deinhofer/Horvath, S. 228.

200) LGBl. f. d. Bgld 40/1937, ausgegeben und versendet am 2. September 1937: Gesetz über die Regelung des Volksschulwesens im Burgenlande (Burgenländisches Landesschulgesetz 1937 – L.Sch.G. 1937). – „Dieses Gesetz konnte erst in Verbindung bzw. nach Inkrafttreten des Burgenländischen Volksschulgesetzes, BGBl. Nr. 136/1936, rechtswirksam werden." Frank, Staatskirchentum, S. 133, Anm. 31.

- Während Schulen der Gebietskörperschaften (Bund, Land, Gemeinde) ohne Unterschied des Glaubensbekenntnisses zugänglich waren, standen die konfessionellen Schulen vorerst nur Angehörigen des betreffenden Glaubensbekenntnisses offen. In Orten, wo für Kinder anderen Bekenntnisses keine öffentliche Schule bestand, durften sie auch eine ihnen „konfessionsfremde" Schule besuchen; Ausnahme bildete lediglich der Unterricht in Religion. Um Zuständigkeitsdifferenzen zu umgehen, wurden Schulsprengel nach Möglichkeit nach dem Personalitätsprinzip (konfessionelle Zugehörigkeit) gebildet, die Übertragung des Sachaufwandes nötigte auch zum Lokalitätsprinzip.
- Der Religionsunterricht, die dafür eingesetzten Lehrpersonen und die Auswahl der Religionsbücher fielen ausschließlich in den Kompetenzbereich der Kirchenbehörde. Allein bei der Festsetzung der wöchentlichen Stundenzahl sprach das Unterrichtministerium das letzte Wort.
- Nur unter den vom Unterrichtsminister für zulässig erklärten Lern- und Lesebüchern hatte die Kirche das Auswahlrecht.
- War eine Lehrstelle an einer kirchlichen Schule erledigt, entschied für eine Neubesetzung die Kirchenbehörde, jedoch nicht ohne dem Vorsitzenden des Landesschulrates den Vorschlag vorzulegen. Dieser konnte dann Einspruch erheben, wenn gesetzliche Vorgaben bei den Kandidaten nicht erfüllt wurden (z. B. wenn die Bundesdienstpflicht des jungen Lehrers noch nicht erfüllt war, oder wenn die familiäre Situation einer verheirateten Lehrerin dem Doppelverdienergesetz widersprach; Letzteres siehe unten).
- Besonders relevant für die Lehrerschaft: Die sogenannten konfessionellen Schulstühle auf unterster Instanz blieben weiter bestehen.
- Bei der Neuerrichtung einer Schule genoss die Kirche das Prioritätsrecht.

Damit hatte die katholische Kirche ihre in den vergangenen Jahrzehnten mehr oder weniger eingebrochenen Bedeutungszonen wieder restauriert. Am klarsten zeigen die sich ab 1933/34 veränderten Verhältnisse im Vergrößerungsglas, das über die damaligen religiösen Vereinnahmungen gehalten wird. Von nun an sollten die Verpflichtungen die Schüler im Schuljahr durchgehend begleiten. Angeordnet wurden sie von der Apostolischen Administratur für das Burgenland: „Schulgebet vor und nach dem Unterricht, Gottesdienst an Sonn- und Feiertagen und einmal in der Woche in der schönen Jahreszeit, viermaliger Empfang der Sakramente, Teilnahme an den Prozessionen und eine öffentliche Religionsprüfung für alle Klassen in der Schule oder Kirche."[201]

Die verfassungsrechtlichen Verordnungen wurden im Landesamtsblatt „an alle Bezirkshauptmannschaften, die Leitungen der Landes- und Gemeindevolksschulen, Hauptschulen, Handelsschulen, Lehrer(innen)bildungsanstalten und Mittelschulen [...] als verpflichtende Übungen" bekannt gegeben. Im Detail heißt es darin u. a.:

LABl. f. d. Bgld 163/1934
(Ausgegeben am 12. April 1934.)

Religiöse Übungen r. kath. Schüler

A) SCHULGEBET.
[...] Gebetet wird jedes Mal das „Vater unser" und das „Gegrüßet seist du, Maria"; vorher und nachher ist das Kreuzzeichen zu machen.

Sooft in einer Klasse der Vormittagsunterricht um 12 Uhr schließt, wird vom zweiten Schuljahr aufwärts der „Engel des Herrn" gebetet.

B) SCHULGOTTESDIENST.
1. Schulmesse von Schulanfang bis 1. November und vom 1. April bis Schulschluß an einem Werktag der Woche [...].
2. Bitt- und Dankgottesdienst (Veni sancte, Tedeum) am Anfang, bzw. Ende des Schuljahres.
3. Vormittagsgottesdienst an Sonn- und gebotenen Feiertagen während des Schuljahres.

C) EMPFANG DER HL. SAKRAMENTE.
[...] am Schulanfang und Schulschluß sowie vor Weihnachten und Ostern, die hl. Sakramente der Buße und des Altars.

[...] Über die Zulassung der Kinder zum Empfange entscheidet der Religionslehrer allein.

D) PROZESSIONEN
Es besteht Pflicht, an folgenden kirchlichen Prozessionen teilzunehmen: Auferstehungsprozession, Getreideweihe, Bittagsprozessionen, Fronleichnam, ferner an den religiösen Übungen des Blasiussegens, am Aschermittwoch und in der Karwoche.

E) RELIGIONSPRÜFUNG
Wird gelegentlich der hl. Firmung und kanonischen Visitation oder auch sonst die

---

201) Löger, Ernst: Zur Geschichte des burgenländischen Schulwesens, in: Südostdeutsche Forschungen. – München 1936, S. 218 f.; hier zit. nach Lang, in Deinhofer/Horvath, S. 228; zur Teilnahmeverpflichtung aufgrund der Verfassung siehe auch Otto Ender, „Die Schule in der neuen Verfassung", in: „Wiener Zeitung" vom 6. Dezember 1934, S. 3.

offizielle Religionsprüfung für alle Klassen in der Kirche oder in der Schule vorgenommen, sind alle kath. Kinder zum Erscheinen bei derselben verpflichtet.

Diese religiösen Pflichtübungen unterschieden sich von denen in weiterführenden Schulen nur in wenigen Varianten:

- Am Schluß des Gottesdienstes zu Schulbeginn und am Jahresende (wird) die schulbehördlich vorgeschriebene österreichische Bundeshymne gesungen.
- Vor und nach der Religionsstunde wird ein Schulgebet laut und gemeinsam verrichtet […] und am Freitag das „Gebet zur Scheidung Christi" […] falls die Religionsstunde in diese Zeit [12 Uhr Mittags] fällt.
- An Sonntagen und gebotenen Feiertagen ist ein eigener Schülergottesdienst mit Exhorte zu halten.
- Wenigstens dreimal während des Schuljahres sind alle […] zu den hl. Sakramenten der Buße und des Altars zu führen.
- Die schuldbare Nachlässigkeit, namentlich aber widersetzliche Weigerung seitens einzelner Schüler und Schülerinnen, ist schlußendlich zu ahnden.

Als sichtbares Symbol für die religiöse Verbundenheit jeder schulischen Anstalt mit der Kirche musste das Kruzifix an einer Wand jeder Klasse angebracht werden; entsprechende Anweisungen konnte man den Zeitungen entnehmen:

Anbringung von Kreuzen in Schulen.

[…] Da sich der Bundesstaat Österreich in seiner am 1. Mai 1934 kundgemachten Verfassung nunmehr ausdrücklich als christlicher Bundesstaat erklärt hat, wird im Sinne des Erlasses des Bundesministeriums für Unterricht vom 4. Juli 1934, Zl. 16.503/I-3, die Anbringung von Kreuzen als Symbol des christlichen Bekenntnisses in allen Klassenzimmern und Amtsräumen der dem Bundesministerium für Unterricht unterstehenden Bundeslehranstalten, in denen sich Schüler oder Schülerinnen des christlichen Religionsbekenntnisses befinden, bis längstens 31. Dezember 1934 angeordnet. […] Die Schulaufsichtsorgane werden beauftragt, bis zum 31. Dezember 1934 des Erlasses zu berichten.[202]

GÜSSINGER ZEITUNG, 2. 9. 1934, S. 4

---

202 Vgl. VOBl. 57/1934. Wien, am 1. September 1934; vgl. ebenso: LABl. f. d. Bgld. 367/1934, ausgegeben am 23. August 1934 („Anbringung von Kreuzen in Schulen"); Aurel Stettner, Direktor der LBA Oberschützen, wies in seinen Jahresbericht 1934/35, S. 9, auf die Verordnung „Bgld LH. IV A – 1598/3" hin, „wonach dem Erlaß des Bdm. f. Unt. betreffs Anbringung von Kreuzen in den Schulen auch durch Anbringung von Christusbildern von Dürer entsprochen wird".

Der Gesamtumfang und auch die Zielstrebigkeit, mit der diese Durchführungsbestimmungen verfolgt wurden, trieben einen Teil der österreichischen Lehrerschaft und auch Teile (älterer) Schüler in jene Gegenpositionen, in welchen sie Dollfuß und Schuschnigg am wenigsten gewünscht hatten: an die Ränder der nationalsozialistischen Plattform. Selbst solche aus den konservativen Ecken empfanden die klerikale Dominanz in den Schulen als abstoßend. Die katholische Hierarchie nahm die vorhandenen Distanzierungstendenzen sehr wohl wahr, verspürte sie doch in den eigenen Reihen den stetig anwachsenden Verlust an seelsorglich-religiöser Glaubwürdigkeit.

Katholischer Staat und evangelische Kirche

Zur Positionierung der evangelischen Kirche gegenüber der Ständeregierung schrieb der Österreich-Kenner Brook-Shepherd: „Die Protestanten Österreichs rückten in ihrem gemeinsamen Widerstand gegen Dollfuß' Modell eines übermäßig katholischen Vaterlands immer mehr mit den österreichischen Nazis zusammen. In kleinem Rahmen wiederholte sich hier der Kampf Lutherdeutschlands gegen die Habsburger (= Gegenreformation, Anm. d. Verf.]."[203]

Der evangelische Religionshistoriker Gustav Reingrabner meinte in diesem Zusammenhang über seine burgenländischen Mitgläubigen: „Zunächst nahm der überwiegende Teil der evangelischen Pfarrer und der Verantwortlichen in den evangelischen Gemeinden des Burgenlandes eine positive Stellung zum ‚Anschluß' Österreichs ein. Hiezu trugen neben den nationalen Gefühlen im Grenzland sicherlich auch die negativen Erfahrungen bei, die in der Zeit des ‚Ständestaates' gemacht worden waren. [...] (Es) wurde in der Zeit nach 1934 der Unterschied zwischen ‚nationalem' Denken und nationalsozialistischer Ideologie nicht erkannt."[204]

---

203) Brook-Shepherd, S. 354; vgl. auch Weinzierl, in: Sonderbeilage der Wiener Zeitung 1988 zum Jahr 1938, S. 21; dies.: Kirche und Politik, in: Weinzierl, Erika; Skalnik, Kurt (Hg.): Österreich 1918 – 1938. Geschichte der Ersten Republik, 2 Bde. – Graz 1983, hier Bd. 1, S. 484; vgl. auch Sauer, in: Tálos 2001, S. 162: Die „Gegenreformation" zeitigte in ihrer Konsequenz eine gegenteilige Übertrittsbewegung: „Zwischen 1932 und 1937 steigt die Mitgliederzahl der evangelischen Kirche von 280.049 auf 331.871 an [...]."

204) Reingrabner, Gustav: Die evangelische Kirche (Einleitung), in: DÖW (Hg.): Widerstand und Verfolgung im Burgenland 1934–1945. Eine Dokumentation, 2. Aufl. – Wien 1983. S. 152.

Ebenso eine „bemerkenswerte Affinität der Protestanten zum deutschnationalen Lager" konstatierte der evangelische Kirchenhistoriker Karl Schwarz: „Als Hitler 1933 in Deutschland an die Macht kam, gab es hierzulande keine Deutschnationalen mehr, sondern waren diese längst in das Lager Hitlers und der NSDAP umgeschwenkt." Dabei erlagen die Protestanten der Entwicklung „nicht anders als die Mehrheit der Österreicher, die der römisch-katholischen Kirche angehörte".[205] Eine der Kernthesen von Schwarz besteht darin, dass „die katholische Konfessionalisierung in den Jahren des ‚christlichen Ständestaates' die Ursache war, dass die nicht-katholische Bevölkerung, insbesondere die ‚Nichtmehr'-Katholiken in diesem Land in die weit geöffneten Arme der Nationalsozialisten getrieben wurden".[206] Unverhohlen sprach der Autor von einem gewissen Grad an Naivität, die Protestantenvertreter im Vollzug des „Anschlusses" an Deutschland „das Ziel ihrer großdeutschen Träume" erblicken ließ.[207]

---

205) Die Behauptung scheint nicht nur auf das Laienvolk, sondern auch auf nicht wenige katholische Geistliche in weitem Maß zugetroffen zu haben. Dazu ein Beispiel, das G. Jagschitz in einem Vortrag verwendete: „Im Oktober 1938 – dem Zeitpunkt ihres Verbots durch den Episkopat – gehörten der ‚Arbeitsgemeinschaft für den religiösen Frieden', die sich zur Aufgabe gestellt hatte, Katholiken und vor allem den Klerus zur Mitarbeit im nationalsozialistischen Staat zu bewegen, 525 geistliche Mitarbeiter und 1844 sympathisierende Priester an." Gerhard Jagschitz zur Rolle der katholischen Kirche in seiner „Rede in der Kirche St. Leopold-Gersthof über Kaplan DDr. Heinrich Maier" (Ostersonntag 28. März 2005), mit Hinweis auf Franz Loidl: Religionslehrer Johann Pichler. Sekretär und aktivster Mitarbeiter in der „Arbeitsgemeinschaft für den religiösen Frieden" 1938. Miscellanea aus dem kirchenhistorischen Institut der katholisch-theologischen Fakultät Wien XXV. – Wien 1972, S. 13; hier aus: http://www.pfarrergersthof.at/dokus/20050328-jagschitz-h.maier.pdf. (02.12.2006)
206) Schwarz, S. 170.
207) Ebenda, S. 174; in der Aprilausgabe des burgenländischen evangelischen Kirchenboten 4/1938, S. 27, hieß es im Grußwort, „die tiefe Sehnsucht" für uns Burgenländer habe sich „nun erfüllt". Das Ziel sei schon seit dem Anschluss des Burgenlandes an Österreich (1921) „nicht Österreich, sondern Deutschland" gewesen. „Das ist vom HERRN geschehen und ist ein Wunder vor unseren Augen." Gegen das katholische Dollfuß-Schuschnigg-Regime gerichtet die Erinnerung: „Mit Unterdrückung und Entrechtung wollte man Neues bauen." Zit. nach Reingrabner, Gustav: Die evangelische Kirche im Burgenland während des Ständestaates und des Deutschen Reiches, in: Burgenländische Forschungen, Sonderband VII. Festgabe für August Ernst. Burgenland in seiner pannonischen Umwelt; hg. vom Burgenländischen Landesarchiv. – Eisenstadt 1984, S. 315 f.

Konnten deutschnationale katholische Lehrerkreise sich mit der „Dollfußstraße" in Österreich noch in gewissem Grade anfreunden (mit dem „zweiten deutschen Staat",[208] dem vermeintlich „besseren", weil „katholischen" Staat), so taten sich evangelische Schulen außerordentlich schwer. Einer Interessenkoalition mit den antiklerikalen sozialdemokratischen Befürwortern des Glöckelschen Schulmodells konnte die evangelische Kirche nichts abgewinnen. Es hätte die Zustimmung für die Trennung von Staat und Kirche und damit die Verabschiedung vom konfessionellen Schulwesen bedeutet. Dennoch blieb eine programmatische Stellungnahme zur Schulfrage wohlweislich aus, wussten doch die Kirchenleitungen um Tendenzen innerhalb ihrer evangelischen Lehrer (ausgenommen Religionslehrer) Bescheid, denen eine Entflechtung von Staat und Kirche wünschenswert und auch möglich erschien.

Die Entwicklung zur Gegnerschaft der evangelischen Kirchenleiter und ihrer Schäfchen zum katholischen Autoritätsstaat und demzufolge die noch stärkere Bejahung des nationalen Lagers, das insbesondere seit Beginn der 30er-Jahre mit dem Nationalsozialismus (außerhalb von grundsätzlichen theologischen Glaubensfragen) Identitäten aufbaute, lässt sich nicht nur nachweisen durch das traditionelle „beständige Schielen zum Mutterland des Protestantismus" und „aufgrund materieller Abhängigkeiten von der Deutschen Evangelischen Kirche".[209] Neben den erwähnten Dispositionen müsse in eine Untersuchung, so Schwarz, auch eine existente „vitale Konflikt- und Widerstandsbereitschaft des protestantischen Milieus" als Trennungsfaktor zum Österreich-Staat und zum Politischen Katholizismus einbezogen werden.[210] Nach pauschaler Beurteilung ständestaatlicher Zirkel war diese Kirche eine „Nazi-Kirche"[211] gemäß der Gleichung „Nationalsozialismus = Protestantismus".[212] Eine Kirche, die dem „austrofaschistischen" Widerstandswillen

---

208) Schuschnigg im Januar 1935: „Muß Österreich sein, der deutsche Staat Österreich?" sei „keine Frage des Wollens, sondern eine Frage der realen Tatsachen, die außer Debatte steht." Zit. nach „Wiener Zeitung" vom 18. Januar 1935, S. 2.
209) Zu den kirchlichen Einrichtungen, die seit langem auf Unterstützungen finanzieller Art aus Deutschland angewiesen waren, zählten die höheren evangelischen Schulanstalten Oberschützens. Sie bilanzierten dennoch „regelmäßig mit einem hohen Defizit". Reingrabner, in: Burgenländische Forschungen, Sonderband VII, S. 314 und 315, FN 12.
210) Schwarz, Karl: Kirche im politischen Diskurs der Zeit, in: Theologisches Fachblatt, 53. Jahrgang, Heft 8/9, August/September 2002; hg. vom Bischof der Evangelischen Kirche A.B. in Österreich, S. 176, in: http://aundg.evang.at/inhalte/
211) Ebenda, S. 177 f.
212) Vgl. die Denkschrift „von einem evangelischen Theologen", veröffentlicht unter dem Titel „Die österreichischen Protestanten und der Nationalsozialismus" in der

gegen die „braune Gefahr" nicht nur nicht unterstützte, sondern sogar gegen den vaterländischen Abwehrkampf opponierte; oder, wie derselbe Autor fragend zur Diskussion stellte, „Widerstand gegen den Widerstand" leistete.[213] Der Kirchenexperte verwies auf die „ständestaatlichen Schikanen auch beim Religionsunterricht" und die gesetzlichen Tücken „bei der Zuerkennung des staatlichen Zuschusses zum Pfarrergehalt (der wurde bei mangelnder Gewährleistung einer vaterländischen Gesinnung gestrichen) [...]."[214] Einer 1934 verfassten Denkschrift zufolge „sind z. B. 23 Beispiele von Geistlichen Amtsträgern und ehrenamtlichen Mitarbeitern der evangelischen Kirche angeführt, die ‚wegen ihrer kirchlichen Betätigung unter dem Vorwande der Betätigung für eine verbotene Partei verfolgt und bestraft' wurden".[215]

Bundeskanzler Schuschnigg unterschied auf der Katechetenkonferenz in Mariazell Ende August 1934 „zwischen wirklich positive(n) Christen, denen ihr Bekenntnis eben Bekenntnissache ist", und – zur Warnung für illoyale Trutzprotestanten – einem

> Christentum, das lediglich in der Negation des anderen besteht, das lediglich aus durchsichtigen Gründen propagiert wird, das für uns keine konfessionelle, sondern eine politische Angelegenheit" (darstelle).[216]

„Reichspost" vom 30. Mai 1934, S. 1 f.; der anonyme Schreiber analysierte akribisch die historischen Wurzeln der Missstimmungen seiner Glaubensgenossen und kam zum Schluss, dass die genannte „Gleichung" aufgrund der antikirchlichen Maßnahmen der Nazis in Deutschland und deren „Mythus des Blutes"-Glaubens so nicht stimme, weil der Nationalsozialismus christliche Grundwahrheiten verdecke, verleugne und pervertiere. Sein Fazit: „So bleibt: Christus!" – als alleiniges, mit den Katholiken anzustrebendes Hauptziel aller Protestanten.

213) Schwarz, S. 174 ff. „Denn wir waren eine kämpfende Kirche [...]", erinnerte Superintendent Gustav Adolf Dörnhöfer an die Dollfuß-Schuschnigg-Zeit im März 1941 in seinem Bericht an die Superintendentialversammlung in Pinkafeld, „und wir waren schließlich auch eine nationale Kirche, die deutsche Gesinnung pflegte in ihren Schulen und Vereinigungen." Zit. nach Reingrabner, in: Burgenländische Forschungen, Sonderband VII, S. 323.

214) Ebenda.

215) Weinzierl, Erika: Kirche und Politik, in: Weinzierl, Erika; Skalnik, Kurt (Hg.): Österreich 1918–1938. Geschichte der Ersten Republik, Bd. 1, S. 484, mit Hinweis auf Karl Schwarz, Eine Denkschrift zur Lage der Evangelischen Kirche im Ständestaat (1934–1938), in: Jahrbuch für die Geschichte des Protestantismus in Österreich 96. – Wien (Festgabe für W. Kühnert), S. 266; prominentestes Beispiel im Burgenland für das Verbot, weiterhin Religionsunterricht zu erteilen, war Superintendent Theophil Beyer; siehe weiter unten.

216) Zit. nach „Reichspost" vom 30. August 1934, S. 3; vgl. auch Schwarz, S. 176.

Blickt man auf die evangelische Agitationskulisse, wird der auf Regierungsseite gehegte Argwohn teilweise verständlich. Zeitzeugenberichten zufolge (führten) HJ und BdM in Pfarrhäusern ihre Zusammenkünfte durch, (ließen) sich Kreuzfahrer zum Hakenkreuzschmieren anstellen […]. Pfarrersöhne (artikulierten) ihre Opposition zum Ständestaat, ihren „Widerstand gegen den Widerstand" durch das Singen des Deutschlandliedes im Schulgottesdienst – und zwar anstelle der österreichischen Hymne („Sei gesegnet ohne Ende").[217]

1934 zählten die evangelischen Christen A. B. und H. B. im Bundesgebiet 4,3 Prozent.[218] Stets seit der Gründung der Republik bewirkte bei den „Stiefkindern des Staates" das erlebte Ungleichheitsgefühl ein Missbehagen. Im Forderungspapier der *Superintendentialversammlung der burgenländischen evangelischen Superintendenz A. B.* in Oberschützen wurde schon im April 1931, somit drei Jahre früher, als dies das Konkordat dann verbindlich versprechen sollte (dementsprechende Verhandlungen verliefen dann tatsächlich ergebnislos), die „vollständige Gleichberechtigung und Gleichbehandlung der evang. mit der röm.-kath. Kirche" verlangt. Reklamiert wurde in Hinsicht der Selbstverwaltung auch die Selbstbestimmung in […] Schulangelegenheiten, im besonderen das unberührte Weiterbestehen und den Ausbau unseres öffentlichen evangelischen Schulwesens. […] Die burgenländischen öffentlichen evang. Schulen müssen im besonderen vom Bund bzw. Land miterhalten werden. Dieses in verhältnismäßig demselben Ausmaß der fallweisen Lehrergehaltsergänzung und der Beihilfe zum Sachaufwand wie bei den öffentlichen röm.-kath. Schulen.[219]

Die Versammelten wussten, wovon sie sprachen. Seit der Zugehörigkeit zu Österreich erfreute sich das neue Bundesland an nicht weniger als 34 mit öffentlichen Finanzmitteln geförderten Schulneubauten. Jedoch nur eine einzige evangelische Gemeinde befand sich unter den Glücklichen, namentlich die kleine Ortschaft Dreihütten.[220]

---

217) Schwarz, S. 176.
218) Weinzierl, in: Weinzierl/Skalnik, Österreich 1918–1938, Bd. 1, S. 437.
219) Zit. nach Zimmermann, Bernhard H.: Die Protestanten des Burgenlandes in der Bilanz eines halben Jahrhunderts 1921–1971, in: Burgenländisches Landesarchiv (Hg.): Burgenländische Forschungen. Sonderheft III. Festgabe 50 Jahre Burgenland. – Eisenstadt 1971, S. 185 f. Fortan: Zimmermann, Die Protestanten.
220) Bei der Volkszählung 1934 bekannte sich bloß ein(e) Bewohner(in) des kleinen Ortes Dreihütten zum Katholizismus, hingegen gaben 166 Bewohner die evangelische Kirche als religiöse Heimat an; vgl.: Die Bevölkerungsentwicklung im Bur-

Das Fallbeispiel bestätigt ein Mal mehr, dass sich diese „Minderheit" – nicht bloß im Burgenland, sondern in ganz Österreich – „nicht nur benachteiligt, sondern sogar diskriminiert" fühlte, wie Helmut Gamsjäger aus einer Untersuchung zum österreichischen Ständestaat zitiert.[221] Von Seiten der parlamentarischen, dann auch seitens der ständestaatlichen Regierungen liefen die Ausgleichsbemühungen nur auf Sparflamme. Ein obligatorischer Beitritt von allen evangelischen Staatsbeamten zur Vaterländischen Front, deren Krukenkreuz *katholisch* definiert war, auch die verordnete VF-Mitgliedschaft der protestantischen Pfarrer und selbstverständlich aller Lehrer, führte erwartungsgemäß zu Beklemmungen und schwer erträglichen Spannungen innerhalb der oberen Kirchenleitungen. Einerseits schuldete man nach einem Bibelwort der staatlichen Obrigkeit Gehorsam. Indes musste aber ein Regierungsprogramm einer Herrschaft, die katholische Grundwahrheiten zum Staats- und Gesellschaftsfundament erklärte, von der inneren Überzeugung und Weltanschauung eines Protestanten abweichen. Somit entwickelte sich ein Ja oder Nein, konkret: der Beitritt oder Nicht-Beitritt zur Vaterländischen Front, zur Gewissensentscheidung bei demjenigen, der seinen christlichen Glauben „evangeliumgerecht" leben wollte. Noch mehr: Die ambivalente Situation musste sich manifestieren in einer Zwangsentscheidung, wo es um die berufliche Existenz ging. Da half den Gläubigen oft nur wenig der nach Rat suchende Blick auf die Kirchenoberen und/oder auf den Pastor – freilich nicht auf den staatlich bestellten Oberkirchenrat, dessen Präsident ein Staatsbeamter war.

Bei den darob nicht immer mit christlicher Brüderlichkeit geführten Diskursen herrschte keineswegs Einigkeit innerhalb der evangelischen Hirten.[222] Wie sollte es auch, wenn ungeschickte Verbalrülpser etwa des VF-Führers Starhemberg die Zweitrangigkeit den Protestanten immer wieder ins Gedächtnis riefen? Starhemberg am 17. September 1934 in Graz: Religion

---

genland zwischen 1923 u. 1971, Tabellenteil, hg. vom Amt der Bgld. Landesregierung, Abt. IV. – Eisenstadt, o. J., S. 131.
221) Vgl. Gamsjäger, Helmut: (Aufsatz) Evangelische Kirche und „Vaterländische Front", in: Zeitgeschichte, Heft 5, 1978/79, S. 170, mit Hinweis auf R. Ebneth, Die österreichische Wochenschrift „Der christliche Ständestaat", in: Veröffentlichungen der Kommission für Zeitgeschichte, Bd. 19. – Mainz 1976, S. 152.
222) Zum geforderten Beitritt zur VF und den hierbei aufgetretenen Dissonanzen zwischen evangelischen Geistlichen in Briefwechseln siehe Helmut Gamsjäger, Die evangelische Kirche in Österreich in den Jahren 1933 bis 1938, phil. Diss. – Wien 1967; ders.: Evangelische Kirche und „Vaterländische Front", in: Zeitgeschichte, Heft 5, 1978/79, S. 165–176.

sei „im neuen Österreich nicht Privatsache". Jeder sei „verpflichtet, religiös zu sein" und, nachdem der Katholizismus vorherrsche, sei es „selbstverständlich, daß der katholischen Religion eine besondere Vormacht eingeräumt" werde.[223] Ein Jahr später gab sich Starhemberg vor versammelter Mädchenschar doch etwas moderater: In der österreichischen Jugendorganisation sorge „die katholische Kirche dafür, daß die österreichische Jugend in einem katholischen Sinn heranwächst und erzogen wird, wobei selbstverständlich [...] andersgläubige(n) Minderheiten [...] in analoger Form entsprechende Rechte" eingeräumt werden würden.[224]

Die Situation der Evangelischen im Burgenland

Unverschnörkelt für seine Zuhörer bezog am 16. Oktober 1934 auf einer „großen vaterländischen Kundgebung, die in Jennersdorf aus Anlaß der Vereidigung der Ortsleiter der V. F. stattfand",[225] VF-Landesführer und Landeshauptmann des Burgenlandes Hans Sylvester (er sollte im Januar 1939 im KZ Dachau sein Leben lassen) Stellung zur evangelischen Kirche, ohne sie explizit beim Namen zu nennen. Wir seien „nicht unduldsam" und wir respektierten „auch die Andersgläubigen in ihren Rechten und Ansprüchen". An den Grundsatz der Religionsfreiheit aber knüpfen wir die Bedingung, daß sich die Andersgläubigen, genau so wie wir Katholiken, ehrlich und aufrichtig zum österreichischen Vaterland bekennen und ihm dienen. Niemand wird unterdrückt [...] wegen seiner Religionszugehörigkeit, aber wir werden alle, die ihre Hand gegen den Staat erheben, die sich zu Widersachern machen und unserem Vaterland schaden wollen, ohne Rücksicht auf ihre Religionszugehörigkeit mit der ganzen Leidenschaft, die uns unsere Heimatliebe gebietet, verfolgen und unterdrücken.[226]

Der 1921 erfolgte Anschluss des Burgenlandes bereicherte die 205.000 Evangelischen Österreichs um annähernd 40.000 Seelen, demnach mit einem erfreulichen Zuwachs von fast einem Fünftel. Der den Österreich-Durchschnitt weit übertreffende Anteil der in 28 Pfarrgemeinden A. B. organisierten Bevölkerung, zuzüglich jener, die in der reformierten, rein magyarischen Gemeinde H. B. in Oberwart (0,5 Prozent der knapp 300.000

---

223) Zit. nach „Reichspost" vom 4. Dezember 1934, S. 4.
224) Zit. nach „Wiener Zeitung" vom 8. Dezember 1935, S. 6.
225) „Wiener Zeitung" vom 18. Oktober 1934, S. 2.
226) Zit. nach ebenda.

Seelen) religiös beheimatet war, lag in diesem Bundesland 1934 bei 13,4 Prozent (2001: 13,3 Prozent).[227]

Die Jahrhunderte lange Bedeutung, die die Evangelischen dem Erziehungs- und Schulwesen beigemessen haben, beweist sich in der Fülle der Bildungsanstalten des Grenzlandes, die die evangelische Kirche unterhielt und nun, quasi als Nachlass Ungarns, in Österreich weiterführte: 66 Volksschulen, ein Realgymnasium und eine Lehrerbildungsanstalt, beide in Oberschützen.

Geistiger Kopf der burgenländischen Evangelischen war Superintendent Theophil Beyer sen. in Oberschützen. Dem Sohn eines Gymnasiallehrers lag das kirchliche Schulwesen in seinem Heimatland stets am Herzen, was er 1924, im Jahr seiner Einführung zum Superintendenten, so ausdrückte: „Das Leben unserer Pfarr- und Tochtergemeinden pulsiert wie das Leben unseres Leibes durch zwei Herzkammern: Die eine heißt Kirche, die andere Schule."[228] Aber gerade in der Schulfrage kritisierten ihn, der mehr Kirchenmann als Politiker war, eigene Kreise vehement, verfolgte er doch ihrer Meinung nach die evangelischen Belange hinsichtlich Schule nicht mit genügend Energie. Beyer war nicht zuletzt aufgrund seiner lutherischen Prägung prononciert großdeutsch eingestellt, seine Familie stand den Nationalsozialisten nahe, was der Landessicherheitsdirektor[229] mit der Bemerkung quittierte, „daß der evangelische Superintendent samt Familie als fanatische Parteigänger der NSDAP gelten".[230] Kriminalbeamte wollten herausgefunden haben, dass Beyers Schwägerin im Postamt Oberwart, wo sie angestellt war, staatspolizeiliche Gespräche abhöre, die dann der Superintendent weiterleite. Koczor, Beyers Stiefsohn, betätigte sich illegal als Leiter der NS-Gaupresse. Sohn Theophil, für den der Vater als Superintendent in der Schulverwaltungskommission ein gewichtiges Wort einlegte, unterrichtete am evangelischen Realgymnasium A. B. in Oberschützen „als ordentlicher Hilfslehrer, Lehrer in aushilfsweiser Verwendung, in der Zeit vom 1. November 1932 bis 10. November 1933 Deutsch und Geschichte",

---

227) Vgl. Zimmermann, Die Protestanten, S. 180; zur Statistik vgl. ebenso: Schlag, Burgenland, in: Weinzierl/Skalnik, Bd. 2, S. 798.
228) Zit. nach Zimmermann, Die Protestanten, S. 184.
229) Ab Juni 1933 waren die Landessicherheitsdirektoren der Generaldirektion für öffentliche Sicherheit im Bundeskanzleramt unterstellt. Ihre Kompetenz reichte bis zum Einweisungsrecht in ein Anhaltelager ohne richterlichen Befehl; Gehmacher, Jugend ohne Zukunft. S. 304.
230) Zit. nach Fritsch, Otto: Die NSDAP im Burgenland 1933–1938. Phil. Diss., Wien 1993, S.188.

Anfang 1933/34 auch Turnen. Es endete mit der Untersagung durch das Ministerium.[231] In einem Schreiben an das Unterrichtsministerium hatte die RG-Direktion unter Putsch den jungen Dr. Beyer der nationalsozialistischen Agitation unter den Schülern und einer anti-vaterländischen Gesinnung beschuldigt.[232] Seine *deutsch-völkische* Gesinnung – der Terminus steht hier als Synonym für *nationalsozialistisch* – bescherte ihm nach dem März 1938 das Avancement zum LBA-Direktor und sogar Schulinspektor des Kreises Oberwart. Er trug jetzt die Uniform eines SA-Standartenführers. 1940–42 vertrat der Junior stellvertretend Kreisleiter Eduard Nicka während dessen Kriegseinsatzes. Zu Kriegsende wurde der einst so Hitler-Gläubige von den Russen in den Osten verschleppt. Seine Heimat sollte er nie wieder sehen.

Die angedeutete persönliche Distanz zum Ständestaat vergrößerte die Zwangslage des Superintendenten. Als Folge wurde Beyer sen. die Erteilung des Religionsunterrichtes untersagt.[233] „Den Religionsunterricht", entnehmen wir der Jahreschronik von LBA-Direktor Stettner, „erteilte bis zum 15. Nov. 1934 Superintendent Theophil Beyer, von da an der Religionslehrer des Realgymnasiums Otto Morascher [...]."[234] Beyers Vision von einem

---

231) „Bestätigungs"-Schreiben, ausgestellt 1935 von A. Putsch, im Archiv von Bodo Beyer, auf das U. Mindler für ihre Dissertationsarbeit Zugang und uns freundlicherweise das Zitat zur Verfügung gestellt hat.

232) Österr. Staatsarchiv, 26702-I/3, Schreiben des evang. Realgymnasiums Oberschützen an das Bundesministerium für Unterricht vom 27. September 1933; hier nach Christoph Konrath, Die Entwicklung der Studentenverbindungen an den Oberschützer Lehranstalten. Schwerpunkt Zwischenkriegszeit, in: Beiträge zur österreichischen Studentengeschichte, Bd. 25, hg. vom Österreichischen Verein für Studentengeschichte. – Wien 1995, S. 37 f.; freundlicherweise übermittelte uns Ursula Mindler auch folgende Fakten: „Theophil Beyer jun. trat am 23.10.1930 der [nationalsozialistischen, Anm. d. Verf.] Ortsgruppe Wels bei. Theophil Beyer sen. trat am 23.4.1933 der Ortsgruppe Oberschützen bei. ‚Mein Kampf' schenkte Theo jun. am 26.3.1931 seinem Vater." Die erwähnte Dienstbeschreibung von Putsch vom 16. Mai 1935 (Archiv Bodo Beyer „Bestätigung"), also zwei Jahre später, über Beyer jun., den er seinerzeit als Kollegen an seiner Anstalt nicht dulden wollte bzw. konnte, klingt überraschend gefällig: „Gediegene Fachkenntnisse, gewissenhafte Pflichterfüllung, ernste Strenge vereinigt mit liebevollem Verständnis der jugendlichen Seele, Kameradschaftlichkeit den Kollegen gegenüber und große Arbeitsfreudigkeit zeichneten seine hiesige Wirksamkeit aus." Information von Mindler im August 2007.

233) Vgl. Reingrabner, Gustav: Beyer Theophil Dr. h. c., in: Burgenland – Geschichte, Kultur und Wirtschaft in Biographien, S. 40 f.;

234) Stettner, Jahresbericht LBA Oberschützen 1934/35, S. 13.

nationaldeutschen Staat machte ihn „so ‚verdächtig', daß er sich regelmäßig bei der Gendarmerie melden mußte".[235] Die *Wiener Zeitung* berichtete wenige Wochen vorher:[236]

> In Oberschützen im Burgenland wurde festgestellt, daß am 25. Juli im Hause des dortigen evangelischen Superintendenten, eines bekannten Nationalsozialisten, ein reger Verkehr nationalsozialistischer Parteigänger stattgefunden hat. Der Superintendent wurde nun verhalten, sich täglich beim Gendarmeriepostenkommando zu melden; von schärferen Maßnahmen wurde mit Rücksicht auf seine hohe kirchliche Stellung abgesehen.

Die Initiativen speziell bei Schulangelegenheiten verlagerten sich auf den südburgenländischen Senior Johann Rajter, ebenso wie Beyer ein Lehrerkind, allerdings mit mehr Kämpfernatur ausgestattet und zudem juristisch sehr gewandt. Das Bemühen dieses Pfarrers von Kukmirn (Südburgenland) zielte u. a. auf die Installierung einer evangelischen Schulinspektorstelle. Zu Recht, denn immer wieder kritisierten nach Kontrollbesuchen die vom Land bestellten Schulinspektoren die materiellen Unzulänglichkeiten an den evangelischen Schulen (mangelhafte Lehrmittelausstattung, anstehende Gebäuderenovierungen u. dgl. m.). Deren vollständige Beseitigung hätte bei bestem Willen die wirtschaftlichen Möglichkeiten der Kirche überspannt.[237] Die partei- und wirtschaftspolitische Entwicklung 1933/34 führte nicht gerade zur Entkrampfung im Verhältnis katholischer Staat – evangelische Lehrer. So sollte das Flaggschiff des höheren Schulwesens im Burgenland, die LBA Oberschützen, die einzige evangelische Lehrerbildungsanstalt Österreichs, dem staatlichen Sparstrumpf zum Opfer fallen – bei gleichzeitiger Bevorzugung der katholischen Anstalten in Mattersburg und Steinberg![238]

In der erwähnten Frage über die Eintrittswilligkeit in die Vaterländische Front gelang es Senior Rajter bei einer Landesausschusssitzung der evangelischen Lehrerschaft, dass sein Aufruf zum VF-Beitritt einhellig angenommen wurde. Die Konsensbemühungen Rajters stießen denn auch in der *Reichspost*, dem regimetreuen „Tagblatt für das christliche Volk", auf überschwängliches Schulterklopfen. Ohne Namen zu nennen zuerkannte eine

---

235) Reingrabner, Ära Beyer, a. a. O., S. 55.
236) „Wiener Zeitung" vom 29. September 1934, S. 2 („Evangelische Geistliche und Juliputsch"). Sperrungen im Original.
237) Zimmermann, Die Protestanten, S. 185.
238) Näheres im Teilkapitel 2.3.4. *„Exkurs – LBA Oberschützen gefährdet"*

Blattnummer vom Januar 1935 unter „Burgenländisches Vorbild" der „evangelische(n) Minderheit im Burgengenland, [...] den Anspruch erheben" zu können, „daß ihr Entschluß beispielgebend wirke". Sie habe aus den Gegebenheiten die praktische Folgerung gezogen, die hemmenden Bedenken abgeschüttelt, mit dem Führer des Landes eine gründliche Aussprache gesucht und unter mannhaftem Einbekenntnisse dessen, was sie bisher zu ablehnender Zurückhaltung veranlaßte, ihre Bereitschaft zur Zusammenarbeit am Aufbauwerk erklärt. [...] Man darf das erfreuliche Ergebnis im Burgenland als Symptom verheißungsvollen neuen Werdens buchen. [239]

Hier überschlug sich der Optimismus. Wenig änderte die Tatsache, dass – nach Bernhard Zimmermann – „die Anhänger der NSDAP sich mehrten"[240] und die Mehrheit dann, 1938, den „Anschluss" an das „Mutterland" euphorisch begrüßte.[241] Nicht jedoch Rajter, der, noch rüstig und illusionslos für das Kommende, sich wie sein Amtskollege Ludwig Szeberényi in der ungarischen Gemeinde Siget in der Wart in den Ruhestand versetzen ließ.[242] Ihnen folgte 1940 auch Superintendent Beyer, der in seinem Hirtenbrief März 1938 den „Anschluss" mit dem Psalmwort „Der Herr hat Großes getan, des sind wir fröhlich"[243] gesegnet hatte, erst jetzt aber geläutert war durch die antikirchlichen Demontagen durch die NS-Neuheiden (Vorladungen und Inhaftierung Geistlicher, Auflösung der Bekenntnisschulen, Eliminierung des Religionsunterrichts aus den Schulen usw.[244]).

---

239) „Reichspost" vom 9. Januar 1935, S. 1 f.
240) Zimmermann, Die Protestanten, S. 188.
241) Im März 1938 reklamierten von den 126 österreichischen evangelischen Pfarrern 73 ihre illegale NS-Parteimitgliedschaft, weitere 11 den Status als „Parteianwärter". Diese faktische Zweidrittelmehrheit, die „das Geschäft der Opposition betrieben hat", deutet das Ausmaß an, in dem sich die evangelischen Geistlichen instrumentalisieren ließen (daher auch im März 1938 die gottesdienstliche Ausgestaltung mit dem „Nun danket alle Gott!"). Schwarz, S. 174, 176; der evangelische Hirtenbrief vom 13. März 1938 stand unter dem Motto: „Der Herr hat Großes an uns getan." Reingrabner, Ära Beyer, S. 56; allerdings wäre zum einen zu untersuchen, in welchem Zeitraum jene (illegalen) Deklarierungen vorgenommen wurden (ab 1937 konnte das relativ gefahrlos erfolgen). Zum anderen ist anzunehmen, dass auch unter den Geistlichen „Märzveilchen" blühten, um als Spezies „Alter Kämpfer" sich Vorteile verschaffen zu können.
242) Reingrabner, in DÖW Widerstand, S. 152.
243) Zit. nach Reingrabner, in: Burgenländische Forschungen, Sonderband VII, S. 316.
244) Beyers seinerzeitige Nicht-Bereitschaft, aus den Erfahrungen in Deutschland zu lernen, beweist beispielsweise folgendes Faktum: Am 6. Oktober 1937 löste Poli-

Evangelische „Nazi-Kirche" – vielleicht doch nur ein Klischee?

Bei der Rezension des bisher Dargestellten zur Situation der evangelischen Kirche – insbesondere zu der im Burgenland – sollen nachfolgend Detailblicke angestellt werden bezüglich der stereotypen „Gewissheit", im an Protestanten reichen Burgenland habe schon „vor Hitler" der Nationalsozialismus den fruchtbarsten „Nährboden" vorgefunden und quasi einen Siegeslauf lange vor 1938 gestartet. Besonders der Oberwarter Bezirk, zum einen von Tobias Portschy und den von ihm in NS-Toppositionen gehievten Kommilitonen geführt, zum anderen mit knapp einem Drittel an Evangelischen in der Bevölkerung (1934: 31,3%) mit Theophil Beyer an der Spitze, obendrein im Besitz der „geistigen Hochburgen" des Nationalsozialismus im Land – dieser Bezirk habe vorbildlich ausgestrahlt auf die nationalsozialistische Bewegung des ganzen Bundeslandes; so jedenfalls die landläufig vertretene und in fachliterarischen Werken apodiktisch vertretene Meinung. Sieht man auf statistische Daten und misst solchem Untersuchungsmaterial graduelle Aussagekraft bei, wird man bei vorschnellen Diagnosen und Pauschalschlüssen eher Vorsicht walten lassen müssen. Der Katholik Metzger, 1934 Absolvent der LBA Oberschützen, sieht noch heute wenig an geistiger Synthese zwischen „evangelisch" und „deutschnational", zumindest bezogen auf die zugegebenermaßen präsent gewesenen Sympathien zur Deutschtümelei der Oberschützer Professoren. Die Wurzeln hierfür führt er zurück auf die bis 1920/21 anhaltende Madjarisierung im höheren Bildungssektor, auf *„die strenge ungarische Schule"*. Metzgers These, auf die man oft genug stößt und sich wohl nur schwerlich aus dem zeitgeschichtlichen Erfahrungsfundus des Burgenländers wegdiskutieren lässt, anders formuliert: Nicht das Evangelisch-Sein, sondern die Aversion gegen die Zucht zum Ungarischen trieb die Intelligenz auf die Seite des Deutschtums und letztendlich zum Nationalsozialismus.[245] Die Denkposition eines Außenseiters?

Die nachfolgende Zahlentafel gewährt vergleichende Betrachtungen bezüglich der evangelischen Proportionen zwischen den burgenländischen Bezirken und – wenn auch für Rückschlüsse gewagt – die Möglichkeit,

---

zeichef Himmler alle Ersatzhochschulen und theologischen Einrichtungen der Bekennenden Kirche auf und untersagte jede Form von theologischer Ausbildung; vgl. Overesch, Manfred; Saal, Friedrich Wilhelm: Das Dritte Reich. 1933-1939, Düsseldorf 1982, S. 391.

245) Aus dem Interview vom April 2008, Stegersbach.

anhand der Anzahl der NS-Parteigenossen die Wirkungsmacht der (vermeintlichen) nationalsozialistischen „Erfolge" bei den Protestanten wertend zu interpretieren. Wichtig dabei: Es darf unter keinen Umständen übersehen werden, dass die Daten der *Pg.s* (Parteigenossen) aus der „Standesmeldung vom 9. September 1937 an die Gauleitung" stammen,[246] es sich also um eine Momentaufnahme in einem für die Nazis bereits günstigen Licht handelt. Zu dem Zeitpunkt waren die Zügel aufgrund des zwischenstaatlichen Übereinkommens mit Hitler vom Juli 1936 schon gelockert; ab etwa Sommer 1937 stand Schuschnigg einem breiteren Zufluss zur braunen Gesellschaft gegenüber wie das sprichwörtliche Kaninchen der Schlange, nur mehr radikalen Hitlerschreiern und NS-Aktivisten wurden weiterhin die Toleranzgrenzen aufgezeigt.

1	2	3	4		5	
BEZIRK	Gesamt-bevölke-rung 1934*	Zugehörig-keit zu ev. A. B. und H. B. in %	NS-Parteigenossen (Pg.) 2. Hälfte 1937**		davon Pg. im Sept. 1937 in der	
			abs.	in % der Gesamtbe-völkerung	SA	SS
NE	51.669	10,3	381	1,1	215	42
EI	55.086	0,55	320	1	82	26
MA	33.160	7	245	1,1	226	9
OP	51.557	7,8	522	1,5	168	34
OW	59.552	31,3	828	2	102	66
GÜ	34.724	6,4	91	0,4	25	15
JE	23.699	21,1	235	1,4	36	38
BGLD	299.179	13,5	2622	>1,2	854	230

Erläuterungen zu Tabelle I und Quellenhinweis:

Abk.: NE = Bezirk Neusiedl a. See; EI = Eisenstadt (inklusiv der Freistädte Eisenstadt und Rust); MA = Mattersburg; OP = Oberpullendorf; OW = Oberwart; GÜ = Güssing; JE = Jennersdorf.

* Quelle: Die Bevölkerungsentwicklung im Burgenland zwischen 1923 und 1971. Tabellenteil; hg. vom Amt der Bgld. Landesregierung, Abt. IV, o. J.

** Von den Grundwerten (Spalte 2) wurden 30% für < 18 Jahre subtrahiert. Somit bestand für den Basiswert zur Berechnung der %-Anteile der 18-Jährigen und älter (Spalte 4) aus 70% der Gesamtbevölkerung.

246) Bgld. LArch., Kreisarchiv Eisenstadt, Karton Varia X/1, hier entnommen Fritsch, S. 114.

Die Aufstellung lässt Interpretationsvariationen zu; erlaubt Lesarten, die die Bedeutungswirksamkeit des Protestantentums für die NS-Bewegung zwar nicht in Abrede stellen können, dieses aber doch nicht als *die* Einflussgröße ausweisen, die das landauf vorhandene sozial-politische Bild in Sachen Nationalsozialismus-Anhängerschaft weiszumachen versucht und damit sich selbst als erwiesenes Faktum perpetuiert.

- Zunächst sprechen die rund 1,2% Parteimitgliedschaft im Land nicht zwingend von einem starken Zulauf zur NSDAP.
- Der Bezirk Eisenstadt mit dem geringsten relativen Protestantenanteil (0,55%) wies *ein* Parteimitglied pro 100 auf, hingegen der Oberwarter Bezirk mit fast einem Drittel an evangelischer Bevölkerung [sic!] nicht mehr als die doppelte Dichte an Parteigenossen (2%) – trotz Portschy, Beyer usw. (Von den 84 Gemeinden des Bezirkes Oberwart bildeten in 27 die Evangelischen die Majorität.)
- In den Bezirken Mattersburg und Güssing lagen die evangelischen Anteile beinahe gleich auf. Dennoch verzeichnete der nördliche im Vergleich zum südlichen Bezirk die $2\frac{1}{2}$-fache Dichte an *Pg*. Warum, so wäre zu untersuchen, „gelang" den Protestanten in der Region Güssing nicht mehr?
- Jeder 10. Bewohner vom Neusiedler Bezirk war evangelisch (der Weinbauort Gols wird noch heute als ehemaliges NS-Zentrum kolportiert), im Verhältnis zum nachbarlichen Eisenstädter Umkreis rund die 20-fache(!) Dichte. Der relative Durchschnitt an NSDAP-Mitgliedern aber weist in beiden Bezirken nahezu Gleichheit auf. Lediglich die Summe der SA- und SS-Angehörigen wies im nördlichsten Bezirk (NE) mit 257 absoluten Spitzenwert auf, doch auf die gesamte Bevölkerung übertragen ändert das nichts am Faktum, dass die 1,1% *Pg*. zumindest aus arithmetischer Sicht eine winzige Randerscheinung darstellten.
- Mehr als jeder fünfte Bewohner des südlichsten Landesteils, im Bezirk Jennersdorf, bekannte sich zum Luthertum. In 6 von 33 Ortschaften bildeten sie die Mehrheit. Dennoch übertrafen die Einwohner des Bezirkes Oberpullendorf bezüglich Parteimitgliedschaft die Dichte der Jennersdorfer Landschaft, wenn auch nur minimal. Was zum Nachdenken veranlasst: Oberpullendorf zeichnete sich bloß mit rund 7,8% an protestantischen Gläubigen aus, der äußerste Süden hingegen mit 21,1 Prozent.
- Schließlich will noch hinterfragt sein, warum der Oberwarter Bezirk im Vergleich zu Neusiedl und Mattersburg trotz beachtlicher Protes-

tantengruppe und, hier bedeutend, trotz einem deutlichen Mehr an Bewohnern in Summe bloß 168 SA- und SS-Mitglieder stellte. Das waren von den „Elitärgruppen" des ganzen Landes (1084 SA- und SS-Mitgl.) lediglich 15,5 Prozent, obwohl mit rund 20 Prozent der Oberwarter Bezirk der bevölkerungsreichste war.

Oberwart NSDAP-Gauzentrale, Oberschützen mit den höheren Schulstätten erznationalsozialistisch geprägt und andere Klassifizierungen ... Da passt(e) – so sei zum dialektischen Diskurs behauptet – einiges nicht in das erst nach den 1938er-Märztagen entworfene und bis in die Gegenwart transferierte Image. In das Zerrbild, das, so scheint es, vor allem dem „ehrwürdigen" Schulort Oberschützen „ewig" anhaften wird! Ein Mehr an Akten- und Dokumentationsmaterial, so wertvoll sie für die Forschung sein mögen und das Forscherherz frohlocken lassen, wie Portschys Tagebücher, die Urteilsprotokolle aus der Zeit nach 1945 oder die Jahresberichte der Leiter der höheren Schulanstalten – sie beweisen nur sehr unzulänglich die politisch-geistige Orientierung der Bevölkerung einer Region. Auch nicht im Raum Oberwart-Oberschützen mit seinem überdurchschnittlichen evangelischen Bevölkerungsanteil!

An den Exkursen zur Hitlerjugend im Burgenland und zur schulischen „Nazi-Landschaft" Oberschützen wird die Thematik noch einmal aufgegriffen (s. Kap. 3.6.2. und 3.6.3.).

Versuch eines Resümees

Man kann festhalten, dass vereinzelt bei evangelischen Repräsentanten eine gewisse Reichweite an Verständigungsbereitschaft im Konfliktfeld mit dem politisch-klerikalen Regierungslager vorhanden war. Für weiter blickende evangelische Christen (und/oder auch Sozialdemokraten) lag der Erzfeind nicht im eigenen Land, sondern in der „braunen" Bedrohung Österreichs und Deutschlands. Der politische Katholizismus jedoch versperrte nicht wenigen Protestanten die Möglichkeit, an einem gemeinsamen Strang gegen Hitlers Expansionsgelüste zu ziehen. Das im Burgenland dominierende katholische Schulwesen mit Öffentlichkeitsrecht, das vor allem die Sozialdemokraten so sehr verärgerte, trug nicht unbeträchtlich das Seine zum politischen Dissens bei. „Der hohe Gitterzaun, mit dem die Katholische Kirche das Burgenland rundum einfriedete", so der Befund von Karl Schwarz, „verdeutlicht nur das Problem und die geringe Bereitschaft zur Problemlösung."[247]

---
247) Schwarz, S. 174.

So musste Dollfuß' und Schuschniggs Experiment mit der Vaterländischen Front „als eine überparteiliche Zusammenfassung *aller* Österreicher"[248] zur Wahrung der Selbständigkeit Österreichs auch von diesem Ansatz her scheitern. Einer für die Abwehr der Nazis notwendige Einigung mit der Arbeiterschaft, der stärksten politischen Kraft neben den „Austrofaschisten", und den katholischen und evangelischen Deutsch-Nationalen standen bestimmt mehrere Reihen scheinbar unüberwindlicher Mauern entgegen; das Verbindungsmuster einer dieser Wände bestand jedenfalls aus Kruckenkreuzen und katholischen Krummstäben. Anton Pelinka fasste das ausgeübte Zusammenspiel der staatlichen mit den klerikalen, von „absolutistischem Gottesgnadentum"[249] überzeugten Kräften so ab: „Die [katholische, Anm. d. Verf.] Kirche half den Ständestaat zu legitimieren. Und sie entfremdete sich deshalb noch stärker von wesentlichen Kreisen der Bevölkerung, die in ihrer Opposition zum Ständestaat auch zu Oppositionellen gegen die Kirche werden mußte." Doch die Kirche hatte sich, so der Politologe über die Zeit nach 1945 hinaus blickend, einem Lernprozess aus dem „Erlebnis in den Jahren 1934–1938" unterzogen: „[...] die Bischöfe hatten leidvoll erfahren, 1934 wie 1938, wie sehr der Eindruck direkter Parteilichkeit dem Ansehen der Kirche schaden konnte. [...] Sie hatten aus dem Ständestaat eine Lehre gezogen, vom Ständestaat blieb somit die Erfahrung, die das Gegenbild zum politischen Katholizismus, in Form der freundlichen Distanz, hervorbrachte."[250] Ähnlich gelagerte Positionsentwicklungen trafen auch auf die evangelische Kirche zu.

---

248) LABl. f. d. Bgld. 86/1934, ausgegeben am 22. Feber 1934. Hervorhebung durch die Autorin.
249) Dieter A. Binder, in: Steininger/Gehler, Österreich im 20. Jahrhundert, S. 211.
250) Pelinka: Was blieb vom Ständestaat?, in: Sonderbeilage der „Wiener Zeitung" 1988 zum Jahr 1938, S. 47. – Die weit zurück liegende, historisch bedingte, seelisch tief gelagerte und daher starre Distanz der Lehrerschaft dem konfessionellen Schulwesen gegenüber bestand selbst nach dem Zusammenbruch des Naziregimes, welches das religiöse Leben aus den Schulen gejagt hatte, weiter. Zeuge dafür ist Maxentius Eigl, der um die Wende zu den 1950er-Jahren zum provisorischen Schulinspektor des Güssinger Bezirkes avancieren sollte. Er vermerkte in einem Bericht an das „Amt der burgenländischen Landesregierung" vom 11. Juli 1950, dass zwar „das Verhältnis zwischen Lehrerschaft und Geistlichkeit im allgemeinen ungetrübt" sei, fügte aber mit erstaunlicher Offenheit hinzu: „Die Lehrerschaft ist außerordentlich hellhörig und empfindlich in der Frage der konfessionellen Schule, die sie in der Mehrzahl bedingungslos ablehnt." Eigl, Maxentius: „Jahresbericht über das Schuljahr 1949/50. Zl. IV B-1/315-1950." Fotokopie im Besitz der Autorin.

2.3 Weitere inhaltliche und organisatorische Instrumentalisierungsmaßnahmen in den Schulen

Im Unterschied zu den vergangenen anderthalb republikanischen Jahrzehnten agierten die neuen Gesetzgeber entsprechend eines trickreich geschaffenen, machtpolitisch weitgehend freien Spielraumes. Für die Legitimität ihrer Handlungen beriefen sie sich auf das *Ermächtigungsgesetz* aus dem Kriegsjahr 1917. Bald ging man daran, ohne auf den (behaupteten) „politikfreien Raum" des Erziehungswesens der 1. Republik Rücksicht nehmen zu müssen, Lehrpläne und adäquate Unterrichtsmaterialien wie Lehr- und Schulbücher verstärkt mit Attributen wie *vaterländisch, sozial-volkstreu, sittlich-religiös* und *christlich* zu apostrophieren. Schon das LABl. f. d. Bgld. 193/1933 über die „vaterländische und sittlich-religiöse Jugenderziehung" wies die Lehrer an, dass die in diesen „Bildungsgütern enthaltenen Werte in solcher Weise an die Jugend herangebracht werden, daß sie von ihr freudig aufgenommen und bejahend erlebt werden." Die äußeren Zeichen solcher Zustimmung vergaß man nicht auf Verordnungsweg zu reglementieren, denn noch vor dem offiziellen Verbot der NSDAP und ihrer Verbände in Österreich im Juni 1933 war „den Schülern (Schülerinnen) ausnahmslos verboten, sich an parteipolitischen Demonstrationen jedweder Art zu beteiligen. Gleichzeitig wird ihnen das Tragen parteipolitischer Abzeichen untersagt."[251] Widrigenfalls drohten „strenge und strengste Strafen"; außerdem erwartete man „von der Lehrerschaft", dass sie „durch ihre eigene Haltung beispielgebend auf die Jugend wirkt".[252]

An diesen knappen Beispielen zeigt sich abermals deutlich, dass man – übrigens wie die Nazis in Deutschland – die geistige Ausrichtung der Lehrer und Schüler als unabdingbare Voraussetzung fixierte für den Legitimationsnachweis der errungenen Herrschaft mit faschistisch-autoritären Ordnungsprinzipien. Die folgenden Darstellungen sollen die Vereinnahmungen näher beleuchten.

---

251) Später wurde das Tragen des ÖJV-Abzeichens obligatorisch; vgl. unten: LABl. f. d. Bgld. 121/1936.
252) Vgl. LABl. f. d. Bgld. 175/1933 („Verbot der Teilnahme der Schuljugend an parteipolitischen Demonstrationen").

2.3.1 Die vormilitärische Erziehung, um „*den Körper zu stählen ...*" Jahresberichte, Lehrpläne, Erlässe in der „austrofaschistischen Schule"

Das schulische (und freilich auch außerschulische) Hauptfach für die vormilitärische Ausbildung war Turnen. 1934 sprach man noch präziser vom „deutschen Turnen". In der *Reichspost* schrieb ein Ernst Musil unter *Jugend soll turnen!*[253]:

> Die Erfahrung hat gezeigt, daß deutsches Turnen, worunter man [...] alle Zweige körperlicher Ertüchtigung (Schwimmen, Leichtathletik, Wandern usw.) versteht, am planvollsten und durchgreifendsten zur gesunden Körperbildung beiträgt. [...] Die Einfügung in die Gemeinschaft der Turnenden bringt es mit sich, daß [...] die Arbeit an der Gesundung des Volksganzen in den Vordergrund gestellt wird.

Mit zunehmender Betonung des Österreich-Gedankens erfolgte eine Begriffskorrektur bezüglich des erwähnten *deutschen* Charakters. Ein Jahr nach Musils Auslegung sollten die Turnlehrer und Jugendführer wissen:[254]

> Leibesübung ist mehr als bloße Muskelübung; Turnen ist mehr als reine Leibesübung; österreichisches Turnen [sic!] ist bewußte Erfassung und Erziehung des ganzen Menschen vom Körperbau aus.

Die Anrufung zur Körperertüchtigung, der die Schule mehr als bloß streifte, habe „die Einprägung und starke Betonung des Autoritätsgedankens" in den erzieherischen Vordergrund zu stellen, jenen Gedanken, „der die Grundlage jeder geordneten Führung einer Gemeinschaft" sei, so Hans Pernter bei einer großen Lehrerveranstaltung im Juni 1934 in Klagenfurt. Die Voraussetzungen zur Erreichung dieses hehren Zielgedankens zusammengefasst:[255]

> Das wichtigste Mittel dazu wird die vormilitärische Erziehung der Jugend sein, die nach den neuen Lehrplänen vor allem in den Turnunterricht eingebaut werden soll.

---

253) „Reichspost"-Jugendbeilage „Der junge Strom" vom 8. Februar 1934, S. 15.
254) Recla, Josef: Frohes Turnen. 25 Stundenbilder für das Knabenturnen und eine zeitgemäße Betrachtung über die Gestaltung jugendgemäßer Schul- und Vereinsturnstunden. – Graz 1935, S. 3.
255) Zit. nach „Reichspost" vom 7. Juni 1934, S. 3. Fettdruck und Sperrungen im Original.

Dem Autoritätsgedanken, der Erziehung zur Disziplin und Ordnung wird auch die Schulung in der Jugendorganisation dienen, welche als eine wichtige Ergänzung der Schulerziehung in möglichst einheitlicher Form [...] geplant ist. Um den wahrhaften Geist im Sinne alter österreichischer Tradition in unserer Jugend recht pflegen zu können, wird auch der zukünftige Lehrer sich die entsprechende Wehrerziehung durch Ableistung des Militärjahres aneignen müssen.

In der Wehrerziehung sahen die „austrofaschistischen" Gesellschaftspolitiker „ein Stück vaterländischer Erziehung, die neben soldatischen auch eine bedeutende zivile, bürgerliche Aufgabe zu erfüllen geeignet ist". Der Schöpfer dieses Zitates, Bundesrat Tzöbl, gab denn auch den zu beschreitenden Ausrichtungsweg bekannt:[256]

Den Körper zu stählen, für den Waffengebrauch tauglich machen, im Gebrauch der Waffen üben und den Geist erziehen zu Mut und Opferwilligkeit bis zum Letzten, d. h. echte Wehrhaftigkeit erzielen. [...]. Wir erheben diese Forderung durchaus nicht aus kriegerischen Beweggründen.

Zeugnis für die den Frieden fördernden pädagogischen Motive lege Christus ab, dessen Worte der Autor in Erinnerung rief: „Selig, die den Frieden rüsten ...; Matth. 5, 9".[257]

Hinter der 1933 von Tzöbl formulierten Forderung nach einer Erziehung zu militärischen Disziplinen als Ergänzung der Schulerziehung steckte unverkennbar der Wunsch auf die Einführung der allgemeinen Wehrpflicht. Erziehungstheoretisch eröffneten sich neue Perspektiven, wenn der Verfasser die zu erzielende „Selbstlosigkeit" als „die höchste bürgerliche Tugend"[258] hochhielt und die hierfür notwendige „militärische Erziehung" mit „Goldes wert" prämierte. Die daraus abgeleitete Konsequenz: „Der Jungmann lernt im rechten Augenblick gehorchen und sich unterordnen, auf den eigenen Willen verzichten und bedingungslos einen fremden erfüllen."[259] Der hier angesprochene Verzicht auf den Eigenwillen, an dessen Sinnstelle die „Selbstlosigkeit" treten sollte, begründete die Antithese zur Edukationskonzeption der vergangenen Zeitperioden, in denen die Entwicklung und Entfaltung des eigenen und nicht fremdbestimmten Willens erste Ränge einnahmen.

---

256) Tzöbl, S. 52. Sperrung im Original.
257) Ebenda.
258) Ebenda, S. 49. Sperrung im Original.
259) Ebenda, S. 53. Sperrung im Original.

Wenig verwunderlich, wenn auch Kanzler Schuschnigg zum behandelten erzieherischen Teilaspekt Stellung bezog. Auf einer Kundgebung in Salzburg am 20. Januar 1935 gab er zu bedenken, bei der Umsetzung wehrerzieherischer Postulate käme es einzig und allein auf die Bereitwilligkeit der Lehrer an. Sie hätten, so seine Ausführungen zu „Schule und Staat", „nicht nur das Rechnen, Schreiben und Lesen [...] beizubringen", sie seien auch angehalten, „in den Kindern den Opfergeist groß(zu)ziehen. [...] Einordnung und Unterordnung" würden „das Wesentliche im Aufbau dieser Zeit" umfassen. „Auf diesen Lehrer und diese Lehrerin kommt es an. [...] Auf die Schule kommt es zunächst an und zweitens kommt es an auf die Armee, auf die Wehrmacht. Die taugliche Blüte der männlichen Jugend des Landes soll seine Ehre dreinsetzen, in der Wehrmacht zu dienen." Die „wehrfähige Jugend unseres Landes" möge „bestrebt" sein, „das Rückgrat der wehrfähigen männlichen Bevölkerung unseres Österreich zu sein".[260] Auf dem Landesappell der Ostmärkischen Sturmscharen in Graz (6. Oktober 1935) forderte Schuschnigg eine „wehrfähige Jugend, [...] die bereit ist, auch mit der Waffe in der Hand das Land zu verteidigen". Das Land, das es verdiene, geschätzt zu werden. Es ergehe daher der „Ruf an die Eltern und Lehrer: Zeigt der heranwachsenden jungen Generation den Wert, die Schönheit, das Unsterbliche des österreichischen Gedankens."[261]

In die durchaus militaristische Erziehungskerbe schlugen die schon genannten Turnmethodiker Wolfgang Burger und Hans Groll in ihrem Hilfsbuch „der militärischen Erziehung" für die gesamte Lehrerschaft (1936): „Die Forderung der neuen Mittelschul- und Hauptschullehrpläne, daß in allen in Betracht kommenden Schulgegenständen (Geschichte, Geographie, Mathematik, Physik, Turnen[262]) ein dem Wehrwesen entnommenes Bildungsgut eingebaut werden soll", entspringe „dem angedeuteten Grundgedanken". Nämlich dem der „Erziehung der Jugend zur Wehrhaftigkeit". Es sei notwendig, „Wege" zu finden, „die es ermöglichen, auch die außerhalb der Schule stehende Jugend im gewünschten Sinne zu erziehen." Zur Verdeutlichung: „Die drei Grundpfeiler der Wehrhaftigkeit sind Leistungsfähigkeit, Mut und Disziplin", letztere Paradigmen inkludiert im Vokabel „Manneszucht", wobei der „Einordnung [...] die Unterordnung" gegenüberstehe, „die durch äußeren oder auch blinden Gehorsam gekennzeichnet ist". Unbestrittene Tatsache für die beiden Turntheoretiker: „Ein sehr

---

260) Zit. nach „Wiener Zeitung" vom 21. Januar 1935, S. 2 f.
261) Zit. nach „Wiener Zeitung" vom 7. Oktober 1935, S. 2 f. Sperrungen im Original.
262) Vgl. beispielhalber Staber, Jahresbericht LBA Oberschützen 1936/37, S. 6.

erlebnisstarker Turnbetrieb" böte „die beste Schulungsmöglichkeit zur Manneszucht."[263] Unvollständig bliebe bei „einem wehrhaften Manne" die Wehrhaftigkeit allerdings dann, würden „zwei Dinge" fehlen: „der ‚Wehrwille' und die ‚Waffenfähigkeit'. Die Ausbildung zur Waffenfähigkeit fällt außerhalb die [sic] Jugenderziehung und bleibt Aufgabe der soldatischen Schulung. [...] Leibesübungen können in bester Weise den Wehrwillen in den Jugendlichen wecken." Es gebe im Rahmen der „Willensschulung [...] kaum ein besseres Mittel" als die „Persönlichkeit des Erziehers" und die „Leibesübungen", mit denen man Jugendliche vorzüglichst im „gewünschten Sinne beeinflussen" könne.[264] – Welch frappante Ähnlichkeit mit den im nationalsozialistischen Deutschland wenig später erschienenen Lehrplanforderungen![265]

Dieser dreiste (Aus-)Bildungs- bzw. Vereinnahmungsanspruch erklärt, weshalb ein unentschuldigtes Nicht-Mitmachen bei vormilitärischen Übungen schwerere Strafen nach sich ziehen sollte als sonstige Absenzen von der Schule. Ein Fernbleiben wurde von den Behörden als Widerstandsakt gedeutet: „Die Nichtteilnahme an den vormilitärischen Übungen ist strenger zu bestrafen als sonstige unentschuldigte Schulversäumnisse", hieß es in einem Behördenakt 1937. Über Väter der Kinder sei in solchen Fällen eine „empfindliche Strafe zu verhängen".[266] Doch auch in diesem Belang galt, dass in der Praxis die Suppe nicht so heiß gegessen wie gekocht wurde.

In den Jahresberichten lassen sich zur vormilitärischen Jugenderziehung im Jahresablauf höherer Schulen zwei Hauptmerkmale ausmachen:

---

263) Burger; Groll, S. 8, 14 f.; Sperrung im Original.
264) Ebenda, S. 16 f. – Entscheidend sei der Jugendführer (gemeint war der Lehrer): „Um glühen, begeistern zu können, muß der Führer voll und ganz überzeugt sein von den hehren vaterländischen und sittlichen Ideen und die gottbegnadete Fähigkeit besitzen, diese Ideen der Zeit und Jugend entsprechend zu formen und durchzuführen. [...] Der Führer darf nie Dank erwarten, sondern er soll den Lohn seines Schaffens sowie Kämpfens und Leidens in selbstloser Liebe zur Jugend und in seinen Werken suchen und finden." Recla, S. 5.
265) Vgl. die Lehrplan-Dokumente zu „Leibeserziehung", abgedruckt bei Fricke-Finkelnburg, S. 156–187.
266) Zitat in einem diesbezüglichen Anlassfall, in: Bgld. Landesarchiv, Zl. IV-8/46-1937; hier zit. nach Roland Widder: Die „Unschuld vom Lande" – Argumente gegen die Plötzlichkeit. Eine sozialpsychologische Annäherung an das Burgenland vor 1938, in: Burgenland 1938. Vorträge des Symposions „Die Auflösung des Burgenlandes vor 50 Jahren" im Kulturzentrum Eisenstadt am 27. und 28. September 1988, aus der Reihe Burgenländische Forschungen, Heft 73, hg. vom Burgenländischen Landesarchiv. – Eisenstadt 1989, S. 47.

Zum einen eine paramilitärische Strukturierung der gesamten (männlichen) Schülerschaft, andernteils die Teilnahme derselben an größeren Ereignissen mit soldatischem Habitus, etwa an der Vereidigung von Jungmännern, an Frühjahrsparaden, Fahnenübergaben bei vaterländischen Kundgebungen u. dgl. m. Militärische Übungsmärsche sollten zum erzieherischen Standardrepertoire gehören.

Flüchtig betrachtet glichen die Geschäftigkeiten einer Schulanstalt denen eines Kasernenhofes. Um sich das leichter vergegenwärtigen zu können, nehmen wir zunächst das Akademische Gymnasium in Graz in Augenschein. Im O-Ton hieß es dort unter „Körperliche Ausbildung" zur „Vormilitärische(n) Jugenderziehung" (1936):[267]

> Die Anstalt ist militärisch in 7 Kompanien gegliedert, jede Kompanie zu 3 oder vier Zügen. Die Kompaniekommandanten sind Lehrer, die Zugskommandanten Schüler. Eine Anzahl von Schülern besuchte den Trommler- und Bläserkurs. Insgesamt wurden 60 Übungsmärsche in der Dauer von 2 bis 3 Stunden durchgeführt.

Dass der militaristische Unterweisungszweig unter schulexterner, manchmal tagelanger Aufsicht stand, entspricht dem Zeitverständnis. Höhere Militärs leisteten fachliche Anleitungen. Der soeben zitierte Bericht führt weiter aus:[268]

> Der Referent für vormilitärische Jugenderziehung, Herr Major Gartlgruber, besuchte die Anstalt in allen Klassen während der Turnstunden in der Zeit vom 27. November bis 4. Dezember 1935. Am 18. April wurde ein Ausmarsch der ganzen Anstalt [...] durchgeführt [zu Schulbeginn insgesamt 820 Schüler, davon 28 Mädchen,[269] Anm. d. Verf.], wo in Kompanien Exerzierübungen im Beisein des Herrn Majors [...] abgehalten wurden. [...] Ferner nahm die Anstalt [...] teil an zwei militärischen Übungen auf dem Feliferhof (Infanterieangriff, leichte Tankkompanie); diese wurden mit einer Defilierung der Schülerkompanien beendet.

Im nächsten Schuljahr stand „ein Belehrungsschießen des Leichten Artillerieregiments 5 in Strassgang, ein theoretischer Einführungslehrgang über Feldtelephon und Blinkgeräte und deren Bedienung" auf dem Projektprogramm, das mit einer Besichtigung des Flughafens Thalerhof ergänzt wurde, „wobei (die Schüler) in die Elemente des Flugzeuges und dessen Steue-

---

267) Jahresbericht des Akademischen Gymnasiums in Graz 1935/36, S. 37.
268) Ebenda, S. 37 f.
269) Vgl. ebenda, S. 42 (Tabelle).

rung sowie in das Wesen des Luftkampfes und verschiedener Kunstflüge eingeweiht wurden."[270]

Ähnliche militaristisch anmutende Organisationsstrukturen und militärisch orientierte Schulveranstaltungen waren am Bundesrealgymnasium in Eisenstadt und an der LBA Oberschützen zu beobachten. Den Jahresberichten von 1935/36 sind Details zu entnehmen:

Die „4 Gesichtspunkte", nach denen „Schulwanderungen" im BRG Eisenstadt durchgeführt wurden, lauteten:[271]

1. Auswahl einer günstigen Übungsstelle;
2. Ausmarsch zur Schulwanderung und Anmarsch zur Übungsstelle;
3. Durchführung kleiner militärischer Übungen;
4. Volkstümliche Belustigungsspiele.

Aurel Stettner, Direktor der LBA Oberschützen, berichtete über die vormilitärische Emsigkeiten während der beiden Wandertage „vom 16. und 17. Juni" 1937:[272]

[...] der Wandertag [...] stand mit seinen zwei militärischen Geländespielen in unbekanntem Terrain (davon eines ein nächtliches), der freien Nächtigung in Zelten und bei Lagerfeuern, dem Abkochen abends und morgens, dem volkstümlichen Mannschaftsspiel des Morgens und der sich daranschließenden fünfstündigen Wanderung ganz im Dienste der vormilitärischen Jugenderziehung, die auch im Rahmen des Turnunterrichts durch Geländeläufe mit militärischen Aufgaben, durch Geländespiele und durch das Exerzieren in der Gruppe, im Zuge und in der Kompagnie [...] eifrig gepflegt wurde. Auch in der Übungsschule wurde in dieser Richtung fleißig geübt.

Und auch hier in Oberschützen wollte man auf fachmilitärischen Rat und Zuspruch nicht verzichten:[273]

So konnte der mit der Überwachung der vormilitärischen Jugenderziehung betraute Oberstleutnant Dr. Karl Koske, der mit Major Exinger am 25. März (1936) zur

---

270) Jahresbericht des Akademischen Gymnasiums in Graz 1936/37, S. 35 f.
271) Jahresbericht des Bundesrealgymnasiums in Eisenstadt. Veröffentlicht am Schlusse des Schuljahres 1935/36. – Eisenstadt 1936, S. 34.
272) Stettner, Jahresbericht LBA Oberschützen 1935/36, S. 5. Sperrung im Original.
273) Ebenda; Koske und Exinger wurden am 24. Oktober 1935 vom burgenländischen Landeshauptmann mit der Überwachung der vormilitärischen Jugenderziehung betraut; vgl. ebenda, S. 9.

Inspektion der Schuljugend des Seminars und der Übungsschule nach Oberschützen gekommen war, seine Zufriedenheit über das Gesehene äußern.

Die Aufnahme eines adäquaten Anforderungsprofils in die jeweiligen Lehrpläne versteht sich von allein. In den Verordnungsblättern des Unterrichtsministeriums und nahezu im gleichen Wortlaut in den Landesamtsblättern wurden die Textsequenzen veröffentlicht. Dazu ausgewählte Beispiele:

LABl. f. d. Bgld. 457/1935
(Ausgegeben am 31. Oktober 1935.)

Vormilitärische Übungen der Oberstufe der Volksschulen.

Die vormilitärischen Übungen sind auf der Oberstufe der Volksschulen bereits im laufenden Schuljahr für alle Schüler durchzuführen.

Schließlich wird noch vermerkt, daß die Schüler zunächst bei den vormilitärischen Übungen, dann aber auch in anderen Unterrichtsgegenständen, namentlich in Geschichte, Erdkunde, Naturgeschichte, Naturlehre, Rechnen und Gesang bei geeigneter Gelegenheit über das heimische Wehrwesen im Sinne der einschlägigen Bestimmungen des Hauptschullehrplanes zu unterweisen sind.

VOBl. 28/1935
(Wien, am 15. Juni 1935.)

Verordnung des mit der Leitung des Bundesministeriums für Unterricht betrauten Bundeskanzlers vom 12. Juni 1935, betreffend die Festsetzung des Lehrplanes für die Hauptschulen. (B. G. Bl. Nr. 237, ausgegeben am 21. Juni 1935.) […].

Turnen.

Vormilitärische Ausbildung
im Rahmen des Turnunterrichtes für Knaben.

Lehrziel: Einzelausbildung und Ausbildung in der geschlossenen Form bis zum Zug (einschließlich). Aufstellen der Schüler in der Kompagnie.

VORBEMERKUNGEN.
Die vormilitärische Ausbildung erfolgt im Rahmen des Turnunterrichtes und der Wandertage. In der Regel sind in jeder Turnstunde etwa 5 bis 10 Minuten für die vormilitärische Ausbildung zu verwenden.[274] Bei Wanderungen und allenfalls beim

---

274) An eine „5 bis 10 Minuten"-Regelung konnte sich Herr Rössler, einstmals Zögling der Hauptschule Güssing, nicht erinnern: „*Vormilitärische Übungen und Spiele hatten wir grundsätzlich nur am Nachmittag. Im normalen Turnunterricht, d. h. am Vormittag hat sich nichts getan in dieser Richtung. Das war etwas Zusätzliches nur an Nachmittagen.*" Interview im Januar 2002; dieser Aussage widerspricht der Eintragung über „Körperliche Ausbildung", verfasst von Rösslers Direktor Stefan Fandl im Jahres-

Freiluftnachmittag sind die in der vormilitärischen Ausbildung erlernten Formen und Bewegungen für Geländeübungen und Geländespiele anzuwenden und zu verwerten.[275] Hiebei wird sich auch Gelegenheit bieten, das Tarnen, die Morsezeichen u. a. zu üben. [...].
1. bis 4. Klasse.
Einzelausbildung. Stellung: Habt Acht! Ruht! Bewegungen: Marsch, Laufschritt. Wendungen, auf der Stelle und in der Bewegung. Körperlagen: Kniet! Decken! Sitzen! Auf! Kopfwendungen.

Ausbildung in der Gruppe. Linie, Reihe, Doppelreihe. Sammeln, Vergatterung, Abtreten. Aufstellungs- und Bewegungsbehelfe: Rechts(Links)richt-euch! Öffnen, Schließen. Bewegungen in der Gruppe; Einhalten der Richtung (Anschlußmann). Schwenkungen, Formänderungen.

Ausbildung im Zug. Formen (Linie, Marschkolonne, Doppelreihe, Reihe) und ihre Anwendung. Sammeln unter verschiedenen Verhältnissen, Vergatterung. Aufstellungs- und Bewegungsbehelfe. Wendungen, Bewegungen, Formänderungen.

Die Kompagnie. Kolonne, Linie, Marschkolonne.

Hiezu kommen noch in der 3. und 4. Klasse Übungsmärsche in der Höchstdauer von drei Stunden, mit einheitlicher Rückenlast, und zwar bis zu einem Höchstausmaß von fünf Kilogramm; in der 4. Klasse außerdem Keulenwurf in die Weite und nach dem Ziel aus dem Stand, Anlauf, Knien und Liegen unter gewissenhafter Beobachtung der erforderlichen Vorsichtsmaßnahmen.

---

bericht 1935/36, S. 5: „Vormilitärische Erziehung: Besonderes Augenmerk wurde der vormilitärischen Erziehung der Knaben zugewendet. Die Unterweisungen erfolgten im Rahmen jeder Turnstunde in der Dauer von 10 Minuten." Im nächsten Satz allerdings stimmen Rösslers Erinnerung und Fandls Notiz wieder überein. Fandl: „Die Freiluftnachmittage wurden zur praktischen Durchführung des Gelernten herangezogen und die entsprechenden Übungen im Gelände durchgeführt." Ebenda. Herr Rössler (verst. 2003) war Zeit seines Lebens als ein dem Sport verbundener Mensch bekannt, vor allem was seine eigenen sportlichen Aktivitäten anlangte. Es erscheint daher als sehr unwahrscheinlich, derartige Gepflogenheiten im Turnunterricht vergessen zu haben. Eher darf angenommen werden, dass Direktor Fandl seine „10-Minuten"-Ansage auf geduldiges Papier schrieb, um so der Verordnung genüge zu tun.

275) Vgl. analog dazu auch VOBl. 72/1936, ausgegeben am 15. Dezember 1936: Wandertage an Mittelschulen und Lehrerbildungsanstalten, Sparmaßnahmen, vormilitärische Erziehung. (Erl. v. 3. Dezember 1936, Z. 39.808.): „Alle 3 Wandertage sind im Sinne der einschlägigen Bestimmungen der Lehrpläne für die vormilitärische Jugenderziehung soweit als möglich für die Durchführung von Geländespielen, Geländeübungen und Übungsmärschen zu verwenden."

Ähnliche Auflagen galten in den mittleren und höheren Schultypen:

VOBl. 70/1935
(Wien, am 15. Dezember 1935.)

Vormilitärische Jugenderziehung an den Mittelschulen und Lehrerbildungsanstalten, Durchführung.
(Erl. v. 29. November 1935, Z. 36752.)

In Ergänzung der Vorschriften, die in den Lehrplänen für Mittelschulen und Lehrerbildungsanstalten hinsichtlich der vormilitärischen Jugenderziehung enthalten sind, wird verfügt, daß die vormilitärische Ausbildung im Turnunterricht, der gemäß den genannten Lehrplänen in der Regel 5 bis 10 Minuten jeder Turnstunde zu widmen sind, auch nur in den zwei Vormittagsstunden, dann jedoch mit je 10 bis 15 Minuten, durchgeführt werden.[276]

Die Ankündigung erschien im Anhang des *Verordnungsblattes für den Dienstbereich des Bundesministeriums für Unterricht*, Stk. II, 15. Jänner 1936.

Einen verderblichen Geist ortete man, wie schon angedeutet, an den Hochschulen und Universitäten. Dort gediehen traditionsgemäß deutsch-nationale, mit Antisemitismus und Ausländerfeindlichkeit durchtränkte Grundstimmungen.[277] Auf universitärem Boden, so hatte Tzöbl schon 1933

---

276) Dieser Erlass wurde im VOBl. 4/1936 dahingehend geändert, dass der Schlusssatz lautete: „… durchgeführt werden *kann.*"
277) Am 10. Dezember 1932 wurde nach wiederholten nationalsozialistischen Ausschreitungen die Wiener Universität auf fünf Wochen gesperrt, fünf Monate später, am 9. Mai 1933, inszenierten Nazi-Studenten ebenda schwere Eskalationen, bei denen Studenten aus Fenstern der Hörsäle sprangen, um den mit Totschlägern, Stahlruten und Gummiknüppeln bewaffneten nationalsozialistischen Hörern zu entfliehen; aus: Zeitsynchronopse der Jahre 1918–1945, in: Medienverbundprogramm Frieden „Niemals vergessen", hg. von Rizy, Lisl; Dvorak, Johann; Jochum, Manfred. – Wien 1986, S. 190, 191.

besorgt bemerkt, grassiere unumschränkt ein blutloser Rationalismus, der die Hörerschaft Gott und der Kirche entfremdet. [...] Soll vaterländische Erziehung überhaupt möglich werden, muß auf den Hochschulen ein neuer Geist einziehen.[278]

Die höheren und höchsten Verwaltungsstellen kannten das akademische Stimmungsbarometer. Im Zuge der „Neugestaltung unserer Hochschulen von Grund auf" wurden neben und mit einer militärischen Ausbildung[279] daher auch „Abwehrmaßnahmen des Unterrichtsministeriums" angedacht. Denn „bei aller Achtung vor der wissenschaftlichen Autonomie und der Sonderstellung unserer Hochschulen", argumentierte Staatssekretär Pernter im Oktober 1934, „durfte man nicht ruhig zusehen, wie gerade an den Hochschulen sich Zentren staatsfeindlicher Betätigung entwickelten und der Terror sich dort entfaltete, der bis zu Sprengattentaten führte."[280] Ex-Bundeskanzler und Schöpfer der Bundesverfassung von 1934 Otto Ender wies in einer öffentlichen Erklärung zur Bundesverfassung auf Teile der Hochschul-Professorenschaft hin, „die unter dem Deckmantel der Wissenschaft ihr öffentliches Amt zur Untergrabung des Staates und der staatlichen Autorität mißbrauchen". Die neue Verfassung böte nun aber „die Möglichkeit, von den [Hoch-]Schulen Lehrer fernzuhalten". Es handle sich dabei um „eine selbstverständliche und berechtigte Notwehr des Staates".[281]

Wie im Konkreten die vorbeugenden *Notwehr*maßnahmen lauteten, zeigen Auszüge aus dem Verordnungsblatt des Bundesministeriums für Unterricht:

VOBl. 62/1935
(Wien, am 15. Dezember 1935.)

Bundesgesetz, betreffend die Erziehungsaufgaben der Hochschulen (Hochschulerziehungsgesetz).

[...]
§ 2. Dieser Erziehung zur vaterländischen Gemeinschaft dient insbesondere die Verpflichtung der Studierenden

---

278) Tzöbl, S. 24 f.
279) „Reichspost" vom 17. März 1935, S. 2.
280) Zit. nach „Reichspost" vom 31. Oktober 1934, S. 3 („Das neue Österreich und die Schule"). Sperrung im Original; vgl. auch „Wiener Zeitung" vom 31. Oktober 1934, S. 2.
281) „Wiener Zeitung" vom 6. Dezember 1934, S. 3.

1. zum regelmäßigen Besuche der Vorlesungen zur weltanschaulichen und staatsbürgerlichen Erziehung und über die ideellen und geschichtlichen Grundlagen des österreichischen Staates,[282]
2. zur Teilnahme an vormilitärischen Übungen,
3. zur Ableistung einer Schulungsdienstzeit im Hochschullager.
[...]

§ 5. (1) [...] Zur Teilnahme an den vormilitärischen Übungen können nur die männlichen Hörer der weltlichen Studienrichtungen mit Ausnahme jener des geistlichen Standes verpflichtet werden.

(2) Die Angehörigen der vor dem 1. Jänner 1935 errichteten akademischen Wehrverbände können [...] der [...] Verpflichtung durch Teilnahme an Übungen ihres Verbandes nachkommen [...].

(3) Die zuständigen Bundesminister können zur Erfüllung des vaterländischen Erziehungszweckes [...] für die weiblichen Studierenden anderweitige Veranstaltungen in besonderer Anpassung an die weibliche Eigenart und unter Vermeidung jeder Beeinträchtigung des wissenschaftlichen Schulbetriebes treffen. [...].

§ 6. (1) In den Hochschullagern erfolgt die Erziehung zur vaterländischen Gemeinschaft:
a) durch Pflege von vormilitärischen Übungen der Teilnehmer unter besonderer Betonung der erzieherischen Werte des kameradschaftlichen Gemeinschaftslebens, auch die Verrichtung gemeinnütziger Arbeiten kann in den Dienst der Erziehungsaufgabe gestellt werden,
b) durch Vorträge und Aussprachen über Gegenstände des weltanschaulichen und vaterländischen Gedankengutes und des Wehrwesens.
[...]
(4) Die Teilnehmer der Hochschullager tragen Einheitskleidung. [...].

§ 7. Die Hochschullager sind in den Sommermonaten ohne Beeinträchtigung des wissenschaftlichen Hochschulbetriebes abzuhalten. Sie dauern mindestens vier, höchstens acht Wochen. [...].[283]

---

282) Vgl. „Reichspost"-Artikel vom 1. Oktober 1935, S. 5: „Die Pflichtvorlesungen an der Wiener Universität", „Kundmachung" von „Rektor Prof. Dr. Menghin", dem Unterrichtsminister im Kurzzeit-Kabinett von Seyß-Inquart, März 1938: „... sind die ordentlichen Hörer [...] ohne Unterschied der Studienrichtung verpflichtet, in zwei der ersten vier [...] Semester je eine Vorlesung zur weltanschaulichen und staatsbürgerlichen Erziehung und über die ideellen und geschichtlichen Grundlagen des Staates zu besuchen. [...] Ueber den Gegenstand der besuchten Vorlesungen ist [...] eine Einzelprüfung abzulegen; besteht der Hörer nicht, so kann er zwar das Studium fortsetzen, doch muß er diese vor Zulassung zum fünften anrechenbaren Semester mit Erfolg abgelegt haben." Vgl. ebenso „Reichspost" vom 2. Oktober 1935, S. 4: „Pflichtvorlesungen an der Technik".
283) Vgl. auch „Wiener Zeitung" vom 20. Juni 1935, S. 2.

In diesem Zusammenhang drängt sich ein kurzer Exkurs zum „Wesen und Zweck des Lagers" auf – eine Erziehungsdomäne, die die Nationalsozialisten in Deutschland vorbildhaft den Ständestaat-Pädagogen vormachten. Die Leibesübungsexperten Burger und Groll referierten 1936 (Auszug):[284]

> Wesentlich für Arbeitslager (und für Schulungslager im besonderen noch in erhöhtem Maße) [...] ist es auch, was das „Lager" vom „Lehrgang" oder „Kurs" unterscheidet. [...] Das Lager (verlangt) während seiner ganzen Dauer den ganzen Menschen. Das Lager wendet sich mindestens ebenso stark wie an die Erkenntnisfähigkeit, an die Erlebnisfähigkeit des Menschen.
> [...] Schulen mögen als „Schullandwoche" einen Teil ihres Unterrichts hinaus ins Freie verlegen [...]. Wissenschaftliche Institute mögen ihre Hörerschaft in ein geeignetes Lager führen, um sie mit einem Spezialgebiet vertraut zu machen. Die vormilitärische Erziehung möge im Lager (beziehungsweise in der Schullandwoche) eine ihrer wertvollsten Durchführungshilfen erkennen [...].

Wie und was die Turnpädagogen in höheren Schulen zusätzlich zur „Friedenserziehung" beizutragen hatten, zeigen Unternehmungen zur Schießausbildung und zu den Verhaltensschulungen für den Luftschutz. Das Verteidigungsministerium bot zweckdienliche Hilfe an. Im Folgenden einige Beispiele stellvertretend für die lange Reihe an Dekretierungen mit vormilitärischem Habitus:

LABl. f. d. Bgld. 123/1937
(Ausgegeben am 25. März 1937.)

Anschaffung von Übungshandgranaten für die vormilitärische Jugenderziehung.

Die Schuhleisten- und Holzwarenfabrik Eduard Kreiger in Villach erzeugt und liefert an die Schulleitungen Attrappen (Übungshandgranaten) für den vormilitärischen Erziehungsunterricht.

---

284) Burger/Groll, S. 186 f.; ausführlich zur Lagervorbereitung, zum Lageraufbau und Lagerbetrieb (Führung, Lagerdienst) und Lagerabbruch, zur Auswertung des Lagers usw. siehe ebenda, S. 188–228. Interessant in diesem Lehrerhandbuch sind auch die – nicht nur für das Lagerleben gedachten – organisatorischen und Durchführungsvorschläge für die „Kriegsspiele" anhand von 14 beschriebenen Beispielen, ebenda, S. 170–185. Hervorhebungen im Original.

Die Attrappen sind aus Buchenholz angefertigt und mit einem starken Eisenring versehen. Das Stück kostet ab Fabrik Villach S 1.–. Bei Abnahme von 50 Stück erfolgt die Lieferung franko.[285] Die Anschaffung wird empfohlen.[286]

2000 Gewehre für Schiessausbildung an mittleren Lehranstalten.

Bekanntlich soll im neuen Schuljahr das bisherige umfassende Programm der vormilitärischen Jungenderziehung vorläufig wenigstens in den beiden letzten Klassen mittlerer Lehranstalten noch um die Schiessausbildung erweitert werden […]. Im ersten Jahr der Schiessausbildung werden die Schüler hauptsächlich Zielübungen und Kapselschiessen durchführen […]. Jeder mittleren Lehranstalt werden vorläufig etwa zehn bis zwölf Militärgewehre für diese Ausbildung ihrer Schüler zur Verfügung gestellt werden, was in Österreich ein Erfordernis von rund zweitausend Gewehren für Schulzwecke bedeutet. Im zweiten Jahr der Schiessausbildung, also erst im Jahr 1937-38, kommt auch das kleinkalibrige Schiessen zur Ausübung […]. Dieser Zweig der Schiessausbildung wird daher in eigenen Schulstunden auf Militär-Schiessstätten [sic] oder auf Uebungsplätzen von Schützenverbänden erfolgen müssen.

GÜSSINGER ZEITUNG, 26. 9. 1937, S. 5 f.

LABl. f. d. Bgld. 235/1937
(Ausgegeben am 10. Juni 1937.)

Militär-Übungsplätze und Schießstätten-Mitbenützung für die vormilitärische Jugenderziehung.

Das Bundesministerium für Unterricht gibt […..] eine Weisung des Bundesministeriums für Landesverteidigung bekannt, die es gestattet, daß Schulen und behördlich genehmigte Jugendvereinigungen um die Mitbenützung militärischer Übungsplätze, Schießstätten, Exerzierhallen und Kasernenhöfe bei den zuständigen Ortskommandos ansuchen dürfen.

---

285) Im LABl. f. d. Bgld. 441/1937 heißt es: „Die Holzfabrik Braun in Lockenhaus (erzeugt) die vorschriftsmäßigen Handgranatenattrappen. Die Schulleitungen wollen ihren Bedarf, je nach Schüleranzahl, bei obiger Holzfabrik decken. Preis pro Stück 90 g." Vgl. dazu die Interventionen gegen Kärntner Handgranatenattrappen, Bgld. LArch, Zl. IV A-8/20-1937 und Zl. IV A-8/65-1937.
286) Handschriftliche Anmerkung von Direktor Fandl im schuleigenen Exemplar an der Hauptschule für Knaben in Güssing: *„1. IX. 1937 50 St. bestellt."*

LABl. f. d. Bgld. 200/1937
(Ausgegeben am 13. Mai 1937.)

Luftschutzausbildung an den Schulen.[287]

An jeder Schule ist ein Fliegeralarmplan auszuarbeiten und zu erproben. [...].

    Für die praktische Schulung [...] können auch die Freiluftnachmittage fallweise herangezogen werden; an Volks- und Hauptschulen kommen vor allem Turnstunden in Betracht.[288]

So weit, so anzweifelbar die erzielten Erfolge. Zeitzeugen, die ausführlich über vormilitärische Schulaktivitäten berichten können, bilden eher die Ausnahme. Skepsis über die erzielten Ausbildungserfolge kommt auch dann hoch, wenn man einerseits einen zusammenfassenden Bericht an die damalige Landesschulbehörde Burgenlands über die vormilitärische Jugenderziehung liest, nach dem „[...] die Haupt- und Mittelschulen mit einer Ausnahme in vmil. Beziehung richtig erfasst" seien „und gut ausgebildet (werden). Die Volksschulen sind nur zu 70% erfaßt, die restlichen 30% haben keine vmil. geschulte Kräfte. Besonders die einklassigen Schulen leiden mit geringer Schülerzahl darunter."[289] (s. ANHANG DOK II) Zum anderen gestand ein Aktenstück aus 1938, die bisherigen Fortbildungsangebote an die Lehrer im Rahmen der vormilitärischen Erziehungsmaßnahmen wären nicht gerade von Enthusiasmus begleitet gewesen. Warum? Die ab 1936 ausgeschriebenen Kurse hätten „nicht zum gewünschten Ergebnis führen können, weil die Zahl der gut ausgebildeten Lehrer für diesen Gegenstand" bisher zu gering gewesen sei.[290]

    Zu dem einige Erklärungen anhand der burgenländischen Situation: Bis 1936 fanden laut den Landesamtsblättern Fortbildungskurse ausschließlich in Wien, Graz und St. Johann im Pongau statt. Mitentscheidend für die geringe Beteiligung burgenländischer Lehrer an solchen Seminaren waren zum einen die völlig unzulänglichen Straßen- und Bahnverbindungen, zum

---

287) „Der Luftschutzunterricht in den oberen Schulklassen ist derart durchzuführen, daß die Schüler nach Verlassen der Schule bezw. während der Schulzeit vom 16. Lebensjahre an auch zur praktischen Luftschutzarbeit verwendet werden können." In: LABl. f. d. Bgld. 361/1936, ausgegeben am 24. September 1936 („Luftschutzunterricht an den Schulen").

288) Zur praktischen Umsetzung siehe exemplarisch den Bericht der HS Oberwart in ANHANG DOK III.

289) Bgld. LArch. Zl. IV A-8/50-1937.

290) Bgld. LArch. Zl. IV A-8/14-23-1938; hier zit. nach Widder: Die „Unschuld vom Lande", in: Burgenländische Forschungen, Heft 73, S. 47.

anderen die geografischen Entfernungen der Kursorte von den Wohnsitzen. Die obersten Schulstellen reagierten: Beispielsweise wurden in den Sommerferien [sic!] 1937 in Eisenstadt und Oberwart (1936 in Eisenstadt und Graz[291]) „Lehrereinführungskurse von vierzehntägiger Dauer, deren Lehrstoff ‚Die vormilitärische Ausbildung im Rahmen des Turnunterrichtes einschließlich der Schießausbildung und der Luftschutzschulung' umfaßt", abgehalten. „Die Kosten der Bahnfahrt werden [...] vom Bundesministerium getragen", hieß es weiter, doch jene „für Unterkunft und Verpflegung sind [...] von den Kursteilnehmern zu tragen. Sie betragen S 2.50 pro Tag. Den Schulerhaltern wird nahegelegt, den teilnehmenden Lehrern womöglich einen Zuschuß zu den Verpflegs- und Unterkunftskosten zu gewähren." Bundesmittel hierfür stünden „bedauerlicherweise nicht zur Verfügung".[292]

Welch finanzielle Belastung ein derartiges Unternehmen für einen (v. a. dienstjüngeren) Lehrer bedeutete, zeigt die Einkommenssituation der Pädagogen: Das jährliche [sic!] Grundgehalt eines Hauptschullehrers betrug 1935 in der 15. Gehaltsstufe S 2.840.– brutto, das eines Mittelschullehrers S 3.290.–[293] Ein 14-tägiger Kurs (Fixkosten S 34.–, nicht berücksichtigt An- und Heimreisetag und sonstige Nebenkosten!) hätte somit das monatliche Haushaltsbudget einer Lehrerfamilie – Doppelverdienst gesetzlich verboten! – um weit mehr als ein Zehntel beansprucht.[294] Bei wohl wie vielen Lehrern der vaterländische Enthusiasmus die aufgezeigte persönliche Belastung übertraf, bedarf gewisslich keiner weiteren Untersuchung.

2.3.2 Die Revision der Schulbücher

Zu den unverzichtbaren Lehrmitteln in der Schulklasse gehörten (und zählen noch heute) die Schulbücher. Was lag näher, als diese auf die neuen Erziehungskonzeptionen abzustimmen, um auch hiermit den Geist des nunmehr autoritären Vaterlandes in die Gehirne der Kinder und Jugendli-

---

291) Vgl. LABl. f. d. Bgld. 135/1936.
292) LABl. f. d. Bgld. 134/1937, ausgegeben am 1. April 1937 („Lehrereinführungskurse für vormilitärische Jugenderziehung").
293) Vgl. LGBl. f. d. Bgld. 1/1935.
294) Dazu ein Preisvergleich: Ein Liter Wein kostete damals zwischen S 1,50 und S 1,80, um eine Milchkuh wurde zwischen S 150.– und S 200.– gehandelt; vgl. Floiger, M.; Gober, K. H.; Gruber, O.; Huber, H.; Naray, J.: Geschichte des Burgenlandes. Lehrbuch für die Unterstufe. – Eisenstadt 1996, S. 123.

chen einimpfen zu helfen? „Für Lehrbücher", referierte im Sommer 1934 Unterrichtsstaatssekretär Pernter,[295]

> die dieser Forderung vaterländischer Erziehung nicht entsprechen, ist kein Platz mehr an unseren Schulen, wir haben dafür gesorgt, daß sie aus der Schule verschwinden, und falls solche noch irgendwie auftauchen sollten, sollen sie rücksichtslos ausgemerzt werden. [...] Es erscheint uns heute fast unbegreiflich, daß es in unserem Staate durch 15 Jahre möglich war, den Begriff Österreich in unserem Unterrichte, in unseren Lehrbüchern nahezu auszuschalten, österreichisches Vaterlandsbewußtsein förmlich zu verneinen und den Glauben an die Lebenskraft und Lebensfähigkeit unserer Heimat zu verleugnen. [...] Mit dieser Auffassung müssen wir in Schule und Erziehung gründlich aufräumen.

Aber: Leichter gesagt als getan! Eine Aktualisierung der Lehrbücher war schon aus zeitlichen und anderen organisatorischen Gründen, ganz abgesehen von der finanziellen Komponente, nicht von heute auf morgen auf die Beine zu stellen. Zwar schieden möglichst rasch eigens geschaffene Bücherkommissionen, bestehend aus dem Schulleiter, dem Religions-, Geschichts- und/oder Deutschlehrer und dem Verwalter der Schülerbücherei, nichtkonforme Schriftwerke aus der Schülerlade aus, darunter Literatur, die den Befunden nach auch nur abschnittsweise ungeeignetes (demokratisch-liberales oder allzu völkisches) Gedankengut enthielten. Desgleichen lichteten sich die Lehrerbibliotheken. Die praktische Umsetzung entbehrte jedoch nicht ein gewisses Maß an Skurrilem: Wie jeder Schulbuchautor weiß, vergehen von der Konzipierung bis zur Approbation und schließlich bis zum Erscheinen eines Buches viele Monate, in den meisten Fällen Jahre. Folglich musste die Mehrzahl der „alten" Schülerhandbücher weiterhin in Verwendung bleiben, sollte etwa der Deutsch- oder Geschichtsunterricht nicht ganz ohne Handexemplare vonstatten gehen. Der jeweilige Klassen- bzw. Fachlehrer hatte „verantwortungsvoll" die Zensur der Inhalte vorzunehmen, d. h. sie gegebenenfalls zu „berichtigen", zu ergänzen oder, wie ebenso von allerhöchster Stelle angeordnet, unpassende Textpassagen und -seiten einfach zu „überblättern." Ein Beispiel für ein solches, zur Behandlung mit Schülern „überflüssig" gewordenes Thema: Vor der Maiverfassung von 1934 stand der österreichische Staat quasi in einem konstitutionslosen Raum. Die „alte" Verfassung der Ersten Republik konnte daher nicht Gegenstand breiter Erklärungen im Unterricht sein (ganz zu schweigen von Deutschlands Konstitution). Das LABl. f. d. Bgld. 103/1934

---

295) Zit. nach „Reichspost" vom 7. Juni 1934, S. 3. Hervorhebungen im Original.

verfügte daher, dass die „Verfassung Österreichs [...] in der Form eines knappen Überblicks zu geben", hingegen von der „Besprechung der Verfassung des Deutschen Reiches bis auf weiteres überhaupt abzusehen" sei.

Details über den praktischen Einsatz der Lehrbücher bzw. Informationen, welche Texte in noch weiterhin im Gebrauch stehenden Buchexemplaren weggelassen oder auch nur „korrigiert" werden sollten, explizierte die burgenländische Landesregierung erstmals im LABl. 454/1933 (14. Dezember) unter: „Verwendung der Lehrbücher der Geschichte und der deutschen Lesebücher". Sie sind inhaltlich weitgehend identisch mit den zwei Jahre später folgenden Verordnungen des Bundesministeriums, was übrigens zeigt, wie zögerlich sich die gesamte Lehrbuch-Austauschaktion hinzog:

Stampiglie im *Lernbuch der Erdkunde für Hauptschulen, IV. Teil,* von Kurt Axmann und Hans Kaindlstorfer, hg. vom Österreichischer Bundesverlag für Unterricht, Wissenschaft und Kunst, Wien 1937

VOBl. 48/1935
(Wien, am 1. Oktober 1935.)

Lehrbücher an allen dem Bundesministerium für Unterricht unterstehenden Schulen.

[...] Es wird die Aufgabe der Lehrer aller Unterrichtsgegenstände sein, während der Übergangszeit im Unterrichte allen, auch in den noch nach den alten Lehrplänen geführten Klassen selbst die notwendigen Ergänzungen und Korrekturen an den Büchern vorzunehmen. So werden etwa bei der Benützung des Lesebuches alle Lesestücke, die ihrem Inhalte nach geeignet sind, der Pflege des österreichischen Vaterlandsgedankens zu dienen, entsprechend auszuwerten sein, während andere, die mit ihm nicht völlig in Einklang stehen, beiseite zu lassen sind; unrichtige Darstellungen werden als solche den Schülern nötigenfalls klarzustellen und ins richtige Licht zu rücken sein. Auch im Geschichtsunterricht werden die Lehrer die vorhandenen Lehrbücher so zu benützen haben, daß den Schülern der Begriff des Vaterlandes und der vaterländischen Gesinnung mit lebendigem Inhalt erfüllt werde und die besonderen Werte der österreichischen Geschichte voll zur Geltung kommen. Der Schwerpunkt des geschichtlichen Unterrichtes wird immer auf das Wissen um Österreich zu legen sein. Ähnliches gilt auch vom Unterrichte in Geographie. Soweit die derzeitigen Lehrbücher den angedeuteten Forderungen noch nicht voll entsprechen, wird es den Lehrern zur Pflicht gemacht, von ihnen abzuweichen.

Die Verwendung ausländischer Druckerzeugnisse als Hilfsbücher oder Lehrbehelfe ist, falls sie nicht die h. a. Zulassung besitzen, untersagt. [...] Die betreffenden Fachlehrer und die Direktoren [tragen] die Verantwortung dafür, daß solche

Bücher, beziehungsweise Zeitungen weder in ihrem Inhalt noch in den angefügten Ankündigungen (auf Umschlagblättern usw.) Stellen enthalten, die der Erziehung der Schüler in österreichisch-vaterländischem Sinne widersprechen. [...].[296]

Wie dienstbeflissen die höheren Verwaltungsstellen herangingen literarische Werke dem schulischen Gebrauch zu entziehen, beweisen lange Reihen von Titeln, die in den Landesamtsblättern unter „Bücherverbote" aufgelistet wurden (parallel dazu gab es „Buchempfehlungen"): Im Jahr 1935 wurden 5-mal Zensuren mittels einer jeweils mehr oder weniger langen Indexliste ausgesprochen, 1936 sogar 16-mal und 1937 immerhin noch 12-mal. Der Wortlaut eines dieser zahlreichen Verordnungen soll zur Verdeutlichung genügen:

LABl. f. d. Bgld. 175/1936
(Ausgegeben am 23. April 1936.)

Bücherverbote.

Das Bundesministerium für Unterricht hat mit dem Erl. vom 12. März 1936, Z. 8175-II/9, verfügt, daß die [...] als Hilfsbücher für den erdkundlichen Unterricht an Volks-, Bürger- und Mittelschulen zugelassenen bezw. für die Einstellung in die Lehrer- und Schülerbüchereien empfohlenen Auflagen von „Das neue Europa", „Heimat und Vaterland", „Erdteile und Weltmeere", „Österr. Bürgerkunde" von Dr. Georg Lukas und Josef Graß, die den neuen Lehrplänen für Volks-, Haupt- und Mittelschulen sowie den neuen Bestimmungen über die vaterländische Erziehung der Jugend nicht entsprachen, auch an jenen Schulen, in denen sie allenfalls noch in Gebrauch stehen, nicht mehr verwendet werden dürfen.

Welche Personen oder Gremien die Approbationen vornahmen, geht aus einem Verordnungsblatt hervor:

VOBl. 36/1936
(Wien, am 1. Juni 1936)

Bundesgesetz, wirksam für das Burgenland, womit die Grundsätze des Unterrichtswesens bezüglich der Volksschulen festgestellt und Bestimmungen über die Lehrerbildungsanstalten getroffen werden (Burgenländisches Volksschulgesetz).

[...]
§ 9. (1) Über die Zulässigkeit der Lehr- und Lesebücher entscheidet nach Anhörung des Landesschulrates der Bundesminister für Unterricht.

---

296) Vgl. ebenso „Reichspost" vom 1. Oktober 1935, S. 3 f. („Schulbücher in der Vaterländischen Erziehung").

(2) Die Wahl unter den für zulässig erklärten Lehr- und Lesebüchern trifft für die Schulen der Gebietskörperschaften der Landesschulrat, für die konfessionellen Schulen die Kirchenbehörde.

(3) Als Religionsbücher können nur solche Lehrbücher verwendet werden, welche von der Kirchenbehörde für zulässig erklärt worden sind.

Vier Jahre nach Beginn der literarischen Reinigungsaktion, gerade als die Arbeit der Kommissionen als abgeschlossen betrachtet werden konnte, überzog die Schulen eine erneute Entschlackungswelle nach soeben beschriebener Manier. Doch dieses Mal eine nach nationalsozialistischem Geist orientierte Säuberung, die die ständezeitlichen und deshalb „verstaubten" Bücher auf den NS-Verbotsindex setzte.[297]

2.3.3 „Der Lehrer hat kein Privatleben mehr!"
Die Gleichschaltung der Beamten- und Lehrerschaft

In einem Vortragsrahmen über „Die Schule in der neuen Verfassung" bescheinigte der Verfassungsexperte und -konstrukteur Dr. Ender, es könne vom Grundgesetz, „daß die Zulassung zu öffentlichen Ämtern vom religiösen Bekenntnis unabhängig ist, für den Schuldienst eine gesetzliche Ausnahme gemacht werden". Das Privileg sei an die Verpflichtung geknüpft, daß die Lehrer selbst sich zu der Religion bekennen müssen, auf der die sittliche Erziehung der Schule beruht. Dazu ist aber die erste Voraussetzung, daß die Lehrer gute Bürger sind, und deshalb wird im Artikel 16 festgesetzt, daß die öffentlichen Ämter allen vaterlandstreuen Bundesbürgern offenstehen. Dies gilt in erster Linie für die Lehrerschaft.[298]

Was hieß die Beifügung „allen vaterlandstreuen"? Sie beinhaltete die Ausnahme vom verfassungsgemäßen Gleichheitsgrundsatz der Staatsbürger. Der Passus erhob die Abgrenzung, ja das Eliminierungsrecht gegen Individuen, die „den vorgeschriebenen Erfordernissen" *nicht* entsprachen, in den Verfassungsrang. Den Diskriminierungscharakter der vermeintlich

---

297) Vgl. VOBl. 48/1935 mit den sehr ähnlich klingenden Sequenzen aus dem (nationalsozialistischen) LABl. f. d. Bgld. 179/1938 bzw. einem diesbezüglichen Artikel der „Güssinger Zeitung" vom 1. Mai 1938, S. 4.
298) Zit. nach „Wiener Zeitung" vom 6. Dezember 1934, S. 3 („Die Schule in der neuen Verfassung").

„echten und wahren Geist des Christentums"[299] atmenden Maiverfassung, entgegen Dollfuß' seinerzeitigem Versprechen: „In Österreich ist jeder Bürger gleichberechtigt",[300] belegt übrigens auch die dem weiblichen Geschlecht zugedachte Gesellschaftsrolle, was noch ausführlich zu behandeln sein wird.

Zum unumstößlichen Loyalitätserfordernispaket im schulischen Unterrichtsbetrieb zählte: Alle Lehrer und Lehrerinnen haben ihre „Liebe zu Österreich" zu bekunden, in der Praxis die Ergebenheit dem christlich-autoritären Staat gegenüber. Antidemokratische und militaristische Werthaltungen, deren Vermittlung und Praktizierung mussten als Belege für ein „wahres Österreichertum" erkennbar sein, weil, so die Begründung aus dem Munde Pernters 1934 vor mehr als 1000 Lehrern in Klagenfurt, der Aufbau des Staates im Geiste des neuen Österreich, die Durchsetzung der Leitgedanken der neuen Verfassung und die Erfüllung der großen historischen und kulturpolitischen Sendung unseres Staates nur durch die restlose und freudige Mitarbeit der Lehrerschaft in vollem Umfange gelingen kann.

Die Erzeugung wünschenswerter Lehrereigenschaften verpflichte, so der Unterrichtsstaatssekretär, dass jeder österreichische Lehrer von der Ueberzeugung erfüllt werden (muß), daß die Erziehung zur Ehrfurcht vor den heiligen Wahrheiten der Religion und zur Anteilnahme an dem Leben der Kirche [...] auch Dienst am geistigen Aufbau des österreichischen Vaterlandes bedeutet.[301]

Vor der „massenhaft besuchten Generalversammlung" des „Katholischen Landeslehrervereins für Oberösterreich" am 10. Mai 1935 in Linz ließ Festredner Walter Adam, 1934–36 Generalsekretär der Vaterländischen Front, die Lauschenden nicht im Unklaren:[302]

> Die Lehrer an unseren Schulen, von der ersten Klasse Volksschule bis zur Hochschule hinauf, müssen die Schüler aufrichtig im Geiste der österreichischen Idee

---

299) Dollfuß in der Rundfunkrede ans österreichische Volk am 1. Mai 1934 zur neuen Verfassung; zit. nach E. Weber, Dollfuß an Österreich, S. 231 f.
300) Rede bei der vaterländischen Kundgebung in Amstetten am 26. November 1933; zit. nach ebenda, S. 66.
301) Zit. nach „Reichspost vom 7. Juni 1935, S. 2 („Die Schule als Erzieher zum österreichischen Staatsbürger"). Sperrung im Original.
302) Zit. nach „Reichspost" vom 11. Mai 1935, S. 2 („Oesterreichische Lehrer in die vorderste Front"). Sperrungen im Original; Rede auch abgedruckt in Bgld. Lbl. 5/1935, S. 57.

erziehen oder sie müssen das Feld räumen. Wir haben genug Junglehrer in allen Rangstufen, die eingesetzt werden können.

Adams abschließender, beinahe martialisch klingender „Appell":

> Oesterreichische Lehrer in die vorderste Front, in den Kampf für ein neues Oesterreich!

Der Hauptredner der Veranstaltung, Wiens Bürgermeister Richard Schmitz, akzentuierte die Verantwortung, die auf dem Lehrer laste. Der Lehrer „hat kein Privatleben mehr, er darf es nicht haben, denn, wenn er" sich selbst an die in der Schule vorgetragenen Grundsätze nicht halte, zerbreche das „in den Kindern, das nicht wieder aufzurichten" sei. Er müsse „den christlichen Geist ausstrahlen, ob er nun im Amt ist oder im Privatleben".[303]

Die Lehrer und Lehrerinnen hatten verstanden. Im Dollfuß/Schuschnigg-Staat kam es – nicht nur im Lichte der Gegenwart betrachtet – zu harten, ja zu Existenz gefährdenden Zwangsmaßnahmen. In erster Linie traf es öffentlich Berufstätige, etwa durch Entlassung bei demonstrativ „nicht-freudiger Mitarbeit". Nähere Erklärungen zu den Lehrerabbaugesetzen, die, wie man verlogen vorgab, zunächst „einen rein sozialen Zweck erfüllen" würden, gab die *Reichspost* zum Besten:[304]

> Die Maßnahmen hätten aber auch noch eine andere Aufgabe zu erfüllen: einen Reinigungsprozeß [...]. Lehrer, die sich nicht zu Österreich bekennen wollen, werden jungem, vaterlandstreuem Nachwuchs Platz machen müssen, der gewillt ist, die ihm anvertrauten Jugend im österreichischen Sinne zu erziehen. Auch solche Lehrpersonen, die in sittlich-religiöser Beziehung keine Gewähr bieten, werden zugunsten einwandfreier Junglehrer von ihrem verantwortungsvollen Posten weichen müssen.[305]

Von vornherein war mit der Nicht-Aufnahme in den Bundes- oder Landesdienst zu rechnen, verweigerte jemand die Mitgliedschaft bei der Vaterlän-

---

303) Zit. nach ebenda. Hervorhebungen im Original.
304) Näheres im Kapitel 2.3.5.2. (Die Maßregelungen der Lehrer)
305) „Reichspost" vom 21. Juni 1934, S. 4 f. Sperrungen im Original; vgl. auch „Das 3. Lehrerabbaugesetz des Landes Niederösterreich", in „Reichspost" vom 19. Juni 1934, S. 4; noch ein Jahr zuvor wetterte die „Reichspost" energisch gegen die in Aussicht genommenen Abbaugesetze, vor allem gegen das Doppelverdienergesetz und gegen „das Eheverbot für weibliche Lehrkräfte"; „Reichspost" vom 2. März 1933, S. 7; s. auch Kapitel 2.3.6.3. in der vorliegenden Studie.

dischen Front. Lag da vielleicht in der allgemeinen wirtschaftlichen Mangelsituation für den VF-Repressionsapparat ein willkommenes Vehikel für die politisch-gesellschaftliche Machtkonsolidierung vor?[306] Folgender Erlass aus dem Jahr 1937 rechtfertigt die aufgeworfene Frage nach dem „Interventionsrecht":

> LABl. f. d. Bgld., 41. Stück / Amtlicher Teil
> (Ausgegeben am 14. Oktober 1937.)
> ### Aufruf des Landesführers der Vaterländischen Front.
> Burgenländer und Burgenländerinnen!
> Ordnet Eure Mitgliedschaft zur Vaterländischen Front!
>
> Für irgendwelche Ämter und Funktionen in öffentlich-rechtlichen Körperschaften werden nur Personen in Frage kommen, die der Vaterländischen Front als Mitglieder angehören. […].
>
> Schulgeldermäßigungen,[307] Studienbeihilfen, Gnadengaben usw. können nur jenen Personen gewährt werden, die […] Mitglieder der Vaterländischen Front sind. Arbeiter, die sich zur Vaterländischen Front bekennen, werden in Hinkunft bestimmte Vorrechte genießen müssen, sei es nun, einen besonderen Schutz bei allenfalls notwendigen Abbaumaßnahmen, sei es eine Bevorzugung bei der Wiedereinstellung und Arbeitsvermittlung.
>
> Von ausschlaggebender Bedeutung wird die Mitgliedschaft zur Vaterländischen Front auch für die jüngere Generation sein. Ein Nichtmitglied kann auf keinerlei Anstellung im öffentlichen Dienste oder bei einer öffentlich-rechtlichen Körperschaft rechnen; […].
>
> Verschiedene Berechtigungen, wie die Erlangung von Konzessionen, Führerscheinen, Waffenpässen usw. sind gesetzlich an die politische Vertrauenswürdigkeit des Bewerbers gebunden. […] Nicht zuletzt soll an alle jene Fälle des freien Ermes-

---

306) Vgl. Karner, Steiermark 1938–1939, S. 295.
307) Näheres zu den bundesministeriellen „Schulgeldgebührenverordnungen" siehe nächstes Kapitel 2.3.4.
308) Zur „Einführung des Grußes ‚Oesterreich!' an den Schulen" schrieb das „Neue Wiener Journal" am 1. April 1936: „[…] haben die Landesschulbehörden in mehreren Bundesländern angeordnet, daß an allen Lehranstalten am Schlusse jeder weltlichen Feier die Schuljugend gemeinsam das Gelöbnis ‚Treu Oesterreich' ausspricht und daß dies von den Lehrpersonen mit denselben Worten erwidert werde. Diese Anordnung wird erstmalig bei der Feier des Tages der Verfassung am 1. Mai 1936 zu befolgen sein." – Bereits vor diesem Zeitpunkt sind ähnliche Grußformen, zumindest Vorschläge zur Verwendung in Turnstunden, angedacht worden: „Der Führer ruft ‚Österreich!', worauf alle gleichzeitig ‚Heil!' rufen. Auch der Gruß ‚Gut – Heil!' wird so gesprochen." Zit. nach Recla, S. 14.

sens erinnert werden, bei deren Erledigung das Interventionsrecht der Vaterländischen Front maßgebend sein wird. […].

Burgenländer und Burgenländerinnen! […] Seid euch alle des Ernstes bewußt und helft mit, daß unsere Bewegung rein und machtvoll bleibe! Sie gilt […] dem, was wir über alles lieben, unserem Vaterlande Österreich!

Front Heil! Treu Österreich!
Der Landesführer der Vaterländischen Front.[308]

Die vorgenommene politische Normierung – oder vielleicht besser ausgedrückt: die politische Deformierung zum Duckmäusertum – hatte schon seit 1933 Folgen im gesamten Erziehungsgeschehen nach sich gezogen, die am schmerzlichsten in urbanen Regionen empfunden wurden, wo traditionell sozialdemokratische Polithaltungen überwogen. Das repressive Maßnahmenrepertoire traf zunächst vor allem die (agitationsbereite) Lehrerschaft im „roten Wien". Unmittelbar nach den Bürgerkriegstagen des Jahres 1934 sah der „Bundeskommissär für Personalangelegenheiten"[309] akuten Handlungsbedarf, nämlich die öffentlichen Bediensteten abermals auf Verordnungsweg auf die Amtspflichten hinzuweisen, zu denen er auch „die Pflicht" zählte, „in und außer Dienst eine angemessene Haltung, so auch in politischer Beziehung, zu wahren". Die Bestimmungen schufen eine Art Überwachungsstaat, in dem der Kommissär zwar, so wörtlich, „einem Naderertum entschieden entgegentreten (werde)", dennoch aber die öffentlichen Organe zur Meldung von eventuell beobachteten „regierungsfeindlichen Umtrieben" nachdrücklich verpflichtete. In der Verfügung, die eine Woche nach den blutigen Februartagen bekannt gegeben wurde, hieß es:

LABl. f. d. Bgld. 84/1934
(Ausgegeben am 22. Feber 1934.)

Einhaltung der Dienstpflichten

[…] Die Beamten […] sind auch verpflichtet […] alles hintanzustellen, was den öffentlichen Interessen abträglich ist. Dazu gehört auch die Pflicht zu verhindern, daß in den Ämtern selbst oder außerhalb der Ämter staats- oder regierungsfeindliche Umtriebe vorkommen. Gelangen die öffentlichen Angestellten zur Kenntnis derartiger Umtriebe, so sind sie […] verpflichtet, hierüber ihren Vorgesetzten sofort Meldung zu erstatten. Ein Angestellter, der sich dieser Verpflichtung ent-

---

309) Ihm oblag „die Sicherung einer regierungstreuen Beamtenschaft" und er „(konnte) Dienstenthebungen auch unter Umgehung der Ressortminister und ohne Disziplinarverfahren vornehmen". Gehmacher, Jugend ohne Zukunft, S. 305.

zieht, macht sich einer Pflichtverletzung schuldig, die einer strengen Ahndung bedarf.[310]

Schon Monate vor der eben zitierten Verfügung wussten die Beamten, im zu untersuchenden Fall die Lehrer, wie „staats- und regierungsfeindliche Umtriebe" definiert waren:

LABl. f. d. Bgld. 99/1933
(Ausgegeben am 13. April 1933.)
Politische Betätigung der Bundes- und Landesangestellten.
[…]. Mit den Dienstpflichten der Bundesangestellten ist unvereinbar:
a) eine abfällige Kritik am Staat und an den verantwortlichen obersten Staatsorganen in Wort oder Schrift, während des Dienstes oder außerhalb desselben,
b) eine parteipolitische Betätigung sowie das Tragen von Abzeichen im Amt (Betrieb),
c) die Verbreitung von parteipolitischen Druckschriften jeder Art sowie die Einhebung von Beiträgen und Spenden für politische Zwecke im Amt (Betrieb).

2.3.4 „Erfolgreiche" Einsparungspolitik mittels regressiver Schulpolitik

Die nationalökonomischen Theorien von John Maynard Keynes, der u. a. zur Arbeitsbeschaffung bzw. gegen die Arbeitslosigkeit staatliche Defizit-Finanzierung als sogenannte konjunkturell-antizyklische Maßnahmen verlangte, wurden im Europa der wirtschaftlichen Depression von führenden Nationalökonomen als indiskutabel und – im Gegensatz zur klassischen „Arbeiten und Sparen"-Linie – als nicht zielführend abgetan. Die katastrophalen Inflationsjahre mit der Massenverarmung, die vor allem das ehemals wohlhabende Bürgertum am bittersten empfand, nisteten zu sehr in den Köpfen, um Keynes' Überlegungen in der Wirtschafts- bzw. Sozialpolitik umzusetzen, konträr zum Aufbruchsstil, wie ihn in Amerika Präsident Roosevelt mit seinem New Deal-Programm und in Deutschland Hitler (hier jedoch zur Bewerkstelligung der Wiederaufrüstung ohne Rücksicht auf die Staatsfinanzen) vorexerzierten. Dazu M. Scheuch: „Dass der Ständestaat nicht – wie die USA und Hitlerdeutschland – zu neuen Wegen in der Wirtschaftspolitik fand, lag nicht zuletzt an der von der katholischen Sozialleh-

---

310) Im letzten Satz des Erlasses werden die Vorgesetzten aufgefordert, die Verfügung ihren Kollegen und Kolleginnen „nachweislich in Kenntnis zu setzen".

re geprägten Ideologie der Technikfeindlichkeit und einem den Kapitalismus misstrauenden Antimodernismus."[311]

Initiativen gegen die Erwerbslosigkeit waren zwar vorhanden, blieben jedoch in ihren Ansätzen stecken. Der im August 1932 installierte „Freiwillige Österreichische Arbeitsdienst" vornehmlich für jugendliche Langzeitarbeitslose,[312] verbunden mit der Inangriffnahme von Großbauprojekten (Großglockner Hochalpenstraße, Kraftwerk Kaprun, Wiener Stadion und Höhenstraße auf den Kahlenberg, im Süd-Bgld. beispielsweise die Regulierung des Strembaches usw.), wirkte bestenfalls wie der berühmte Tropfen auf den heißen Stein. Im Oktober 1933 leisteten 20.000 Personen („Siedler") in 240 Arbeitsdienstlagern saisonale Dienste, die Kontingente reduzierten sich jedoch ab 1935 wesentlich, sodass 1937 bloß 4500 von diesem Wirtschaft- und Sozialprojekt profitierten.[313] Längerfristig belebte den Arbeitsmarkt die Aufstockung des Bundesheeres (ab April 1935). Der personale Mehrbedarf und die Aufrüstung nötigten zu Budgetumschichtungen zu Ungunsten anderer Ressorts, z. B. des Unterrichtsministeriums, doch dadurch von einem kräftigen Abbau des Arbeitslosenheeres zu sprechen, wäre entschieden zu viel behauptet.

Nach Schätzungen erreichte die Erwerbslosigkeit in Österreich Ende 1934/Anfang 1935 mit 770.000 Jobsuchenden „oder 38,5 Prozent der unselbständig Erwerbstätigen einen ihrer Höhepunkte. 60 Prozent davon waren bereits ohne reguläre Unterstützung."[314]

Budgetentlastung auf Kosten des Bildungssektors

Volkswirtschaftlich bzw. konjunkturpolitisch war das konservative Regierungslager darauf fixiert, rigoros regressive Sparmaßnahmen zu erlassen. Die anwachsende Existenzangst erzeugte unter den öffentlich Bediensteten und somit unter der österreichischen Lehrerschaft politische Einschüchte-

---

311) Scheuch, Manfred: Die Weltwirtschaftskrise, in: „Der Standard" vom 29.–31. Mai 2004.
312) Vgl. BGBl. 304/1932; ebenso BGBl. 311/1932.
313) Vgl. Bamberger, Österreich Lexikon, Bd. 1, S. 45; zu den Zielvorstellungen vgl. auch „Reichspost" vom 7. Juli und 3. November 1932, S. 11 bzw. S. 12; zum Bau der Wiener Höhenstraße vgl. „Österreichische Arbeiter-Zeitung" vom 29. September 1934, S. 4.
314) Sandgruber, Roman: Illustrierte Geschichte Österreichs. Epochen – Menschen – Leistungen. – Wien 2000, S. 249.

rung und breite, darunter vielfach opportunistische Ergebenheit. Mit den Instrumenten Verunsicherung, Unruhe, kontrolliertes Wohlverhalten hofften oder glaubten die Staatsmächtigen, politische Loyalität erkaufen zu können. Herbert Dachs zählte eine Kette von Einsparungsschritten der Bundesregierung auf dem Schulsektor auf:[315]

> Gehaltskürzungen, Pensionskürzungen, Ausdehnung der Lehrverpflichtung ohne gleichzeitige Anhebung des Gehalts, Auflösung von Klassen und damit verbunden eine Erhöhung der allgemeinen Schülerhöchstzahlen pro Klasse, Verbot von Doppelverdienertum pro Familie, Vorrückungsstopp, frühzeitige Pensionierung auf freiwilliger Basis, teilweise oder völlige Aufhebung der Pragmatisierung und schließlich der gefürchtete Zwangsabbau.

Den politischen Willkürakten und der daraus resultierenden *Lehrernot* widmete auch Karoline Jandl einen Abschnitt in ihrem Buch zur burgenländischen Schulgeschichte. Sie fasste zusammen:[316]

> Eine Verordnung vom 25.1.1934 regelte die Verwendung von karg bezahlten Probelehrern. Ein Landesgesetz vom 22.2.1934 sah den Abbau der verheirateten weiblichen Lehrkräfte vor [...].[317] Etwas später, im Landesgesetz vom 16.10.1934, wurde die Aufnahme verheirateter weiblicher Personen als Lehrkräfte an öffentlichen Unterrichtsanstalten des Burgenlandes als unzulässig und rechtswidrig erklärt [LGBl. f. d. Bgld. 40/1934, § 6, Anm. d. Verf.]. [...] Bundesweit kam es zum „Doppelverdienergesetz".[318] Einmalig im Burgenland war das Gehaltskürzungsgesetz für im Dienst verbliebene Lehrerinnen gemäß Landesgesetzblatt 44/1935, das im Rahmen der Einsparungen im Personalaufwand Kürzungen des Einkommens zwischen 2 und 15% vorsah[319] und sich auch auf pensionierte Lehrpersonen und Kindergärtnerinnen bezog.

Ergänzend sei angemerkt, dass es faktisch keine Standesvertretungen mehr gab. Die alten Gewerkschaften waren aufgelöst und die Bildung einer neuen Vertretung des Lehrerstandes blieb wie vieles in der diktatorisch-autoritären Regierungspraxis de facto eine Absichtserklärung für eine imaginäre Zukunft.

---

315) Dachs, in Tálos/Neugebauer 1985, S. 187.
316) Vgl. Jandl, S. 46.
317) Den konkreten Wortlaut siehe LGBl. f. d. Bgld. 40/1934 und 41/1934, ausgegeben und versendet am 27. März 1934.
318) Vgl. BGBl. 545/1933.
319) Vgl. Kapitel 3.3.6.3. („Die Junglehrerinnen ..."); ebenso „Südostdeutsche Forschungen". – München 1936, S. 222 f.

Die teilweise einem Anachronismus entsprungenen Angriffe auf die Schule erfüllten eine mit Besessenheit verfolgte Primärvorgabe: die Budgetentlastung. Schließlich bedeutete eine Vielzahl von höheren Schülern – im Verständnis der Zeit zählten Hauptschüler dazu – und ein adäquat hohes Lehrerkontingent eine Kostenfrage für die öffentliche Hand, ob beim Bund, in den Ländern oder Gemeinden. Bei der Präliminierung des Bundesbudgets 1936 „wurde (beim Kapitel ‚Unterricht') ein Gesamtabstrich von 1,038.000 Schilling durchgeführt", berichtete die *Wiener Zeitung*, das offizielle Wochenblatt der Bundesverwaltung. Im Einzelnen:[320]

> Bei den Hochschulen 116.000 Schilling durch Neuregelung der Anteile der Professoren an den Kollegien- und Unterrichtsgeldern sowie der Prüfungstaxen, ferner durch Nichtbesetzung und Abbau von Lehrkanzeln.
> Auf dem Gebiete des mittleren und niederen Schulwesens: Erhöhung der Lehrverpflichtung ab 1. September 1936, wobei jedoch die Entlassung von Hilfslehrern vermieden werden wird; Ersparungseffekt 160.000 Schilling.
> Herabsetzung der Zahl der den privaten mittleren Lehranstalten zugewiesenen Bundeslehrer – das sind die sogenannten lebenden Subventionen der Privatlehranstalten – ferner Abbau von Klassensubventionen ab 1. September 1936: 200.000 Schilling.
> Auflassung einiger mittlerer Lehranstalten ab 1. August 1936 mit einem Einsparungseffekt von 283.000 Schilling.
> Auflassung der Bundeserziehungsanstalt in Hernals ab 1. August 1936 sowie Auflassung von Klassen an anderen Bundeserziehungsanstalten ab 1. Februar 1936, beziehungsweise ab 1. August 1936 mit einem Ersparungseffekt von 279.400 Schilling.

Offiziell wurde immer wieder bedauert, die angespannten Budgetsituationen im Bund und in den Ländern würden gesetzliche Verbesserungen nicht zulassen, obwohl „die radikalen Sparmaßnahmen im Schulwesen langsam ihre gefährliche Kehrseite zu zeigen" begannen, wie ein „führender Pädagoge" in der *Reichspost* schon im März 1935 warnte. Vermessen forderte der Anonymus „eine starke Herabsetzung der Schülerzahlen in Klassen" der Pflichtschulen.[321] Der Schulexperte Josef Hochleitner erklärte 1936 die „Finanzlage des Landes" (Burgenland) und bat um Verständnis für die sich daraus ergebenden Abstriche auf dem Bildungssektor:[322]

---

320) „Wiener Zeitung" vom 5. Dezember 1935, S. 3. Sperrungen im Original.
321) „Reichspost" vom 13. März 1935, S. 2.
322) Hochleitner, Josef: Die burgenländische Schule im Zeichen des neuen Gesetzes, in: Bgld. Lbl. XV/1936, S. 153–157, hier S. 156.

Mehr als ein Drittel der gesamten Landesausgaben erfordert das Bildungswesen. Von 13,700.000 Schilling Gesamtausgaben erfordert das Bildungswesen allein fast 5 Millionen. Dabei steigen die Erfordernisse für das Fürsorgewesen, das Gesundheitswesen und das Bau- und Verkehrswesen ständig an. Arbeitsbeschaffung ist auch in unserem Lande dringend notwendig – der Ausgang der Arbeitsschlacht bedeutet Sein oder Nichtsein des neuen Österreich. Die erhöhten Ertragsanteile infolge der Wirtschaftsankurbelung nimmt der Bund zum Ausbau der Wehrmacht [sic!] in Anspruch.

Die Grundrichtungen der Finanzgebarungen des Burgenlandes dürfen als verkleinertes Spiegelbild der Finanzpolitik des Bundes und der übrigen Bundesländer betrachtet werden.

Pensionierung pragmatisierter Lehrer

Die wirtschafts- und von der Staatsführung als sozialpolitisch gepriesenen, gleichzeitig als politische Druckmittel unverdeckt eingesetzten Maßnahmen sollten vordergründig der Arbeitsplatzbeschaffung für einen Teil des großen Heeres an arbeitslosen Junglehrern dienen. „So gab es Ende des Schuljahres 32/33 in ganz Österreich 1430 stellenlose Junglehrer gegenüber 2050 Junglehrerinnen", schrieb der Salzburger Professor Dachs im Zusammenhang mit der Diskriminierung der weiblichen Lehrkräfte.[323] Allein nichts anderes als puren Hohn mussten die betroffenen Pädagogen die Mitleidsbekundungen mit den anschließenden Rechtfertigungsversuchen empfinden, wenn sie zwei Jahre später, 1935, im regierungsfreundlichen *Pädagogischen Führer* zu lesen bekamen:[324]

> Schon durch Jahre warten Scharen von Junglehrern und Junglehrerinnen auf eine Anstellung. Viele haben unsägliche Not gelitten, und ihr Idealismus wurde auf eine harte Probe gestellt. Das Jahr 1934 hat eine erfreuliche Verjüngung der Lehrkörper gebracht. Um dies möglich zu machen, mussten Pensionierungen vorgenommen werden. Diese betrafen Lehrpersonen mit voller Dienstzeit, besonders Leiter und Leiterinnen, außerdem verheiratete Lehrerinnen von 40 Jahren und darüber, wenn

---

323) Dachs, Herbert: Das Frauenbild in der Schule des „Austrofaschismus", in: Ardelt, Rudolf G.; Huber, Wolfgang J. A.; Staudinger, Anton (Hg.): Unterdrückung und Emanzipation. Festschrift für Erika Weinzierl. – Wien Salzburg 1985, S. 93, mit Hinweis auf „Deutschösterreichische Lehrerzeitung" (DÖLZ) 11/1933, S. 180.

324) Klieba: Aus dem Schulleben in Wien, in: „Pädagogischer Führer", Heft 1/1935, S. 73. Sperrung im Original.

sie kinderlos und mit einem Angestellten im öffentlichen Dienst (S 450. – Mindestbezug) verheiratet sind, und solche, die freiwillig sich pensionieren ließen. So wurde Raum geschaffen für die Anstellung von fast 500 Junglehrern und Junglehrerinnen, die verlässlich und berufsbegeistert, in den Lehrstand eine neue Jugend bringen werden.325

Kein Wort verlor der Schreiberling über die verhohlenen Motive der gesetzlichen Entlassungsaktionen, auf deren Etiketten mit großen Lettern „Budgetschonung" hätte stehen müssen. Die nicht schwer durchschaubare Finte des Politmanövers: Neu beschäftigte Junglehrer kosteten den Bundesfinanzjongleuren nur einen schändlichen Bruchteil von dem, was an Gehältern pragmatisierten Schulleuten auszuzahlen war.

1936 und 1937 wurden gemäß oberster Anordnung „180 wirkliche Bundeslehrer" in den Ruhestand versetzt.326 Und das alles *aus sozialen Gründen nicht durch Entlassung von jungen Hilfslehrern!* „Es gibt", informierte *Die Österreichische Schule* im selben Jahr, „gegenwärtig 4000 bis 5000 postenlose Lehramtsanwärter. Am ungünstigsten liegen die Verhältnisse in Wien und Niederösterreich."327 Dabei mag sich paradox anhören: Der latent hohe Lehrerüberschuss ermutigte zu noch drastischeren Beschneidungen. Ein uraltes wirtschafts- und gesellschafts- oder, wenn man so will, ein parteipolitisches Phänomen tritt hier vor die Kulissen, wie schon oben angedeutet wurde: Mangel (an Arbeitsplätzen) auf der einen, Überschuss (an Stellensuchenden) auf der

---

325) Vgl. auch Richard Schmitz in der „Wiener Zeitung" vom 25. Dezember 1934 S. 2 („Die Schule im neuen Wien"): Durch das Verbot des Doppelverdienertums und durch Pensionierungsmaßnahmen „konnten [in Wien, Anm. d. Verf.] zirka 400 brave junge Menschen endlich ihrem Berufe zugeführt werden".

326) Vgl. BGBl. 142/1937 („Bundesgesetz, betreffend Maßnahmen zur Verringerung der Zahl der wirklichen Bundeslehrer an […] mittleren und niederen Unterrichtsanstalten"); Ironie der geschichtlichen Entwicklung: Unter den nationalsozialistischen Herrschaft litt das Schulwesen besonders ab Kriegsbeginn unter akutem Lehrermangel. Mancher pensionierte Pauker – offizielle Bezeichnung: „Ruhestandslehrer", quasi im Status eines brachliegenden Personalgutes – wurde für den Schuldienst reaktiviert. Wie im Fall von Professor Josef Brader an der Lehrerbildungsanstalt in Oberschützen. Regierungsrat und „wirkl. Lehrer" Brader war 1936 nach 40? Jahren angerechneter Dienstzeit in den Ruhestand getreten. Vier Jahre danach: „Mit 1. Juni (1940) wurde der pensionierte Lehrer unserer Anstalt […] in Vertretung der eingerückten Kameraden zur Unterrichtserteilung mit 14 Wochenstunden herangezogen." Und zwar als „außerordentlicher Hilfslehrer". Jahresbericht der Staatslehrerbildungsanstalt Oberschützen 1939/40, S. 4, 6.

327) „Die Österreichische Schule", Heft 4/1937, S. 300.

anderen Seite schaffen Abhängigkeit bei den Betroffenen – folglich Bedeutungsgewinn bei den Entscheidungsgewaltigen, kurzum: Macht!

Überfüllte Schulklassen

Eine Verminderung der Klassenschülerzahlen hätte die Lehr- und Lernqualität verbessert, zum anderen eine niedrigere Teilungszahl mehr Klassen geschaffen und somit die in Wartestellung befindliche Junglehrermasse erfreulich vermindert. Doch wie kurz umzeichnet: Fehlanzeige! Schließt man nach der Aussage von Gabriele Strausz, einer in der Zweiten Republik sehr verdienten Schulperson im Burgenland, deren Oberstufen-Gymnasialzeit 1934/35 in Eisenstadt begann: *„In unserer 5. Klasse saßen 58 Schüler."*[328] Diese heute undenkbare Situation könnte vorschnell als Spitze des Eisberges, als Ausnahmebefund gedeutet werden. Sie war es nicht! Man stelle sich das Gedränge vor, das in den Volksschulklassen von Stegerbach herrschte. Die abgebildete Auflistung stammt vom September 1936.[329]

Die Überbelastung der hier wirkenden Lehrer, die die hohen Schülerzahlen erahnen lassen, wurde an dieser Schule durch den Umstand erhöht, dass der Direktor auch das Amt des Kreisinspektors ausübte. Da er beispielsweise 1934/35 die mehr als fünf Dutzend Schüler zählende 2. Klasse führte, bedurfte es an – unentgeltlichen! – Vertretungen während seiner Abwesenheit:[330]

---

328) Interview vom Februar 2003, St. Michael i. Bgld.
329) Protokolle der Volksschule Stegerbach vom 17. Sept. 1926 bis 5. Juli 1939, hier Protokoll vom 14. September 1936.
330) Ebenda, *Protokoll* vom 4. Mai 1935.

> Da Kreisinspektor Alex. Luif seine alljährlichen Inspektionsreisen beginnt, ist es notwendig, daß in der von ihm unterrichten 2. Klasse nun der Unterricht durch Vertretung der anderen Lehrkräfte erteilt werde. Die Vertretung wird so durchgeführt, daß täglich eine andere Lehrkraft die 2. Klasse unterrichtet und zwar nachmittags.

Den von den Sozialdemokraten geprägten Bergriff „Schulschande" könnte man auch verwenden, wenn man sich vor Augen hält: Die Klassenteilungsgrenze lag in den Volksschulen bei 80 [sic!]. Warum die 83 Schüler der „VI. – VIII. Klasse" in Stegerbach nicht geteilt wurden – dafür gab es noch eine Hürde zu überwinden. Im burgenländischen LGBl. 40/1937 (Burgenländisches Landesschulgesetz), § 14 (1) erfährt man die Erklärung:[331]

> Die Zahl der festen Klassen und festen Lehrstellen richtet sich nach der durchschnittlichen Schülerzahl in den letzten 3 Schuljahren [sic!]. Erreicht diese 80, so ist eine zweite feste Lehrstelle, erreicht diese 160, ist eine dritte feste Lehrstelle und nach diesem Verhältnisse sind weitere feste Lehrstellen zu errichten.

Und damit die Arithmetik auch am unteren Limit zum Recht kam, fügte Abs. 3 hinzu:

> Sinkt die jährliche Schülerzahl während drei aufeinanderfolgender Schuljahre auf 45 oder darunter, so ist [...] die entbehrlich gewordene Klasse mit Beginn des nächsten Schuljahres aufzulassen.

Man sieht: Deutlicher konnten sich die fatale Schulmisere und Bildungsfeindlichkeit nicht entblößen, selbst wenn man zugibt, dass derartige Monsterklassen nicht die durchgehende Regel bildeten. In der Alltagsrealität von 34/35 setzte sich die durchschnittliche Klassenstärke in den burgenländischen Volksschulen aus 59,5 Schülern zusammen. Damit reihte sich dieses Bundesland statistisch an die letzte Stelle: Im ganzen Bundesgebiet lag die Durchschnittszahl bei 46,9 Schülern, wobei die Lehrer in Wien sich mit 32,4 Kindern pro Klasse geradezu im pädagogischen Eldorado wähnen durften.[332]

---

331) Hervorhebung durch die Autorin.
332) Vgl. Bgld. Lbl. Nr. 1–3/1935, S. 45 f.: Die Schüler-Durchschnittszahlen pro Volksschulklasse in den übrigen Bundesländern: Vorarlberg 41,5; Tirol und Salzburg 46,7; Niederösterreich 47,8; Steiermark 49,1; Kärnten 53,3; Oberösterreich 54,3; das Blatt nannte als Datenquelle „Die ‚Statistischen Nachrichten' des Bundesamtes für Statistik." – Interessanterweise verringerte sich nach Walter Feymann der Mittelwert 1937/38 an den burgenländischen Volksschulen auf 51,5 pro Klasse. Lei-

Im Nachhinein wie eine üble Satire klingen angesichts der dargestellten Zahlen Absichten, auch bei Lehrerbildungsanstalten den Sparstift einzusetzen, teils durch vereinzelte Klassenschließungen, teils auch durch komplette Auflösung eines Standortes (vgl. unten das Kapitel über die Gefährdung der LBA Oberschützen). In der Sitzung des Bundestages am 14. Juni 1935 brachte „Berichterstatter Nowotny" zu einer Gesetzesänderung über „die Grundsätze des Unterrichtswesens bezüglich der Volksschulen" zur Kenntnis:[333]

> Infolge des geringen Bedarfes an Lehrpersonen für Volksschulen [sic!] war die Unterrichtsverwaltung schon vor längerer Zeit bemüht, die Zahl der Lehramtsanwärter durch die Schließung einzelner Klassen der Lehrerbildungsanstalten herabzusetzen.

Doch wie sollte bei einem zahlenmäßig minimierten Lehrerbestand, so stellte entrüstet ein Pädagoge in einer anderen *Reichspost*-Ausgabe zur Diskussion, „eine Erziehungsarbeit [...] zu jener sittlich-religiösen und vaterländischen Haltung führen"? Wie vertrage sich die Realpolitik Schuschniggs mit seinen eigenen Aussagen?: Die Schule sei das Erste im Staat, dann komme „als zweites die Wehrmacht". Das fordernde Credo des namentlich nicht genannten Kolumnisten: „Die Lehrer- und Lehrerinnenbildungsanstalten sollen vom Staat nicht geringer eingeschätzt werden als die Offiziersschulen."[334]

Im Schuljahr 1934/35 wiesen im Bundesschnitt die Hauptschulen mit 37,1 Besuchern je Klasseneinheit eine wesentlich günstigere Situation aus

---

der gibt Feymann nicht die von ihm verwendete Statistik-Quelle an; vgl. Feymann, Schulkampf, S. 102, Tabelle: Schulstatistik; laut „Statistik Austria" wurden 1937/38 in 910 burgenländischen Volksschulklassen 46.272 Schüler unterrichtet; daraus ergibt sich ein Durchschnittswert von 50,84 Schülern pro Klasse. Zum Vergleich: Die durchschnittliche Klassengröße in Österreichs Schulen beträgt im Schuljahr 2008/09 an den Volksschulen 18,7 Schüler, an den Hauptschulen 20,4 und an den AHS 25,9; Quelle: BMUKK, hier entnommen der Tageszeitung *Kurier* vom 3. September 2008, S. 12. Die Senkung der Klassenschülerhöchstzahl 30 auf 25 Schüler in den Volks- und Hauptschulen wurde ab dem Schuljahr 2007/08 in Angriff benommen. In den AHS-Unterstufen (bisher Höchstzahl 36) wird zwar der „Richtwert" 25 Schüler angepeilt, dieser darf allerdings um 20% (5 Schüler) überschritten werden. In den AHS-Oberstufen und berufsbildenden mittleren und höheren Schulen (BMHS) dürfen weiterhin bis zu 36 Schüler eine Klasse frequentieren.

333) „Reichspost" vom 14. Juni 1935, S. 2.
334) „Reichspost" („Österreichische Schulpolitik") vom 13. März 1935, S. 1 f.

als der Volksschulsektor. 1937/38 betrug die durchschnittliche Schülerfrequenz pro Hauptschulklasse im Burgenland gar nur 31,4 (15 Hauptschulen mit 2.262 Schülern in 72 Klassen[335]). Diesem Schultyp seien zum Vergleich die Unterstufenklassen des Bundesrealgymnasiums in Eisenstadt gegenübergestellt: Dort ergab sich „zu Beginn des Schuljahres (1935/36)" ein Klassenmittelwert von 41,6.[336]

Lehrpflichterhöhungen an allen höheren Schulen

Der niederösterreichische Schulhistoriker H. Engelbrecht verweist im Zusammenhang mit den Einsparungsmaßnahmen auf die 1936 „trotz erbitterten Widerstandes der Lehrer" von der Bundesregierung getroffene Erhöhung der Lehrverpflichtung für Mittelschullehrer um bis zu zwei Wochenstunden.[337] Nachstehender Datenvergleich zwischen den Verordnungen vom Dezember 1934 (BGBl. 416/1934) und der Novellierung von 1936 gewährt einen Einblick:[338]

> Das Ausmaß der Lehrverpflichtung beträgt an den Mittelschulen aller Art für a) den Direktor fünf bis acht Stunden (ab 1. Sept. 1936: sieben bis zehn Stunden), b) die Lehrer der Sprachfächer siebzehn Stunden (1936: neunzehn Stunden), c) die Lehrer der übrigen wissenschaftlichen Fächer […] zwanzig Stunden" (1936: einundzwanzig Stunden), d) die Lehrer sonstiger Fächer [z. B. Musik-, Handarbeits- und Turnlehrer, Anm. d. Verf.] vierundzwanzig Stunden (1936: fünfundzwanzig Stunden).

Unverändert blieb die Bestimmung, den „Unterricht in den unverbindlichen Lehrgegenständen […] sowie die Tätigkeit als administrative Hilfskraft des Direktors in die Lehrverpflichtung" einzurechnen, doch eine

---

335) Nach „Statistik Austria", in: Statistisches Jahrbuch Burgenland 2004, S. 96; insgesamt gab es in Österreich im Jahr 1937 641 Hauptschulen, die von 150.244 Schülern besucht wurden. Das entsprach 17,5 Prozent aller Schulpflichtigen; gerade einmal 4,4 Prozent gingen in Unterstufen höherer Schulen (Gymnasien usw.); vgl. Engelbrecht, in Heinemann 1980, S. 114.
336) Vgl.: Jahresbericht des Bundesrealgymnasiums in Eisenstadt 1935/36, S. 21 (Statistiktabelle).
337) Engelbrecht, in Heinemann 1980, S. 116;
338) Siehe VOBl. 35/1936. Wien, am 15. Mai 1936 (zu BGBl. 147/1936); vor allem: VOBl. 47/1936. Wien, am 1. August 1936: Novelle zur Lehrpflicht-Verordnung, Durchführung. (Erl. V. 29. Mai, 1936, Z. 17,796.)

„Einrechnung sonstiger Dienstleistungen" etwa eines Klassenvorstandes oder eines Kustos von Lehrmittelsammlungen oder Büchereien „in die Lehrverpflichtung findet nicht statt".[339]

Keine Erhöhung der Lehrverpflichtung mussten die Volks- und Hauptschullehrer hinnehmen. Sie betrug „an den Hauptschulen 27, für Lehrkräfte an Volksschulen 30 wöchentliche Unterrichtsstunden".[340]

Exkurs – Evangelische LBA Oberschützen gefährdet

Wie in den vorhergehenden Kapiteln skizziert, waren schon von langer Hand auf Regierungsebene Überlegungen zur erwähnten *Drosselung* der Zahl der Lehrerschaft in Kombination mit Schulschließungen und Klassenreduzierungen angestellt worden. Zur Reihe der Liquidierungsobjekte der obersten Schulverwaltungsstellen zählte die Lehrerbildungsanstalt in Oberschützen. Die Veränderungs- bzw. Auflassungsgedanken müssen zu einem nicht ungewichtigen Teil ideologisch begründeten Reflexionen zugeordnet werden: Der Ständestaat Dollfuß' versuchte sich christlich zu manifestieren, genauer gesagt, weil in diesem Kontext bedeutend: christlich-*katholisch*. Da konnten ein *evangelisches* Gymnasium und eine *evangelische,* als solche in Österreich einzigartige Lehrerbildungsanstalt das Gesamtschulbild des Staates nur trüben. Obendrein bewunderten Zellen deutschtümelnder Professoren, Gymnasiasten und Lehrer-Studenten allzu sehr Hitlers Deutschland. Die Denkposition einiger ideologisch motivierter Polithitzköpfe im Exekutivstab des mit katholischer Dominanz präparierten Ständestaates barg die reale Gefahr einer Schließung beider Anstalten, was die evangelische Kirche als ungeheuren Affront empfand. Die Schließungsandrohung lähmte nicht die Protestanten, viel mehr intensivierte sie die Sehnsucht nach Luthers Deutschland.

Eine handvoll national-fanatischer Schüler lieferte in teilweiser Kooperation mit einigen Professoren Zündstoff zur Selbstzerstörung. Noch Ende des Schuljahres 1932/33 hatte Aurel Stettner im Jahresbericht behaglich festhalten können: „Das Betragen der Schüler war im allgemeinen entsprechend."[341] Dieser Anmerkung sehr ähnlich lautende Stehsätze finden sich auch am Ende der Schuljahre 1935 und 1936. Hingegen tanzte die Eintra-

---

339) BGBl. 416/1934.
340) LGBl. 40/1937 („Burgenländisches Landesschulgesetz"), § 121 (1).
341) Stettner, Jahresbericht LBA Oberschützen 1932/33, S. 4.

gung über das Gesamtverhalten während 1933/34 aus der Reihe. Stettner zum „Betragen der Schüler" im Sommer 1934 – es war das Jahr der Februarkämpfe und verstärkter nationalsozialistischer Untergrundtätigkeiten mit dem Höhepunkt 25. Juli:[342]

> [...] war minder befriedigend, namentlich waren es Verfehlungen in politischer Richtung, die geahndet werden mussten. Immer wieder mussten Schüler ernstlich ermahnt werden, es mußte mit Rügen durch den Direktor und durch die Konferenz, in einigen Fällen mit dem Anraten des Austrittes, ja selbst mit dem Ausschluß vorgegangen werden.

Wie zu erwarten, blieb das politische Querulantentum im evangelischen Schulort den obersten Sicherheitsbehörden nicht verborgen (worauf noch anhand von Dokumenten analytisch einzugehen sein wird). Datiert mit 30. Januar 1934 flatterte ein Schreiben in die Oberwarter Bezirkshauptmannschaft mit der Mitteilung auf Weisung des Sicherheitsdirektors, daß mit der Sperrung der Anstalt vorgegangen werden sollte, wenn sich an der Anstalt, bzw. im Internate Unzukömmlichkeiten in staatspolitischer Beziehung ereignen sollten.[343]

Drei Zöglinge waren es, die im Laufe des Schuljahres denn tatsächlich den Bogen überspannten und sie daher Stettner vor dem Hinauswurf aus der LBA nicht bewahren konnte: Karl Ciml und Franz Schalda, beide vom III. Jahrgang, wurden „lokal ausgeschlossen", während Kurt Schabert knapp vor Abschluss der vierten Klasse vom Bundesministerium für Unterricht [...] im Einvernehmen mit den Bundesministerien für Handel und Verkehr und für Land- und Forstwirtschaft vom öffentlichen und privaten Studium an sämtlichen über den Bereich der Pflichtschulen hinausgehenden Bundeslehranstalten und an den gleichartigen, mit dem Öffentlichkeitsrechte ausgestatteten privaten Lehranstalten Österreichs ausgeschlossen (wurde).[344]

---

342) Ders., Jahresbericht LBA Oberschützen 1933/34, S. 5.
343) Ebenda, S. 9.
344) Bundesministerieller Erlass vom 21. April 1934, Z. 11643–II/9 und entsprechendem Erlass der „Bgld. Ldreg. IV A–695/4 vom 26. Juni 1934" (Ciml und Schabert), nach: LABl. f. d. Bgld. 307/1934, ausgegeben am 19. Juli 1934: Allgemeine Ausschließung von Schülern; vgl. ebenso: Stettner, Jahresbericht LBA Oberschützen 1933/34, S. 9 und 16; vgl. dazu auch in der vorliegenden Studie die Kapitel 2.3.7.4. („Maßregelungen gegen Schüler und Schülerinnen ‚mit politischen Vergehen'"), 3.6.2. („Exkurs – Die Hitlerjugend im Burgenland bis 1938") und 3.6.3. („Exkurs – Nochmals Oberschützen").

Andernorts betrachtete man mit Wohlwollen indessen die Eröffnung der römisch-katholischen Lehrerbildungsanstalt Oberberg-Eisenstadt (s. oben). 1932/33 startete sie mit einer 39-köpfigen, also zahlenmäßig recht stattlichen Vorbereitungsklasse.[345] Die Übersiedlung in das neu errichtete [sic!] Anstalts- und Internatsgebäude in Mattersburg im September 1934 erschien als eine durchaus vertretbare Angelegenheit – nicht etwa der Sicherung des Lehrernachwuchses wegen; in diesem Fall handelte es sich doch um ein gottgefälliges Werk. Im nächsten Schuljahr (1936) kletterte die Gesamtzahl der Lehramtsaspiranten auf 85,[346] 1936/37 betrug sie 80.[347] Diese an sich glückliche Entwicklung der Mattersburger LBA erfolgte freilich auch auf Kosten der Oberschützer „Konkurrenz". Dort reduzierte sich die Besucherzahl 104 (davon 62 katholisch) von 1933/34 auf 77 (40 katholisch) im Schuljahr 1934/35. Allerdings muss der eklatante Rückgang in der Hauptsache auf das Verbot der Führung einer Vorbereitungsklasse zurückgeführt werden (nur I., III. und IV. Jahrgang; s. im Folgenden). In den nächsten zwei Jahren (1935/36 und 1936/37) schrumpften die Lehrerstudenten Oberschützens auf 65 (27 katholisch)[348] bzw. 63 (22 katholisch).[349] An der katholischen Lehrerinnenbildungsanstalt Steinberg im Mittelburgenland – sie war am 15. September 1924 eröffnet worden – studierten in den zuletzt

---

345) Zimmermann, Edmund; Glavanits, Franz; Sattler, Anton: Das Schulwesen im Burgenland 1921–1971. – Eisenstadt 1971, S. 50.

346) LABl. f. d. Bgld. 116/1936, ausgegeben am 19. März 1936 („Schulstatistik des Burgenlandes für das Schuljahr 1935/36").

347) LABl. f. d. Bgld. 409/1937, ausgegeben am 23. September 1937 („Schulstatistik für das Schuljahr 1936/37"); Aufnahmekandidaten – sie mussten Burgenländer sein – hatten neben Tauf-, Heimat- und Impfschein, dem Schul- und amtsärztlichen Zeugnis „über die körperliche Eignung zum Lehrberuf" auch „ein Empfehlungsschreiben des katholischen Ortspfarrers" vorzulegen. Außerdem hatte die Apostolische Administration des Burgenlandes verfügt, dass ausschließlich Schüler, die sich für das Internatsleben entschieden haben, aufnahmeberechtigt seien; vgl.: LABl. f. d. Bgld. Nichtamtlicher Teil, ausgegeben am 16. Mai 1935; vgl. ebenso: LABl. f. d. Bgld. Nichtamtlicher Teil, ausgegeben am 22. April 1937, wo es zum „Internatszwang" laut „den Bestimmungen der Apostolischen Administration des Burgenlandes" wörtlich hieß: „[…] es werden nur solche Schüler aufgenommen, die im Internat (Schülerheim) untergebracht werden". Unzweifelhaft für viele Eltern eine finanziell untragbare Bedingung, andererseits durchaus im gesellschaftspolitischen Kalkül der Ständestaat-Theoretiker liegend.

348) Stettner, Jahresbericht LBA Oberschützen 1935/36, S. 18.

349) Staber, Jahresbericht LBA Oberschützen 1936/37, S. 20; Zahlen, auch die der vorhergehenden Anmerkung, jeweils am Ende des Schuljahres.

genannten Jahren 86 bzw. 71 Kandidatinnen. Man beachte auch hier den massiven Rückgang (knapp 18%), den die Bundesregierung als Erfolg auf ihre Fahnen heften mochte, unbeschadet dessen, dass in Burgenlands Volksschulen im Schuljahr 1936/37 im Durchschnitt 53 Schüler und Schülerinnen mit einer Lehrkraft auskommen mussten. Zur Erinnerung: Geteilt wurde eine Volksschulklasse erst mit mehr als 80 Besuchern während drei hintereinander folgender Jahre.

Dabei waren die Hoffnungen der Schulleitung in Oberschützen im Frühsommer 1933 nicht aus der Luft gegriffen, nämlich durch zusätzliche Installierung einer Vorbereitungsklasse das Anstaltsvolumen und „damit die Lehrerbildung auch an unserer Anstalt auf fünf Jahre"[350] auszudehnen. Eine verfrühte Freude, wie sich herausstellte! Mit dem Schreiben der „Bgld. Lreg. IV A – 1182/69 vom 8. Juni 1933" wurde die Anstaltsleitung angewiesen, „die Fächerverteilung für die Vorbereitungs-, die II., III. und IV. Klasse zu erstellen".[351] Somit fehlte 1933/34 der I. Jahrgang. (Demzufolge musste Stettners Nachfolger, Direktor Friedrich Staber, in den Endbericht 1937 bedauernd eintragen: „Weil an der Anstalt im abgelaufenen Schuljahr kein 4. Jahrgang geführt worden ist, fand keine Reifeprüfung statt"[352]). Schon einen Tag vor der erwähnten Direktive vom 8. Juni hatte der (staatliche) Oberkirchenrat über einen zusätzlichen Amputationsschritt informiert: die Vorbereitungsklasse sei „jedoch nur mit 20 Schülern" zu eröffnen. Das wiederum hatte gegenüber den vorangegangenen Jahren eine Reduzierung der Neuaufnahmen um teilweise mehr als ein Drittel zur Folge! Andere Einsparmaßnahmen waren von der Landesregierung schon am 3. Januar und am 30. März 1933 angekündigt worden: „[…] die Höchstzahl der Zöglinge pro Jahrgang darf nicht mehr als 30 betragen", obendrein seien „Neuaufnahmen in den II., III. und IV. Jahrgang nicht zulässig".[353]

Lesen wir zu dem Direktor Aurel Stettners „Bekanntmachung über das Schuljahr 1934/35", datiert mit 15. Juli 1934:[354]

> Einem Beschluß des Ministerrates zufolge sollen an sämtlichen Lehrer- und Lehrerinnenbildungsanstalten aus Ersparnisgründen sowohl, als auch zwecks Drosselung des Lehrernachwuchses die Vorbereitungsklassen vorübergehend aufgelassen werden. Um diese Maßnahme allen Beteiligten tragbarer zu machen, hat das Bundes-

---

350) Stettner, Jahresbericht LBA Oberschützen 1932/33, S. 7.
351) Ebenda, S. 10;
352) Staber, Jahresbericht LBA Oberschützen 1936/37, S. 24.
353) Stettner, Jahresbericht LBA Oberschützen 1932/33, S. 9.
354) Ders., Jahresbericht LBA Oberschützen 1933/34, S. 29

ministerium für Unterricht die Auflassung auf die nächsten zwei Schuljahre verteilt und bezüglich des Burgenlandes mit Erlaß vom 18. Mai 1934 [...] für das Schuljahr 1934/35 die Schließung der Vorbereitungsklasse an der ev. Lehrerbildungsanstalt in Oberschützen verfügt, für das Schuljahr 1935/36 aber die Schließung der Vorbereitungsklassen an der röm.-kath. Lehrerbildungsanstalt in Oberberg-Eisenstadt [= Mattersburg, Anm. d. Verf.] und an der Privat-Lehrerinnenbildungsanstalt in Steinberg.
Es finden daher für das nächste Schuljahr keine Aufnahmen statt. Auch in höhere Jahrgänge wird niemand aufgenommen.

Sicherlich schmerzte Direktor Stettner die Schrumpfung seiner Schule auf nunmehr drei Jahrgänge (I., III. und IV. Jahrgang 1934/35). Der Umstand aber, der ihn besonders wurmte, war die widerfahrene Ungleichbehandlung, wenn er mit den beiden anderen – katholischen! – Lehrer(innen)bildungsanstalten des Landes verglich. Im Sommer 1935 brachte Stettner seinen Ingrimm in der „Chronik der Anstalt" zum Ausdruck:[355]

Weniger Freude bereitete es uns, daß die Anstalt durch den Ministerialerlaß über die vorübergehende Sperrung der Vorbereitungsklassen, der für das Schuljahr 1934/35 den Ausfall der Vorbereitungsklassen in Oberschützen, für das Schuljahr 1935/36 aber den Ausfall der Vorbereitungsklassen in Mattersburg und Steinberg verfügt hatte, auf drei Jahrgänge [sic!] herabgesetzt wurde, noch dazu, weil mit der Neueröffnung der Vorbereitungsklasse im Herbst 1933 der erste Jahrgang ausgefallen war, für drei Schuljahre. Ein Gesuch um Änderung der Reihenfolge wurde abgewiesen. Wenn man dann sieht, daß der Erlaß, der bei der einen Anstalt [LBA Oberschützen, Anm. d. Verf.] im Vorjahr zur Durchführung gekommen ist, heuer bei den anderen zwei Anstalten – beide haben für 1935/36 wieder Schüler aufgenommen – einfach nicht durchgeführt wird, kann man wohl kaum umhin, sich darüber Gedanken zu machen.
Hin geht die Zeit.

Wer da meinte, der Einfallsreichtum der Bundesregierung in Belangen Sparpotential habe sich erschöpft, irrte gewaltig. Die dargestellten Aushungerungsmanöver gegen die evangelische Lehrbildungsanstalt hatten zweifellos zum Ziel, deren Tore ganz zu schließen. Oder – bei allzu viel Protestgeschrei – sie wenigstens im Rahmen einer Rationalisierung einer anderen Leitungs- und Verwaltungsstruktur zu unterziehen. Offiziell fiel im Erlass über „die Pensionierung des Direktors Stettner" (1936) auch „die Bemerkung, ob sich nicht zum Zwecke der Einsparung von Subventionsmitteln bis

---

355) Ders., Jahresbericht LBA Oberschützen 1934/35, S. 3 f.

auf weiteres die Vereinigung der Anstalt und des evangelischen Realgymnasiums unter *einer* Leitung durchführen ließe." Dagegen protestierte nach Ing. Friedrich Staber, dem neuen, aber eben wegen des Schließungsvorhabens nur provisorisch bestellten Leiter, die „Schulverwaltungskommission", weil „eine kombinierte Anstalt" ihrer Auffassung nach „den besonderen Aufgaben der Lehrerbildung [...] nimmer gerecht werden könne." Auch führte die Kommission ins Treffen, Oberschützen sei „die einzige evangelische Lehrerbildungsanstalt im ganzen Bundesgebiet". Für die Erhaltung spreche auch, dass zufolge der „Schülerstatistik des Schuljahres 1936/37 63% der Schüler evangelischer Konfession waren" und „daß rund ein Drittel der Schüler aus anderen Bundesländern stammte. [...] Zu Weihnachten", so Staber erleichtert in seinem am 11. Juli 1937 abgeschlossenen Jahresbericht, „ging uns endlich die schwer erwartete Entscheidung zu, wonach die Selbständigkeit der Anstalt unangetastet bleiben solle." Seine definitive Bestellung zum Direktor erfolgte im März 1937.[356]

Die Vorfreude der LBA-Professoren in Oberschützen über die künftige sechsjährige anstatt der bisher (offiziell) fünf Jahre dauernden Ausbildung (1937 Umwandlung der Lehrerbildungsanstalt in eine Lehrer*akademie*), für die eine höhere Klassenzahl und somit ein erweiterter Lehrerstand zu erwarten waren, wurde vom obersten Sparefroh, der Regierung, umgehend gedämpft. Im Mai 1937 erfuhr man offiziell das inzwischen längst bekannte Argument, dass „eine Beschränkung [...] im Hinblick auf die gegenwärtig große Zahl von stellenlosen Junglehrern" notwendig sei. Das bedeutete, dass die Anstalt „in den nächsten sechs Jahren nur je vier Jahrgangseinheiten zu führen" habe. „Eine Aufstellung ergibt in dieser Zeit einen zweimaligen Ausfall von Aufnahmen in der Anstalt."[357]

Es darf nicht verwundern: Die von der Bundesregierung ins Auge gefassten Amputationsvorhaben und tatsächlich durchgeführten Reduzierungsakte wirkten wie Keulenschläge auf die politische Stimmung der überwiegend evangelischen Bevölkerung Oberschützens (rund zwei Drittel evangelisch![358]). Trotz des letztlich verworfenen Ansinnens einer totalen Demontage leistete Schuschnigg ungewollt Zutreiberdienste jenem agitatorischen

---

356) Staber, Jahresbericht LBA Oberschützen 1936/37, S. 4.
357) Ders., Jahresbericht LBA Oberschützen 1936/37, S. 5, 12.
358) Volkszählungsergebnis von Oberschützen, 1934: 890 ev. AB und HB, 285 röm.-kath.; Daten aus: Die Bevölkerungsentwicklung im Burgenland zwischen 1923 u. 1971, Tabellenteil, hg. vom Amt der Bgld. Landesregierung, Abt. IV.- Eisenstadt, o. J., S. 137.

Untergrund, der hier in Oberschützen die Gendarmeriekommandos beschäftigte.

Selektion durch verschärfte „Aufnahmsprüfungen"

Bewusst installierte Bildungsschranken, insbesondere die verschärften Aufnahmsprüfungen und gesteigerten Lernanforderungen, die eingebremsten Übertrittsmöglichkeiten, bis zum Doppelten erhöhte Schulbeiträge der Eltern – sie verringerten effizient die Schülerzahlen in den Mittelschulen, und das merklich ab 1933/34.

Sehen wir uns die von jetzt an strenger justierten Sperrriegel genauer an: „Hauptschüler haben", so laut Jahresbericht des Eisenstädter Gymnasiums von 1934/35, „[...] bei Eintritt in die erste Klasse [...] die übliche Aufnahmsprüfung aus Deutsch und Rechnen abzulegen". Zur „Aufnahme in die 2. bis 8. Klasse" erfuhr man: „Hauptschüler müssen [...] auch bei Eintritt in die stufengleiche Mittelschulklasse unbedingt eine Aufnahmsprüfung ablegen, und zwar bei Eintritt in die 2. bis 4. Klasse aus allen Gegenständen."[359] Die letztgenannte Regelung wurde ein Jahr danach leicht entschärft. Nun hieß es:[360]

> Schüler der Hauptschulen, deren Zeugnis einen mindestens guten Gesamterfolg aufweist, können in die nächsthöhere Klasse des Bundesgymnasiums auf Grund einer Aufnahmsprüfung aufgenommen werden, die sich nur auf diejenigen verbindlichen Lehrgegenstände beschränkt, die das Schulzeugnis nicht aufweist [z.B. Latein, Anm. d. Verf.] oder bei denen die lehrplanmäßigen Anforderungen der Mittelschule höher sind.

Die „Verschärfung der Aufnahmsprüfung" laut Ministerialerlass vom 19. April 1934[361] kommentierte ein zeitgenössischer Schultheoretiker anfangs 1935:[362]

---

359) Jahresbericht des Bundesrealgymnasiums in Eisenstadt. Veröffentlicht am Schlusse des Schuljahres 1934/35. – Eisenstadt 1935, S. 49. Sperrungen im Original.
360) Jahresbericht des Bundesrealgymnasiums in Eisenstadt. Veröffentlicht am Schlusse des Schuljahres 1935/36. – Eisenstadt 1936, S. 41. Sperrung im Original.
361) Veröffentlicht im VOBl. 31/1934 („Aufnahme in die erste Klasse der Mittelschulen im Schuljahr 1934/35, Aufnahmsprüfung").
362) Brommer, A.: Zeitgemäße Mittelschulfragen, in: „Pädagogischer Führer", Heft 1/1935, S. 52.

Die Aufnahmsprüfung ist also dadurch gegenüber dem früheren Modus, der das Hauptgewicht auf die Begabung allein legte, jetzt zu einer Begabungs- und Wissensprüfung geworden. Auch der Umstand, daß die Aufnahmsprüfung bei schlechtem Erfolg nicht, wie es bisher gestattet war, im Herbst wiederholt werden kann, weist in dieselbe Richtung. Die neue Aufnahmsprüfung scheint […] im heurigen Schuljahre [1934/35, Anm. d. Verf.] diese erste Auslese der Schüler nicht schlecht durchgeführt zu haben [sic!].

Das Selektionsmittel „Aufnahmsprüfung" hatte also Wirkung gezeigt. Die Verantwortlichen konnten sich abermals ob ihres Ideenreichtums auf die eigene Schulter klopfen.

Einem verschärften Knock-out-Mechanismus hatten sich überdurchschnittlich begabte Mädchen zu unterziehen. Auch davon mehr im Kapitel über die ständestaatliche Frauenbildkonzeption und folgerechten Praxen für eine „gedeihliche" Bekämpfung der „Studentenschwemme".

… und durch empfindliche Erhöhung des Schulgeldes

Einen versteckten Ansatz von Numerus clausus der anderen – eben ständestaatlichen – Art orteten die Bildungspolitiker bei den privaten Schulkosten. Vor Ende des ersten Halbjahres 1932/33 betrug das Schulgeld in den Mittelschulen 24.– Schilling pro Halbjahr. Darüber hinaus waren von den Eltern oder Erziehungsberechtigten beispielsweise an der LBA Oberschützen als „Beitrag für Lehrmittel und körperliche Erziehung je S 4.80" zu berappen, ferner „die jährliche Inskriptionsgebühr S 2.40, zusammen S 36.–". In der Verordnung vom 19. Januar 1933[363] erhöhte das Bundesministerium die Halbjahresgebühr auf empfindliche 40 Schilling; die Bestimmung trat mit Beginn des 2. Semesters 1933 in Kraft.[364] Für „Schulerfordernisse" kassierte man von den LBA-Studenten in Oberschützen 16.–, „zusammen S 56.–".[365] Die Erhöhung allein des Schulgeldes betrug demnach zwei

---

363) Siehe Sorgo, S. 102.
364) Vgl. die Entscheidungen des Bundesministeriums vom 7. September 1934, veröffentlicht im BGBl. II 233/1934 und im VOBl. 60–64/1934, Wien, am 1. Oktober 1934.
365) Stettner, Jahresbericht LBA Oberschützen 1932/33, S. 17; eine begünstigte Sonderregelung kam den LBA-Studenten zugute, sofern sie evangelisch waren und aus Oberschützen kamen; sie zahlten zunächst bloß 9 Schilling je Halbjahr, nach der Erhöhung 15 Schilling; 15 Schilling bezahlen Studenten aus evangelischen Filialgemeinden Oberschützens noch im 1. Semester 1932/33, ab dem 2. Halbjahr 25 Schilling; ebenda.

Drittel [sic!] des bisher üblichen Betrages, die Gesamttaxen vermehrten sich um mehr als das Eineinhalbfache! Freilich begünstigten Schulgelderleichterungen – abgestuft nach jeweiliger Bedürftigkeit – Schüler aus ärmeren Familien, von nun an penibler geprüft nach strengeren Kontrollvorgaben.[366]

Wer da meinte, materielle Knappheit in einer Familie mit Mittelschüler(n) allein genügte für ein derartiges Privileg, befand sich auf dem Holzweg. Ein nicht weniger wichtiges Überprüfungskriterium war obligatorisch zu erfüllen: die sogenannte „Würdigkeit der Schüler". Diese Würdigkeit erstreckte sich „bei der Zuerkennung oder Belassung von Schulgeldbegünstigungen für inländische Schüler an den Bundesmittelschulen […] auch auf die Frage der vaterländischen Einstellung der betreffenden Schüler und ihrer Eltern".[367] 1936 machte sich VF-Generalsekretär Guido Zernatto bei Unterrichtsminister Hans Pernter für mehr Disziplinierung stark: „Zur Erlangung der Schulgeldermäßigung in den Mittelschulen ist seitens des Vaters des Schülers die Mitgliedschaft bei der Vaterländischen Front notwendig. Eine diesbezügliche Kontrolle", raunzte Zernatto, „wird nur oberflächlich gehandhabt!"[368]

Zweieinhalb Jahre nach der zweiten Schulgeldnovellierung flatterte den Eltern von Mittelschülern eine neuerliche Erhöhung ins Haus. Im Septem-

---

366) Vgl. zu den bundesministeriell geregelten Verminderungen bei sozialer Bedürftigkeit der Schüler die jeweiligen Jahresberichte der höheren Schulen und ebenso die Verordnungsblätter des Bundesministeriums für Unterricht zu den „Schulgeldgebührenverordnungen" 1933–1937; vgl. insb. Sorgo, S. 102 ff.

367) VOBl. 71/1934, Wien am 1. November 1934: Schulgeldgebührenordnung für Bundesmittelschulen, Feststellung der Würdigkeit der Schüler (Erl. v. 8. Oktober 1934, Z. 26227.); vgl. ebenso: Stettner, Jahresbericht LBA Oberschützen 1934/35, S. 10: „Die Eltern der Aufnahmswerber haben eine Bescheinigung darüber beizubringen, daß gegen sie in politischer Hinsicht nichts Nachteiliges vorliegt." Vgl. ebenda, S. 31; im nächsten Jahr wurde „den angemeldeten Schülern von der Direktion ein Formular zur Bescheinigung des einwandfreien politischen Verhaltens ihrer Eltern zugesandt, das zur Aufnahmsprüfung mitzubringen" war. Stettner, Jahresbericht LBA Oberschützen 1935/36, S. 30; ähnlicher Wortlaut zur „Aufnahme in die evang. Lehrerbildungsanstalt in Oberschützen" für das Schuljahr 1936/37 im LABl., 19. Stück, nichtamtlicher Teil, ausgegeben am 7. Mai 1936.

368) Zit. nach Kriechbaumer, Robert (Hg.): Österreich! und Front Heil! Aus den Akten des Generalsekretariats der Vaterländischen Front. Innenansichten eines Regimes. Katalog in Reihe: Schriftenreihe des Forschungsinstitutes für politisch-historische Studien der Dr.-Wilfried-Haslauer-Bibliothek, Band 23. – Wien; hier zit. nach Herbert Lackner: Die Dirndl-Diktatur, in: profil, Nr. 23, 6. Juni 2005, S. 41.

ber 1936 bestimmte das Bundesministerium: „Das Schulgeld beträgt an jeder Mittelschule des Bundes einheitlich 48 S für das Semester."[369] Eine Verteuerung dieses Mal also „nur" um 20 Prozent, was allerdings – bemessen vom Zeitpunkt vor der ersten Gebührenerhöhung im Januar 1933 – einer Verdoppelung entsprach. Insgesamt ein sehr harter Schlag für sozial schwächere Schichten, der negative Auswirkungen auf die Schülerzahlen in den höheren Schulen – wie zweifellos auch beabsichtigt – zeitigen musste. Der erzielte positive Effekt, der sich auf der Einnahmenseite im Budgetbereich „Mittelschule" niederschlug: Laut Bundesrechnungsabschluss 1932 betrug die Einnahme „zum größten Teil aus dem Schulgeldinkasso" (Sorgo) 1,625 Mio. Schilling, 1933 (erste Schulgeld-Erhöhung) 2,184 Mio. und 1936 bereits 2,714 Mio. Ein Zuwachs um satte zwei Drittel innerhalb von vier Jahren![370] – und das bei gleichzeitig sinkenden Schülerzahlen (siehe nachstehendes Schaubild). Die staatlichen Sparmeister jubelten.

Ein nicht nebensächlicher Faktor darf in diesem Kontext verdeckt bleiben: die Ausgaben jener Väter und Mütter bzw. Erziehungsberechtigten, die ihre Kinder wegen der Entfernung Elterhaus – Schule in Schulheimen oder Privatzimmern unterbringen mussten. Im Bundeskonvikt Eisenstadt kosteten jährlich Quartier und volle Verpflegung 800 Schilling, gleich viel in Oberschützen. Das allein entsprach etwa dem Drei- bis Vierfachen eines monatlichen Arbeiterlohnes! Was auffällt: Von bundesweiter Einheitlichkeit konnte bei den Heimkosten nicht die Rede sein. Das geht hervor aus der Ausschreibung für die 1. Klassen der Bundeserziehungsanstalten und für die 1. – 8. Klassen der Bundeskonvikte im Schuljahre 1936/37:

> Für die Unterbringung im Bundeskonvikt Eisenstadt ist eine Jahresgebühr von 800 S, in Waidhofen a. d. Thaya von 950 S in den unteren Klassen, beziehungsweise 1000 S und 1100 S in den höheren Klassen, in Horn von 1000 S (monatlich 100 S im vornhinein), in Waidhofen an der Ybbs von 1100 S (in zehn Monatsraten) zu entrichten.[371]

Zum Vergleich die für die Schülereltern doch etwas günstigere Situation bezüglich Beitragsleistungen an den Hauptschulen: Ende Schuljahr 1934/35 schrieb Direktor Fandl über das „Schulgeld" und die „Ermäßigungen" an der Hauptschule Güssing:

---

369) BGBl. 315/1936, ausgegeben am 10. September 1936; hier nach VOBl. 59/1936, Wien, am 1. Oktober 1936.
370) Berechnet nach Sorgo, S. 103, Tab. XI.
371) Erl. v. 12. Februar 1936, Z. 4476; hier nach VOBl. 14/19336, Wien, am 1. März 1936.

Jeder neueintretende Schüler hat bei der Aufnahme die Aufnahmetaxe von S 2,40 zu zahlen. An weiteren Gebühren sind für das Halbjahr S 24.– Schulgeld [...] zu zahlen. [...] Auf Grund eines Vermögensausweises [...] kann die Landeshauptmannschaft auf Antrag des Lehrkörpers mittellosen und armen, dabei aber fleißigen und braven Schülern die Gebühren auf 3/4, 1/2, 1/4, oder 1/8 herabsetzen.[372]

Fandls Darstellung zu den „weiteren Gebühren": „[...] sind [für das ganze Schuljahr, Anm. d. Verf.] S 4.80 Lehrmittelbeitrag und S 4.40 als Beitrag für körperliche Erziehung [sic!], S 1.– f. Drucksorten u. S 1.– für Jahresbericht zu zahlen." Denselben Wortlaut verwendete der Chronist Ende Schuljahr 1936/37, also zwei Jahre später.[373] Daraus geht hervor: Eine Schulgeldanhebung wie im Mittelschulbereich gab es für diesen Schultyp nicht. Der von uns aus den vorliegenden Jahresberichten der Hauptschule Güssing errechnete Durchschnittswert von 1935/36 bis 1937/38 zeigt, dass mehr als 80 Prozent der Schüler in den Genuss von Schulgelderleichterungen kamen. Die Fakten weisen nach: Die geringeren Belastungen animierten mehr zum Besuch einer Hauptschule als dem einer Mittelschule. Der Effekt entsprach den Intentionen der Bundesregierung.

Abschließend noch einige Einzelheiten zu den höheren Schulen. Das Diagramm veranschaulicht die errungenen schulpolitischen „Einsparungserfolge", die sich in einem eklatanten Rückgang der Mittelschülerzahlen niederschlugen.

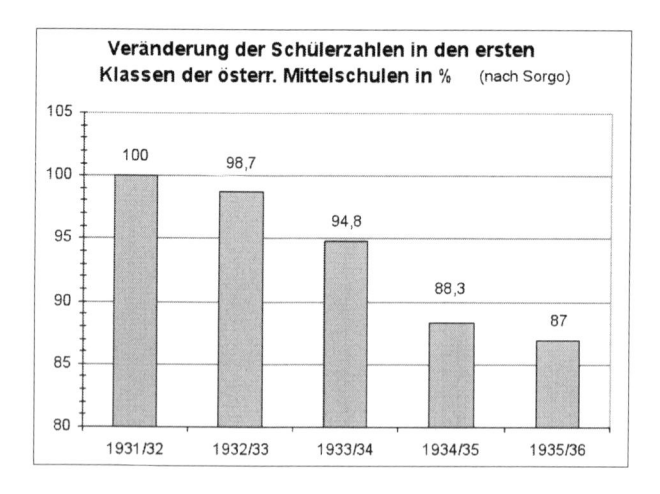

Veränderung der Schülerzahlen in den ersten Klassen der österr. Mittelschulen in % (nach Sorgo)

Schuljahr	Prozent
1931/32	100
1932/33	98,7
1933/34	94,8
1934/35	88,3
1935/36	87

---

372) Fandl, Stefan: 12. Jahresbericht der Hauptschule für Knaben in Güssing, Schuljahr 1934/35, S. 28.
373) Ders., 14. Jahresbericht 1936/37, S. 22.

Bei der Interpretation der Grafik ist auf die Konträrentwicklung im Altersbereich der Pflichtschulen aufmerksam zu machen: Die Gesamtzahl der Schulpflichtigen war im gezeigten Zeitraum sogar um runde zwei Prozent angestiegen![374]

Wie sich die soziale Ader der Polit- und Verwaltungsarrangeure Schuschnigg und Pernter in der Junglehrerschaft in der grauen Wirklichkeit auswirkte, zeigt das folgende Kapitel.

2.3.5.1 Die „Junglehrernot"
„Der Berufsidealismus unserer Junglehrerschaft wird bestimmt nicht gehoben."

Um aber doch – fadenscheinig! – gegen die vermeintliche Lehrerschwemme anzurücken, hatte die Regierung parallel zu den schon erwähnten finanziellen Einschnitten und Entlassungsmaßnahmen (Verbot des „Doppelverdienertums", s. unten) ein Anstellungsmodell für sogenannte *Probelehrer* auf die Beine gestellt: Gemäß LGBl. f. d. Bgld. 18/1934 „(konnten) Lehramtsanwärter(innen) als Probelehrer(innen) zugelassen werden, die das Reifezeugnis einer österreichischen Lehrer(innen)bildungsanstalt erworben, die Lehrbefähigungsprüfung für Volksschulen jedoch noch nicht abgelegt haben". Doch, so generös sich dieses Probelehrergesetz ursprünglich für die Betroffenen auch anhörte, das Motiv der Gesetzgeber war in der praktischen Durchführung wiederum nichts anderes als ein finanzwirtschaftliches Kalkül, die Bestimmung daher nur *eine* der vielfältigen budgetären Entlastungsschachzüge.

Wenig linientreu verhielt sich das *Burgenländische Lehrerblatt*, das Presseorgan des Katholischen Lehrervereines. Es nahm zum „Junglehrerelend" wiederholt kritisch Stellung und versprach seinen Lesern, in gebotenem Rahmen dagegen anzukämpfen:[375]

Junglehrerelend
Unsere Junglehrerschaft muß bittere Zeiten durchmachen. Die Zeit, wo die Anstellung auf den Lehrer gewartet hat, ist vorüber. Lehramtsanwärter und Lehramtsan-

---

374) Vgl. Sorgo, Tabelle IV, S. 94.
375) Bgld. Lbl. 6/1934, S. 82; sämtliche seit 1933 bestehenden Fassungen der Probelehrergesetze (LGBl. 2/1934, novelliert im LGBl. 33/1935) wurden im Dezember lt. LGBl. 50/1937 mit Wirksamkeit vom „15. Juli 1938 [sic!] aufgehoben."

wärterinnen müssen nun auch bei uns im Burgenland jahrelang auf eine Anstellung warten.

[...] Nun ist das Elend da. [...] Um einen Linsenmus bieten Junglehrer und Junglehrerinnen ihre Dienste an. Die Dienstgeber sind schlau genug, diese für sie günstige Zeit voll und ganz auszunützen. Der gesetzgeberische Niederschlag dieser traurigen Epoche ist nun im Probelehrersystem da.

Der Probelehrer bekommt angeblich 50 S im Monat. Dazu hat er jahrelang studiert und maturiert! Die Krankenkasse nimmt ihm noch achtzehn Prozent weg. Arme Lehramtsanwärter und -anwärterinnen können überhaupt solche Stellen nicht annehmen. Nur die, die von zu Hause einen Zuschuß bekommen, können solche Stellen annehmen. Darin liegt eine große soziale Ungerechtigkeit, die noch gesteigert wird, weil nur Probelehrer Aussicht haben, an systematisierte Posten zu kommen. Die Verhältnisse an den römisch-katholischen Schulen sind besser. Hier hat unser weitschauender Provikar den Schulstühlen vorgeschrieben, für eine höhere Entschädigung und für Quartier aufzukommen. Während der Probelehrerzeit bekommt der Probelehrer keine Ferialentschädigung. Wohl zahlt er seine Fürsorgeabgabe, aber wir sind neugierig, ob er im Stande der Arbeitslosigkeit unterstützt wird. Wie man mit diesem Trinkgeld zwei, drei Jahre leben kann, ist sehr fraglich. Der Berufsidealismus unserer Junglehrerschaft wird bestimmt nicht gehoben.[376]

In einer Blattnummer aus dem Jahr 1936 lief der Verein – wie er sich selbst ausdrückte – „Sturm":[377]

An die Junglehrerschaft!

Wir haben nicht bloß eine stattliche Zahl an Stellenlosen, sondern noch zirka siebzig Probelehrer, die einen wahren Hungerlohn beziehen. Das Probelehrergesetz [...] wollte dem Lehramtsanwärter die Möglichkeit geben, am Wohnsitz der Eltern oder in der nächsten Nachbarschaft die zur Ablegung der Lehrbefähigung notwendigen zwei Jahre abzudienen. [...] Falls der Lehramtsanwärter in seiner Heimatschule 16 bis 24 Wochenstunden unterrichtet, dafür ein Taschengeld von 50 S

---

376) Vgl. dazu die Landtagsrede von Landesrat Johann Wagner aus Stegersbach (Landeshauptmann in der Zweiten Republik): Die 50 Schilling an Monatsgehalt der Junglehrer definierte Wagner als eine „Art Trinkgeld", jedoch wäre eine „Aussicht, daß sämtliche Probelehrer in absehbarer Zeit eine Gehaltserhöhung bekommen, nicht vorhanden." Zit. nach Bgld. Lbl. 1–3/1935, S. 17.

377) Bgld. Lbl. 3/1936, S. 42. – Ein Herrenanzug kostete 1935 ca. 125 Schilling, Schuhe waren um 25 Schilling zu erstehen und für einen Liter Milch zahlte man 40 Groschen; vgl. Feymann, Schulkampf, S. 138. – Ebenso zur Orientierung einige Fleischpreise aus dem Jahr 1937: „Kalbfleisch S 1,80 bis S 2.-, Kalbschulter S 3,20 und Schnitzel S 4,20; [...]." In: Kleindel, Walter: Österreich. Daten zur Geschichte, hg., bearbeitet und ergänzt von Isabella Ackerl und Günter K. Kodek. – Wien 1995, S. 357.

bekommt [...], wäre in Notzeiten, wie die unsrige ist, nichts Besonderes einzuwenden. Doch wenn der Probelehrer [...] im fernsten, beliebigen Landwinkel gegen den Sünderlohn von 50 S verwendet wird, wenn er dann wie ein Aushilfslehrer sogar herumdisponiert wird und wenn er bis zu 30 Wochenstunden beschäftigt und womöglich mit der stärksten Klasse bedacht wird, dann tut sich die Frage auf: Liegt es im Interesse des neuen Österreich, der christlichen Gerechtigkeit, daß ein Intelligenzler, dessen Arbeitskraft ganz ausgenützt erscheint, einen Monatsbezug von 50 S erhält? Man muß erröten, wenn man den Lohn (Bar- und Naturallohn) der Hausgehilfin mit der Probelehrerentschädigung vergleicht.

An weiterer Stelle vergleicht die Monatsschrift die Einkommensverhältnisse und die soziale Absicherung der „Hilfslehrer" mit jenen der „50-Schilling-Lehrer", wie der Volksmund sie mitleidsvoll nannte: „Denn 1. wird (dem Hilfslehrer) die Dienstzeit angerechnet, 2. beträgt die Entschädigung 130 S[378] und 3. erhält der Hilfslehrer nach 30 bzw. 40 Dienstmonaten die Bezüge des wirklichen Lehrers." Der Lehrerverein sei daher bestrebt, „daß 1. die Probelehrer in Hilfslehrer überführt werden und 2. die Lehrerausbildung auf den natürlichen jährlichen Abgang gedrosselt werde".[379] – Auf die Idee, die Überfüllung der Klassen zu „drosseln", um auf diese Weise mehr als den *natürlichen Abgang* mit Junglehrern abzudecken, kam die Blattredaktion nicht!

Wir befragten zwei direkt Betroffene, die ihre ersten Brötchen zunächst als Probe-, dann als Hilfslehrer verdienten. Franz Metzger hatte 1934 die LBA in Oberschützen absolviert und wurde, nach dreivierteljähriger Wartezeit, vom Schulstuhl Neustift bei Güssing als 50-Schilling-Lehrer an der

---

378) Vgl. LGBl. f. d. Bgld. 40/1937, ausgegeben und versendet am 2. September 1937: Gesetz über die Regelung des Volksschulwesens im Burgenlande (Burgenländisches Landesschulgesetz 1937 – L.Sch.G. 1937). In § 90 (Abs. 2 bzw. 3) hieß es bezüglich der Entschädigung: „Die Entschädigung ist im nachhinein fällig. Für Teile des Monats gebührt für jeden Tag ein Dreißigstel der Entschädigung. – Hilfslehrern, die bereits wenigstens im Ausmaße von zwei Schuljahren in Verwendung standen, gebührt auch während der Ferien die Entschädigung" [von S 130, Anm. d. Verf.]. Zur „Entschädigung im nachhinein" ein konkretes Fallbeispiel: An der LBA-Übungsschule Oberschützen unterrichtete als „zweiter Übungsschullehrer" Hilfs- bzw. Aushilfslehrer Otto Schuh „ab 16. September 1936 bis 28. März 1937"; abgelöst wurde Schuh von „Professor Georg Metzger", der an der Bundeslehrerbildungsanstalt in Krems „frei geworden" war. Das Bundesministerium für Unterricht machte sämtliche dem Hilfslehrer Schuh zustehenden Bezüge erst am „28 Juni 1937" flüssig, also drei Monate nach Beendigung des Vertragsverhältnisses; vgl. Staber, Jahresbericht LBA Oberschützen 1936/37, S. 3 f., 13.

379) Bgld. Lbl. 3/1936, S. 42.

katholischen Volksschule dienstverpflichtet. *„Stimmt nicht!"*, wendet er sofort lächelnd ein:[380]

> Eigentlich waren wir „49-Schilling-50-Groschen-Lehrer". 50 Groschen wurden automatisch für die Vaterländische Front abgezogen.[381] Wie man damit leben hat können? Also: Das Quartier, einen Schlafraum hat die katholische Pfarre zur Verfügung stellen müssen. Das war in einem Privathaus, bei einer Bauernfamilie. Da hab' ich für 10 Schilling im Monat das Frühstück bekommen; die hab' ich selber zahlt. Für das Mittagessen, da war ich bei einem anderen Bauerhaus, hab' ich 35 Schilling im Monat bezahlt. Na ja! Die übrig(ge)bliebenen 4 Schilling 50 Groschen waren mein Taschengeld. In den Ferien gab's kein Gehalt. Da hab' ich bei den Eltern gewohnt. Der Vater war Eisenbahner. Ich war das fünfte von sieben Kindern. – Und dann, im September 1937, bin ich nach Olbendorf versetzt worden. Da hab' ich als Hilfslehrer schon 170 Schilling im Monat kriegt. Mit meinem ersten Gehalt bin mit dem Fahrradl nach Graz gefahren. Einkaufen. Einen Anzug, ein Paar Socken, ein Hemd und so was halt.

Metzgers Kollege Robert Hazivar maturierte 1933 in seinem Heimatort Oberschützen, suchte danach eine Lehrerstelle und gehörte nach einjähriger Wartezeit zum eben beschriebenen Kreis der Probelehrer. Bezüglich der finanziellen Belange gibt Hazivar zu Metzgers Aussagen leicht divergierende Angaben zu Protokoll:[382]

> Ich hab' ein Jahr lang nach der Matura warten müssen. Ab dem 4. November 34 war ich Probelehrer, ein 50-Schilling-Lehrer in Oslip, also im Norden, weit weg von daheim. Freilich war ich bei der VF. Das war Pflicht. 20 Groschen [sic!] sind vom Gehalt als Mitgliedsbeitrag automatisch abgezogen worden. Im 35er-Jahr war ich dann ein halbes Jahr in Eisenzicken und 1936 in St. Michael – noch immer als Probelehrer. Von 1936 an bis zwei Jahre später, als mich die Nazis entlassen und eingesperrt haben, war ich in Rohrbrunn, da allerdings schon als Hilfslehrer. Da hab' ich schon 220 Schilling [?] im Monat verdient.

Dass selbst das Gehalt eines Hilfslehrers, der immerhin das Drei- oder Vierfache von dem eines Probelehrers ausmachte, Anlass zum Klagen bot, geht aus einem Brief eines mutigen *Aushilfslehrers* an die Redaktion des *Burgen-*

---

380) Interview im April 2008, Stegersbach.
381) Vgl. LABl. f. d. Bgld. 180/1935, ausgegeben am 2. Mai 1935: „Über Ersuchen der Vaterländischen Front [...] werden vom 1. Juli 1935 an den aktiven Lehrpersonen [...] die monatlichen Mitgliedsbeiträge zur Vaterländischen Front von den Bezügen in Abzug gebracht."
382) Interview im Februar 2003, Eberau.

ländischen Lehrerblattes hervor, abgedruckt im Herbst 1935 unter dem Titel „Ein ausgezeichnetes und billiges Lehrmittel". Er begann mit der Aufzählung von drei Tatsachen:

1. Wir Aushilfslehrer, die wir bekanntlich in den Ferienmonaten kein Gehalt beziehen […], erhielten endlich Mitte des Monats November unser für zweieinhalb Monate ausstehendes Gehalt.
2. Bei dieser gründlich verspäteten Gehaltsauszahlung wurden wir mit einer zehnprozentigen Kürzung überrascht!
3. Wir Aushilfslehrer, die wir oft schon sehr lange auf Lehrstellen in Verwendung stehen, sollen auch heuer diese nicht bekommen, da, wie verlautet, im Jänner keine Stellenbesetzungen vorgenommen werden.
Anmerkungen. Jede einzelne dieser Maßnahmen ist antisozial, ungerecht. […].
Die zweite „Begründung", mit der man kommt – wenn man wagt, sich zu rühren – ist die, daß man sagt, anderen gehe es noch schlechter. Ja, leider Gottes, geht es vielen unserer Kameraden noch schlechter; warum verweist man aber nicht auf die, denen es besser geht? […].[383]

Dem sei hinzugefügt, dass „verheirateten Hilfslehrern an Bundeslehranstalten […] keine Familienzulagen" gebührten.[384]

Der namentlich nicht genannte Verfasser des Beschwerdeschreibens (gez.: *„Ein Aushilfslehrer"*) wusste, so abschließend in seinem Leserbrief,[385] daß es nicht angezeigt ist, in der heutigen Zeit auch nur mit den Ohrwascheln zu wackeln. Man sieht doch gleich, auch wenn die Kritik noch so gerechtfertigt ist, in dem Kritiker den Staats- und Volksfeind. Der Schreiber dieses Briefes muß das überhaupt fürchten! Aber dies tut nichts! Es muß sich einmal jemand rühren und die Wahrheit sagen, und es müssen sich Leute finden, die nicht jeden Schlag noch dankend hinnehmen.

Dieser Pädagoge kannte bereits, was mit öffentlich Bediensteten geschah, *die mit den Ohrwascheln wackelten*.

---

383) Frisch, Anton:, in: Bgld. Lbl. 11/1935, S. 151 („Ein ausgezeichnetes und billiges Lehrmittel"). Sperrungen im Original.
384) Erlass v. 24. März 1934, Z. 8068, neu veröffentlicht in: VOBl. 26/1934. Wien, am 15. April 1934.
385) Bgld. Lbl. 11/1935, S. 151.

2.3.5.2 Die Maßregelungen der Lehrer
"Wo es um das Schicksal der Jugend geht, darf es kein Zaudern geben."[386]

Die Februarkämpfe 1934 bedeuteten das Ende der österreichischen Sozialdemokratie einschließlich ihrer Lehrerorganisationen. Noch vor dem offiziellen Verbot überreichte ein burgenländisches Proponentenkomitee, zusammengesetzt aus Führern der Vaterländischen Front und ihr nahe stehender Wehrorganisationen, Landeshauptmann Alfred Walheim ein Resolutionspapier mit der Aufforderung, „Staatsfeinde" – gemeint waren zu dem Zeitpunkt die Sozialdemokraten – nachsichtslos in allen Ämtern und Schulen zu eliminieren. Die Entschließung im Wortlaut:[387]

> Als Staatsfeinde gelten aber nicht nur jene Beamte und Lehrer, welchen eine strafbare Handlung nachgewiesen werden kann, sondern insbesondere auch jene, welche durch ihr allgemeines Verhalten und durch ihre bekannt negative Einstellung gegenüber dem vaterländischen Erneuerungsgedanken unwürdig sind, ein öffentliches Amt zu bekleiden.

Eine nicht völlig funktionierende Kampfansage, wie sich alsbald herausstellte. Es gelang keineswegs in befriedigendem Ausmaß, durch Verbote und Dekretierungen Gesinnungsuniformität in die Erziehungslandschaft einziehen zu lassen. Vielfach trat das Gegenteil ein: Die Bürgerkriegsereignisse 1934 potenzierten die Tendenz zur politischen Polarisierung innerhalb der Lehrerschaft. In diesem Zusammenhang deutete W. Dachs auf das politische und weltanschaulich-ideologische Farbenbild hin, in dem „der größere Teil der Lehrerschaft *nicht* im katholischen Lager stand, obwohl dieses nach dem Februar 1934 verstärkten Zuzug zu verzeichnen hatte".[388]

Was die „schärfsten Strafen" anlangte, die Lehrer trafen, welche sich als politische Nonkonformisten zu erkennen gaben oder auch nur vermeintlich solche waren, zeigen kleine Statistiken: Allein in Wien wurden nach dem 12. Februar 1934 „102 Schulleiter (von insgesamt 500), deren sozialdemokratische Einstellung bekannt war, ohne nähere Angabe von Gründen

---

386) Vgl. „Güssinger Zeitung" vom 19. Mai 1935, S. 1.
387) Zit. nach West, Franz: Die illegale Arbeiterbewegung, in DÖW – Widerstand 1934–1945, S. 20.
388) Dachs, in Tálos/Neugebauer 1985, S. 187.

mit einem Schlag des Dienstes enthoben".[389] Der Mann mit dem Stahlbesen hieß Richard Schmitz, seit jeher *der* erklärte Gegner der Glöckelschen Reformschule. (Als Unterrichtsminister war er 1927 einer der Hauptexponenten für die Gründung der Hauptschule gewesen.) Laut neuer Verfassung war der „Bürgermeister der bundesunmittelbaren Stadt Wien" gleichzeitig „Präsident des Stadtschulrates, der die sonst den Bezirks- und Landesschulräten zukommenden Angelegenheiten in einer Instanz" verwaltete.[390] Sieht man von den Hochschulen und Bundeserziehungsanstalten ab, so unterstand Schmitz „das gesamte Schulwesen Wiens", in der Hauptsache die rund 500 Volks- und Hauptschulen sowie die Mittelschulen der Stadt. Die Schulen, so die Stellungnahme von Schmitz in einem Exposé in der *Wiener Zeitung* zu Weihnachten 1934, hätten „unter der früheren Verwaltung sehr gelitten". An den Leitungen der Volks- und Hauptschulleitungen seien „bekanntlich mit Vorliebe Freidenker" eingesetzt gewesen, „unter ihnen nicht wenige Konfessionslose". Die Auswechslung dieser Schulleiter, „denen die von Verfassung und Schulgesetz geforderte christlich-vaterländische Erziehung nicht zugetraut werden konnte", sei ein Gebot der Stunde gewesen. „Ebenso wurde der Stab der Bezirksschulinspektoren neu zusammengesetzt." Tüchtige und zuverlässige Schulmänner hätten die frei gewordenen Stellen besetzt, vor allem „katholische und heimattreue" Lehrer.[391]

Die „gesunden und notwendigen" Maßnahmen konnten Presseberichten entnommen werden.

Es geht um unsere Kinder

[…] Alle diese Massnahmen sind gesund und notwendig. Voraussetzung dafür ist eine vollkommen verlässliche, dem Staat treu ergebene Lehrerschaft. Aus diesem Grunde wird gerade in der Heranbildung der Jugenderzieher mit besonders strengem Mass gemessen werden müssen. Wohin wir blicken in der Welt, in Italien, Deutschland, England, in allen Nachbarstaaten ist Grundton und Rückgrat aller Erziehungstätigkeit der Begriff Vaterland. Auch bei uns muss es so sein. […] Noch gibt es da und dort Lehrpersonen, die es scheinbar nicht begreifen wollen, dass es Verbrechen an der Jugend ist, sie gegen den Staat zu erziehen. Wenn es so etwas aber noch gibt, dann handelt es sich wohl bestimmt heute nur mehr um Ausnah-

---

389) Dachs, in Tálos/Neugebauer 1985, S. 184, mit Verweis in Anm. 17, S. 196, u. a. auf: Otto Gloeckel, Selbstbiographie. Sein Lebenswerk: Die Wiener Schulreform, Zürich 1939, S. 139 f.
390) „Wiener Zeitung" vom 25. Dezember 1934, S. 2.
391) Zit. nach ebenda.

men. Doch auch eine jede solcher Ausnahmen verdirbt die Erziehung von 40 oder mehr junger Menschen, die einmal die Träger des Staatsgedankens werden sollen. Hier wird wohl vor allem auch heute noch strengste Beobachtung und härtester Zugriff nottun. Lieber mag man die Lehrerschaft zehnmal sieben, zehnmal auf die Festigkeit ihres Bekenntnisses zum Vaterland prüfen, ehe man die Möglichkeit offen lässt, dass einer von hundert an der Jugend sündigt. In der Lehrerschaft muss eine Führergeneration des neuen Österreich entstehen. [...] Wo es um das Schicksal der Jugend geht, darf es kein Zaudern geben.

GÜSSINGER ZEITUNG, 19. 5. 1935, S. 1

Griff man zum Reinigungsbesen aufgrund von Verfehlungen politischer Natur, so durften Lehrer auf wohlwollene Behandlung seitens der Schulbehörden (und Gerichte) dann rechnen, wenn es zu disziplinären Schwierigkeiten mit Schülern kam. Es sei geboten, insistierte Bundesrat Tzöbl in seiner grundlegenden Schrift „Vaterländische Erziehung", auf jene autoritären Erziehungsmittel zurückzugreifen, welche vor 1918 doch so gedeihlich gewirkt hätten: Wenn wie ehedem auch bei der neuen Erziehung „der Stock eine Rolle" spiele, „dann weg mit der verlogenen Phrase von der züchtigungslosen Erziehung".[392]

Die vielerorts täglich angewandte Prügelstrafe war zwar offiziell verpönt, allgemein aber von der Gesellschaft (und nach den Zeitzeugenaussagen auch bei den Schülern!) als notwendiges Züchtigungsmittel gutgeheißen. (In Deutschland wurde die Prügelstrafe im März 1933 von den Nazis wieder eingeführt.[393]) Folgender gerichtlicher Anklagefall gegen einen Lehrer wurde in Oberwart so gelöst:

Undank ist der Welt Lohn.

[...] Oberlehrer M. hatte einen schwer erziehbaren Buben in der Klasse. Es war mit ihm einfach nichts anzufangen. [...] Alle Ermahnungen und Zurechtweisungen, die Verständigung der Eltern, alle sonstigen Massnahmen blieben ohne jede Wirkung. Bevor sich nun Oberlehrer M. entschloss, den Schüler, der eine mühsame Erziehungsarbeit und das Ansehen des Lehrers zu untergraben begann, einer Besserungsanstalt zu überweisen, versuchte er nach schwerem inneren Kampfe, aus Liebe zum Kinde und um den Eltern Unkosten zu ersparen, als letztes Mittel den Haselnuszstab und verabreichte dem Kinde, als es einmal ganz frech und ungehorsam war, zwei viel zu schwache Streiche über das Gesäss. Dafür stand dieser so gepei-

---

392) Tzöbl, S. 28.
393) In: Heil Hitler, Herr Lehrer, S. 67.
394) Vgl. Ecker, Alois: Die Ideologie von den Geschlechterrollen, und ders.: Geschlechterrollen: Texte und Materialien, in: Diem-Wille, Familie und Schule, S. 112–122.

nigte und in seiner Nervenkraft durch diesen Schüler zermürbte Schulmann mit über 30 Dienstjahren am 18. Mai vor dem Bezirksgericht in Oberwart. Der Vater des Kindes forderte durch seinen Rechtsanwalt die Bestrafung des Lehrers und dessen Verurteilung zur Zahlung eines Schmerzengeldes!

Im Laufe der Verhandlung stellte sich heraus, dass sich das Kind tatsächlich mehr als ungebührlich aufgeführt hat und dass Oberlehrer M. gar nicht anders handeln konnte. Die in einem ärztlichen Zeugnisse angeführten Verletzungen wurden vom vorgeladenen Kreisarzt, der das Kind unmittelbar nach der Züchtigung untersuchte, als nicht der Rede wert bezeichnet. Bezirksschulinspektor Reg.-Rat. Unger, ein überaus erfahrener Schulmann, betonte in seinem Gutachten, dass der Vater des Kindes Oberlehrer M. im höchsten Masse dankbar sein müsste dafür, dass dieser sich bemühte, den Buben trotz allem zu erziehen, in die menschliche Gesellschaft nutzbringend einzureihen und vor einer Besserungsanstalt bewahrte. – Der staatsanwaltschaftliche Funktionär gab keine Erklärung ab, worauf der Richter einen Freispruch fällte. – Es ist begreiflich, dass sich die Lehrerschaft für diesen Fall interessierte und nun mit Genugtuung feststellt, dass der Lehrer doch nicht der Willkür ungezogener Kinder und unvernünftiger Eltern ausgeliefert ist.

GÜSSINGER ZEITUNG, 14. 6. 1936, S. 5

2.3.6.1 Die Übernahme des tradierten Frauenbildes

> So paradox es klingen mag: je weniger
> eine Verfassung das Frauenstimmrecht
> durchschlagen lässt, desto besser
> kommt diese Kraft zur Geltung.
> Die gesellschaftsverbindende Wirksamkeit
> der Frau äußert sich vor allem darin,
> daß sie der Politik von Haus aus fernsteht.
> *Eugen Lanske*
> *Wiener Zeitung, 1. Mai 1934, S. 4.*

Verschaffen wir uns vorerst einmal ein knapp umrissenes Bild vom „Fraulichen", wie es die Gesellschaftswelt des 18. und 19. Jahrhunderts aus den zeittypischen Vorstellungen über Männlichkeit und Weiblichkeit konstruierte, über die Frauenbildkonzeptionen, die sich entgegen allen emanzipatorischen frauenpolitischen Ansätzen (zumindest) in den ersten Jahrzehnten des 20. Jahrhunderts hartnäckig festsetzten. Ein solcher Umriss der unterschiedlichen Geschlechterrollen kann helfen, die vertretenen pädagogischen Postulate bezüglich der Mädchenerziehung im christlich imprägnierten Ständestaat leichter zu verstehen. Es sei angemerkt, dass die Rückgriffe auf die althergebrachten Geschlechtsmuster schon in den Lehrplanforderungen der republikanischen Zeit nachvollziehbar sind, also bereits vor 1933/34, von da an aber akzentuierter postuliert wurden denn je zuvor.[394] So in Abwandlung einer bekannten Metapher: Die Frau trug das Kleid einer Dienerin des Staates, des Vaterlandes, der Familie, des Ehemannes und – als gebärfreudige „Arterhalterin"[395] – der zu erziehenden Kinder. „Dienend" – im Sinn von „edler" Unterwürfigkeit – sollte sie wirken, und „liebend" allen gesellschaftlichen und ökonomischen Zwängen zum Trotz. Dazu eine Textstelle aus dem *Burgenländischen Lehrerblatt*:[396]

> Denn das ist ihr ureigenes Geschick, die Rauhigkeiten und Schärfen des Lebenskampfes, denen der Mann ausgesetzt ist, durch ihre sanfte Hand zu mildern und zu glätten, Balsam zu geben, wo Wunden sitzen, das Heim zur Zuflucht zu gestalten, worin der vom Leben Gehetzte die Sonne findet, die ihm der Alltag mit seinen Sorgen nimmt und vergessen macht. So wird sie für den Mann Weib, Mutter, Arzt und Heimat. Doch nicht nur das. So wie sie in ihrer ureigenen kleinen Zelle arbeitet, ist sie auf dem selben Weg im Staat der richtunggebende Pol, ist sie der Tempel, dessen Heiligkeit in ihrer Hand gelegen ist, denn willst du genau erfahren, was sich ziemt, so frag bei edlen Frauen an.

Der in den konservativen Lagern und/oder katholischen Kreisen als unverrückbar erklärte Standpunkt von der *Verschiedenheit der Geschlechter* wurde argumentativ in einschlägigen Fachdruckschriften und -büchern sowie Presseartikeln und Feuilletons[397] ungezählt oft abgehandelt. Die verwirrende Ambivalenz hierbei: In Publikationen zur Mädchenerziehung wurden die Autoren, überwiegend waren es Autorinnen, nie müde, die „Gleichwertigkeit der Geschlechter" zu betonen, insbesondere bei der Kompromisssuche nach den sozialen und intellektuellen Leistungsfähigkeiten. Unisono distanzierte man sich jedoch energisch vom emanzipatorischen Bemühen, semantisch die Begriffe „gleich*wertig*" und „gleich*artig*" bei Mann und Frau unter einen Deckel zu schaffen.

Wer sonst hätte das gemeinhin befürwortete Funktionsbild der Frau treffender ausmalen können als die Leiterin des Frauenreferates der Vaterländischen Front, Fanny Starhemberg? „Wir Frauen", rief sie einmal den uniformierten Mädchen der vaterländischen Jugendorganisationen auf einem

---

395) „Das weibliche Wesen steht in der gesamten Natur im Dienste der Arterhaltung […]." Maria Maresch, Mädchenbildung von heute, in: „Die Österreichische Schule", Heft 5/1936, S. 329.
396) Bgld. Lbl. 5/1933, S. 46.
397) Siehe besonders die Beilagenserie „Die Welt der Frau" in der „Reichspost" 1933 ff.

Appell zu, „sind in erster Linie berufen, die Kulturideale der Familie zu hüten, die heile Flamme am häuslichen Herd lodernd zu erhalten."[398]

Populistisch ungeschnörkelt gab Mussolini bereits 1925 seine Sicht über die Frau zum Besten: Man möge sich doch nicht „in sinnlosen Diskussionen (verlieren), ob die Frau ein höheres oder niederes Wesen" sei. „Wir stellen fest, dass sie anders ist."[399]

2.3.6.2 Die Transferierung des „Fraulichen" auf die Mädchenerziehung

Koedukation verpönt und „strengere Auslese" bei Mädchen

Das traditionelle „Kinder-Küche-Kirchen"-Prinzip („KKK-" oder „3K-Prinzip"), das die gesellschaftliche Geschlechterrolle der Frau mitbestimmte bzw. unterminierte, leistete einen exorbitanten Beitrag zur schulischen Landschaftsgestaltung. Nicht bloß dort, wo es um die Differenzierung von Erziehungs- und Lehrinhalten ging. Die beabsichtigte Aussperrung der weiblichen Heranwachsenden von „Intelligenzberufen" sollte vielfache, ganz im Sinne des Staatsinteresses gelegene Früchte einbringen:

- Erstens verbauten Frauen mit einfacher Schulbildung weniger Männern mit gehobener Berufsausbildung die doch so raren Dienstposten. Daraus folge
- zweitens: Mehr Hausmütterchen brächten mehr Kinder zur Welt, und
- nicht zuletzt: Weniger Mädchen und Lehrerinnen an höheren Schulen oder Hochschulen entlasteten das Staatsbudget.

„Vergeistigte Mütterlichkeit"![400] Gegen die Übertragung solcherart sprachlich verrenkter Denkfiguren auf die Erziehungskampffelder verschanzten sich die sozialdemokratischen Reformpädagogen um Otto Glöckel seit

---

398) Zit. nach „Wiener Zeitung" vom 8. Dezember 1935, S. 6.
399) Hier zit. nach Karin Liebhart, Frauenbild und Frauenpolitik im Austrofaschismus (mit Hinweis auf Maria-Antonietta Macciochi, Jungfrauen, Mütter und ein Führer. Frauen im Faschismus. – Berlin 1976, S. 32); abgerufen in: http://zeitung.gedenkdienst.at/index.php?id=446 (12.11.2006)
400) Weitzenböck, Auguste: Was soll neue Schulbildung? In: „Die Österreichische Schule", Heft 9/1935, Wien, S. 660 f.

Beginn der Ersten Republik. Zur generellen Beseitigung der Gesamtschule oder einheitlichen Mittelschule durch die konservativen Gegner zählte im Kontroversenkomplex das Prinzip der Geschlechterdifferenzierung in der Schulerziehung, um in der Weise in Nur-Mädchen-Klassen auf die – so der höchst amtliche Jargon – „weibliche Eigenart"[401] Rücksicht zu nehmen. Die starrköpfig vorgetragenen Dispute spitzten sich in der Frage über die von den Reformern angestrebte koedukative Erziehung zu. Nach Auffassung der Modernisierer könne man doch „das Wesen der allgemeinen Menschenbildung nicht nach Geschlechtern (scheiden)".[402] Seelisch-geistige Unterscheidungen zwischen Mann und Frau seien durchaus möglich, doch würden sich unterschiedliche Wesensmerkmale ohnedies früher oder später beim Heranreifenden durchsetzen; eine gesonderte, speziell auf Mädchen zugeschnittene Bildung wäre demnach unnötig, abgesehen von geringfügigen Verschiedenheiten etwa im schulischen Turnunterricht. Nach dem „Ergebnis einer Rundfrage" in *einer* „achten Klasse einer Mädchenmittelschule" mit 33 Schülerinnen führte Margarete Jungwirth von den Koedukationsbefürworterinnen vorgebrachte Hauptargumente an, um sie anschließend von den Gegnerinnen „beweiskräftig" widerlegen zu lassen:[403]

- „[...] die jungen Leute beiderlei Geschlechts könnten sich nicht genug kennen lernen, da sie im späteren Leben, im Beruf, in der Ehe miteinander arbeiten, leben, einander verstehen müßten." Auch Eltern würden diesem Argument oft zustimmen.
- Mädchen würden „unter den Knaben bald Freunde" finden, „die ihnen bei den Aufgaben und Schularbeiten helfen, und könnten nun ohne Plage und ernste Arbeit leben".

Diese Begründungsschiene, so „Professor Jungwirth", sei leicht zu entkräften:

- Die befragten Mädchen attestierten sich selber eine „geringere Leistungsfähigkeit (es herrschen hier starke Minderwertigkeitsgefühle vor)".
- In gemischten Klassen, in denen die Mädchen im Vergleich zu den Knaben „ganz verschieden geartet, verschieden begabt und verschieden interessiert" seien,

---

401) Vgl. LGBl. f. d. Bgld 40/1937: Gesetz über die Regelung des Volksschulwesens im Burgenlande (Burgenländisches Landesschulgesetz 1937 – L.Sch.G. 1937, § 16.)
402) Fischl, Hans: Wesen und Werden der Schulreform in Österreich. – Wien 1929, S. 128.
403) „Reichspost" vom 26. März 1933, S. 17 („Mittelschülerinnen über die Gemeinschaftserziehung").

- "(könne) daher der Lehrer unmöglich allen Schülern gleichzeitig gerecht werden und beider Interessen in gleichem Maße gleichzeitig befriedigen".
- Die „Sonderstellung" der Mädchen bei den Lehrern zeige sich „in einer gewissen Rücksichtnahme, die Ursache ist, daß es manch schwachen Schülerinnen doch gelingt, sich durch die Mittelschule zu schlängeln". Daraus erwachse ein gravierendes Problem, nämlich:
- Nach der Schule, im „Leben sind die Frauen unbedingt in Ueberzahl", ganz anders als in der Mittelschule, „und haben daher einen doppelt schweren Daseinskampf untereinander und den Männern gegenüber. Gerade diese gewähren ihnen im Kampf um Brot und Lebensinhalt keine Rücksicht [...]." Die „Stellung der Frau in der Gesellschaft" sei „vielleicht noch nie so schwierig" gewesen „wie heute".
- „Bei der Erörterung der Koedukation in der Mittelschule wird auch viel zu wenig von der weiblichen Eigenart der Mädchen, vor allem der seelischen, und ihrer Berücksichtigung in den gemischten Klassen gesprochen [...]. Muß doch das Mädchen auf [...] die Ehe und alles, was damit zusammenhängt, oder auf ein selbständiges Berufsleben, auf das Alleinstehen im Leben (vorbereitet werden)." Die Quintessenz:
- „Dazu dürfte aber gerade die Gemeinschaftserziehung nicht immer die richtige Vorbereitung bilden."

Solidarisch mit dieser Denkhaltung und folglich als vehemente Opponenten der Koedukation gebärdeten sich die kirchlich-christlichsozialen und deutschnationalen Vertreter. Im Jahr 1929 fühlte sich selbst Papst Pius XI. angehalten, in einer Enzyklika Stellung zu beziehen. Scharf verurteilte er darin die geschlechtsneutrale Erziehung, welche „ebenso abwegig wie für die christliche Erziehung gefährlich" sei. Und, eventuelle Gefährdungen (vermutlich moralischer Art) befürchtend: Klug wäre, eine Trennung der Mädchen und Buben nach Alter und Umständen möglichst an allen Schulen „nach den Regeln der christlichen Klugheit anzuwenden, namentlich in den am meisten gefährlichen und entscheidenden Entwicklungs- und Reifejahren".[404]

Es blieb dabei: Knaben und Mädchen sollten weiterhin in getrennten Klassenzimmern die Schulbank drücken. Doch offenen Auges inszenierte man hier künstlich ein politisches und unnötigerweise ein ideologisches Exerzierfeld. In den beiden Meinungslagern bemaß man dessen praktische Bedeutung als zu hoch und führte folglich nichts weiter als ein Scheingefecht. Nach genauerem Hinsehen hätten die Schultechnokraten aller politischen Einfärbungen auf die Realität verweisen müssen, wie es – allerdings

---

404) Zit. nach Dachs, in Ardelt, S. 86.

nach dem Krieg – der pädagogische Referent im Stadtschulrat für Wien Hans Fischl tat. Er konstatierte, dass „nicht weniger als 84 Prozent [sic!] aller österreichischen Schulen – nämlich alle außerhalb der Städte gelegenen –seit jeher unbedenklich und ohne irgendwelche schädlichen Folgen von Knaben und Mädchen gemeinsam besucht (wurden)".[405]

Gemischte Klassen konnten in den ländlichen Regionen hinsichtlich zu geringer Schülerzahlen nicht verhindert werden, obgleich beispielsweise an den Hauptschulen die Schüler- und Schülerinnenkontingente anwuchsen.[406] Doch wenn schon! Sollten da etwa mit 40 oder 50 neu angemeldeten Schülern und Schülerinnen zwei Klassen gebildet werden?! Die offiziell verordneten Teilungszahlen lagen, wie inzwischen bekannt, eindeutig darüber: in den Hauptschulen bei über 55, in den Volksschulen sogar bei über 80 Schülern! Ein außerdem auftretender Pferdefuß hätte die Lage verschärft: Auffällig zeigen die bundesweiten Statistikdaten v. a. an den Mittelschulen ungleich höhere Besucherzahlen bei Knaben als bei den Altersgenossinnen.[407] Es konnte nicht angehen, dass in einer Klasse vielleicht ein Häuflein Mädchen saß und demgemäß in der Parallelklasse sich die vielfache Bubenanzahl hätte drängen müssen! Die Folgerichtigkeit aus all den Überlegungen: Die staatlichen Mehrkosten für zusätzlich notwendige Lehrkräfte, die Raumbeschaffung für neue Klassen und deren Ausstattung usw. Nein, das war zu viel des Guten. Realpolitik geht vor Ideologie! Die Klassen mussten gemischtgeschlechtlich geführt werden. Daran änderten auch vernehmbare Unkenrufe nichts, die den Verfall (sexueller) Moral und der Sitten prognostizierten.

Das nächste Problemfeld: Es sei, gab Herzog-Hauser über die Koedukationsfrage hinaus zu bedenken, „in erster Linie die Angst vor der Zahl", die

---

405) Fischl, Schulreform, S. 83.
406) In Burgenlands Hauptschulen etwa stiegen sie von ursprünglich 650 zu Beginn der Ersten Republik auf über 2000 im Jahr 1938 an; vgl. Lang, Alfred: Bildung, Wissenschaft und Forschung. Zwischen burgenländischer Schulschande und Europäischer Friedensuniversität, in: Deinhofer, Elisabeth; Horvath, Traude (Hg.): Grenzfall Burgenland 1921–1991. – Veliki Borištof/Großwarasdorf 1991, S. 223. Fortan: Lang, in Deinhofer/Horvath.
407) „Wir haben in Österreich bis jetzt noch keine Koedukation […], sondern Knabenmittelschulen, in denen auch Mädchen aufgenommen sind, und zwar immer in der Minderzahl. Ein gegenteiliger Fall ist nicht bekannt und würde eine Ausnahme bilden. Diese Mädchen, manchmal sind es zwei, drei, manchmal zwölf, dreizehn oder noch mehr […]." M. Jungwirth in der „Reichspost" vom 26. März 1933, S. 17.

im Bestreben um vollständige Gleichstellung den Frauenidealen „über kurz oder lang Schiffbruch erleiden" lassen werde. Angst „vor der Zahl der Mittelschülerinnen, vor der Zahl der Hochschülerinnen! Man denke: im Schuljahr 1931/32 gab es an den österreichischen Mittelschulen 40.987 männliche, 19.387 weibliche Schüler, an den Wiener Mittelschulen 18.618 Knaben und 11.793 Mädchen [...]. Die Zahlen an den Hochschulen sind ähnlich beängstigend." Die Universitätsdozentin richtete bekümmert die Frage an die *Reichspost*-Leser: „Was wird aus all diesen Mädchen?"[408] Die Antwort bzw. in sich widersprüchliche Lösungsvorschläge unterbreitete sie ein Jahr später: Da es sich in vielen Fällen um eine egoistische „höhere Töchterbildung" handle, die Mädchenmittelschule die „Hinerziehung zu einem ganz bestimmten Fachstudium" vollziehe und nicht eine solche zur „harmonisch vorgebildeten Frau", zur „idealen Hausfrau" usw., sei in der Bildungspolitik zu berücksichtigen: Erstens müsse „die sogenannte Koedukation [...] von vorneherein" ausgeschlossen sein. Und es sollte, gleichwohl die „Hypertrophie der höheren Mädchenbildung [...] angst und bange" mache, „jedem Mädchen nach wie vor der Weg zur Hochschule offenstehen".[409] Augenscheinlich lehnte sich damit die Publizistin an das profane Motto, das lauten sollte: Man wasche die Mädchen zwar ordentlich, mache sie aber nicht allzu sehr nass.

Die „Angst vor der Zahl" erforderte ein Regulativ: die „Auslese". Das Selektionsverfahren sollte bei der Aufnahme der Schülerinnen in die erste Klasse der Mittelschule so streng als nur möglich sein. Strenger und ernster als bisher müßte auch der Unterricht an der Mädchenmittelschule gehandhabt werden. [...] Nur bei besonderer Begabung für ein wissenschaftliches Gebiet sollte der Abiturientin der Weg zur Hochschule freigegeben werden; ein mittelmäßiges Maturitätszeugnis an sich gewährleistet noch nicht die Hochschulreife.[410]

---

408) Gertrud Herzog-Hauser, in: „Reichspost" vom 19. Februar 1933 (Beilage „Die Welt der Frau"), S. 19 („Neue Ziele der Mädchenbildung").

409) Gertrud Herzog-Hauser, in „Reichspost" vom 4. Februar 1934, S. 21 („Ziel und Zweck der höheren Mädchenbildung"). Sperrungen im Original. Synchron dazu N. Paunovic: „Es ist richtig, daß heute eine erschreckend große Zahl weiblicher Mittelschülerinnen unsere mittleren Lehranstalten bevölkern." Einer Verkürzung oder Verkleinerung des Mittelschulwesens, „bei aller Anpassung an das Frauliche in wissenschaftlicher Beziehung", trat die „bekannte Jugendbildnerin" Paunovic entgegen, „damit die Hochschulberechtigung nicht verloren gehe". „Reichspost" vom 21. Januar 1934, S. 19 („Zur Krise der Frauenbildung").

410) „Reichspost" vom 4. Februar 1934, S. 21. Sperrungen im Original.

Was selbst damals befremden mochte: Für die „strenge(re) Auslese" bei Mädchen warfen sich desgleichen katholische Frauenorganisationen gehörig ins Zeug: „Strenge Auslese namentlich von der 4. Klasse der Mittelschule an, erhöhte Forderungen für die, die die Hochschulreife erlangen wollen", forderte etwa Nadine Paunovic im Namen des BÖFV.[411] Der *Bund österreichischer Frauenvereine* bat die Regierung, „in Orten, wo private Mittelschulen bestehen, den Mädchen den Besuch der Bundesanstalten nur in besonders berücksichtigungswerten Fällen (insbesondere bei Zahlungsunfähigkeit der Eltern)" zu gestatten. „Dadurch würde eine strengere Auslese der zur Mittelschulbildung zugelassenen Mädchen erfolgen und das Zuströmen minderbefähigter Elemente zur Hochschule unterbunden werden." Um dem Gleichheitsprinzip genüge zu tun und das (Frauen-)Gesicht zu wahren, endete der Schlusssatz mit der Anmerkung, „die wirkliche Befähigung" müsste „allerdings auch für die Knabenmittelschulen vorgesehen" sein.[412]

Die Frequenz an Mittelschülerinnen in Österreich erreichte im Studienjahr 1933/34 21.453 Mädchen, sank von nun an aber merklich.[413] Vom geschlechtspezifischen Kontrast zwischen Knaben- und Mädchenbildung legen die Anzahlen der Mittelschulanstalten von 1934 Zeugnis ab: „In Österreich stehen 88 staatlichen Mittelschulen für Knaben eine einzige Bundesmittelschule für Mädchen, 3 städtische Schulen, 19 vom Staate subventionierte Vereinsschulen und 21 Klosterschulen gegenüber." Mit diesen Fakten richtete der BÖFV 1936 die dringende Bitte an die Bundesregierung, von einer neuerlichen Kürzung der ohnehin bescheidenen Subventionsmittel an private Mittelschulen Abstand zu nehmen.[414]

---

411) Nadine Paunovic, in „Reichspost" vom 21. Januar 1934, S. 19; vgl. auch die diesbezüglich an das Unterrichtsministerium gerichtete Denkschrift, abgedruckt in der „Reichspost" vom 1. April 1934, S. 16 („Bildung und Erziehung der katholischen Frauenpersönlichkeit"). – 1931 gehörten dem im BÖFV zusammengeschlossenen Frauenvereinen „50 Frauenorganisationen" an, „darunter große Berufsverbände, z. B. der Erste Verein österreichischer Lehrerinnen, der Verein Mädchenmittelschule, der Zentralverein der Bundesbeamtinnen im Verwaltungs- und Kanzleidienst" und die „Ärztinnen-Organisation". Aus: „Die Österreicherin" (Organ des Bundes österreichischer Frauenvereine. Monatsblatt für alle Interessen der Frau), Nr. 4/5, Mai 1931, S. 7 ff., hier S. 9.
412) „Die Österreicherin", Nr.1, Januar-Februar 1934, S. 2.
413) Vgl. Irene Bandhauer-Schöffmann, Der „christliche Ständestaat" als Männerstaat?, in: Tálos, E.; Neugebauer, W.: Austrofaschismus Politik – Ökonomie – Kultur 1933–1938. – Wien 2005, S. 276 f.
414) „Die Österreicherin", Nr. 1, Januar 1936, S. 3; die Datenangaben der „Österreicherin", hg. vom BÖFV, schaffen an dieser Stelle Irritationen, weil aufgrund fehlen-

Eine Erklärung für diese Befürchtung – wir stoßen auf ein weiteres Teilpaket der antifeministischen Erziehung – findet man in der Januar/Februar-Ausgabe 1934 der Frauengazette *Die Österreicherin*: 1932 habe „der Bund für jedes Kind, das eine vom Bunde erhaltene Mittelschule besucht(e), den Betrag von S 416.– aufwenden müssen, für jedes Mädchen an einer Privatmittelschule jedoch nur S 234.–; dieser Betrag hat sich im Jahre 1933 noch wesentlich verringert, da die Subventionen an die privaten Mädchenmittelschulen um etwa 40% gekürzt wurden."[415] In der übernächsten Nummer der *Österreicherin* verschaffte Annette Pfaff ihrem Ärger Luft: Die „Kosten, die der Staat für die Mittelschulbildung eines Mädchens" aufwendet, „(betragen) heute schon weniger als die Hälfte dessen, was ein Schüler an der Bundesmittelschule kostet [...]". Warum daraus „nicht die notwendigen Schlüsse" gezogen würden, sei „rätselhaft", täten doch die „privaten Mädchenmittelschulen ... tatsächlich das, was der Staat von allen Staatsbürgern berechtigterweise" fordere, nämlich sparen. „Die Mädchenmittelschulen würden gerne mehr Schülerinnen aufnehmen, doch" fehle „ihnen an Platz und zu Erweiterungsbauten an Geld."[416]

Doch man signalisierte für nicht erfüllte Bauwünsche demütige Langmut und gab sich mit Teilerfolgen zufrieden, wie das nächste Beispiel zeigt: Auch ohne zwingende Raumnot bestimmte ein Erlass vom 9. Februar 1934, dass im kommenden Schuljahr die „Zahl der an der Bundeslehranstalt für Mädchen in Wien III zur Vergebung gelangenden Plätze mit höchstens 20 begrenzt (werde)".[417] Wahrlich ein Teilsieg, den die Frauenführerinnen auf ihre Fahnen hefteten, denn: Gegen die ernstlich beabsichtigte völlige Schließung der Anstalt hatte der *Bund österreichischer Frauenvereine* wenige Tage zuvor energisch interveniert.[418]

---

der Unterlagen für die vorliegende Arbeit allzu unterschiedliche Angaben des Blattes nicht nachvollzogen werden können. Noch zwei Jahre vorher sprach das Blatt von „123 Knabenmittelschulen im Bundesgebiete der Republik", die „aus Bundesmitteln erhalten werden; für Mädchen bestehen nur 2 Bundeserziehungsanstalten und daneben werden 42 private Mittelschulen für Mädchen mit Subventionen bedacht." Einen Kahlschlag derartigen Ausmaßes innerhalb von zwei Jahren gab es bestimmt nicht! Vgl. zur vorhin erwähnten Ausgabe der „Österreicherin" auch jene von Januar-Februar 1934, S. 1.

415) „Die Österreicherin", Nr. 1, Januar-Februar 1934, S. 2.
416) „Die Österreicherin", Nr. 3, April 1934, S. 3.
417) Vgl. VOBl. 17/1934. Wien, am 1. März 1934.
418) Vgl. „Das Recht der Frauen auf Arbeit und Bildung", in „Die Österreicherin", Nr. 2, März 1934, S. 2.

Belege für das Ungleichgewicht zwischen Knaben und Mädchen an weiterbildenden Schulen liefern auch ausgewählte Statistiken aus dem Burgenland. 1932/33 mischten sich gerade einmal 10 Mädchen in die insgesamt 204-köpfige Besucherschar der Lehrerbildungsanstalt und der Oberstufe des Realgymnasiums in Oberschützen.[419] Im Schuljahr 1937/38 saßen in den insgesamt 22 Gymnasialschulklassen von Oberschützen, Eisenstadt und Mattersburg 623 männliche Jugendliche, aber nur 128 Mädchen, was einem mageren Prozentsatz von knapp über 20 entsprach.[420] Ähnlich das Bild in den Lehrerbildungsanstalten Oberschützen, Mattersburg und Steinberg a. d. Rabnitz: Bei den insgesamt 245 angehenden Pädagogen bzw. Lehramtskandidatinnen bestand das Verhältnis 2 zu 1 zugunsten des männlichen Teils (166 männlich, 79 weiblich).[421]

Übrigens besuchten im Normalfall die meisten Mädchen, denen die Eltern eine „höhere" Schulbildung überhaupt ermöglichten, vorerst sogenannte „Hauptschulen für Knaben". Während W. Sorgo für die Schuljahre 1934/35 und 1935/36, bezogen auf die gesamte Bundesebene, sogar einen leichten Überhang an weiblichen Hauptschulbesuchern (50,9 bzw. 51,9 Prozent)[422] feststellte, verzerren beispielsweise die Mädchenzahlen der ländlichen Hauptschulen von Güssing und Stegersbach das Bild: Im Schuljahr 1934/35 besuchten in Güssing 98 Knaben, aber nur 53 Mädchen die Hauptschule (35 Prozent); 1935/36 betrug der Mädchenanteil etwas mehr als 37 Prozent.[423] Etwas höhere Werte zugunsten des weiblichen Anteils kann man für Stegersbach ausmachen: im zuletzt genannten Schuljahr betrug der Anteil der HS-Mädchen 44 Prozent (58 von 132). Die Vergleichsdaten – im Groben anwendbar für alle 30er-Jahre – lassen mit Recht vermuten, dass in bäuerlich-traditionellen Region das „*Nur* ein Mädchen"-Denken einen bedeutungsvolleren Part spielte als in mittel- und großstädtischen Wohn- und Einzugsgebieten.

---

419) Konrath, S. 49, mit Hinweis auf Jahresberichte 1932/33.
420) In: Österreichisches Jahrbuch 1945–1946. Nach amtlichen Quellen, hg. vom Bundespressedienst. – Wien 1947, S. 57.
421) Lang, in Deinhofer/Horvath, S. 223.
422) Vgl. Sorgo, Tab. XII., o. S. (eingefügt zwischen S. 107 und 108)
423) Nach eigenen Berechnungen anhand der Schülerlisten in den Klassenkatalogen, Archiv der HS Güssing.

Die Studentenschwemme, oder: Studenten, vor allem Studentinnen – die Sorgenbereiter des Staates

Wie angeführt, bereitete der regierenden Schulbeamtenschaft und konservativen Frauenzirkeln die zu hohe Hörerzahl an den Universitäten und Hochschulen Kopfzerbrechen. Der Anteil der Studentinnen im Hochschulstudienjahr 1934/35 betrug von den insgesamt 20.608 Hörern gerade einmal 19,6 Prozent (4.043 Hörerinnen, davon 3.706 an den Universitäten Wien, Graz, Innsbruck und auf der Theologischen Fakultät Salzburg, der Rest an sonstigen Hochschulen).[424] Die Frauenquote schmolz bis zum Sommersemester 1936 auf 19%: 3.258 ordentliche Hörerinnen (plus 185 außerordentliche); 13.887 ordentlich Studierende (männl.; s. Grafik); 18.095 „Studierende im ganzen".[425] Besorgniserregend waren die Fakten deshalb, weil der Arbeitsmarkt mit Akademikern übersättigt war; eine vordergründige Behauptung, die Wirtschaftsexperten mit Zahlenspielereien zu belegten verstanden. Nach einer 1936 erstellten Expertise betrug der Mehrbedarf nicht ganz 2000 Akademiker pro Jahr [...]. Tatsächlich aber brachten die österreichischen Hochschulen vollgeprüfte Absolventen im Schuljahr 1932/33 rund 3000 [...]. Um dies(es) Überangebot zu beseitigen, müsste die Gesamtzahl der Hochschüler [allein in Wien ungefähr 10.000, ebenda] eine Senkung um zirka 5000 bis 6000 erfahren [...]. Alle Maßnahmen zu einer Regulierung würden wohl schließlich zu einer Frage der Auslese zusammengefaßt werden müssen, bei deren Durchführung man den Hochschullehrern selbst ein besonderes Gehör [sic!] werde schenken müssen.[426]

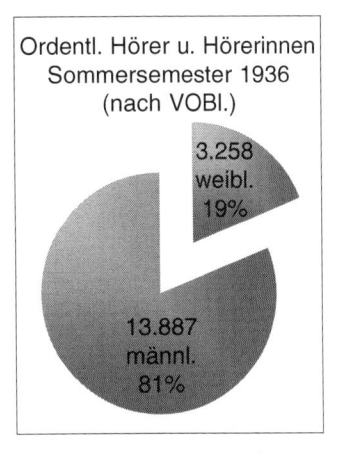

---

424) Nach Berta List-Ganser, in „Die Österreicherin", Nr. 1, Januar 1936, S. 3.
425) Daten entnommen aus VOBl. vom 15. November 1936, Stück XX (Kundmachungen); ein Vergleich zum Wintersemester 2005/06: Die Frauenquote der insgesamt rund 254.000 Studenten in Österreich betrug mehr als die Hälfte, nämlich 54 Prozent. Ebenso bildeten die weiblichen Absolventen das Übergewicht. Hingegen bei den Lehrenden und Forschenden an den heimischen Unis stellte der Frauenanteil lediglich 28,5 Prozent dar; vgl. „Kurier" vom 5. März 2007, S. 7.
426) Auszug aus der Rede von „Universitätsrektor Prof. Arzt [...] am 2. Dezember 1936 über die arbeitslose akademische Jugend", hier zit. nach: „Pädagogischer Führer",

Dass „Regulierungen" an den Universitäts- und Hochschülerzahlen schon seit 1933 gängige Praxis waren, lässt sich durch die in den folgenden Jahren kontinuierlich rückläufigen Besucherfrequenzen nachvollziehen. Vom Wintersemester 1933/34 (23.254 „Studierende im ganzen", davon 6.379 Ausländer inklusive 3.032 aus dem Deutschen Reich[427]) bis zum Sommersemester 1936 betrug die Verminderungsquote 22 Prozent, exakt: ein Minus von 5.159 Studierenden. Die hochoffizielle Begründung:[428]

> [...] ein Rückgang, der sich hauptsächlich daraus erklärt, daß die Devisenvorschriften einzelner Staaten sowie die Tausendmarksperre des Deutschen Reiches [...] einen längeren Auslandsaufenthalt sehr erschweren. Infolgedessen ist die Zahl der ausländischen Hörer gegenüber dem Sommersemester 1933 um 62 Prozent gefallen, während der Inlandsbesuch sich nur um 7 Prozent gesenkt hat.

Eine offiziöse Rechenschaft für die „erfolgreiche" Barriere gegen ausländische, in der Hauptsache deutsche Studenten konnte der *Reichspost* entnommen werden. Die Maßnahme ermögliche der Hochschulverwaltung, durch eine geringere Studentenzahl das wissenschaftliche Niveau aufrecht zu erhalten. Die Hiobsbotschaft folgte auf den Fuß: „Eine Anpassung der Hochschuleinrichtungen an steigende Hörerzahlen" könnte allfällig „aber leider mit Rücksicht auf die staatsfinanzielle Lage weder in personeller noch in fachlicher Hinsicht in Frage gezogen werden", bedauerte das Blatt.[429] – Welch frappante Ähnlichkeit zur Universitäts- und Hochschuldebatte drängt sich doch im ersten Dezennium des neuen Jahrtausends auf, speziell was den Studienzugang ausländischer Studenten anlangt!

Die quantitative Beschneidung des akademischen Nachwuchses, noch mehr die berufliche Aussichtslosigkeit[430] nach Studienabschluss verschärfte eine nicht unwesentliche, sozialpolitische Gefahrenkomponente, die Schuschnigg nicht munter negieren konnte. Man kann davon ausgehen, dass er über die trostlosen Berufsperspektiven der Studierenden im Bilde war.

Heft 3/1937, S. 236; vgl. auch den am 17. Februar 1937 vor Vertreterinnen des Bundes österreichischer Frauenvereine (BÖFV) vom „Rat der Stadt Wien Dr. Alma Motzko" gehaltenen Vortrag über die Berufsausichten der akademischen Jugend, abgedruckt in „Die Österreicherin", Nr. 2, Februar-März 1937, S. 1.
427) VOBl., Kundmachungen. Wien, am 1. Februar 1934.
428) VOBl., Kundmachungen. Wien, am 1. Dezember 1936.
429) „Reichspost" vom 19. August 1934, S. 6.
430) Vgl. „stud. med. Emmi Johannider" in der „Reichspost" vom 9. April 1933, S. 17 („Massenstudium der Mädchen").

Auch kannte der Kanzler die permanent sich verschlechternden staatlichen Arbeitsmarktentwicklungen der vergangenen Jahrzehnte. *Die Österreicherin* zitierte unter dem bezeichnenden Titel „Die Arbeitsnot unserer Jugend" aus einem Referat, gehalten anlässlich einer Frauen(protest)versammlung im Februar 1937 im Alten Wiener Rathaus: „Der Anteil der jungen Beamten im 20. und 30. Lebensjahr ist von 1910 bis 1934 um mehr als 72 Prozent gesunken, und damit ist der Grundstock des Mittelstandsberufes zerstört." Der Aufruf an die Regierung lautete daher: „Es muß verhindert werden, daß sich Jahr für Jahr ein Regiment junger Menschen bildet, die Zeit, Geld und Arbeit aufgewendet haben und sich nun vor ein Nichts an Aussichten gestellt sehen."[431]

Kurt Schuschnigg erahnte nicht nur die Befindlichkeiten der studierenden Jugend. Er verspürte hautnah, was später einmal H. Engelbrecht über das universitäre Stimmungsbarometer schreiben sollte: Auf den Hochschulen erwuchs das „Hauptreservoir des illegalen Nationalsozialismus [...], wo antiösterreichische Manifestationen an der Tagesordnung waren".[432] Die retrospektive Diagnose geht aus dem von der Generaldirektion für die öffentliche Sicherheit Anfang April 1936 verfassten Bericht hervor, der in der „vorwiegend arbeitslose(n) Intelligenz" den „Träger und Führer der illegalen Bewegung in Österreich" entdeckt hatte. „Insbesondere", so im Detail, „sind es die Angehörigen der nationalen Studentenschaft, die in ihren Verbänden noch immer in der alten großdeutschen Ideologie erzogen werden und am Ende ihres Studiums die Unmöglichkeit sehen, in irgendeinem Beruf unterzukommen."[433] Zweifellos – für zusätzlichen Sprengstoff sorgte Schuschniggs Unvermögen.

Leidenschaftlich warnte die christlichsoziale Wiener Stadträtin Alma Motzko vor den tristen Berufsperspektiven der jungen Akademikerinnen (1937): Von den etwa 3.000 jungen Menschen, die jährlich die Hochschulen verließen, befänden sich 20 Prozent Frauen, jedoch übertreffe der

---

431) Aus dem Vortrag von Olly Hässler, Vorstandsmitglied des Reichsverbandes der Elternvereinigung, über „Die Lage der Mittelschüler", in: „Die Österreicherin", Nr. 2, Februar-März 1937, S. 1.

432) Engelbrecht, in: Heinemann 1980, S. 116, mit Hinweis auf Massiczek, Albert: Die Situation an der Universität Wien März/April 1938, in: Verein für Geschichte der Stadt Wien (Hg.). – Wien 1978, S. 216–229.

433) Aus dem Guido Schmidt-Prozess vor dem Volksgerichtshof, 1947; hier zit. nach Helmut Andics, Österreich 1804–1975, 4 Bde, hier Bd. 3, 1. Aufl.: Der Staat, den keiner wollte. Österreich von der Gründung der Republik bis zur Moskauer Deklaration. – Wien/München 1968 (TB-Ausg.), S. 241.

"Anteil der Frauen an der Stellenlosigkeit in den akademischen Berufen diesen Prozentsatz. Unter 1.400 stellenlosen Mittelschullehrern sind 400 Frauen, fast ein Drittel, was begreiflich ist bei der geringen Anzahl von Mädchenmittelschulen". Von den Mittelschul-Hilfslehrerinnen hätten „nur die wenigsten die Stundenzahl besetzt, die ihnen die Normalentschädigung von 250 Schilling" gewährleisteten, „die meisten" bezögen „nur den der geringen Verwendung entsprechenden Teil". Dies und noch andere Unzulänglichkeiten „beleuchten auch die traurigen Eheaussichten der Akademiker. Die Mehrzahl der studierenden Frauen" würde „sich dem Lehrberuf zuwenden." Andere studienadäquate Erwerbsstellen seien rar vorhanden: In der derzeit überfüllten österreichischen Ärzteschaft befänden sich 10 Prozent Frauen. Manche Institute der Sozialversicherung „verschließen sich noch heute der Aufnahme weiblicher Ärzte". Noch schlimmer böte sich das juristische Berufsfeld an. Die Juristin habe „so gut wie keine Berufsaussichten". Wenn es solche gäbe, dann bestenfalls „im mittleren Verwaltungsdienst. Das Richteramt ist der Frau verschlossen, ja sie darf sich nicht einmal um ihre Reihung als Richteranwärter bewerben." Das traurige Los ereile ebenso Technik- und Welthandelabsolventinnen und fertige Architektinnen.[434]

Eine andere zeittypische Denkströmung untermalte die Diskussionsforen. Beim Anmarsch gegen die „Hochschulüberfüllung" vergaß man nicht, bevölkerungsbiologische Bedenken ins Treffen zu führen und im Konnex die Problemlage „vom Gesichtswinkel der Vererbungslehre" aus zu untersuchen. Ein Forschungsergebnis im Deutschen Reich, so jedenfalls nach der *Reichspost*-Kolumne „Die Welt der Frau" unter dem Titel „Familienstand und Hochschulstudium" (1933), belege „die Beziehung von Geburteneinschränkung und Hochschulstudium". Die im mittleren Bürger- und Beamtentum weit verbreitete „rationalistische Denkweise", dass aus den Kindern „etwas Besseres" werde, habe oftmals die Ein- oder Zweikindfamilie zur Folge, weil die Studienkosten Kinderreichtum nicht zulassen würden. Dies wie-

---

434) Aus dem genannten Vortrag von Alma Motzko, auszugsweise abgedruckt in „Die Österreicherin", Nr. 2, Februar-März 1937, S. 1 („Die Arbeitsnot unserer Jugend"). Im nationalsozialistischen Deutschland erfolgte per Gesetz vom 25. April 1933 die Beschränkung des Frauenanteils auf zehn Prozent der jährlich zugelassenen 15.000 Studienneulinge; Schneider, Wolfgang: Frauen unterm Hakenkreuz. – (TB-Ausg.) München 2003, S. 271; im August 1936 entschied Hitler, dass Frauen weder Richter noch Anwalt werden sollten und Juristinnen im Staatsdienst nur in der Verwaltung Verwendung finden durften; ebenda, S. 288.

derum zeitige eine fatale Folgewirkung: die Beschleunigung des Bevölkerungsschwundes! (Im rassenfanatischen Deutschland warnten „Experten" vor dem drohenden völkischen „Volkstod".[435]) Überdies lehre die Forschung, dass die Fülle der guten Erbanlagen „bei größerer Kinderzahl größer" sei „als bei einer geringen Zahl von Kindern". Da nun aber die „Hälfte der in der Hochschulausbildung befindlichen Anwärter auf höchst qualifizierte Berufe aus kinderarmen Familien" stammten, bedeute dies „eine Einschränkung der Vererbungsmöglichkeit guter Anlagen; überdies" bringe „das relativ hohe Heiratsalter des Akademikers im allgemeinen die Aussicht geringerer Kinderzahl mit sich". Das wiederum stelle „nicht nur einen Verlust an wertvollen Begabungen sowie eine Beeinträchtigung der Qualität des Nachwuchses dar". Zwangsläufig erfordere die gesellschafts- und bevölkerungspolitische Weitsicht, Umschichtungen beim Studienzugang vorzunehmen – etwa durch vermehrte Heranziehung von Jugendlichen aus kinderreichen bäuerlichen Familien. Rationalistisch denkenden, ichbezogenen Eltern sei aufgetragen, aus ihren Kindern „gute, lebenstüchtige Menschen zu machen", wofür eben eine größere Kinderschar eher die biologistischen Voraussetzungen schaffe. „Dies sei vor allem den erziehenden Müttern ins Stammbuch geschrieben!"[436]

Grundpostulate der Mädchenbildung

Einigkeit herrschte in den veröffentlichten Stellungnahmen über die Notwendigkeit einer dualistischen Mädchenerziehung. Sie habe einerseits aus der „geistigen" Mädchenausbildung zu bestehen, aus dem Hinführen zur „richtigen Lebenshaltung", wie Maria Maresch es nannte. Das hieße, das Mädchen „zur geistigen Beherrschung des Alltags" zu befähigen, denn: „Das Hausmuttertum" setze die „geistige Gemeinschaft zwischen Mann, Frau und Kindern voraus".[437] Ebenso sei, nicht weniger wichtig, die künftige Frau, die intellektuell gebildete, die „*österreichische* Frau" für die Kulturarbeit in Hinblick auf das Volksganze unersetzlich.[438] Und gerade diese

---

435) Vgl. beispielsweise R. Lotze, Volkstod?, in: Kosmos. Gesellschaft der Naturfreunde (Hg.). – Stuttgart 1932.
436) Olga Rudel-Zeynek, in „Reichspost" vom 21. Mai 1933, S. 23.
437) Maria Maresch, Mädchenbildung von heute, in: „Die Österreichische Schule", Heft 5/1936, S. 328 ff., hier S. 330. Sperrungen im Original.
438) „Reichspost" vom 1. April 1934, S. 16 („Bildung und Erziehung der katholischen Frauenpersönlichkeit").

Unverzichtbarkeit nötige den neuen Staat, für die „richtige Mädchenbildung" gerade zu stehen, wie der Priester Franz Zehentbauer beipflichtete und jäh mit dem Zaunpfahl drohte. Weil für die Fehler, die im Aufziehen und Erziehen gemacht (würden, müsste) in der Zukunft die Gemeinschaft, der Staat, das Gutmachen übernehmen. Sind Frauen und Mütter für ihren Pflichtenkreis ungeschult, so ergibt das Siechtum und Lebensuntüchtigkeit vieler Menschen. Während die Ausbildung und Fortbildung des Mannes – (er) organisiert, wehrt und kämpft, baut auf – im wesentlichen seiner eigenen Förderung dient, bedeutet sie bei der Frau Rettung der ganzen künftigen Generation.[439]

Innewohnende Mütterlichkeit oder das nicht nur leiblich zu verstehende Muttersein schlechthin – und „Kulturschafferin"! Die Stilisierungen beinhalteten die spezifische, vergeistigte, heilige „Wesens*art*" der Frau. Einerseits gehe es bei der Erziehung der Mädchen um „das Muttertum als die gottgewollte, naturhafte Bestimmung der Frau", belehrte die pädagogische Fachzeitschrift *Österreichische Schule*. Darüber hinaus aber auch – *wert*bezogen – um deren Mitarbeit im Kulturschaffen.[440] [...] Das will bedeuten, daß Bereitwilligkeit und Fähigkeit zu mütterlichem und hausfraulichem Wirken ausgebildet werde und daß vor allem auch jene vergeistigte Mütterlichkeit zur Entfaltung komme, deren die Frau zur Erfüllung ihrer besonderen Aufgaben im öffentlichen Leben bedarf.[441]

Das Zitat macht deutlich, was auch die Nationalsozialisten in Deutschland verfochten: Individuelle Selbstbestimmung bei der Lebensgestaltung wie bisher in der liberalen Gesellschaft widersprach dem Überzweck, der da „Volksgemeinschaft" hieß, gestaltet nach dem Motto: „Du bist nichts, dein Volk ist alles!"

Die zweite, d. h. die zweitrangige Bildungsschiene, auf die die Mädchenschule zu stellen sei, bestehe aus der Erziehung zur „Lebenstüchtigkeit",[442] genauer formuliert: Das „Studium der Frau" müsse – wie gesagt: „erst in zweiter Linie"! – auf die „Erwerbsfrage" abgestimmt werden, da wir Men-

---

439) Franz Zehentbauer, in „Reichspost" vom 17. Juni 1934, S. 17 („Die Frau im neuen christlichen Staate").
440) „Der soziale Betätigungsbereich der Frau ist die Kultur; die Frau wirkt hier durch Persönlichkeit, bleibt also äußerlich mehr passiv, während der Mann die Werke schafft, welche die Entwicklung der Zivilisation vorwärtstreiben." Eugen Lanske, in: „Wiener Zeitung" vom 1. Mai 1934, S. 4 („Volkswerdung").
441) Weitzenböck, Auguste: Was soll neue Schulbildung? In: „Die Österreichische Schule", Heft 9/1935, Wien, S. 660 f.
442) Maresch, in „Die Österreichische Schule", Heft 5/1936, S. 330.

schen nun einmal „auch wirtschaftlichen Gesetzen unterworfen" seien.[443] Beide Aufgaben, Lebenshaltung *und* Lebenstüchtigkeit, erforderten einen für die Mädchen gesonderten „Lebensunterricht" nach der Volksschulgrundstufe. In der realen Lebenswelt „(kommen) oft mütterlich gerichtete Frauen in die Lage, in [...] nur fachliche Arbeit erfordernden Berufen zu wirken, während intellektuell einseitig eingestellte Mädchen gerade die Mutterschaft oft als schweres Unglück" erlebten.[444]

Welche Schul- und Unterrichtsentwürfe in Form von Petitionen von Frauen- bzw. Lehrerinnenvereinen höchsten Schulverwaltungsbehörden unterbreitet wurden, entnehmen wir abermals zeitgenössischen Presseaussendungen. Die folgende Aufstellung ist zwei Forderungskatalogen (März 1934 und April 1935) entnommen:[445]

- Kindergärten unter weiblicher Leitung und Inspektion.
- In Volks- und Hauptschulen für Mädchen: Vermittlung praktischer Lebensaufgaben und Vermittlung wahrer Mütterlichkeit; hier und ebenso in den Mädchenmittelschulen weibliche Lehrkräfte und weibliche Leitung.
- In Mädchenmittelschulen: Vertiefung des fraulichen Einschlags in allen Lehrfächern; Einführung des hausmütterlichen Unterrichtes, der Pädagogik, Kinderpflege und Kinderpsychologie.
- Bereitstellung notwendiger Finanzmittel bei Mädchenschulen in gleichem Maße wie bei den Knaben; Vermehrung der öffentlichen Mittel für Bildungsanstalten, die für hauswirtschaftliche und Fürsorgeberufe vorbereiten.
- Koedukation soll so weit wie möglich unterbleiben, besonders in den Städten.
- Nach Vollendung der Schulpflicht (zwischen 14. und 18. Lebensjahr): obligatorische hausmütterliche Fortbildungspflicht; vom 18. bis 21. Lebensjahr (vor Eintritt in die Ehe): Vertiefung der hausmütterlichen Kenntnisse und Fertigkeiten in (Abend-)Kursen.
- Freier Weg für die Frauen zu akademischen Berufen.

---

443) Paunovic, in „Reichspost" vom 21. Januar 1934, S. 19 („Zur Krise der Frauenbildung"). Sperrung im Original.
444) Maresch, in „Die Österreichische Schule", Heft 5/1936, S. 330.
445) „Bildung und Erziehung der katholischen Frauenpersönlichkeit" (= Vorlage an das Unterrichtsministerium, verfasst von Frauenorganisationen im Rahmen der Katholischen Aktion, März 1934, veröffentlicht in „Reichspost" vom 1. April 1934, S. 16), und: „Forderungen der österreichischen Lehrerinnen" (= Resolution der Vollversammlung des „Ersten Vereines österreichischer Lehrerinnen" am 8. April 1935 im Niederösterreichischen Landhaus), abgedruckt in: „Die Österreicherin", Nr. 4/1935 (April), S. 3.

Einen interessanten Vorschlag unterbreitete der *Österreichische Lehrerinnenverein*: „Die Einführung eines hauswirtschaftlichen Pflichtjahres außerhalb der achtjährigen Schulpflicht wäre die beste Lösung im Sinne der Heranbildung unserer Mädchen zu tüchtigen Hausfrauen und Müttern."[446] Interessant deshalb, wenn man weiß, woher die Idee stammte bzw. wo diese bereits in Ansätzen verwirklicht wurde: Die Lehrerinnen entlehnten den Gedanken dem nationalsozialistischen Deutschland, wo am 2. Mai 1934 das „Hauswirtschaftliche Jahr" eingeführt worden war. Demgemäß sollten im Hitlerreich alle Schulabgängerinnen, anfangs zwischen 19 und 25 Jahren und zwecks Abbau der Jugendarbeitslosigkeit, ohne bzw. mit geringer finanzieller Entgeltung in (kinderreichen) Privathaushalten aushelfen. Schon am 29. März 1934 war in Preußen das neunmonatige „Landjahr" für Volksschulabgänger eingeführt worden.[447]

Mädchenerziehung nach neuem Curriculum und „reine Mädchenschulen"

Noch als die neuen Lehrplanentwürfe in Bearbeitung waren erklärte die katholische Frauenvertreterin Prof. Dr. Nadine Paunovic den „Einbau der Lebenswirtschaft und Lebenspflege in den Lehrgang unserer Mädchenmittelschulen" als „gebieterische Notwendigkeit".[448] Doch wie sollte dieses Gebot konkrete Gestalt annehmen, wie substanziell artikuliert und – noch schwieriger – wie in die Praxis der schulischen Mädchenwelt eingeführt werden? Die „Hauptschullehrerin in Baden (N. = Ö)" Auguste Weitzenböck forderte in der *Österreichischen Schule* fassbar formulierte Lehrplaninhalte, deren Argumentationsbasis aus den Bereichen der Psychologie und Philosophie zu schöpfen seien.[449] Die offiziellen Textfassungen lagen allerdings zum Zeitpunkt der Drucklegung ihrer Vorschläge schon vor, nämlich in den amtlichen Lehrplanausgaben von 1934 und 1935.[450] Sie wiesen im Ver-

---

446) Vgl. „Die Österreicherin", Nr. 4, April 1935, S. 3.
447) Benz, Wolfgang; Graml, Hermann;. Weiß, Hermann (Hg.): Enzyklopädie des Nationalsozialismus; 4. Aufl. -München 2001 (TB-Ausg.), S. 505.
448) „Reichspost" vom 21. Januar 1934, S. 19.
449) Auguste Weitzenböck, in: „Die Österreichische Schule", 9/1935, S. 662 f.
450) Auf eine kompakte Analyse bzw. Wiedergabe der „Schuschniggschen Schulreform" auf dem Mittelschulsektor bezüglich der neuen Lehrplaninhalte wird in der vorliegenden Arbeit verzichtet. Eine zusammenfassende Darstellung unter

gleich zu Lehrplanpassagen von 1926/27/28, trotz weitgehender Kongruenzen, einen sichtbaren Bruch auf: Jetzt, in den neuen Lehr- und Organisationsverordnungen, gewann die Frauen-/Mädchendiskriminierung deutlich an Profil, und das bei sämtlichen Schultypen. Aber trotz des Verbindlichkeitscharakters, der Lehrplanvorgaben stets auszeichnen sollte, muss auch hier betont werden: Für die Umsetzung der zu Unterrichtsprinzipien erhobenen „weiblichen" Bildungsmaximen blieb den Lehrkräften weiterhin ein gerütteltes Maß an individuellem Spielraum in Methodik und Stoffauswahl erhalten. Lediglich im fachlichen Ausbildungsbereich konnten die Obrigkeiten infolge schul- und unterrichtsorganisatorischer Umgestaltungen (Forcierung hauswirtschaftlicher Fächer u. dgl.) Nachwirkungen erzielen.

Welche Bildungsinhalte waren es also, die die Lehrer im Bezug auf Mädchen/Frau in den Lehrplänen vorfanden? Wenden wir uns hierfür, in punktueller und verkürzter Darstellung, wieder Weitzenböck zu:[451]

- Naturgemäß fällt in erster Linie dem Geschichts- und dem Deutschunterricht die Aufgabe zu, die Mädchen einzuführen in die kulturelle Mission der Frau. [...] Daher werden Lebensbilder bedeutender Frauen nicht fehlen dürfen.
- Im Deutschunterricht (sind) Lesestoffe, die frauliches Dienen, opferbereite Hingabe, selbstloses karitatives Wirken zu würdigen wissen, notwendig [...]. Mit Recht verlangt man auch, daß [...] mehr die Kunst des Erzählens gepflegt werde und daß das Mädchen einen reichen Schatz von Gedichten und Sprüchen, Märchen und Erzählungen mitbekomme. Dasselbe muß wohl auch vom Gesangsunterricht in Bezug auf die Lieder gefordert werden.
- Der Erdkundeunterricht wird [...] an Reiz gewinnen, wenn er das Frauenwesen der fremden Völker berücksichtigt.
- Fremdsprachen sollen mithelfen, frauliches Wirken und Schaffen jenseits der heimatlichen Grenzen kennenzulernen [sic].
- Dem Unterricht im Rechnen und in den naturkundlichen Fächern fällt die Aufgabe zu, volkswirtschaftliches und hauswirtschaftliches Denken und Tun vorzubereiten und zu unterbauen. Die wachsenden Bedürfnisse auf der einen und das verminderte Einkommen auf der anderen Seite erfordern, daß die Hausfrau Lebens- und Luxusbedürfnisse zu unterscheiden und richtig zu werten weiß. [...] Das erfordert nicht nur das Wohl des Einzelhaushalts, das geschieht auch im Interesse der Gesamtwirtschaft.
- Physik und Chemie in der Mädchenschule soll die Mädchen einführen in die Nahrungsmittelkunde und Ernährungslehre und ihnen die Geheimnisse jener

---

dem Titel „Neue Lehrpläne für Mittelschulen" brachte die „Wiener Zeitung" vom 11. Juli 1935, S. 4.
451) Weitzenböck, in: „Die Österreichische Schule", 9/1935, S. 662 f.

hauswirtschaftlichen Einrichtungen und Geräte erschließen, die in fast allen Haushalten zu finden sind.
- Außerdem muß für das letzte Jahr der Schulpflicht hauswirtschaftlicher Unterricht verlangt werden.

Abschließend meinte die Pädagogin, allein neue Lehrstoffe aufzunehmen, genüge nicht. Deshalb erinnerte sie noch einmal an das „Frauendenken", das „Frauenfühlen" und das „Frauenwollen". Alles in allem müsse „der Unterricht lebensnahe sein [...] und nicht nur das ‚Warum', sondern vor allem das ‚Wozu' berücksichtigen".[452]

Nicht zufällig endet hier die Expertise der doch etwas realitätsfernen Lehrerin, die sich versagte, explizit Frauenberufe zu nennen (übrigens wie die meisten zeitgenössischen Analogieschriften auch). Weitzenböcks Abhandlung endete in jenen trüben Weltanschauungswässern, die sie eigentlich klären wollte. Ihr genügte der Hinweis auf den natürlich geprägten „sozialeren", „verständnisvolleren" und „liebenden Charakter" der Frau, der sich in „pfleghafter"/karitativer Tunlichkeit erfüllen sollte.[453]

Die dokumentierten Veröffentlichungen in der Presse und schriftlichen Eingaben an die Regierung bewirkten für die Mädchen einen jedenfalls teilweisen positiven Niederschlag in der Organisationsreform und in den neuen Lehrplanfassungen. Die bisherigen höheren Mädchenschultypen, das *Oberlyzeum* mit „Nadelarbeit" als obligatorischen Gegenstand und die mit den charakteristischen Schwerpunkten „Erziehungslehre, Kinderpflege und Fürsorge, Nadelarbeit, Nähen und Schneidern sowie Kochen und Hauswirtschaftskunde"[454] ausgestatte *Frauenoberschule* (seit 1921), blieben bestehen. Sie waren „nur den Mädchen zugänglich".[455]

Entscheidende Bedeutung für die Frauenorganisationen aber hatte der 1934 in der ministeriellen Märzverordnung festgehaltene Passus vom

---

452) Ebenda.
453) „Wie die vaterländische Erziehung beim Knaben das Wehrhafte, so soll sie beim Mädchen das Pfleghafte betonen." Peter Schmitz, in „Reichspost" vom 1. Juli 1934, S. 17 („Vaterländische Erziehung der Mädchen"); vgl. ebenso: Unser Dienst am Vaterland, in: „Frohes Schaffen". Mitteilungsblatt des Mädchenverbandes der Erzdiözese Wien und des Burgenlandes, Juli 1937, Folge 7, S. 1; zit. bei R. Widder, Die „Unschuld vom Lande", in: Burgenländische Forschungen, Heft 73, S. 50.
454) Erlass vom 24. März 1934, veröffentlicht in VOBl. 22/1934. Wien, am 15. April 1934.
455) Maria Maresch, in: „Die Österreichische Schule", Heft 5/1936 („Mädchenbildung von heute"), S. 331.

„Zweck der Mittelschulen", der selbstverständlich auch für die genannten Mädchenschultypen Geltung hatte: Die Zielaufgabe bestehe darin, „ihren Schülern eine höhere Allgemeinbildung zu vermitteln, die zugleich zum Studium an den Hochschulen befähigt".[456]

Als Bildungsanstalten ohne Maturaabschluss standen den Mädchen die hauswirtschaftlichen Frauenberufsschulen offen:[457]

> Die einjährige Haushaltungsschule vermittelt die Kenntnisse, die zur Herstellung einer preiswerten Kost, zur Führung eines größeren Haushaltes oder einer Gastwirtschaft (als Köchin, Wirtschafterin, Hausbeamtin, Gastwirtin usw.) notwendig sind.
>
> Die dreijährige Höhere Lehranstalt für wirtschaftliche Frauenberufe bildet für den hauswirtschaftlichen Anstaltsdienst aus und bereitet für verwandte Berufe, wie Krankenpflege, Kinderpflege, Fürsorge vor. (Letztere schaffe die Voraussetzung) für die Aufnahme in die Bildungsanstalt für Hauswirtschaftslehrerinnen.

Die Aufzählungen dürfen bei einer Rückschau nicht blenden. Wie bisher gezeigt werden konnte, offenbarte sich in den ungezählten literarischen Schönfärbereien der Widerspruch zwischen Sein und Schein, trat die Heuchelei und das Paradoxe zutage, bestehend aus pathetischen Worthülsen versus Schul- und Berufspraxis. Kaum sonst wo wäre analog zu den hervorgehobenen weiblichen Prädikaten ein Arbeitsgebiet für eine Frau prädestinierter gewesen als gerade dort, wo diese Eigenschaften am meisten gefragt waren: in den pädagogischen Aktionsräumen! Das jedenfalls hätte man gemäß dem beschworenen Frauenbild zwingend schließen müssen, was auch Schuschnigg partout nicht zugeben wollte – oder/aber nicht eingestehen konnte. Die krasse und unleugbar von Scheinheiligkeit durchtränkte Zwiespältigkeit blieb nicht nur Hellsichtigen nicht verborgen. Nirgends sonst kam das Missverhältnis der Geschlechter so deutlich zum Vorschein wie bei den jüngeren weiblichen Bundes- und Landesbediensteten. Eine grundrechtliche Divergenz übrigens, die sogar die Mai-Verfassung von 1934 sanktionierte. Unverschleiert schrieb die Grundverfassung fest: Zwar bestehe das Prinzip der Gleichberechtigung zwischen Frauen und Männern, doch gelte die Verfassungsmaxime nur, „soweit nicht durch Gesetze anders

---

456) Erlass vom 24. März 1934, veröffentlicht in VOBl. 22/1934. Wien, am 15. April 1934.
457) Auszug aus dem Vortrag von Rosine Kaplan (Schulkommissionsmitglied beim Bund Österreichischer Frauenvereine) im Rahmen der BÖFV-Versammlung am 17. Februar 1937, hier zit. nach „Die Österreicherin", Nr. 2, Februar-März 1937, S. 2.

bestimmt ist".[458] Damit institutionalisierte diese auf das Autoritätsprinzip aufgebaute Konstitution die eigene Widersinnigkeit und ließ Dollfuß' Zuruf an die am 1. Mai 1934 im Wiener Stadion versammelten 50.000 Schulkinder, „unser Vaterland" werde „über die Gegensätze des Geschlechts [...] hinweg"[459] gebaut werden, zur jämmerlichen Makulatur verkommen. Am Beispiel der weiblichen Lehrerschaft soll das eingehend dokumentiert werden.

2.3.6.3 Die Junglehrerinnen – Der Kampf gegen das „Doppelverdienertum" und Mütterlichkeit kontra Zölibat

Wenden wir uns Gesetzesregelungen zu, die die Frau, im Besonderen die verheiratete und die ledige Lehrerin geradezu entwürdigten. Der Kampf gegen das sogenannte „Doppelverdienertum" fokussierte die diskriminierenden Konstanten.

Worum ging es bei diesem Gesetz? Erstmals stellte Josef Resch (christl.-soz. Sozialminister 1931–1933 und 1936–1938) bereits im März 1931 [sic!] einen Entwurf zur Beseitigung des „Doppelverdienerunwesens"[460] zur Diskussion, um mit legislativen Instrumenten wenigstens ansatzweise der anwachsenden (Jugend-)Arbeitslosigkeit Herr zu werden. Die Begründung in der Verlautbarung des Doppelverdienergesetzes im Dezember 1933 sollte denn auch heißen: „Die fürchterliche Arbeitslosigkeit erheische unbedingt, daß man gegen das Doppelverdienen einschreite."[461]

Diesbezügliche Anregungen erhielt die Regierung Ender (Dezember 1930 – Juni 1931) seitens „verschiedener Stellen, zu denen auch die Sozialdemokraten gehörten".[462] Die parlamentarischen Gesetzesdebatten verliefen „im Hinblick auf die Vielfältigkeit des Problems"[463] in den folgenden zwei Jahren im Sand, weshalb nach Inkrafttreten der „Teillösung"[464] die

---

458) BGBl. f. d. Bundesstaat Österreich 1/1934, 1. Stück, Art. 16, 2; vgl. auch Bandhauer-Schöffmann, in: Tálos/Neugebauer 2005, S. 274.
459) Zit. nach E. Weber, Dollfuß an Österreich, S. 251.
460) „Österreichische Arbeiter-Zeitung" vom 2. Juni 1934, S. 2.
461) Zit. nach Hönig, „Die Österreicherin", Nr. 9/10, Dezember 1933, S. 1.
462) Ebenda. Später gehörten die Sozialdemokraten zu den schärfsten Gegnern der Verordnung; siehe insbesondere die Schriften der Leiterin des Frauenreferates der Wiener Arbeiterkammer Käthe Leichter, gesammelt in: Festschrift Käthe Leichter = Käthe Leichter zum 100. Geburtstag. Texte zur Frauenpolitik. – Wien 1995.
463) „Die Neue Zeitung" vom 16. Dezember 1933, S. 1 („Doppelverdienergesetz beschlossen!").
464) Ebenda. Sperrung im Original.

(bereits gleichgeschaltete) *Österreichische Arbeiter-Zeitung* konstatierte: „Die Frage hat erst durch eine Notverordnung vom 15. Dezember 1933, wirksam mit 1. Jänner 1934, eine vielumstrittene und dabei unzulängliche Lösung gefunden [...]."[465]

Dass in der parlamentarischen Periode die ministeriellen Absichten bedrohlich weiter köchelten, beweist der bereits erwähnte Artikel der *Reichspost* vom 2. März 1933, der Ausgabe also, die zwei Tage vor dem so folgenreichen Parlamentseklat erschien. Noch wandte sich das christlichsoziale Tagblatt entrüstet gegen derartige Zwangsbestimmungen, wörtlich:

> Gegen das Ziel der beabsichtigten harten Maßregel, (die) es bisher nirgends gegeben (habe), sondern nur immer auf dem Wege der Freiwilligkeit, wie z. B. 1923 in Niederösterreich selbst, wo sich damals 400 verheiratete Lehrerinnen abbauen ließen. [...] Die erste Folge eines Zwangsabbaues aller verheirateten Lehrerinnen wäre ein wirtschaftlicher Zusammenbruch vieler betroffener Familien.[466]

Zur vereinfachten Erklärung der Kernbestimmungen des Doppelverdienergesetzes sei H. Dachs zitiert:[467]

> Diese („Doppelverdiener-Verordnung") verfügte den Abbau aller mit einem Bundesangestellten verheirateten weiblichen Personen im Bundesdienst, sofern das gemeinsame Familieneinkommen den Bruttobetrag von 340 Schilling überstieg (dieser Betrag wurde später auf 400 Schilling angehoben). Von dieser Regelung [...] waren natürlich vor allem viele Lehrerinnen betroffen.[468] Die Länder (haben)

---

465) „Österreichische Arbeiter-Zeitung" vom 2. Juni 1934, S. 2 f.
466) „Reichspost" vom 2. März 1933, S. 7.
467) Dachs, in Ardelt, S. 91, 92; Zitat laut Anm. 49, S. 98, entnommen aus: „Österreichische Pädagogische Warte", Heft 1/1934, S. 19; die Doppelverdiener-Verordnung auch abgedruckt in: „Die Österreicherin", Nr. 1, Januar-Februar 1934, S. 2; kommentiert veröffentlicht in „Die Neue Zeitung" vom 16. Dezember 1933, S. 1, mit der Bemerkung: „Zur Durchführung der [...] Maßnahmen hat der Ministerrat eine auf das kriegswirtschaftliche Ermächtigungsgesetz gestützte Verordnung genehmigt [...]." Sperrungen im Original.
468) Vor versammelten Mittelschullehrern vertrat der Wiener Bürgermeister Schmitz die „Meinung, daß eine kinderlose Ehefrau, wenn es die Einkommensverhältnisse gestatten, zu Hause bleiben und den Platz für einen jungen Menschen freimachen soll". Zwar bedeute dies für das betreffende Ehepaar ein Opfer. „In einer Zeit aber, in der noch immer tausende gebildeter junger Menschen [...] vor den Toren des öffentlichen Dienstes stehen, habe er sich für das kleinere Übel entschieden, [...] damit andere ihre Existenz finden." Zit. nach „Wiener Zeitung" vom 5. April 1935, S. 2. Sperrungen im Original.

sukzessive die Bundesregelung – obzwar mit geringen Modifikationen – übernommen. […] Bezüglich des Zustandekommens dieser Verordnung bemerkte pikiert die Österreichische Pädagogische Warte, daß eine solche Vorgangsweise nur aufgrund des kriegswirtschaftlichen Ermächtigungsgesetzes möglich geworden sei, denn im Nationalrat „hätte sich für diese Bestimmung niemals eine Mehrheit gefunden".

Ausgesprochen widerlich im wahren Wortsinn, Frauen miss- und verachtend war jener Paragraph, der ledigen Lehrerinnen und Lehramtsanwärterinnen Eheschließungen faktisch untersagte. Die hohe (und hohle) Prämierung mit der viel beschworenen „Mütterlichkeit" bzw. das erwünschte leibliche Mutterwerden junger Lehrerinnen und Beamtinnen – der allgemeine Geburtenrückgang im Staat gab Anlass zur Sorge![469] – landete durch den *Lehrerinnen-Zölibat* im Reich des Absonderlichen. Wieder war es der *Bund österreichischer Frauenvereine*, der verbissen mit in Protestversammlungen verfassten argumentativen Eingaben an die Regierungsstellen dagegen ankämpfte. Beispielsweise richtete er im Juni 1934 „an die Bundesregierung neuerlich die dringende Bitte, die Verordnung vom 15. Dezember 1933 (Doppelverdienergesetz) einer Neuordnung zu unterziehen und eine Milderung der Bestimmungen durchzuführen. […] viele junge Lehrerinnen" seien „noch als Hilfslehrerinnen eine Ehe eingegangen, in der sicheren Voraussetzung, daß auch nach ihrer Pragmatisierung beide Ehegatten weiter ihrem Beruf nachgehen werden." Nun aber sei „die wirtschaftliche Lage dieser Frauen sehr kritisch geworden, die traurigsten Folgen für die Familie" könne man voraussehen. Die Regierenden mögen bedenken, „daß in vielen Fällen heute die Frau die alleinige Familienerhalterin ist, da der Mann bereits abgebaut oder als Kriegsinvalide mehr oder weniger arbeitsunfähig ist." Das Muttersein bzw. Mutterwerden andeutend „wurde auch betont, daß die unverheiratete Bundesangestellte, die sich zu entscheiden hat, ob sie die Ehe oder den Beruf wählen soll, meistens keine Wahl mehr hat und durch die Vernichtung ihres Lebensglückes hart getroffen wird".[470]

---

469) „Nach Jahren stets sinkenden Geburtenüberschusses berichtet die Statistik des Jahres 1935 zum erstenmal von einem Geburtenabgang in der Höhe von 5546" gegenüber dem Vorjahr; in: „Die Österreicherin", Nr. 2, Februar-März 1937, S. 3; war die Bevölkerung Österreichs von 1923 mit rund 6,535 Mio. bis 1934 auf 6,760 Mio. angestiegen, so verzeichnete das Land bis 1939 (6,653 Mio.) einen Bevölkerungsrückgang von rund 107.500 Personen; Burgenland: 285.698 (1923), 299.447 (1934), 287.903 (1939). Quelle: Statistik Austria, hier entnommen aus: http://www.landscape.tuwien.ac.at/lva/ss03/261066/v2/oedat2.xls (17.03.2007).
470) „Die Österreicherin", Nr. 5, Juni-Juli 1934, S. 1.

Bereits zwei Jahre zuvor, als sich die Schlagabtausche noch im Anlaufstadium befanden, war vom BÖFV ein inbrünstiger Warnruf zu vernehmen. Die „Überwindung des herrschenden wirtschaftlichen Notstandes", so räumte „Inspektor Prof. Anette Pfaff" auf einer Vereinsversammlung im April 1931 zwar ein, könne „nur durch die Opferwilligkeit aller Bevölkerungsschichten gelingen", nicht jedoch bloß durch Maßnahmen, „die sich in erster Linie gegen die berufstätigen Frauen wenden". Beispielsweise sei es so, „daß von allen verheirateten Mittelschullehrerinnen 45 Prozent außer für ihre engste Familie für erwerbslose Angehörige, meist für einen Elternteil, zu sorgen haben. 42 Prozent der Lehrerinnen beziehen einen Monatsgehalt bis zu 300 Schilling, der Mann, Mittelschullehrer oder Beamter auf einer unteren Gehaltsstufe, hat etwa ebensoviel; kann man das Doppelverdienertum nennen?" Man wisse überdies, „die Volkswirtschaft" könne „gar nicht auf die vollwertige Arbeit der Lehrerin verzichten",[471] wisse auch, „wie notwendig es ist, die Mädchen unabhängig von der Ehe zu machen,[472] und jede Familie läßt den Mädchen Berufserziehung zuteil werden. Wie aber sollen die Mädchen zu lebenstüchtigen Frauen erzogen werden ohne Lehrerin?" Die „Arbeit kann von Männern nicht geleistet werden." Daher sei die Protestwelle „gegen den Abbau der verheirateten Frau" nicht nur aus Erwägungen der Berufs-

---

471) Die „Gelegenheit eines freiwilligen Abbaues [...] soll ergriffen werden", zeigte sich angriffslustig und konziliant zugleich die Pädagogin und Publizistin M. Maresch (sie schuf auch die Frauenschule und den hauswirtschaftlichen Unterricht; siehe Bamberger, Österreich Lexikon, Bd. 1, S. 13). Dann aber ihr Veto: „Darüber hinaus aber erscheint jeder Zwang, vor allem wenn er rückwirkend die schon verheiratete Lehrerin trifft, als eine Schädigung der Schule, der Rechtssicherheit und des Familienlebens." Maria Maresch, in: „Die Welt der Frau", sonntägliche Beilage der „Reichspost", hier vom 26. März 1933, S. 17 („Die Berufsarbeit der verheirateten Frau"). Sperrungen im Original.

472) In der Resolution, die „an allen maßgebenden Stellen eingebracht" wurde, hieß es zur Ehe: „Die Eheschließung ist in 90 Prozent aller Fälle nur unter der Voraussetzung möglich, daß die Frau mitverdient. [...] Der Abbau oder die Nichtübernahme der verheirateten Frau in den öffentlichen Dienst würde a) zu Ehescheidungen führen; b) Eheschließungen überhaupt verhindern; c) z. B. die Anstellung verheirateter Lehrkräfte auch im privaten Dienst [...] verhindern." Schließlich prognostizierte der letzte Punkt der Resolution – zu Recht, wie die kommenden Jahre zeigen sollten – eine zu erwartende Kontraproduktivität einer Doppelverdienerregelung: „Der Abbau der berufstätigen verheiraten Frau hätte die Entlassung von Hausgehilfinnen und im Haushalt hilfsdienstleistender Personen zur Folge, wodurch die Arbeitslosigkeit nur auf ein anderes Gebiet geschoben würde." „Die Österreicherin". Nr. 5, Juni-Juli 1934, S. 9.

ethik und der Moral, sondern auch aus praktischen Überlegungen eine positive Aktion, „um die vitalsten Interessen unserer Jugend zu wahren".[473]

Trotz des erwähnten Artikels 16, Abs. 2 der Mai-Verfassung (Gleichberechtigung „soweit nicht anders bestimmt") als Angelpunkt der Abbaumaßnahmen konnte der Kampf gegen Windmühlen insofern marginal Erfolge erzielen, als weitere Verschärfungen verhindert wurden.[474] Wenig genug! Folgender Gesetzestext dokumentiert „die Verneinung eines allgemeinen Menschenrechts für die Frau" (P. Peter Schmitz[475]):

> LGBl. f. d. Bgld. 40/1934
> (Ausgegeben und versendet am 27. März 1934.)
>
> Gesetz vom 22. Feber 1934 über den Abbau verheirateter weiblicher Lehrpersonen im Landesdienste und andere dienstrechtliche Maßnahmen
>
> Die Verehelichung […] der […] im Landesdienste stehenden weiblichen Personen ist der Kündigung des Dienstverhältnisses durch den Dienstnehmer gleichzuhalten.

Dieser gesetzlich verankerte zölibatäre Zwang konnte nicht durch eine außereheliche Lebensgemeinschaft, durch ein Konkubinatsverhältnis umgangen werden, wie man heute vielleicht gerne annehmen möchte. Denn, so im selben Gesetz der Finte vorbeugend, dabei würden „Angestellte des Landes […] sich eines Dienstvergehens […] schuldig (machen), das mit der Entlassung zu ahnden ist".[476] Die Richtigkeit des Bundesgesetzes bezüglich „wilder Ehen" brachte die *Reichspost* zum Ausdruck:[477]

---

473) Ebenda.
474) Bandhauer-Schöffmann, in: Tálos/Neugebauer 2005, S. 275 f; zu den „Ausnahmen" siehe ebenda, S. 273, FN 144.
475) Peter Schmitz, , in „Reichspost" vom 15. April 1934, S. 19 („Grundsätzliches zur Frage des Frauenberufes").
476) Dachs dazu: „Mitte 1933 bestand der sogenannte ‚Lehrerinnen-Zölibat' schon in den Bundesländern Tirol, Vorarlberg, Salzburg und Oberösterreich. Nur in Wien und im Burgenland gab es bis dahin ein uneingeschränktes Recht auf Verehelichung." Die unterschiedlichen Anwendungen des Bundesgesetzes in den einzelnen Bundesländern waren darauf zurückzuführen, dass im Pflichtschulbereich den Ländern die Personalpolitik zustand. Dachs gab dazu „abstruse Auflagen" an: „Heiratete in der Steiermark eine Lehrerin einen Nichtlehrer, galt das als Dienstentsagung, und in Kärnten durfte sie erst nach vollen 15 Dienstjahren eine eheliche Verbindung eingehen, widrigenfalls sie aus dem Schuldienst auszuscheiden hatte." Dachs, in Ardelt, S. 92.
477) „Reichspost" vom 21. Juni 1934, S. 4.

Die Ahndung der Gründung einer Lebensgemeinschaft ohne Eheschließung wird zur Erhöhung der Standesehre sicherlich beitragen.

Nächster Diskriminierungsschlag: Entsetzt erlebten jene Lehrerinnen, die glücklicherweise einem Stellenverlust entgingen, einen Eingriff in das Gehaltsschema. Einen direkten Zugriff auf die Gehaltssäckel einzig bei ihnen; die männlichen Kollegen mussten schlimmstenfalls auf Entlohnungen für administrative Dienste (etwa für ein Kustodiat oder die Klassenvorstandarbeit) verzichten und Lehrpflichterhöhungen hinnehmen. Ihr Gehaltsschema blieb unangetastet. Man muss dazu erwähnen, dass Gehaltskürzungen bei Lehrerinnen – man übersehe nicht: bei gleichem Arbeitsausmaß wie bei den Männern! – nichts Neues darstellten. In einigen Bundesländern war diese Gepflogenheit schon vor Jahren gang und gäbe.[478] Einzelheiten zu den diesbezüglichen Gesetzesregelungen konnten den in jeder Schule aufliegenden Landesgesetzblättern entnommen werden.

---

478) Dazu Bandhauer-Schöffmann, in: Tálos/Neugebauer 2005, S. 274: „In einigen Bundesländern war es nach der Zerstörung der Demokratie zu Lohnkürzungen beim weiblichen Lehrpersonal gekommen, wogegen u. a. die Tiroler Lehrerinnen, die doppelt so hohe Gehaltskürzungen wie ihre Kollegen hinnehmen mußten, mit der Bemerkung protestierten, daß die Gleichstellung der Geschlechter kein zu beseitigender ‚Revolutionsschutt' sei."

Der Autorin der vorliegenden Untersuchung war es nicht gegönnt, nach siebzig Jahren auch nur eine der von den diskriminierenden Regelungen betroffenen Lehrerinnen zu befragen. Auch verständlich, wenn man bedenkt, dass eine Junglehrerin von jener Zeit heute in einem stattlichen Alter von mehr als neunzig Jahren stehen müsste. Ersatz für eine lebensnahe Illustration bieten Ausgaben der Burgenländischen Lehrerblätter, denen mehr als neunzig Prozent der verheiraten Lehrerinnen dem Referenten offenherzig ihre finanzielle Lage geschildert (haben). Der junge Haushalt ist meist auf Schulden aufgebaut. Entweder wurden Darlehen zu ungünstigen Bedingungen aufgenommen oder es wurde der Hausrat auf Raten bestellt. Nicht selten sind die Fälle, wo durch Wohnungsmangel ein bescheidener Hausbau veranlasst und durchgeführt wurde, natürlich mit kleiner Angabe und großen Raten. Die Lehrerinnen, die in den Ehestand traten, hatten ihren Erbanteil bereits in den Studienjahren verbraucht, selten sind die Fälle, wo geordnete finanzielle Verhältnisse herrschen. [...] (Es) ist weiter zu erwägen, daß die unverheirateten Lehrerinnen nicht minder in Mitleidenschaft gezogen werden. Die einen, die schon im Dienste stehen, bekommen kaum nennenswerte Vorteile, wenn sie heiraten; die anderen, die erst eintreten werden, werden künftig überhaupt ohne jede Entschädigung im Falle ihrer Verehelichung entlassen. [...] Selbst die Quadragesimo anno erkennt unter Umständen [...] die Notwendigkeit einer Berufstätigkeit der Frauen an. [...] Unserem Rate an die verlobten Lehrerinnen, rasch zu heiraten, ehe der Bund durch ein gleichlautendes Gesetz das Abbaugesetz sanktioniert, sind sehr viele gefolgt. Dadurch haben sie sich für eine gewisse Zeit günstige Bedingungen gerettet.[479]

Knapp ein Jahr danach ließ diese Monatsschrift des Landeslehrervereines „Eine Lehrerin" zu Wort kommen. In ihrem Brief an die Redaktion schrieb sie, was ihr und vielen ihrer Kolleginnen auf der Seele lag:[480]

> [...] so brachte das Vorjahr ein uneingeschränktes Eheverbot und Zwangsabbaumaßnahmen. Doch das alles haben wir ertragen [...]. Denn gerne kehren wir zurück zu unseren eigenen Kindern, zu unserem Muttertum, wenn unser Gatte allein für den Unterhalt aufzukommen vermag.
>
> Beim Einlauf im burgenländischen Landtag war auch ein Gesetzesentwurf über die Kürzung der weiblichen Lehrkräfte an Volks- und an Hauptschulen, der Kindergärtnerinnen und Handarbeitslehrerinnen. [...] Wir armen Lehrerinnen, die ihre Treue zum Vaterland und Kirche, ihre Hingabe an Beruf, Heimat und Jugend stets

---

479) Bgld. Lbl. 6/1934, S. 81 f.
480) Bgld. Lbl. 1–3/1935, S. 21 f. Sperrung im Original.

bewiesen haben, wir allein sollen eine ganz empfindliche Kürzung unserer Bezüge erleiden. […].

Wir Lehrerinnen […] haben dadurch, daß auch weibliche Zöglinge die Schulanstalten besuchen, ein Anrecht auf unseren Beruf. […] Dieses Anrecht verpflichtet uns auch zu gleicher Arbeitsleistung wie unsere männlichen Berufskollegen und ich glaube nicht, daß eine Enquete bei den Schulaufsichtsorganen die weibliche Lehrerarbeit hinter die männliche Lehrerarbeit, was Leistung und Güte anlangt, reihen würde. […].

Von Ersparnissen für die Verehelichung (kann) gar nicht die Rede sein.

Noch schwerer trifft die Kürzung […] die bereits verheirateten Lehrerinnen. (Das Berufseinkommen) soll vielleicht nach steirischem Muster bis zu fünfzig Prozent gekürzt werden. Die übrigen fünfzig Prozent (kostet) das die Kinder wartende Dienstmädchen, so dient die Lehrerin eigentlich ohne jedes Entgeld. […] Will man die verheirateten Lehrerinnen tatsächlich kürzen, dann gebe man ihnen vorher Gelegenheit, zu ihrer natureigenen Bestimmung – zur Mutter – zurückzukehren; dann gebe man wenigstens den weiblichen Lehrkräften, die Kinder haben, die Möglichkeit, in Pension zu gehen oder sich abfertigen zu lassen […]. Erstens würden wir wieder eine Zahl von Lehrerinnen ihrem natureigenem Berufe, dem Muttertum, zurückgeben, andererseits würden wir freie Plätze schaffen für die heranwachsende Junglehrerschaft; denn es wird auf die Dauer doch nicht angehen, junge Lehrkräfte, also Leute mit Intelligenzberuf, schlechter zu entlohnen als ein besseres Dienstmädchen.

Dass es da und dort Junglehrer(innen) gab, die um Gotteslohn arbeiteten, um sich offensichtlich auf diese Weise für spätere Zeiten zu empfehlen, geht aus einer Konferenznotiz der Volksschule Stegerbach hervor. Der Direktor ließ 1934 protokollieren:[481]

> Der Vorsitzende spricht Frau Kollegin Malvine Krammer – die ab 15.X.1934 der hiesigen Schule zugeteilt wurde – für ihr unentgeltliches Wirken vom 20.IX. bis 15.X.1934 an unserer Schule Dank und Anerkennung aus.

Der Vollständigkeit wegen soll zur Lehrerinnenmalaise noch ein kursorischer Blick auf die Dienstverhältnisse der (Hand-)Arbeitslehrerinnen geworfen werden. Dienstrechtlich unterschied man unter ihnen zwischen nicht weniger als fünf [sic!] Kategorien:[482]

- Stundengeberinnen. Diese werden […] für Stunden bestellt und bezahlt und sind jederzeit kündbar, also „angestellt" wie Taglöhner.

---

481) Protokolle VS Stegersbach, handgeschriebenes *Protokoll* vom 21. Dezember 1934.
482) Bgld. Lbl. 11/1935, S. 152. Sperrungen im Original.

- Vorübergehend bestellte Handarbeitslehrerinnen. Sie werden [...] auf bestimmte Zeit mit voller Stundenzahl bestellt, werden dafür entlohnt, haben aber [...] keinen Ferialbezug, keine Entlohnung im Krankheitsfalle, keine Pension usf.
- Dauernd bestellte Handarbeitslehrerinnen. Diese haben eine volle Stundenverpflichtung, [...] erhalten Feriengehalt usw., sind aber nicht pensionsberechtigt.
- Definitive Handarbeitslehrerinnen. Diese sind pragmatisiert, haben [...] die gleiche Rechtsstellung wie übrigen öffentlichen Lehrerinnen.
- Vorübergehend bestellte Handarbeitslehrerinnen mit der Besoldung der dauernd bestellten Handarbeitslehrerinnen.

Die Chancen auf einen Arbeitsplatz einer Absolventin einer 2-jährigen Handarbeitslehrinnenanstalt waren denkbar gering. Boten schon die Volks- und Hauptschulen weniger Lehrstunden, als die Nachfrage der Stellensuchenden bedingt hätte (wenn, dann kaum gebündelt an einer einzigen Schule, was wiederum verkehrstechnische Probleme und Mühen verursachte), so war in den Mädchenmittelschulen das Arbeitsangebot für Arbeitslehrerinnen auf ein Minimum reduziert. Für ein Ausweichen auf ein anderes Betätigungsfeld, etwa auf das Gewerbe, fehlte mit dem erworbenen Zeugnis gewerberechtlich die Qualifikation. Vorschläge, die Arbeitslehrerinnenausbildung zu reformieren, beispielsweise die Ausbildungszeit auf drei Jahre auszudehnen, eventuell mit anschließendem Praxisjahr, oder vielleicht sogar qualifizierte Ausbildung bis hin zur Befähigung, eine gewerbliche Meisterprüfung abzulegen – derartige Überlegungen und Denkanstöße für Schulpolitiker gab es zuhauf.[483] Doch abermals schloss sich vorzeitig der bekannte Kreis: Die staatsbudgetären Anspannungen erlaubten keine Abweichungen.

Auf der allerletzten Sprosse der Erzieherleiter standen die Kindergärtnerinnen. Ende 1936 bedauerte der Vertreter des Schulwesens im burgenländischen Ständischen Landrat, Jakob Mädl, sie seien „die einzigen Angestellten, die nicht einmal krankenversichert sind".[484]

Der soeben angestellte Exkurs in die Welt der heranreifenden Mädchen und in das Milieu der erziehenden Frauen verlangt einen kurzen Seitenblick auf die Geschlechterdefinitionen der nationalsozialistischen Gesellschaft in Hitlerdeutschland. Die Aufrüstungswirtschaft führte ab etwa 1937/38 im Deutschen Reich zu Arbeitskräftemangel, der den Frauen erhöhte Berufschancen öffnete. Die Zurückgewinnung der seit der nationalsozialistischen Machtübernahme verloren gegangenen beruflichen Frei-

---

483) Vgl. Reformvorschläge in „Wiener Zeitung" vom 29. Juni 1935, S. 4 f.
484) Bgld. Lbl. 1/1937, S. 109.

räume darf nicht darüber hinwegtäuschen, dass im Prinzip die männerdominierte NS-Gesellschaft ihren Mädchen und Frauen weiterhin ein antimodernes Geschlechterrollen-Modell aufoktroyierte, wie wir es im diktatorischen Österreich inzwischen kennen gelernt haben. „Mit Erlass vom 30.6.1933", um ein Beispiel anzuführen, „wurden in Deutschland alle verheirateten Frauen aus dem Staatsdienst entlassen, [...] weil man hoffte, so zwei Probleme gleichzeitig in den Griff zu bekommen, nämlich die Arbeitslosigkeit einzudämmen und die Geburtenziffer zu heben."[485] Offensichtlich animiert durch den „deutschen Bruderstaat", entschloss sich nur ein halbes Jahr später die österreichische Regierung – „imitierend" – zum gleichen Clou. An die österreichische Öffentlichkeit gerichtete Stimmen warnten in dem Zusammenhang vor der Weltfremdheit gewisser nationalsozialistischer Ideologien. (Die) Bestrebungen, die Frau unterschiedslos aus dem öffentlichen Leben zu verdrängen, wie wir sie im Dritten Reich und auch anderorts im Gange sehen, (würden) eine kulturpolitische Rückentwicklung (bedeuten).[486]

In der Denkschrift an das Unterrichtsministerium vom Frühjahr 1934 erklärten die katholischen Frauenvereine:[487]

> Das Zurückdrängen der Frau aus den bisherigen Wirkungskreisen [...] könnte aus dem nationalsozialistischen Programm, nie aber aus katholischer Einstellung werden.

Wenige Monate danach verpönte Franz Zehentbauer die Zustände in Deutschland:

> Der Nationalsozialismus hat bei seiner Machtergreifung die Frau aus allen Stellen und Ämtern gewiesen. Seither ist eine gewisse Besinnung eingetreten. (Insofern müsse der) christliche Staat den Fehler des Nationalsozialismus aus Gerechtigkeit und im Interesse des Gesamtwohles vermeiden.[488]

Die auf Traditionen zurückgreifenden bzw. destruktiven Beharrungsschritte im konservativ-klerikalen Österreich waren bloß das Vorspiel für die NS-Mädchen/Frauenwelt, für die *Mädels* und *Volksgenossinnen* während der sie-

---

485) Vgl. Bolognese-Leuchtenmüller, Birgit: Familie und Frau in der nationalsozialistischen Ideologie, in: Dusek, Peter; Ehalt, Hubert C.; Lausecker, Sylvia (Hg.): Faschismus – Theorien, Fallstudien, Unterrichtsmodelle. – Wien/München 1980, aus der Reihe „Pädagogik der Gegenwart", Nr. 409, hg. von Hermann Schnell, S. 77.

ben Jahre, die auf das Land zukamen. Plakativ könnte man sagen: Es kam noch „dicker" für „das schwache Geschlecht"! Die *Dienstpflicht* der NS-Frau etwa, die im Krieg „den Mann stellen" musste und dadurch erstmals unbeschränkten Zugang zu „Männerberufen" fand, entsprang keineswegs NS-toleranter, emanzipatorischer Frauenpolitik, sondern vielmehr kriegwirtschaftlichen Notwendigkeiten. Die Gebärmaschine und Mannreserve Frau hatte als williges Instrument zur Machterhaltung – in nationalsozialistischer Lesart: zum *Endsieg* – beizutragen. Sonst nichts!

Die Traditionswurzeln der sozialen Geschlechterunterscheidungen aber, das muss abschließend nochmals betont werden, sind sozialhistorisch unzweifelhaft in der mittel- und kleinbürgerlichen, gewiss auch in der patriarchalisch dominierten bäuerlichen Welt hauptsächlich des 19. Jahrhunderts zu suchen. Frauendiskriminierung war keine vom Faschismus patentierte Originalströmung.

2.3.7 Die politischen Uniformierungsexperimente an den Schülern

2.3.7.1 Die Fest- und Gedenkkultur

Die Fest- und Veranstaltungsmanie war ein Merkmal faschistisch regierter Staaten. Johanna Gehmacher sieht die Begründung derselben im „Legalitätsproblem solcher Regime", die die Herrschaft durch Regierungswechsel auf nichtdemokratischen Wegen erlangten:[489]

---

486) „Reichspost" vom 25. Juli 1933, S. 19 („Für und gegen die Frauenarbeit. Tatsächliches und Illusionen").

487) Bildung und Erziehung der katholischen Frauenpersönlichkeit, in „Reichspost" vom 1. April 1934, S. 16.

488) Franz Zehentbauer, in „Reichspost" vom 17. Juni 1934, S. 17 („Die Frau im neuen christlichen Staate"); schon lange vor dem Artikel reagierte man in Deutschland auf die Fehlentwicklung, die das rigoros angewandte Abbaugesetz mit sich gebracht hatte. In einem Schreiben über den Abbau weiblicher Beamter, Lehrerinnen und weiblicher Angestellter (5. Oktober 1933, also $2^1/_2$ Monate vor der adäquaten Beschlussfassung in Österreich!) entschärfte Reichsinnenminister Wilhelm Frick die Durchführungsbestimmungen. So seien „verheiratete weibliche Beamte und Lehrer ... nur dann zu entlassen, wenn ihre wirtschaftliche Versorgung dauernd gesichert" erscheine; Brief abgedruckt bei Schneider, W., Frauen, S. 52 f.

489) Gehmacher, Jugend ohne Zukunft, S. 401 f.

Aus diesem Grund werden der Bildung von Nachwuchskader der Politik ebenso wie der Erziehung zukünftiger staatstreuer Bürger und Bürgerinnen zentrale politische Bedeutung zugemessen. In großen Jugendveranstaltungen, die eine breite Zustimmung der Jugendlichen zum herrschenden System demonstrieren sollen, wird ein solches Stabilitätsversprechen propagandistisch inszeniert. Jugendliche geraten damit unter einen zweifachen staatlichen Zugriff: Sie sollen in einer bestimmten Weise [...] beeinflußt und geformt werden, und sie sollen als propagandistisch verwertbarer Beweis der Legitimität des Machtanspruches des Regimes dienen: „Wer die Jugend hat, hat die Zukunft".

Die Vaterländische Front begründete den Zweck der von ihr so intensiv gepflegten Festkultur in einem ihrer Druckorgane: „Durch diese Veranstaltungen, zu denen eben *alle* Jugendlichen Österreichs, seien sie in einem Verband oder nicht, herangezogen werden können, soll eben bei allen Jugendlichen der Geist der Vaterlandsliebe und Kameradschaft vertieft werden."[490]

Eine kurze Auflistung der völlig auf das Emotionale ausgerichteten Festakte und ihrer Zweckvorstellungen zeigt, dass die Instrumentarien der Vaterländischen Front denen des Nazi-Regimes in Deutschland mehr als nur ähnelten:[491]

> Uniformen, Abzeichen, Appelle, vaterländische Feiern, Hervorhebung des Wehrhaften und Heldischen, militärische Spiele und Bewegungsformen, Führerverehrung, Festgottesdienste, das Erinnern an große Gestalten aus Österreichs Vergangenheit, Treuebekenntnisse und das Betonen politischer Symbole [Abzeichen, Fahnen, Lieder und Nationalhymne, Anm. d. Verf.] inner- und außerhalb der Schule [...].

So fasste der Schulhistoriker H. Dachs die Aktionsprogramme der Festkultur-Veranstaltungen oder Gedenkstunden zusammen. Staatssekretär Hans Pernter, ab 1936 Unterrichtsminister, vergaß bei der Monsterversammlung in Klagenfurt im Juni 1934 nicht, die Lehrer auch auf den *engeren* erzieherischen Sinn der Schulfeiern hinzuweisen, nämlich auf die hierbei ausgeübte „Pflege der Sprechkultur", wobei das „Theaterspielen" einen besonderen Beitrag leisten kann.[492]

---

490) Die Lösung der Jugendfrage, in: „Vaterländische Front", Sept. 1936, S. 19; hier zit. nach: Faschistische Strömungen, S. 89. Kursivdruck durch die Autorin.
491) Dachs, in Tálos 2001, S. 450.
492) Zit. nach „Reichspost" vom 7. Juni 1934, S. 2.

Die Feierverpflichtungen wurden in den Landesamtsblättern ausgegeben und in den Schulen getreu den „Richtlinien" aufgezogen (schulexterne Veranstaltungen üblicherweise in Zusammenarbeit mit vaterlandstreuen Jugendvereinen und Parteifunktionären). Nachdem sie dienstlich verbindlich waren, waren die Schuldirektionen angehalten, umgehend nach Ablauf der Szenarien Kurzberichte für die Bezirkshauptmannschaften zu erstellen. Eine kleine Auswahl aus den Programmpaletten verschiedener Jahre:

- Türkenbefreiungsfeier in den Schulen [LABl. f. d. Bgld. 330/1933]
- Vaterländische Schulfeiern am 26. Mai 1934 [LABl. f. d. Bgld. 217/1934]
- Schulfeiern anläßlich des 175. Geburtstages Friedrich Schillers [LABl. f. d. Bgld. 496/1934]
- Heldengedenkfeier an burgenländischen Schulen [LABl. f. d. Bgld. 455/1935; 428/1936; 451/1937]
- Gedenkfeier in den Schulen anläßlich der 200. Wiederkehr des Todestages des Prinzen Eugen [LABl. f. d. Bgld. 151/1936]
- Schulfeier zu Ehren des österreichischen Dichters Ferdinand Raimund [LABl. f. d. Bgld 365/1936]
- Tag des neuen Österreich [LABl. f. d. Bgld. 165/1937]

Dass die Anweisungen tatsächlich pflichtgetreu erfüllt wurden, bestätigen die Jahresberichte aller Schulanstalten. Zusätzlich zu den soeben genannten Verordnungen notierte Hauptschuldirektor Stefan Fandl von Güssing Veranstaltungen, die er mit seinem Lehrkörper „im Dienste der vaterländischen Erziehung" organisierte und „an denen die Schüler teilweise freiwillig, teilweise pflichtgemäß [sic!] teilgenommen haben":[493]

1934/35

2. XI.:   Allerseelen, Requiem in der Klosterkirche und Heldenehrung beim Kriegerdenkmal für die im Weltkriege für das Vaterland gefallenen Helden.
10. XI.: Schiller=Feier gelegentlich seines 175. Geburtstages.
24. XI.: Sammlung für das Dollfuß=Denkmal: Ergebnis S 53.35.
14. III.: Andreas=Hofer Feier.
1.V.:   Teilnahme an der Enthüllungsfeier des „Dollfuß=Gedenkkreuzes" und an der vaterländischen Kundgebung der Schulkinder.[494]

Bei den Veranstaltungen wurden die Anstaltszöglinge zum wiederholtenmale vor das Kriegerdenkmal [...] geführt. Bei diesen Gelegenheiten wurde nicht nur der für das Vaterland Gefallenen [...] gedacht, sondern den Schülern in ungezwunge-

---

493) Fandl, Jahresbericht 1934/35, S. 18 f.
494) Ebenda, S. 12 f.

ner Weise der hohe sittliche und erzieherische Wert der von den Gefallenen bewiesenen hingebungsvollen Pflichttreue und bedingungslosen Opferbereitschaft bis zum Heldentode für das Vaterland zum Bewußtsein gebracht.[495]

1935/36
1. V.:   Staatsfeiertag
18. V.: „Tag des guten Willens." [496]

1936/37
15. IV.: Teilnahme der Anstalt am Empfang des Bundeskanzlers Dr. Kurt Schuschnigg.
19. VI.: Teilnahme an der Sonnwendfeier der VF. [497]

Da nun pompös umrahmte Festivalszenarien gemeinsam mit Nachbarschulen oder sogar mit Schulen, die außerhalb des Bezirkes lagen, geplant wurden musste ein zeitlicher Richtplan über das gesamte Schuljahr erstellt werden. Die zentral bestimmten Pflichtfeiern und die hierfür geltenden „Richtlinien" gab der folgende Erlass bekannt:

LABl. f. d. Bgld. 319/1936
(Ausgegeben an 13. August 1936.)

Richtlinien für Schulfeiern.[498]

1. Eine Heldengedenkfeier zugleich Dollfuß-Gedenkfeier im Einvernehmen mit der Vaterländischen Front, Ende Oktober oder anfangs November an einem hiefür freizugebenden Tag;[499]
2. ein vaterländisches Maifest (Fest der Jugend) am 1. Mai;
3. das Turn- und Sportfest der Mittelschüler im Mai oder Juni;

---

495) Ebenda, S. 20.
496) Fandl, Jahresbericht 1935/36, S. 9; in diesem Schuljahr gab es an weiteren 17 Tagen für die katholischen Kinder Gottesdienste, Prozessionen u. dgl. oder Veranstaltungen mit religiösem Zuschnitt bzw. ritueller Umrahmung.
497) Fandl, Jahresbericht 1936/37, S. 9; von einer „im Rahmen der V.F. (zu veranstaltenden) Jung-Burgenland-Sonnwendfeier", für die „die vorbereitenden Arbeiten" auf alle Lehrer „aufgeteilt" wurden, spricht das Konferenzprotokoll vom 4. Juni 1936 der Volksschule Stegersbach. Eingeübt sollten werden „Reigentänze", „zweistimmige Lieder", „Chorgesang" und „Vortragsgedichte". Lehrer Eugen Halvax wurde für die Vorbereitung von „Sprechchor und Feuerrede" verantwortlich gemacht. Die Sonnwendfeier wurde „am 20. Juni 1936 (abgehalten)"; vgl. *Protokolle* VS Stegersbach.
498) Sperrungen und Fettdruck im Original.
499) LABl. f. d. Bgld. 410/1934.

4. die Schulschlußfeier anläßlich der Zeugnisverteilung, allenfalls in Verbindung mit der feierlichen Entlassung der Maturanten.

Die Teilnahme der Schulen an anderen Festen (wie Denkmalenthüllungen, Fahnenweihen, Schuljubiläen u. dgl.) ist an die Bewilligung der zuständigen Schulbehörde gebunden. Gedenk- und Propagandafeiern (z. B. historische Gedenktage, Tag der Musikpflege, Naturschutztag usw.) sind über Anordnung der Schulbehörde in den Unterricht einzuordnen und gelten nicht als schulfreie Tage.

Die Heranziehung der Schuljugend zu anderen Feiern ist aus pädagogischen Gründen zu vermeiden.

Um der Jugend „bis zum 21. Lebensjahre" die gebührenden Rahmenbedingungen zur Ablegung feierlicher Bekenntnisschwüre zu bieten, bereicherte der Bundeskanzler den Festtags- bzw. Gedenkkalender. Im Folgenden eine exemplarische Auswahl:

LABl. f. d. Bgld. 195/1934
(Ausgegeben am 3. Mai 1934.)

„Tag der Jugend"

Im Auftrage des Bundeskanzlers [...] ist Sonntag, der 27. Mai 1934, als „Tag der Jugend" festlich zu begehen.

Der „Tag der Jugend" ist vor allem ein Bekenntnis der Jugend zum Vaterlande.

Die gesamte Jugend vom 10. bis 18. Lebensjahr wird dazu aufgerufen; auch die Jugend bis zum 21. Lebensjahre kann daran aktiv teilnehmen.

Um einen würdigen und eindrucksvollen Verlauf des Festes zu gewährleisten, ist in jedem Ort [...] ein Arbeitsausschuß aufgestellt, dem angehören: der Ortsgruppenleiter der Vaterländischen Front, der (bezw. die) Pfarrer, der Bürgermeister, der Oberlehrer (bezw. Direktor, Schulleiter), bei mehreren Schulen von jeder derselben, je ein Vertreter der vaterländischen Wehrverbände, je ein Vertreter der vaterländisch gesinnten Jugendorganisationen der Gemeinde. [...].

Mit der Leitung des Festes ist der Oberlehrer (Direktor, Schulleiter) zu betrauen, der dafür die Verantwortung übernimmt. [...].

LABl. f. d. Bgld. 168/1937
(Ausgegeben am 29. April 1937.)

Teilnahme der Schulen an den Maifeiern.

Die Schuljugend hat an den von der Vaterländischen Front veranstalteten Verfassungsfeiern vom 1. Mai l. J. unter Aufsicht der Lehrer geschlossen teilzunehmen. [...] Insbesondere hat die Schuljugend beim Schmücken des Festplatzes, der Häuser, des Krieger- und Dollfußdenkmals mitzuwirken. [...].

Am Nachmittag des 1. Mai soll die Jugend bei Spiel und Sport den 1. Mai als Tag der Freude begehen. [...].

Sieht man von den religiösen Ingredienzien ab, so erkennt man an den wenigen Beispielen die Kopien von Strategien, die Reichsjugendführer Baldur von Schirach im nationalsozialistischen Deutschland aufzog. Ähnlich wie bei den Lehrern sollte auch bei den Schülern Freude verordnet und „wahre Gesinnung" gewonnen werden – hier über die „österreichischen Sache", dort zum sakralen Glauben, der einfach „Deutschland" hieß.[500] Und da wie dort bedienten sich die Arrangeure einer schier unübersehbaren Fülle von gesetzlichen Bestimmungen, als ob man innere Haltungen auf Verpflichtungsweg erzeugen könnte. Im Folgenden werden weitere Verfügungen im Wortlaut angeführt. Im Anschluss daran sollen karitative, von der Bundesregierung mit dem Attribut der Freiwilligkeit apostrophierte Aktionsprogramme untersucht werden und schließlich auch die Pressionen, denen die Schüler bei politischer „Missliebigkeit" unterworfen waren.

2.3.7.2 Symbole: Schulfahnen, Lieder und musikalische Umrahmung, Sprechchöre, Schülerabzeichen

An Vielzahl bei der pseudoreligiösen Vergötzung von Symbolen standen die österreichischen Führungsverantwortlichen den totalitären Kollegen in den Nachbarländern wenig nach. Sinnbilder, so war man überzeugt, würden nicht nur den Zusammenhalt der „Weg- und Notgemeinschaft" veranschaulichen. Sie sollten *Uni*formierung schaffen, die volksgemeinschaftliche Integrationskraft hinter bzw. mit dem (oder einem) „Führer" anheizen bei gleichzeitiger solidarischer Abgrenzung gegen den „Anderen", den „Fremden". Sollten Absonderung erzeugen gegen alle, die in irgendwelcher Form außerhalb der eigenen „Schicksalsgemeinschaft" standen und der angestrebten nationalen Konsolidierung den Weg versperrten.

„Neudeutsch" ausgedrückt: Ein *Faschismus light* schwebte Unterrichtsminister Schuschnigg bei seiner Rundfunkansprache am 27. Mai 1934 („Tag der Jugend") vor:[501]

---

500) „Der Nationalsozialismus wollte, wie Hitler im August 1933 sagte, ,*selbst eine Kirche werden*' und als politische Religion ein neues Zeitalter begründen." Niedhart, Gottfried: Deutschland unter dem Hakenkreuz: Die nationalsozialistische Diktatur, in: Die Zeit. Welt und Kulturgeschichte. Epochen, Fakten, Hintergründe in 20 Bänden, hier Bd. 13, Erster Weltkrieg und Zwischenkriegszeit. – Hamburg 2006, S. 275.
501) Zit. nach „Reichspost" vom 28. Mai 1934, S. 3. Sperrungen im Original.

> Es soll ein Führer sein, dem werdet ihr gehorchen mit euren Zeichen, mit euren Fahnen und Symbolen. Jungösterreicher, im Sinne jener Methoden, die bei uns in Österreich selbstverständlich sind, die nicht schablonisieren und nicht alles gleich uniformieren, die jedem seine Besonderheit lassen, aber ihn doch dazu verhalten wollen, die Gemeinschaft über alles zu stellen.

Individuelle Freiräume („Ihr gehört in erster Linie den Eltern …") einerseits, darüber hinaus die externe Prägung: „… dann der Schule" und „auch der Gemeinschaft eurer Verbände"! Wachen Zuhörern, die ob dieses Weges zu „wahrer österreichischer Jugendgemeinschaft" die Stirn runzelten, half zu dem Zeitpunkt Schuschniggs Nachsatz wenig weiter, der da lautete:[502]

> Wie wir das machen werden im einzelnen auf gute österreichische Art, das wird euch die nächste Zeit schon zeigen.

Zur „guten österreichischen Art", der *faschistischen* Art, gehörte, dass zwei Wochen nach dieser Ansprache das nach dem Februaraufstand wieder aufgehobene Standrecht neuerlich von der Bundesregierung kundgemacht wurde (12. Juni), konkret „wegen der Verbrechen" gegen das „Sprengstoffgesetz".[503]

Fahnen

LABl. f. d. Bgld. 118/1934
(Ausgegeben am 8. März 1934.)

Schulfahnen.

[…] In den Bereich der vaterländischen Erziehung der Jugend gehört es, daß vaterländische Symbole, wie es z. B. Fahnen in den Staatsfarben sind, von ihr entsprechend gewürdigt und geehrt werden.

Damit man auch wusste, wo eine Schulfahne zu erwerben war. Inserat im LABl. f. d. Bgld, ausgegeben am 5. April 1934

---

502) Ebenda.
503) Vgl. LABl. f. d. Bgld. 256/1934, ausgegeben am 14. Juni 1934 („Verhängung des Standrechtes"). Sperrungen im Original.

In diesem Sinne ist an jeder Schule als Zeichen der Zusammengehörigkeit aller Schüler und Lehrer und zugleich als Symbol ihrer Verbundenheit mit dem Vaterlande eine Schulfahne zu beschaffen.

[...] Die Fahne ist bei allen Anlässen, bei denen die Schule nach außen in Erscheinung tritt, also beispielsweise bei Schulfeiern außerhalb des Schulhauses (z. B. bei der Fronleichnamsprozession) und bei Trauerfeierlichkeiten (in diesem Falle umflort) mitzuführen. Nach Abschluß einer solchen Feierlichkeit hat durch die Schüler ein Fahnengruß zu erfolgen, der, den örtlichen Verhältnissen entsprechend, in würdiger, von vaterländischem Geiste erfüllter Form zu halten ist.

Die Bezirksschulinspektoren, die Leitungen aller Mittelschulen, Lehrerbildungsanstalten, Handelsschulen und Hauptschulen haben über die getroffenen Maßnahmen bis 1. Juni 1934 anher zu berichten.

LABl. f. d. Bgld. 170/1937
(Ausgegeben am 19. April 1937.)

Verwendung der Kruckenkeuzflagge.

Durch das Bundesgesetz vom 28. Dezember 1936, BGBl. Nr. 444 wurde die Kruckenkreuzflagge der staatlichen Flagge gleichgestellt.

Die Direktionen und Leitungen aller Schulen werden daher aufgefordert, in Hinkunft bei festlichen Anlässen, insbesondere aber am 1. Mai, neben der Staatsflagge auch die Kruckenkreuzflagge zu hissen.

Die gesamte Bevölkerung Güssings und viele der Umgebung waren aus Anlass der Schulfahnenweihe im November 1935 auf den Beinen. Ein minutiöser Bericht der *Güssinger Zeitung* vermittelt noch heute einen Eindruck von der heiligen Bedeutung und der Größe dieses Tages (s. ANHANG DOK I).

Lieder und musikalische Umrahmung

Zum neuen Forderungsprogramm, das Hans Pernter in der erwähnten Rede in Klagenfurt an „die österreichische Schule" stellte, gehörte die „aktive Musikpflege, die Pflege dieses ausgesprochen österreichischen Kulturwerkes". Demnach „sollte in den Schulen noch mehr gesungen und musiziert werden, als es bisher der Fall war [...]."[504]

Nicht bloß bei öffentlichen Großveranstaltungen, wo man die in der Schule oder in Heimstunden einstudierten Lieder vortrug, auch für schuli-

---

504) Zit. nach „Reichspost" vom 7. Juni 1934, S. 2.

sche Turnstunden galt als fixer Bestandteil: „Grundsätzlich beginnen wir jede Turnstunde mit einem flotten Marschlied." Und „(wir) schließen (manchmal) unsere Turnstunde auch mit einem schönen Lied". So in einem Leitfaden für Lehrer für seine Vorbereitungen auf Turnstunden.[505]

Die Bundeshymne in den Schulen.

Bekanntlich wurde durch den Erlass des Unterrichtsministeriums angeordnet, dass anlässlich des Gottesdienstes zu Beginn und am Ende des Schuljahres von der Schuljugend nach Beendigung der religiösen Handlung die Bundeshymne zu singen ist. [LABl. 253/1933; 265/1934, Anm. d. Verf.] Unter Hinweis darauf wurden nun die Direktoren der Mittelschulen, Lehrerbildungsanstalten, der Haupt- und Volksschulen von der Landessschulbehörde angewiesen, dafür Sorge zu tragen, dass die Schüler aller Klassen Melodie und Text der Bundeshymne auswendig zu singen haben.

GÜSSINGER ZEITUNG, 5. 11. 1933, S. 4

LABl. f. d. Bgld. 32/1937
(Ausgegeben am 28. Jänner 1937.)

„Lied der Jugend."

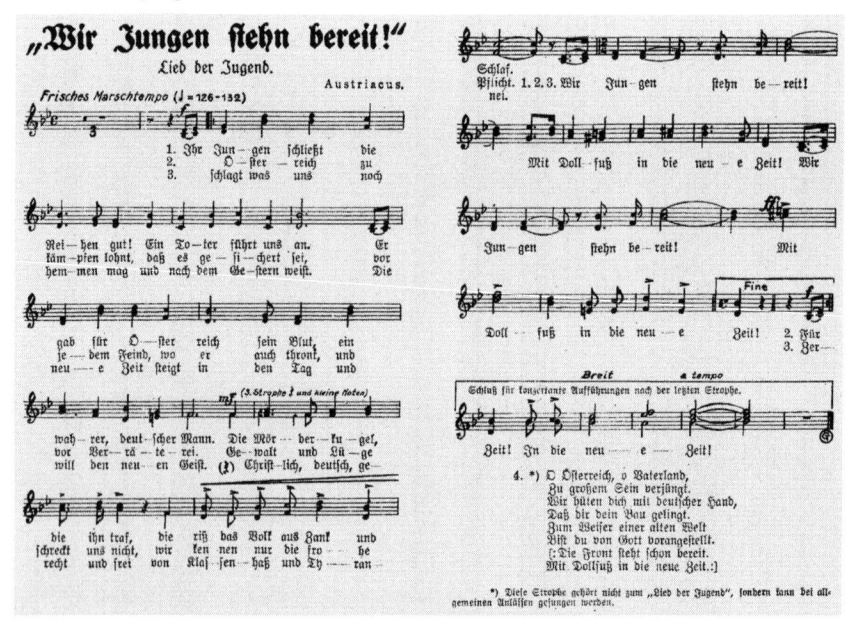

---

505) Recla, S. 7; ebenda: „Marsch ist Ausdruck der Einheit, der Unterordnung, des Zusammenschlusses. Marsch heißt Wir. Marsch ist Dienst in der Gemeinschaft."

Das Bundesministerium für Landesverteidigung und das Bundesministerium für Unterricht haben kürzlich Erlässe herausgegeben, wonach bei Anlässen, bei denen die Bundeshymne gespielt oder gesungen wird, auch das „Lied der Jugend" zu spielen bzw. zu singen sein wird.[506]

LABl. f. d. Bgld. 22/1936
(Ausgegeben am 16. Jänner 1936.)

Ausbildung von Schülern zu Spielleuten.

[…] Bei der Durchführung der vormilitärischen Jugenderziehung an den Schulen wird es sich oft ergeben, daß die Schüler in militärischer Form marschieren. Hiebei dürfte auch die Einteilung von Schülern als Spielleute (Trommler, Trompeter) erwünscht sein.

Damit diese Schüler im richtigen Schlagen (Blasen) des Fußmarsches und einiger anderer Signale (z. B. „Habt Acht" u. dgl.) unterwiesen werden können, hat das Bundesministerium für Unterricht verfügt, daß in allen Fällen, in denen sich Schulleitungen an die nächstgelegene Dienststelle mit dem Ersuchen um Beistellung von Instruktoren wenden, diesem Ersuchen […] nachzukommen ist.

Sprechchöre

Sprechchor-Texte untermalen nicht allein große Huldigungs- und Gedenkveranstaltungen oder Fahnenbeschwörungen (s. ANHANG DOK IV, Öster-

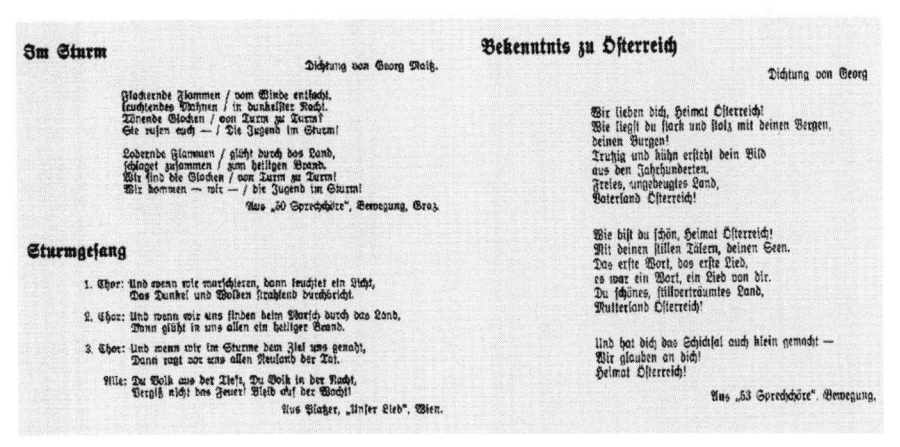

Aus: *Frohes Turnen. Lied- und Sprechchorbeilage* (*Sprechchöre unserer Jungen* Nr. 1, 2 und 5). – Graz o. J. (1937?)

---

506) Vgl. dazu: Stettner, Jahresbericht LBA Oberschützen 1935/36, S. 10; abgebildetes Original des Singblattes im Archiv der Verfasserin.

reich-Huldigungsfeier), fehlen sollte ein „Sprechkreis" auch beim Ausklang einer Turnstunde nicht. Die von Einzelnen oder im Chor skandierten Sinngedichte „öffnen die Herzen und" ließen „in die Seelen schauen; Führer und Knaben kommen einander näher." So zumindest Dr. Josef Recla in seinem Anleitungsheft für gedeihliche Turnstunden.[507]

Schülerabzeichen

Aufruf an die Schüler aller burgenländischen Schulen.

Folgender Aufruf wurde am 2. März 1934 allen Schülern zur Kenntnis gebracht. „Schüler, ihr habt alle die in der Geschichte unseres Vaterlandes Österreich denkwürdigen Tage vom 12., 13., 14. und 15. Feber 1934 miterlebt, in denen heldenmütige Vaterlandsverteidiger mit Einsatz ihres Lebens unser Vaterland vor dem Untergang bewahrt haben! Ihr werdet aufgefordert, der für das Vaterland gefallenen Verteidiger dankbar zu gedenken und euch durch unverbrüchliche Treue zur Heimat dieser Helden würdig zu erweisen! Das Schülerabzeichen „Seid einig" ist als sichtbares Zeichen der Verbundenheit mit dem Vaterlande von allen Schülern zu tragen und seine Mahnung in die Tat umzusetzen."

GÜSSINGER ZEITUNG, 4. 3. 1934, S. 5

LABl. f. d. Bgld. 121/1936
(Ausgegeben am 19. März 1936.)

Vaterländisches Schülerabzeichen.

Wie das Bundesministerium [...] mitteilt, wird das vaterländische Schülerabzeichen nunmehr in zwei Ausgaben zu je 10 Groschen und 20 Groschen erhältlich sein. Die Ausgabe zu 20 Groschen ist aus 1,2 Millimeter starkem Tombak[508] geprägt, feueremailliert, Rand und Schrift in Gold, sonst in den Staatsfarben, das Mittelfeld mit grünem Eichenlaub. Die Ausgabe zu 10 Groschen ist

St.-Georgs-Pfadfinder von Güssing, 1935. Ihre Loyalität zum *Christlich-deutschen Bundesstaat Österreich auf ständischer Grundlage* manifestiert diese Gruppe mit dem vergrößerten *Vaterländischen Schülerabzeichen*, versehen mit dem Wahlspruch *Seid einig*. Foto Hajszányi, Bilder-Chronik, S. 275

---

507) Recla, S. 8.
508) Eine Legierung aus Kupfer und Zink.

aus 0,5 Millimeter starkem Messingblech geprägt, versilbert, das obere und untere Feld mit rotem Lack, im versilberten Mittelfeld Eichenlaub mit grünem Lack. Jede Ausgabe trägt im Mittelfeld die Aufschrift „Seid einig" und wird in drei Ausführungen geliefert: zum Anstecken, zum Anheften (mit Sicherheitsnadel) und zum Aufnähen.

Das Tragen irgend eines Ersatzabzeichens für das vaterländische Schülerabzeichen ist unzulässig.

2.3.7.3 Sammelaktion „Winterhilfe" und Landverschickung erholungsbedürftiger Kinder

In die auf Bundesebene im Jahr 1932 gestartete „Winterhilfe der Bundesregierung"[509] wegen der „dauernde[n], ja teilweise sogar verschärfte[n] Wirtschaftslage"[510] waren – wie hätte es anders sein können?! – die Schulen involviert:

LABl. f. d. Bgld. 593/1934
(Ausgegeben am 13. Dezember 1934.)

Winterhilfe an den Schulen.

Im Dienste der Aktion „Winterhilfe der Bundesregierung" standen im vergangenen Winter auch die Schulen und es muß dankbar anerkannt werden, daß sich die Lehr- und Erziehungsanstalten bei der Durchführung der Sammeltätigkeit als besonders opferfreudig und erfolgreich erwiesen haben. […]

Im besonderen ist dahinzuwirken, daß in jedem der fünf Monate – November bis einschließlich März – eine Geldsammlung in den Schulen veranstaltet wird. In den mittleren Lehranstalten, namentlich in den Mittelschulen und Lehrer- und Lehrerbildungsanstalten, wird es vielleicht auch möglich sein, durch eine Schüleraufführung Mittel zu Gunsten der Winterhilfe zu gewinnen. Schließlich können auch noch die Elternvereinigungen herangezogen werden, deren Veranstaltungen gleichfalls in den Dienst der Winterhilfe gestellt werden sollen.

Der Schwerpunkt der von 1933 bis 1937 von der Vaterländischen Front organisierten und durchgeführten Winterhilfs-Aktion beruhte auf Sammeltätigkeiten (Geld- und Nahrungsmittel, Heizmaterialien, Kleider u. Ä.), bei denen nachdrücklich die Schuljugend – wie alle Berufstätigen – aktiv ihren „freiwilligen" Beitrag leisten sollte. Andererseits berücksichtigte man bei der Verteilung der Sachgüter und karitativen Hilfsleistungen unter den

---
509) LABl. f. d. Bgld. 55/1934.
510) LABl. f. d. Bgld. 399/1933.

Hunderttausenden von sozial bedürftigen Österreichern auch mittellose Schulkinder. So bat der o. a. Erlass die Bevölkerung um „unentgeltliche Beistellung von Milch für Kleinkinder und schulpflichtige Kinder", um „Bereitstellung von geheizten Aufenthaltsräumen für Schulkinder und jugendliche Arbeitslose" und um „Gewährung von Mittagstischen bei Familien". HS-Direktor Fandl von Güssing konnte glücklich vermerken, zur Weihnachtszeit 1935 habe „das ‚Winterhilfswerk der V.F.' 8 Hauptschüler mit Weihnachtsgaben (Kleider, Schuhe, Wäsche und Strickwaren)"[511] beschenkt. Über das Ergebnis der „Winterhilfe 1937/38" meldete er einen Sammelbetrag von „RM 96.01" [entsprach noch im Winter 1937 S 144.–, Anm. d. Verf.], welchen „Lehrkörper und Schüler spendeten". Seine „Schülerinnen der Anstalt verfertigten für die Winterhilfsaktion während des Handarbeitsunterrichtes vor Weihnachten Kappen, Fäustlinge, Pulswärmer, mehrere Pullover und Fußsocken".[512]

Zusätzlich zur Winterhilfsaktion, dem Gegenstück zum in Deutschland sehr einträglichen *Winterhilfswerk* (*WHW*) der Nationalsozialisten (ab 1938 trat das WHW nahtlos an die Stelle der österreichischen Hilfsaktion), betätigten sich die Schüler an einer Reihe weiterer Karitativmaßnahmen. Erwähnenswert sind die Mithilfe am Kinderhilfswerk der VF, die Beteiligung an der Mai-Sammlung, welche bedürftigen Kindern von Arbeitslosen zugute kam,[513] und schließlich die jährlichen Sammlungen zu Gunsten des Landeskriegsopferfonds.

Zu den Beglückten unter den Schülern durften sich jene zählen, denen „(es) im Rahmen der Ferienaktion der V.F. vergönnt [war], sich nach den Mühen des Schuljahres [...] zu erholen und neue Kräfte für die Schularbeit zu sammeln".[514] Direktor Fandl meinte damit 14 Schüler seiner Hauptschule, die im Sommer 1935 durch die Vaterländische Front mit Unterstützung der Bundesregierung einen Erholungsurlaub fern von daheim genießen durften. Ein Jahr später „war 5 Schülern eine Erholung in den Ferien 1935/36 geboten worden"[515] und „auch in den Ferien 1937 wurde im Rahmen des Kinderferienwerkes 5 Schülern eine Erholung in Tirol oder anderswo geboten".[516]

---

511) Vgl. Fandl, Jahresbericht 1935/36, S. 8.
512) Vgl. Fandl, Jahresbericht 1937/38, S. 21.
513) Vgl. Jandl, S. 48.
514) Vgl. Fandl, Jahresbericht 1935/36, S. 7. Die Aufenthaltsorte gab Fandl nicht an.
515) Vgl. Fandl, Jahresbericht 1936/37, S. 7.
516) Vgl. Fandl, Jahresbericht 1937/38, S. 9; 1937 bewilligte die Bundesregierung der Vaterländischen Front den beachtlichen Betrag von 3 Millionen Schilling zur

Der Körper als Politikum

Eva Brenner und Walter Baier im Gespräch mit der feministischen Wissenschaftlerin Dr. Lisbeth Trallori über die Reproduktionsmedizin und die globalisierte Vermarktung des weiblichen Körpers

Mit dem rasanten Aufschwung der Reproduktionsmedizin und deren globaler Ausbreitung in den letzten Jahrzehnten

haben sich auch die Bedenken und die Zahl der kritischen Stimmen vervielfacht. In der Kritik steht die Geschäftemacherei mit der Gebärfähigkeit.

So rosig wie von der einschlägigen Industrie und geneigten Medien dargestellt ist nämlich die Erfüllung des Kinderwunsches durch die Reproduktionsmedizin nicht.

Erhöhtes Risiko auf Frühgeburten, geringes Geburtsgewicht, angeborene Fehlbildungen und Sterblichkeit von Neugeborenen treten, wie Studien belegen, häufig auf.

Auf der sicheren Seite befindet sich nur die Reproduktionsindustrie, deren Profite ins Gigantische gestiegen sind, und die sich in den letzten Jahrzehnten globalisierte.

Der globale „Repro-Tourismus", das heißt, die in die Dritte Welt ausgelagerte Leihmutterschaft ist ein Armutsphänomen, in der die Notlage von Frauen ausgenützt wird,

die ihren Körper und ihre Gebärfähigkeit für die sozialen Eliten der Ersten Welt zur Verfügung stellen. Während Agenturen und Vermittler_innen das große Geld abgreifen,

bekommen die austragenden Frauen nur den geringsten Teil davon. Darüber hinaus geht es aber auch philosophisch-ethische Fragen.

Ist alles, was uns wissenschaftliche und technische Verfahren heute ermöglichen, gesellschaftlich wünschenswert und der Menschheit zuträglich.

Und welches Menschenbild ist es, das sich in einem entgrenzten, maskulinen Machbarkeitswahn ausdrückt?

Sonja Henisch

Von: webbrain [webbrain@chello.at]
Gesendet: Freitag, 25. Mai 2018 11:26
An: gstoeger
Betreff: webbrain empfiehlt: Nadia Trallori aufOKTO-TV, Peter Kreisky_Europa-Gespräch 1 "Der Körper als Politikum"

Peter Kreisky_Europa Gespräch 1/2018: "Der Körper als Politikum"

Eva Brenner und Walter Baier im Gespräch mit Dr. Lisbeth N. Trallori (Feministische Wissenschaftlerin)

Die Sendetermine auf Okto.tv

- Do, 31.05.2018 20:35 (Erstausstrahlung)
- Fr, 01.06.2018 01:45
- Fr, 01.06.2018 18:30
- Sa, 02.06.2018 16:30
- So, 03.06.2018 06:30
- So, 03.06.2018 14:30
- Mo, 04.06.2018 14:30
- Mo, 04.06.2018 23:40
- Di, 05.06.2018 12:30
- Mi, 06.06.2018 04:50

Im Hintergrund des bundesweiten und von der Regierung geförderten Kinderferienwerkes standen durchaus wirtschaftliche Motive. Bundeskanzler Dollfuß erklärte bei der am 29. Juni 1934 in Feldkirch abgehaltenen „Huldigungsfeier", durch die 1000-Mark-Sperre hätten Gebiete wie Vorarlberg bis zu „vier Fünftel ihres Fremdenverkehrs verloren". Deshalb „werden wir heuer etwa 50.000 Kinder aufs Land bringen, in erster Linie in die Gebiete, die durch den Entfall des Fremdenverkehrs am schwersten betroffen sind".[517]

Später dann, im Krieg, wird man von der „Erweiterten Kinderlandverschickung" sprechen, jener Maßnahme, die nicht der Erholung und Regeneration, sondern dem Schutz von Millionen Kindern des Großdeutschen Reiches vor dem „Bombenterror" der Alliierten dienen sollte. Diese bittere Erfahrung stand zu dem Zeitpunkt noch aus.

2.3.7.4 Maßregelungen gegen Schüler und Schülerinnen bei „politischen Vergehen"

Wer von den Schülern trotz der angebotenen „Attraktivitäten" nichts dem Schlagwort *Vaterlandstreue* abgewinnen konnte oder sogar gegen dieses höchste Gesinnungsgut opponierte, dem drohten ab 1933/34 unangenehme Disziplinarstrafen, die sich in krassen Fällen bis hin zu Schulausschließungen im ganzen Bundesgebiet erstrecken konnten. Ebenso wie gegen illoyale Lehrer schwang der Gesetzgeber die Peitsche, um damit nationalsozialistisch-aktive und -aktionistische Halbwüchsige wenigstens zu paralysieren. Zur Neutralisierung sollte beispielsweise der Erlass beitragen, „daß an allen Schulen ein etwa bestehender Briefwechsel mit Schülern im Deut-

---

Durchführung des diesjährigen Kinderferienwerkes; vgl. BGBl. 143/1937, ausgegeben am 4. Mai 1937.

517) Zit. nach „Reichspost" vom 30. Juni 1934, S. 2; vgl. ebenso „Wiener Zeitung" vom 25. August 1935, S. 5: Die Anzahl der körperlich bedürftigen Ferienkinder habe sich von 21.000 im Jahr 1932 auf weit mehr als 40.000 (davon rund die Hälfte aus Wien) drei Jahre danach gesteigert, wofür die Regierung „den bedeutenden Betrag von vier Millionen Schilling zur Verfügung gestellt" habe. Neben körperlicher Erholung, zu der auch ärztliche Untersuchungen gehörten, verwies man stolz auf die in den vier Wochen Aufenthalt erfahrbaren pädagogischen Momente: „Im Jahre 1934 haben 2000 beschäftigungslose Junglehrer und Junglehrerinnen, Fürsorgerinnen und Erzieherinnen durch vier bis acht Wochen eine berufsmäßige [...] Beschäftigung gefunden [...]."

schen Reiche bis auf weiteres zu unterbleiben hat.".[518] Nicht dass die zur Vorbeugung und Sühne gesetzten Initiativen ihren Zweck vollkommen verfehlten – viel mehr jedoch als täuschende Friedhofsruhe an der Oberfläche erreichten sie nicht. Die Realität bei den Schülern, die sich – abgesehen von sehr wohl vorhandenen Einzelfällen, wie noch gezeigt werden soll – in Resonanzlosigkeit trotz all der massiv unternommenen Anstrengungen um Loyalität ausdrückte, blieb den obersten Führungs- und Sicherheitsbehörden nicht verborgen. Auch erkannten sie richtig, dass vereinzelt deutschbetonte, vom nationalsozialistischen Ideenfundus inspirierte Lehrkräfte zum Versagen des österreichischen Faschismusmodells beitrugen.

Ein Beleg für die Erbärmlichkeit der Gegenmobilisierungen, ja geradezu ein Beweis für die Ohnmacht der Schulbürokraten zeigt sich in Verordnungen, die dem Denunziantentum und dem Kollektivschuld-Prinzip (Schüler–Eltern) – der Sippenhaftung! – Vorschub leisteten. Die Schulleitungen der Volks-, Haupt- und Mittelschulen „sowie der Lehrer- und Lehrerinnenbildungsanstalten" hatten sich zur Mithilfe am Gesinnungskreuzzug zur Verfügung zu stellen. Drei dieser Anordnungen seien vorweggenommen:

VOBl. 51/1934
(Wien, am 1. Juli 1934.)

Politische Vergehen von Schülern mittlerer Lehranstalten, Ahndung und Berichte.

[...] Anläßlich der Hauptkonferenzen (Weihnachten, Semesterschluß, Ostern und Schuljahrsschluß) ist in einer Tabelle zusammenfassend über die wegen politischer Vergehen verhängten Disziplinarstrafen zu berichten. [...].

VOBl. 5/1936
(Wien, am 1. Feber 1936.)

Politisches Verhalten von Familienangehörigen der Bundesangestellten.

[...] ist demnach ein Beamter verpflichtet, auch als Familienoberhaupt dafür zu sorgen, daß die von ihm erhaltenen Familienangehörigen sich nicht staatsfeindlich verhalten oder betätigen. Unterläßt es der Beamte in solchen Fällen, gegen seine Angehörigen entsprechend vorzugehen, läge ein hinreichender Grund vor, daß er disziplinär zur Verantwortung gezogen wird. [...].

---

518) LABl. f. d. Bgld. 2/1934 („Schülerbriefwechsel zwischen Oesterreich und dem Deutschen Reich").

Bezüglich der Lehrpersonen an staatlichen mittleren und niederen Unterrichtsanstalten kommen die Bestimmungen des § 22 L. D. P. [Lehrer-Dienstpragmatik, Anm. d. Verf.] in Betracht. […].

LABl. f. d. Bgld. 342/1937
(Ausgegeben am 5. August 1937.)

Politische Vergehen von Schülern.

Der Erlaß der burgenländischen Landeshauptmannschaft […] vom 31. Mai 1937 (LABl. 1937, Nr. 238) verlangt im dritten Abschnitt Angaben über die Eltern jener Schüler, die sich politische Vergehen zuschulden kommen ließen. Im Sinne des Erlasses des Bundesministeriums für Unterricht […] sind die Schulleitungen und Direktionen verpflichtet, in den Berichten über politische Vergehen von Schülern auch Namen, Dienststellung und Dienstort der Eltern dieser Schüler anzugeben, soferne die Eltern öffentliche Angestellte im aktiven oder Ruhestandsverhältnisse sind.

Bevor weitere rechtliche Handhabungen angeführt werden, einige Zahlen zum Ausmaß der tatsächlich vollzogenen Strafmaßnahmen: Schon im Schuljahr 1933/34 wiesen die Bundesländer 1340 wegen nationalsozialistischer Betätigung registrierte oder bestrafte Schüler aus, sozialistischer oder kommunistischer Umtriebe machten sich hingegen nur 49 [sic!] schuldig. Zwei Drittel all der Vergehen gingen auf das Konto von Mittelschülern.[519]

Das LABl. f. d. Bgld. 326/(Juli)1934 (s. unten) machte alle Mittelschüler und LBA-Besucher aufmerksam, dass im abgelaufenen Schuljahr (1933/34) 25 in schärfster Weise, d. h. mit dem Schulausschluss „von allen Lehranstalten" und „150 mit lokalem Ausschluß" bestraft wurden. „Alle daran interessierten Kreise" mögen wissen, „dass […] eine Nachsicht oder Milderung der verfolgten Straffolgen im Gnadenwege nicht in Frage" komme.[520]

Um die Abschreckwirkung zu erhöhen, wurden in den Verordnungs- und Landesamtsblättern die Namen der Schüler und Schülerinnen, die von Schülerausschließungen betroffen waren, offiziell bekannt gegeben. In den Auflistungen fällt auf, dass Namen burgenländischer Schüler verhältnismäßig selten vorkommen. Und das trotz „Nazinest" Oberschützen mit den evangelischen Schulen! Damit werden wir uns exkursiv noch beschäftigen.

---

519) Nach Dachs, in: Tálos/Neugebauer 1985, S. 192, lt. Hinweis auf Anm. 40, S. 197, aus: Tidl, Georg: Die sozialistischen Mittelschüler Österreichs 1918–1938. – Wien 1977, S. 107.
520) Vgl. auch VOBl. 54/1934 (Erl. v. 7. Juli 1934, Z. 21638)

Im Folgenden weitere Erlässe und eine „Entgegnung":

VOBl. 51/1934
(Wien, am 1. Juli 1934.)

Politische Vergehen von Schülern mittlerer Lehranstalten, Ahndung und Berichte.
(Erl. v. 27. Juni 1934, Z. 20215)

Im Hinblick auf den bevorstehenden Beginn der Hauptferien erscheint es geboten, den Schülern und Eltern die Bestimmungen ... in Erinnerung zu bringen, daß die Schüler auch während der Ferienzeit der Disziplinargewalt der Schule unterstehen. Die Schüler sind daher eindringlich vor jeder Betätigung für verbotene politische Parteien und vor jeder Art von Teilnahme an politischen Demonstrationen – auch vor dem Tragen irgend welcher Abzeichen oder Kleidungsstücke in politisch-demonstrativer Absicht – zu warnen. [...].

Jede Verurteilung eines Schülers im Verwaltungs- oder Gerichtsverfahren [...] (ist) als ein Beweis dafür anzusehen, daß der Schüler sich [...] gegen die Schulvorschriften aufgelehnt hat, weshalb gegen ihn mit der strengsten Strafe, das ist mit der Ausschließung, vorzugehen ist.

[...] Bei einer disziplinären Ahndung [...] ist auch die entsprechende Folgerung für die Herabsetzung der Betragensnote zu ziehen und die damit verbundene Aberkennung einer etwaigen Schulgeldbegünstigung zu verfügen.

[...] Wenn Schüler [...] etwa als Führer verbotener Organisationen oder durch Art und Umfang ihrer Agitation und ihrer politischen Tätigkeit (schädlich erscheinen), ferner wenn Schüler sich so schwer vergehen, daß sie mit einer mehr als vierwöchigen Arreststrafe oder mit einer Kerkerstrafe bestraft werden, oder wenn sie sich durch die Flucht ins Ausland der Strafe zu entziehen trachten oder wenn sie ausgebürgert werden, ebenso wenn ein bereits von einer Anstalt lokal ausgeschlossener Schüler wegen eines neuerlichen Vergehens wieder ausgeschlossen werden müßte, dann ist die Strafe des lokalen Ausschlusses nicht hinreichend. In diesen und ähnlichen Fällen ist je nach der Schwere des Vergehens des Schülers der Antrag auf Ausschließung vom öffentlichen und privaten Studium [...] zu stellen.[521]

VOBl. Stück XIII./1934; Kundmachungen
(Wien, am 1. Juli 1934.)

Allgemeine Ausschließungen im Schuljahre 1933/34.

Im Einvernehmen mit dem Bundesministerium für Handel und Verkehr und für Land- und Forstwirtschaft wurden im laufenden Schuljahre bis Ende Mai 1934 an den dem Bundesministerium für Unterricht unterstehenden Lehranstalten folgen-

---

521) Wortidentisch im VOBl. 54/1934; vgl. auch Stettner, Jahresbericht LBA Oberschützen 1933/34, S. 29.

de Schüler wegen politischer Vergehen vom öffentlichen und privaten Studium an sämtlichen über den Bereich der Volksschulen hinausgehenden Bundeslehranstalten [...] ausgeschlossen:
  [...] Gottfried Klenner, 8. Klasse, Evangelisches Realgymnasium Oberschützen (Erl. v. 24. Mai 1934, Z. 16042)[522]

LABl. f. d. Bgld. 326/1934
(Ausgegeben am 26. Juli 1934.)

Vaterländische Erziehung in den Schulen.[523]

[...] Es zeigte sich im vergangenen Schuljahr [1933/34, Anm. d. Verf.] aber auch, daß [...] die positive Mitwirkung der Lehrerschaft in Sachen der vaterländischen Erziehung zu wünschen übrig ließ und daß offenkundigen Bestrebungen, der vaterländischen Erziehung entgegenzuwirken, zumindest nicht mit der nötigen Schärfe entgegengetreten wurde. [...].

Es wird Aufgabe der Direktoren und Schulleitungen sein, in geeignet erscheinender Weise auch die Eltern und Erziehungsberechtigten mit aller Deutlichkeit auf die Folgen aufmerksam zu machen, die eine stillschweigende oder offene Duldung pflichtwidrigen Verhaltens ihrer Kinder für diese nach sich ziehen müßte. Hinsichtlich der Mittelschüler wird in diesem Zusammenhange darauf zu verweisen sein, daß eine Abstrafung [...] die Gefahr eines Ausschlußes von der Schule und für die Schüler der obersten Klasse die Gefahr des Ausschlußes von der Zulassung zur Reifeprüfung nach sich zieht. Es wird weiters darauf zu verweisen sein, daß eine auf die gleichen Gründe zurückzuführende schlechte Betragensnote im Abschluß- und Reifezeugnis den Ausschluß von der Inskription an den österreichischen Hochschulen zur Folge haben kann. [...].

Alle [...] mögen zur Kenntnis nehmen, daß [...] eine Nachsicht oder Milderung der verfügten Straffolgen im Gnadenwege nicht in Frage kommt. [...].

VOBl. 9/1936
(Wien, am 15. Feber 1936.)

Regelung der Zulassung von Abiturienten mit politischen Vergehen zu den Hochschulen.

Die Rektorate der Hochschulen [...] werden angewiesen, in Hinkunft [...] zuverlässig jeden Aufnahmewerber, dessen Reifezeugnis vor mehr als einem Jahre ausgestellt worden ist, zur Vorlage eines polizeilichen Leumundszeugnisses zu verhalten,

---

522) In dieser Form wurden an dieser Stelle insgesamt 12 Schüler und eine Schülerin aus verschiedenen höheren Schulen Österreichs angeführt; siehe auch unten zu *Exkurs – Oberschützen*.

523) Vgl. auch „Erfordernisse vaterländischer Erziehung" in der „Reichspost" vom 19. August 1934, S. 6.

das nicht älter als vier Wochen sein darf und den Zeitraum des letzten Halbjahres zu umfassen hat.

Aufnahmswerber, die ein Reifezeugnis über eine Externistenreifeprüfung vorlegen, sind stets [...] zur Vorlage eines Leumundszeugnisses zu verhalten. [...].

In jenen Fällen, in denen ein solches Leumundszeugnis den Hinweis auf eine Amtshandlung enthalten sollte, die wegen Förderung der Ziele einer mit Betätigungsverbot belegten Partei erfolgt ist, ist der Sachverhalt dem Kommissär für die Aufrechterhaltung der Disziplin unter den Studierenden an den Hochschulen [...] zur eventuellen Amtshandlung [...] zur Kenntnis zu bringen. [...].

Die Landesschulbehörden werden eingeladen, daß sämtliche dem h. o. Ressort zugehörigen mittleren Lehranstalten des d. o. Wirkungsbereiches in Hinkunft jeden Fall, in dem [...] ein Reifezeugnis mit der Sittennote „nicht entsprechend" und ein auf den Zusammenhang dieser Note mit einer verbotenen politischen Parteibetätigung des Schülers hinweisenden Zusatze ausgestellt wird, dem Kommissär für die Aufrechterhaltung der Disziplin unter den Studierenden an den Hochschulen Wien, I., Minoritenplatz 5 sogleich zur Anzeige bringen. [...].[524]

Die Verfolgungsschritte in Österreich riefen die Meister der nationalsozialistischen Propaganda in Deutschland auf den Plan. Erbost zeigten sie mit dem Finger auf die justizielle Hetzjagd in Österreich. Die Nazis besaßen ihre eigene Wahrheit. Wie dem auch war! Die *Güssinger Zeitung* brachte 1936 eine „Entgegnung" auf einen Artikel des „Völkischen Beobachters":

Gipfel der Verlogenheit.

Der „Völkische Beobachter" [...] fühlt sich bemüssigt, in einem Artikel, der den schönen Titel „Politische Kinderverfolgung in Österreich" trägt, Schauermärchen darüber zu verbreiten, wie man bei uns Schüler und Schülerinnen der mittleren Lehranstalten wegen ihres staatsfeindlichen Verhaltens behandelt. So wird behauptet, dass [...] man dreizehnjährige Gymnasiastinnen zu notorischen Dirnen und diebischen Zigeunerinnen in Zellen gesperrt habe. Auch weiss das Blatt zu melden, dass 8- und 10jährige Volksschüler wegen nationaler Gesinnung strengen Untersuchungen in den Schulen und bei der Gendarmerie unterworfen und laut Disziplinarverordnung bestraft wurden.

Das Blatt schreibt: „Die Verfolgung für ein begeistertes „Heil Deutschland" oder Absingen eines völkischen Liedes führt im österreichischen Kirchenstaat gleich zu dreifachen folgenschweren Strafen. Erstens zu Verwaltungsstrafen der Polizei und der Bezirkshauptmannschaften, die sich zwischen 14 Tagen und 6 Monaten Arrest bewegen, zu gerichtlicher Abstrafung mit mehrmonatigem Kerker, drittens zu einem schulbehördlichen Verfahren.

---

524) Vgl. auch „Wiener Zeitung" vom 18. September 1934, S. 2 („Nichtaufnahme politisch Bestrafter an Hochschulen.").

Das Blatt beschwert sich auch in bewegten Worten darüber, dass so und so viele Schüler wegen nationalsozialistischer Betätigung von den Studien ausgeschlossen wurden und damit eine schwere Gefährdung ihrer Zukunft erfuhren. Hier müssen wir allerdings feststellen, dass an dieser sicher bitteren Tatsache jene Männer schuldtragend sind, die sich verschiedener Schulbuben und -mädchen bedienten, um Demonstrationen gegen das eigene Vaterland durchzuführen. Wenn Mittelschüler in Österreich wegen grober politischer Verstösse relegiert werden mussten, [...] so ist daran das System der Nationalsozialisten schuld [...]. Dass bei uns zehn- oder dreizehnjährige Kinder in den Arrest gesteckt oder mit Kerkerstrafen verurteilt wurden, ist eine faustdicke Lüge.

Eines überschreitet in diesem Artikel des „Völkischen Beobachters" sogar das gewohnte Mass nationalsozialistischer Heuchelei. Es heisst darin nämlich, dass schon die Angeberei eines 10jährigen Mitschülers genüge, um die rücksichtslose Verfolgung eines jungen Menschen hervorzurufen. Diese unwahre Behauptung stellt der „Völkische Beobachter" grotesker Weise in dem Augenblick auf, da in Deutschland von einem ordentlichen Gericht Idioten als Kronzeugen in einem Sittlichkeitsprozess gegen Ordensgeistliche geführt werden und in dem auf Grund der Aussage gerichtsnotorisch Schwachsinniger katholische Ordensmitglieder verurteilt worden sind.[525]

GÜSSINGER ZEITUNG, 14. 6. 1936, S. 5

Das Zusammentreffen Schuschniggs mit Hitler in Berchtesgaden wendete auch für konspirative Schüler das Blatt gravierend. Vier Tage nach dem Spitzentreffen, am 16. Februar 1938, nahm Schuschnigg „betont Nationale" wie Guido Schmidt, Seyß-Inquart[526] und Edmund Glaise-Horstenau in sein neu gebildetes Kabinett auf. Schon tags darauf verfasste das Bundesministerium für Unterricht unter dem seit Mai 1936 amtierenden Minister Hans Pernter einen Amnestie-Erlass für politisch bestrafte Schüler; ein untrügliches Zeichen, dass die Dämme schon brachen:

---

525) Vgl. dazu auch ANHANG DOK XI („Österreichischer Beobachter", Oktober 1937, „Schweinepriester")

526) Auf „Vorschlag" Hitlers betraute Schuschnigg Seyß-Inquart mit dem Innenressort, was den Besitz der absoluten Polizeigewalt bedeutete! Seyß-Inquart war jener Katholik, der schon im Jahr davor als Nicht-NSDAP-Mitglied von Schuschnigg zum Staatsrat ernannt und mit der „Angelegenheit der Befriedung der nationalen Kreise" [im „Siebener Ausschuss", Februar 1937, Anm. d. Verf.] betraut worden war. Das war jene Gruppe, die nach Stadler „die Hoffnung der christlichsozialen Antisemiten und der VF-Überläufer darstellen". Stadler, Karl R.: Provinzstadt im Dritten Reich, in: Botz, Gerhard: Wien vom „Anschluß" bis zum Krieg. Nationalsozialistische Machtübernahme und politisch-soziale Umgestaltung am Beispiel der Stadt Wien. – Wien/München 1978, S. 22.

LABl. f. d. Bgld. 115/1938
(Ausgegeben am 3. März 1938)

Amnestie politischer Vergehen von Schülern an den dem Bundesministerium für Unterricht unterstehenden Lehranstalten.

Das Bundesministerium für Unterricht hat mit Erlaß vom 17. Feber 1938 [...] eröffnet, daß [...] die im Zuge des Schuldisziplinarverfahrens verhängten Strafen für politische Vergehen, die vor dem 15. Feber 1938 begangen wurden, [...] nachgesehen werden.

Die Schulleitungen, fügte der Erlass hinzu, hätten allen bisher strafrechtlich verfolgten Schülern „über ihr Ansuchen [...] Bescheinigungen über die Nachsicht" auszustellen. Damit könnten sie sich bei Anstalten melden, wo sie „die Fortsetzung oder den Abschluß ihrer Studien beabsichtigten". Verhinderte Externisten-Reifeprüflinge dürften ihre Prüfungen nachholen, zurzeit laufende Disziplinarverfahren seien einzustellen und „die allenfalls in diesem Zusammenhange damit verhängten Suspendierungen aufzuheben". Jenen Schülern, die während des Schuljahres 1937/38 entlassen wurden, bot man Nachtragsprüfungen auf dem Stundungsweg an.

Harmloser nahmen sich die geänderten Vorschriften über das „Grüßen der Schüler" aus. Durften noch nach Erlass vom 26. Februar 1938 „nur landesübliche Grußformen verwendet werden", so gab das Unterrichtsministerium nur zwei Wochen später, am 9. März, bekannt, daß den Schülern in den dem Bundesministerium für Unterricht unterstehenden mittleren und niederen Lehranstalten die Leistung des Hitlergrußes verboten ist, außerhalb [sic!] der Lehranstalten ist jedoch die Leistung des deutschen Grußes nicht verboten.[527]

Lediglich die Vorschriften über das „Tragen von Abzeichen" unterlagen bis zum Schluss keinen Veränderungen.[528] Dergleichen versuchten die Regierungsstellen die in den letzten Jahren ausgesandten Dienstanweisungen über das „Verhalten der öffentlichen Bediensteten" unverändert beizubehalten, räumten jetzt aber gnädig ein, dass eine „politische Betätigung [...] jedenfalls während der Amtszeit und in den Amtsräumen [sic!] zu unterbleiben (hat)".[529] Auch damit hatte der Countdown für das Finis Austriae seine offiziöse Schubkraft verstärkt.

---

527) LABl. f. d. Bgld. 124/1938, ausgegeben am 10. März 1938 („Grüßen der Schüler"). Sperrungen im Original.
528) LABl. f. d. Bgld. 114/1938, ausgegeben am 3. März 1938 („Tragen von Abzeichen durch Schüler").
529) LABl. f. d. Bgld. 112/1938, ausgegeben am 3. März 1938 („Verhalten der öffentlichen Bediensteten").

3 Die außerschulische Jugenderziehung

> Eine notwendige Ergänzung der Schule besteht darin, daß der Staat sich auch für den Bereich außerhalb der Schule die erforderliche Einflussnahme auf die heranwachsende Jugend sichert. […] Selbstverständlich bleibt für das große und ausschlaggebende Gebiet der religiös-sittlichen Erziehung die Kompetenz der Kirche gewahrt.
> *Bundeskanzler Schuschnigg,*
> *Vaterländischer Appell in Hubertenhof*
> *am 31. Jänner 1934* [530]

3.1 Der Vereinsdschungel oder: Die „Einheits-Jugend", die es so nicht gab

Zu den Charakteristika der Ersten Republik zählte ein beachtlich hoher Organisierungsgrad männlicher und weiblicher Jugendlicher, die, nach Jugendforscherin J. Gehmacher, eine „lagergebundene Politisierung" erfuhren. Schätzungen zufolge waren 1930/31 mehr als eine Viertelmillion in Jugendvereinen verbunden.[531]

Zum Selbstverständnis deutschnational/völkisch orientierter Organisationen (z. B. *Österreichischer Wandervogel, Deutsche Freischar*), deren Mitgliederstand zwischen 60.000 und 100.000 schwankte und im *(Deutsch-)Österreichischen Jugendbund* einen verbindendes Dach fanden, gehörte neben dem

---

530) Zit. nach Bgld. Lbl. 5/1935, S. 55.
531) Johanna Gehmacher, Jugend – Zur Karriere eines Konzepts. Politisierungsprozesse junger Menschen in Österreich 1900–1945, in: Informationen zur politischen Bildung, hg. von Johann Burger und Elisabeth Morawek, Bundesministerium für Unterricht und kulturelle Angelegenheiten, Nr. 9/1995 (Schulausgabe): Jugend heute. Politverständnis, Werthaltungen, Lebensrealitäten. – Wien 1995, S. 11.

Prinzip der *Selbstführung* ein, so Gehmacher, „manifester Antisemitismus ... stärker als in der deutschen Jugendbewegung". Gegen Ende der 20er-Jahre bestand die Mehrzahl solcher Bünde aus männlichen Angehörigen. Die mitgliederstärksten deutschnationalen, ab den 1930ern mit zunehmender Affinität zum Nationalsozialismus sich gebärdenden bündischen Organisationen wie *Deutscher Turnerbund*,[532] *Deutscher Jugendbund Volksgemeinschaft* oder *Junglandbund*, gaben gewöhnlich bei politischen Willens- und Entscheidungsprozessen den Takt an.[533]

Mitglieder, die in ihrem Verband die rechts-ideologische Richtung zu wenig akzentuiert vorfanden, suchten in der 1926 gegründeten *Hitlerjugend* (*HJ*) die neue Vereinsheimat. In den ersten Jahren verzeichnete die HJ in Deutschland einen schwachen Mitgliederstand. Bis 1932 der *Sturmabteilung* (*SA*) eingegliedert und mehr als „politischer Kampfverband" denn als politisierende Jugend mit Diskussionen als wesentliches Element des Vereinslebens, gelang es der „plebejischen" HJ[534] nicht, aus den autonomen („freien") bündischen Gruppierungen Mitglieder, die hauptsächlich aus dem mittleren und gehobenen Bürgerstand kamen, anzuziehen. Bis 1932/33 lief die Hitlerjugend der Entfaltung der NSDAP hinterher. Dieses Schattendasein traf noch mehr auf Österreich zu. Nach Beginn der sich verschärfenden Wirtschaftslage Anfang der 30er verstand es die zunehmend militarisierte HJ in Deutschland, vor allem die Straße für sich zu gewinnen.[535] Ihre völkische Kernideologie bildete ein gewalttätiger Antisemitismus. Gehmacher geht, auf Österreich bezogen, von „belegten 3183 Mitgliedern" der „Hitler-Jugend" im Jahr 1933 aus, dem Jahr des Verbots in Österreich, um hinzuzufügen: „Die bündischen Organisationen […], ohnedies deutschnational orientiert […], boten den illegalen nationalsozialistischen Jugend-

---

532) Ausführlicher dazu bei Reinhard Krammer, „Die Turn- und Sportbewegung", in: Weinzierl/Skalnik, Österreich 1918 – 1938, Bd. 2, S. 731–743; ders. ebenda, S. 735: „Im Jahre 1932 gehörten dem Deutschen Turnerbund 70.000 Turner und Turnerinnen sowie 45.000 Kinder und Jugendliche an."

533) Gehmacher, Karriere, S. 11.

534) „Die HJ war plebejisch, sie hat neben kleinbürgerlichen Jugendlichen seit der Wirtschaftskrise angeblich einen hohen Anteil an Arbeitern; 1932 sollen die Jungarbeiter 69% der HJ ausgemacht haben." Nemitz, Rolf: Die Erziehung des faschistischen Subjekts, in: Faschismus und Ideologie (Projekt Ideologietheorie); überarbeitete Neuausgabe in einem Band der Argument Sonderbände 60 und 62, hg. von Klaus Weber, S. 179–216, hier S. 195 f., mit Hinweis auf W. Klose, Generation im Gleichschritt. Ein Dokumentarbericht. – Oldenburg 1964.

535) Ebenda.

gruppen immer wieder Unterschlupf."⁵³⁶ Zu ihnen, die nationalsozialistische Jugendliche still duldeten oder offen einluden und sich so in manchen Fällen einer weitgehenden Usurpation aussetzten, zählten unter anderen Organisationen der Deutsche Turnerbund, der Deutschösterreichische Alpenverein, die Zentralvereinigung (Deutsch)Österreichischer Jugendbund, der Österreichische Wandervogel, der Deutsche Schulverein Südmark, die in die Heimwehr eingebundene Organisation Jungvaterland, „später auch die staatliche Organisation Österreichisches Jungvolk – also mit der großen Ausnahme der katholischen Vereine praktisch alle wichtigen legalen Jugendorganisationen".⁵³⁷

Die deklariert „angebräunten" und die Jugendverbände der Linken mussten oder, zutreffender ausgedrückt, sollten im autoritär regierten Österreich die Bildfläche räumen, was v. a. HJ-Cliquen nicht hinderte, konspirative Geheimtreffen zu nächtlicher Stunde zu inszenieren.

Anders bei den moderateren deutschnationalen Gruppierungen: Weder Dollfuß noch Schuschnigg wagten sie konsequent anzutasten, zumindest nicht bis 1937 (siehe unten „Vereinsverbote"), offensichtlich in der – wie bekannt: trügerischen – Hoffnung, sie durch Gewährenlassen besser unter Kontrolle zu haben und durch sie einige Teile der rechtsextremen Jugendränder wenigstens milder stimmen zu können. Zu dem Gehmacher:⁵³⁸

Das Interesse der Sicherheitskräfte an einer Aufdeckung dieser Verflechtungen [mit unterwanderten Tarnorganisationen, Anm. d. Verf.] war offensichtlich gering. So erweist es sich [...], daß die Polizei erst auf massive Anstöße der (Medien-) Öffentlichkeit hin tätig wurde.

Auf den Arealen der jugendlichen Arbeiterschaft erreichte der 1919 gegründete *Verband der sozialistischen Arbeiterjugend Deutschösterreichs* mit an die

---

536) Gehmacher, Karriere, S. 14; zu den „Tarnorganisationen" vgl. dies. in: Jugend ohne Zukunft, S. 345 f., ausführlich zu „Tarnung, Unterwanderung" S. 374–400.
537) Gehmacher, Jugend ohne Zukunft, S. 317, 345 f.,
538) Ebenda, S. 399; Gehmacher ortete bei den von Unsicherheit innerhalb der Polizei und Gendarmerie bestimmten Vorgehensweisen ein Konfliktpotential zwischen den Sicherheitsbehörden und dem Unterrichtsministerium: „Das Unterrichtsministerium wollte die Entscheidungsmacht über Form und Ausmaß der Disziplinierung und Bestrafung von Schülern und Schülerinnen nicht abtreten. Die Verwaltungsbehörden erblickten aber in den zusätzlichen Strafen durch die Schulen [Schulentlassungen, Anm. d. Verf.] offenbar eine prinzipielle Bedrohung ihrer Kompetenzen." Ebenda, S. 344; zusammenfassend zu den dadurch ermöglichten Teilerfolgen der HJ und des BDM siehe ebenda, S. 326.

30.000 Mitgliedern (hauptsächlich in Wien) um 1930 erwähnenswerte Bedeutung. Als Beispiele kleinerer Formen sozialistischer Jugendorganisierung seien genannt die *Roten Falken* (das Pentand zu den katholischen Pfadfindern) und der *Bund sozialistischer Mittelschüler*.[539]

Den zahlenmäßig höchsten Grad an Jugendorganisierung wies die katholische Kirche auf. Ihre beiden Dachverbände *Reichsbund der katholischen deutschen Jugend Österreichs* (laut *Güssinger Zeitung* gegründet 1917[540]) für männliche Jugendliche und der *Reichsverband der katholischen Mädchenvereine Österreichs* (gegr. 1921) blickten 1931 stolz auf insgesamt „weit mehr als 100.000 Jugendliche und Erwachsene".[541]

Heil, Reichsbund, Heil!
Wir sind des Volkes junger Mund
Und tun euch unsern Willen kund:
Gebt uns die Heimat, zeigt uns Mut!
Geht uns voran und führt uns gut!
Schon hebt der große Morgen an,
Wir Jungen kommen, Mann für Mann!
Zu unseres Standes Ehr' und Heil.
Heil, Reichsbund, Heil!
Heil, Reichsbund, Heil!

Foto: Hajszànyi, Bilder-Chronik, S. 195   Rudolf Henz, abgedr. bei Hajszànyi, Bilder-Chronik, S. 219

---

539) Ebenda, S. 12; siehe auch R. Krammer, in: Weinzierl/Skalnik, Österreich 1918–1938, Bd. 2, S. 735 ff.

540) Vgl. „Güssinger Zeitung" vom 14. August 1927, S. 1 („Zehn Jahre Reichsbund der katholischen deutschen Jugend Österreichs"). Gehmacher nannte 1918 als Gründungsjahr; Gehmacher, Karriere, S. 13.

541) Gehmacher, Karriere, S. 13; zum Reichsverband der katholischen Mädchenvereine siehe auch Hildegard Holzer in der „Reichspost" vom 2. Februar 1933, S. 9 („Zeitfragen der katholischen weiblichen Jugend"). Holzer bezifferte die Gesamtzahl der Reichsbundmädchen, „die sich heute [1933, Anm. d. Verf.] in diesem Zeichen finden", mit 71.000.
„Zahlen aus dem Reichsbund" veröffentlichte die „Wiener Zeitung" am 8. Februar 1934, S. 15: Demnach zählten zu Beginn 1934 rund 72.000 zur katholischen männlichen Jugend Österreichs, „welche im Reichsbund zusammengeschlossen" seien. Die mitgliederstärksten Bünde bzw. Vereine befanden sich in der Diözese Wien mit 18.000 Angehörigen in 431 Vereinen, der *Jungsteirerbund* umschloss 200 Vereine mit 12.000, gefolgt von der Diözese Linz mit ebenso vielen Vereinen und 10.000 Mitgliedern. Zu den dem Reichsbund „angeschlossenen Gruppen" gehör-

1935 (die Arbeiterjugendgruppen und die Hitlerjugend-Organisationen waren bereits seit etlichen Monaten verboten) sprach Bundespräsident Miklas anlässlich der 16. Bundestagung des Reichsbundes der kath.-deutschen Jugend Österreichs in Linz von „nahezu eineinhalbtausend Reichsbundgruppen", die in dem großen Rahmen der „katholische(n) Aktion in allen Diözesen Oesterreichs auf den Plan" treten würden. „Der Reichsbund" umfasse „ungezählte Tausende Jugendliche aus allen Gesellschaftskreisen unseres Volkes, Arbeiter und Bauernsöhne, Knechte, Gehilfen, Praktikanten, Lehrlinge, Junglehrer, Studenten und andere mehr. Den Hauptkern der [...] Jugend", so überschlug sich der Bundespräsident euphemistisch, „bilden aber unzweifelhaft unsere Bauernsöhne und jugendlichen Arbeiter in Industrie und Handel, in Gewerbe und Landwirtschaft, und auch die unmittelbar tätigen Laienführer der Jugend stammen ebenso wie die Lehrer und geistlichen Präsidien weit überwiegend aus kleinbürgerlichen, bäuerlichen und Arbeiterkreisen [...]."[542]

Die bundesweiten Hauptzielrichtungen des katholischen Vereinslebens waren religiöser Provenienz (Miklas: *„Bekenntnis zu Gott und Kirche"*), synchron dazu das Treuebekenntnis *„zu Volk und Vaterland"*, denn: *„Gott ruft dich und das Vaterland."*[543] Signifikant gehen die erzieherischen Primäranlie-

---

ten die *Studenten* (*Katholischer Deutscher Studentenbund KDSB, Akademia* usw.) mit rund 1200 Mitgliedern, der *Katholische deutsche Soldatenbund* (3000), und die *St.-Georgs-Pfadfinder* (über 14 Jahre) mit einer Gesamtmitgliederzahl von 1500. 5000 Knaben bildeten *Jungschar*-Gruppen, die jüngeren *Pfadfinder („Wölflinge")* brachten es österreichweit auf 4600 Kameraden.

Zu den katholischen Burschenvereinen innerhalb des „Reichsbundes", das Burgenland betreffend: 1928 gingen im Burgenland 76 solcher Ortsvereine, hauptsächlich im Norden des Landes, ihren Zielgedanken nach. Die wichtigsten Aufgabenlinien bestanden aus religiöser Erziehung und allgemeiner Fortbildung bis zur „Vervollkommnung" unter dem Motto „Rein bleiben und reif werden". Der numerische Umfang im genannten Jahr setzte sich aus beachtlichen 3.100 Mitgliedern zusammen; vgl. Hajszányi, Bilder-Chronik, S. 195, 227; bis 1932, wie nach der „Güssinger Zeitung" vom 15. Mai 1932, S. 1, zu schließen ist, erhöhte sich die Mitgliederzahl. In den „ja nur 157 Pfarren" des Burgenlandes seien „bis heute schon etwa über 100 katholische Burschenvereine gegründet" worden; laut „Wiener Zeitung" vom 8. Februar 1934, S. 15, erhöhte sich der Mitgliederstand bis 1934 auf 3400 Angehörige.

542) Zit. nach „Güssinger Zeitung" vom 25. August 1935, S. 1 f; zu „Reichsbund und Reichsbundarbeit im neuen Österreich" vgl. auch die Darstellung von Bundesobmann Hans Melchart in der „Reichspost" vom 2. August 1934, S. 15 (Beilage „Der junge Strom").

543) Zitate nach „Reichspost" vom 2. August 1934, S. 15 (Beilage „Der junge Strom")..

gen hervor aus der Parole der „Reichsbund-Wallfahrt" nach Mariazell am 19. August 1934, an der beispielsweise Abordnungen katholischer Burschenvereine, katholischer Studentenverbindungen, der Ostmärkischen Sturmscharen[544] und der Christlich-Deutschen Turnerschaft Österreichs[545] teilnahmen. Die dem Reichsbund zugedachten Losungen explizierte auf der großen Pilgerreise zur großen ALMA MATER AUSTRIAE Dr. Kurt Schuschnigg höchst persönlich, zu dem Zeitpunkt seit drei Wochen Bundeskanzler:[546]

> Der Reichsbund ist die Lebensschule und der Stoßtrupp der jungen österreichischen Generation. Wir glauben, daß Österreichs Neubau nur im Geiste Christi möglich ist. Nur ein neues Geschlecht, seelisch, geistig und körperlich gebildet, berufstüchtig und sozial handelnd, wird diese Aufgabe erfolgreich lösen können.

Sogenannte „Kampfrufe" sollten das eben Gelobte umsetzen helfen, sollten Verteidigungs-, ja Kampfbereitschaft den „inneren" und „äußeren", den Christusfeinden signalisieren. Zwei Beispiele, die der dem Reichsbund angeschlossene *Katholische Burschenverein Güssing* auf seine Fahnen schrieb:[547]

> Das Kreuz wollt ihr uns rauben,   Schon naht auf Sturmesschwingen
> all unser Heil und Licht?   der Geist, der uns verlieh,
> Nein! Nein! Ihr könnt es glauben: zu beten mit den Klingen:
> Nein, das gelingt euch nicht!   Das Kreuz bekommt ihr nie!

Nach außen hin bemühten sich die katholischen Verbände besonders ab der Periode anwachsender Radikalisierung politische Momente hintanzustellen, eigentlich zu verleugnen. So zeichnete die nie politisch aktiv auftre-

---

544) Die Ostmärkischen Sturmscharen verstanden sich „als eine vaterländische, katholische, jungpolitische Bewegung, [...] vor allem (als) Bewegung der Jugend. [...] Sie nehmen Mitglieder erst auf, wenn diese das 17. Lebensjahr erreicht haben; man kann aber andererseits bis zu seinem 40. Lebensjahre der OSS. angehören." Eine „endgültige Aufnahme" trete „erst nach einer Probezeit" ein, die „im allgemeinen drei Monate dauert". Jilek, Hans: Die Sturmscharen am Werk, in „Reichspost" vom 15. Dezember 1932, S. 11 (Jugendbeilage „Der junge Strom").
545) Ausführlicher dazu R. Krammer, in: Weinzierl/Skalnik, Österreich 1918–1938, Bd. 2, S. 739 ff.
546) Zit. nach Hajszányi, Bilder-Chronik, S. 227.
547) Zit. nach ebenda, S. 195.

tenden *Kongregationen* für Schüler und Mädchen und auch für manuelle Arbeiter rein religiöser Charakter aus. Der *Katholische Kartellverband* (C.V.) war in der Hauptsache als Gegenverbindung zur Abwehr des Einflusses nationaler „schlagender" Studentenverbindung entstanden und verstand sich auch nie als Jugendbewegung mit politischen Ambitionen.

Nicht zuletzt, um registrierten Tendenzen entgegen zu wirken, namentlich der Kirche den Rücken zuzuwenden,[548] sorgten – freilich je nach gebotenem Ausmaß und geschickten Führungsmannschaften – jugendtypische und -bewegte Freizeitangebote für Beitrittsbereitschaft: Wandern, (Zelt-)Lagern, Ausflüge (ohne Eltern!), wöchentliche oder monatliche Gesellschaftsspiele in den Heimstätten, Theateraufführungen, Gesänge mit Instrumentalbegleitung, das Erlernen eines Musikinstrumentes, Volkstanz und, ganz wichtig vor allem bei männlichen Vereinsfreunden, Sportangebote. (Weibliche Sportaktivitäten wurden im katholischen Lager schon aufgrund der allzu lasziv wirkenden Sportkleidung weniger gern gesehen.) Allerdings zählten derartige Attraktivitätsmomente nicht ausschließlich zum katholisch-jugendbewegten Leben, sie bildeten in gleichem Maße charakteristische Elemente „nicht-vaterlandstreuer" Vereinsaktivitäten.

Als *„die* katholische Jugendbewegung" schlechthin, die am meisten „Organisations- und Aktionsformen aus der Jugendbewegung" übernahm, galt der aus einer Mittelschülerorganisation hervorgegangene *Bund Neuland*. Aus der „Neulandbewegung", deren Gruppierungen aus 15 bis 18-Jährigen undemokratisch nach dem Führerprinzip organisiert waren, erwuchs mehr als in anderen katholischen Organisationen eine „katholische Erneuerungsbewegung, die sich vom politischen Katholizismus der Ersten Republik distanzierte" und „über den religiösen Antisemitismus aller katho-

---

548) Die Distanzierungen galten im engeren Sinn dem so genannten *Politischen Katholizismus*, den man durch Eingriffe der katholischen Kirche in weltliche Politik erfuhr, im Alltag durch allzu autoritär agierende Geistliche. Der Leitartikel „Der Reichsbundtag in Eisenstadt" der „Güssinger Zeitung" vom 15. Mai 1932, S. 1, erinnerte „an die Aussichtslosigkeit" der Jugend „inmitten der größten wirtschaftlichen Schwierigkeiten". In der Gegenwart „(sehen) wir den Geist des Materialismus und der Gottlosigkeit immer stärker werden. […] Müde und verdrossen ziehen sich nicht wenige Gutgesinnte von der Mitarbeit zurück, im politischen und kulturellen, katholischen Leben; sie haben keine Hoffnung mehr." Aber „der Reichsbund als der stärkste Träger der kath. Jugendbewegung Österreichs" strebe „immer mehr vorwärts; er ist nicht mutlos geworden, er schaut unverdrossen auf sein ganzes Arbeits- und Pflichtengebiet".

lischen Organisationen hinaus auch den völkischen Antisemitismus der Jugendbewegung (teilte) – eine Haltung, die (die Mitglieder) in den dreißiger Jahren offen für den Nationalsozialismus machte".[549]

Das Beispiel zeigt, dass bei den verschiedenen Organisationen, ob parteilich oder konfessionell oder beides, einheitliche Verbindungsstränge nur partiell vorhanden waren. So gründete 1930 Kurt Schuschnigg „mit ausdrücklicher Billigung von Fürsterzbischof Waitz" die *Ostmärkischen Sturmscharen*, gedacht „als eine Reformbewegung der katholischen Jugend" und – als politische Wehrformation – in „Gegnerschaft zur Heimwehr". Erst im Sommer 1933 traten diese *OSS* erstmals auf, erreichten jedoch auf Bundesebene lediglich um die 15.000 Mitglieder.[550] „Jeder Sturmschärler" kämpfe satzungsgemäß „für den christlichen Staat und daher für die Rechte der Kirche", er „will katholischer Ostmarkdeutscher sein" und „hat daher die österreichische Kultur zu hüten, zu fördern und für diese zu werben". L. Reichhold schloss nach diesen Gelöbnisformeln auf ein bereits aufkeimendes österreichisches Nationalbewusstsein.[551]

Jung, neu, vaterländisch, österreichisch – das waren die wohl meistverwendeten Adjektive in der zeitgenössischen Politsprache des nach österreichischem Muster modifizierten Faschismus, besonders nach Dollfuß' Trabrennbahnrede im September 1933. Und dienten als Attribute bei der Namensgebung ummodellierter oder neu installierter Jugend-Verbindungen. Die komplexen Affinitätsnetze der zahlreichen Gruppierungen, ständige Um- und Neugründungen wirkten selbst für Organisationskameraden verwirrend. „Welchem Verband ist mein Verein angeschlossen und somit Glied welcher Dachorganisation?" Doppel- oder Mehrfachmitgliedschaften prägten die Vereinslandschaften. Dieser – modern ausgedrückt – „Who's who"-Organisationsdschungel ist noch heute schwer über- und durchschaubar.

Im Mai 1934 wurden die Eltern „aufgefordert, ihre Kinder im Alter von 14–18, bezw. 21 Jahren dahin zu entsenden",[552] nämlich in eine der zahlreichen katholischen Jugendgruppen, die am 14. März d. J. zur Über-Dachorganisation *Österreichische Jungfront* zusammengeschlossen wurden. Der Dachverband diene, so Kardinal Innitzer, „der Wahrung der vaterländischen Interessen". Er habe „in enge Verbindung mit der ‚Vaterländischen Front'

---

549) Gehmacher, Jugend – Zur Karriere eines Konzepts, S. 13.
550) Bamberger, Österreich Lexikon, Bd. 1, S. 164.
551) Zit. nach Reichhold, S. 84.
552) „Güssinger Zeitung" vom 13. Mai 1934, S. 4.

zu treten".⁵⁵³ Zu dem Zeitpunkt wusste der Kirchenfürst, dass die Existenz seiner(!) Jugendorganisationen in den Verfassungsrang erhoben werden würde, was dann auch durch die Ratifizierung des Konkordats am 1. Mai '34 geschah. Unter „vaterländische Interessen" verstand Österreichs Kirchenoberster durchwegs katholische Seligkeiten, was beim Zugriff auf die junge Generation nichts anderes bedeutete als die Hintanstellung der Vaterländischen Front. Die heraufbeschworene Kompetenzkollision zwischen den beiden Staatsträgern VF und Kirche auf dem Gefechtsfeld *Einheits*jugend während der 4-jährigen „Austrofaschismus"-Periode endet, so viel sei vorweggenommen, in einer Pattstellung. Wer Klarheit suchte, erfuhr durch die zahlreich veröffentlichten Erklärungsmodelle bestenfalls noch mehr Verwirrung. Exemplarisch führen wir das Theorie-Gestammel eines Hans Jilek in der *Wiener Zeitung* an:⁵⁵⁴ Es stelle sich die Frage nach der „Stellung der jungen Generation in der Vaterländischen Front", da „ja die Jugend zu einem Großteil […] in den konfessionellen katholischen Jugendverbänden bereits erfaßt" sei. Für die Aufgaben der VF ergebe sich „ein ganz bestimmter Weg: der des Zusammenwirkens der Vaterländischen Front und der bestehenden katholischen Jugendverbände". Daraus ergebe „sich von selbst" – welche Verkennung von Schuschniggs Absichten! – „daß der Gedanke, eine eigene Jugendorganisation der Vaterländischen Front aufzustellen, der Front selbst wesensfremd" sei. Ihr gehe es nicht um Zerstörung durch Gleichschaltung.

Bestand über die Hauptintention auf dem Erziehungsfeld, die da lautete: Vermittlung Österreich-vaterländischer und sittlich-religiöser (das hieß: katholischer) Erziehung und darüber hinaus über den Willen, eine Vereinigung der diversen Jugendverbände in einem übergeordneten Dachverband zustande zu bringen, wenigstens nach außen hin weitläufige Konkordanz zwischen den kirchlichen und staatlichen Leitstellen, so benötigte das Rin-

---

553) Zit. nach „Wiener Zeitung" vom 25. November 1934, S. 2; bis zum Zeitpunkt dieser Blattausgabe waren folgende Jugendorganisationen in der „Jungfront" zusammengefasst: „Reichsbund der katholischen deutschen Jugend Österreichs, Reichsverband der katholischen Mädchenvereine Österreichs, Pfadfinderkorps Sankt Georg, Zentralverband der katholischen Gesellenvereine Österreichs, Verband der katholischen Arbeiterinnen, Christlicher Hausgehilfinnenverband, Junge Front im Bunde christlicher Arbeiter und Angestellter, Neuland, Katholischer deutscher Studentenbund, Studentenkongregationen, Jünglingskongregationen, Ostmärkische Sturmscharen, Bund der deutschen katholischen Jugend Österreichs." Siehe ebenda.

gen um endgültige Organisationsstrukturen und um die Zuständigkeitsverteilung, de facto das Tauziehen zwischen Vaterländischer Front und katholischer Repräsentanz, seine Zeit.

3.2 Schuschniggs Scheitern beim Ringen um eine „Einheits-Staatsjugend"

Da drängt sich unausweichlich eine Parallele auf: Das, was man auf höherer Polit- und Sozialebene anstrebte, nämlich alle das Vaterland bejahenden Staatsbürger in *einer* „Bewegung" (nicht Partei!)[555] zusammen zu schließen, die da seit 1933 den Namen *Vaterländische Front* trug – eben dieses reaktionäres Verlangen sollte auch auf dem Jugendsektor Loyalitätsfrüchte tragen.

Noch 1935 dachten die Beratungsgremien an die „Schaffung einer einheitlichen Organisation der [...] österreichische(n) Jugend vom 6. [sic!] bis zum 18. Lebensjahr". Bevor man Verhandlungen mit höchsten Vereinsvertretern der katholischen Jungfront (Bischöfe) einging, mussten *Jung-Vaterland* [= Starhembergs Heimwehr-Jugendverband, Anm. d. Verf.] und die „der Form nach wehrhaft-militärisch aufgebaut(e)"[556] *Sturmscharjugend* (= Schuschniggs auch katholisch ausgerichtete OSS-Jugend[557]) unter einen

---

554) „Wiener Zeitung" vom 5. Juli 1934, S. 14 („Jugend in der Vaterländischen Front"). Sperrungen im Original.

555) Dollfuß in seiner Trabrennplatzrede, September 1933: „So ist die Vaterländische Front heute eine Bewegung und nicht eine Addition von zwei oder drei Parteien, sondern [...] eine Bewegung, die jeden, der das Abzeichen der Vaterländischen Bewegung trägt, dazu verpflichtet, das Einigende zu betonen [...] und keiner Bewegung anzugehören, die den Klassenkampf oder Kulturkampf zum Ziele hat." Zit. nach E. Weber, Dollfuß an Österreich, S. 40.

556) „Reichspost" vom 12. Mai 1935, S. 3.

557) Bei einer Führerbesprechung des Jugendverbandes der Ostmärkischen Sturmscharen (OSS) am 8. Dezember 1935 in Wien erinnerte Schuschnigg daran, dass die „Ostmarkjugend' nicht nur ein wichtiger Bestandteil der OSS (ist), sondern auch ein wichtiger Faktor bei der Vorbereitung der künftigen Staatsjugend. Die Hauptaufgabe der Ostmarkjugend wäre, in Zukunft hinsichtlich der Weltanschauung in der Katholischen Aktion, in Bezug auf die politische Einstellung auf dem Boden der Vaterländischen Front zu stehen." Im Übrigen: „Die Ostmarkjugend" zähle „in ganz Österreich über 40.000 Mitglieder." Zit. nach „Wiener Zeitung" vom 9. Dezember 1935, S. 3. Sperrungen im Original.

Einheit suggerierenden Verbandsdeckel gebracht werden.[558] Gar nicht so problemlos, wie man dachte, steuerte doch zu dem Zeitpunkt das Verhältnis Schuschniggs zu Heimwehrführer Starhemberg, der allzu sehr Präferenzen für den Duce pflegte, einem Tiefpunkt entgegen. Jedenfalls: Nach „Vorschlag des Bundeskanzlers" wurde „der Name ‚Jung-Oesterreich' in Aussicht genommen".[559] Am 17. Oktober 1935 „(beschloss) der Ministerrat den Zusammenschluss von Jung-Vaterland und Ostmark-Jugend [= OSS-Jugend, Anm. d. Verf.] zu einer Arbeitsgemeinschaft" mit dem Auftrag, eine Staatsjugendorganisation vorzubereiten.[560]

Die installierte Arbeitsgemeinschaft, die insgesamt 147.000 Jugendliche vertrat,[561] arbeitete rasch. Bereits vierzehn Tage nach dem Ministerratsbeschluss vom Oktober 1935 berichtete die *Güssinger Zeitung* über die ersten Strukturentwürfe bezüglich „der staatlichen Jugendorganisation". Der „mit den Vorbereitungsarbeiten betraute Staatsrat Graf Thurn-Valsassina" (Schwager Starhembergs und zu dem Zeitpunkt hinter vorgehaltener Hand designierter ÖJV-Bundesführer) habe mit „Schuldirektor Winhart bereits die Zentralstelle der Arbeitsgemeinschaft österreichischer Jugendverbände ‚Jung-Vaterland' u. ‚Ostmarkjugend' konstituiert".[562] Die den einzelnen Sektionen zugedachten Aufgabenbereiche gaben bzw. geben einen Überblick über die gesamte Ziel- und Funktionspalette des Verbundes:[563]

1. Sektion: Sittlichreligiöse Erziehung;
2. Sektion: Allgemeine staatsbürgerliche Erziehung;
    a) männliche Jugend, Sport und Turnen, Gesundheitswesen, vormilitärische Erziehung, Kunsterziehung;
    b) weibliche Jugend, Sport und Turnen, Gesundheitswesen, Frauenarbeit, Kunsterziehung;

---

558) Vgl. auch Schuschnigg in „Wiener Zeitung" vom 24. Oktober 1935, S. 7 („Führertagung der n.-ö. Sturmscharen Katholische Jugend und Staatsjugend"); zu den Verhandlungsschwierigkeiten vgl. auch Maderthaner, in Steininger/Gehler, S. 207 f.
559) „Reichspost" vom 12. Mai 1935, S. 3.
560) Zitat aus der Rede von Dr. Josef Klaus (Bundeskanzler der Zweiten Republik) im Januar 1936 auf der Führertagung der „Reichsarbeitsgemeinschaft der katholischen Jugendverbände Österreichs" in Anwesenheit von Bundeskanzler Schuschnigg und Kardinal-Erzbischof Innitzer; zit. nach „Güssinger Zeitung" vom 12. Januar 1936, S. 1; Anm.: Dieselbe Wochenzeitung datierte den erwähnten Ministerratsbeschluss mit 18. [sic!] Oktober 1935; vgl. „Güssinger Zeitung" vom 3. November 1935, S. 4; dasselbe Datum auch bei Gehmacher, Jugend ohne Zukunft, S. 404.
561) Vgl. Gehmacher, Jugend ohne Zukunft, S. 404.
562) „Güssinger Zeitung" vom 3. November 1935, S. 4.
563) Ebenda.

c) Lehrerschaft (laut Schuschnigg bundesweit „über 1500 Lehrpersonen"[564]);
d) Elternschaft;
3. Sektion: Schulen u. Jugendheime;
4. Sektion: Fürsorgewesen;
5. Sektion: Jugendpresse und Propaganda.

Nach Beseitigung Starhembergs und der Heimwehr stand Schuschniggs Wunsch auf vollständige Fusionierung nichts mehr im Weg. Die *Güssinger Zeitung* informierte am 6. September 1936 mit zwei Artikeln über die Gründung des *Österreichischen Jungvolkes*.[565] Im ersten Bericht wurden einige Konstitutionen dieses sogenannten „VF-Werkes" zusammengefaßt, der zweite bezog sich auf eine Pressekonferenz, zu der Guido Zernatto, der Generalsekretär der VF und in dieser Funktion gleichzeitig stellvertretender ÖJV-Bundesführer, gerufen hatte:

Der Einbau der Jugend in Staat und Front.

[...] Mit dem Bundesgesetz über die vaterländische Erziehung der Jugend ausserhalb der Schule wurde die gleichzeitige Gründung des VF-Werkes „Oesterreichisches Jungvolk" geschaffen.

Diese Jugendorganisation fügt sich selbstverständlich und reibungslos der Vaterländischen Front ein und untersteht als Werk der Vaterländischen Front in erster Linie dem Frontführer und Bundeskanzler Dr. Schuschnigg.

Das neue Gesetz [...] bestimmt, dass Vereine und Einrichtungen, die sich ausschliesslich mit der Erziehung und Ertüchtigung Jugendlicher ausserhalb der Schule befassen [...], der Zustimmung des Bundesministeriums bedürfen. [...].

Das Gesetz aber geht weiter. Es fordert, dass auch die Arbeitspläne und die Tageseinteilung der Jugendorganisation von einer Genehmigung des Unterrichtsministeriums abhängig sind [...].

Eine dritte Bestimmung ermöglicht die Erfassung der Jugend in unserem Vaterlande zu Uebungen, Vorträgen und sonstigen vaterländischen Veranstaltungen. [...].

---

564) Zit. nach „Wiener Zeitung" vom 9. Dezember 1935, S. 3.
565) Die Bezeichnung „Österreichisches Jungvolk" verwendete nach uns vorliegendem Quellenmaterial erstmals Kardinal Innitzer. Schon am 3. Mai 1934 ordnete er „die Zusammenfassung aller Organisationen der katholischen Schuljugend der Erzdiözese Wien zum ‚Österreichischen Jungvolk' an." Dabei dachte der Wiener Erzbischof an eine organisatorische Betreuung der „katholischen Kinder im schulpflichtigen Alter von sechs bis vierzehn Jahren". Ziel der Gründung sei es, „eine bessere Durchführung der vaterländischen Erziehung der erfaßten Kinder, einheitliches und geschlossenes Auftreten in der Öffentlichkeit und wirksame Vertretung gegenüber Behörden und Verbänden" herbei zu führen; zit. nach „Wiener Zeitung" vom 25. November 1934, S. 2; vgl. ebenda vom 5. Juli 1934, S. 14.

Das Gesetz sieht vor, dass den katholischen Jugendorganisationen [...] in strengster Einhaltung des Konkordates eine Ausnahmestellung eingeräumt werde. [...] Allerdings ist es damit nicht ausgeschlossen, dass diese Organisationen mit dem V.F.-Werk „Oesterreichisches Jungvolk" in möglichst enge Fühlung treten, sondern sogar wünschenswert. [...].

Im Sinne (des verstorbenen) Dr. Dollfuss wurde das Gesetz geschaffen [...]. Für dieses Jugendwerk aber ist erste Voraussetzung, dass die entsprechenden Jugendführer herangebildet werden. [...].

GÜSSINGER ZEITUNG, 6. 9. 1936, S. 1

Das VF.-Werk „Oesterreichisches Jungvolk".

Zernatto (hielt) ein Referat über das neugegründete VF.-Werk „Oesterreichisches Jungvolk", in dem er u. a. ausführte:

[...] Wir haben in der letzten Zeit rund um die politische Organisation der Vaterländischen Front eine Reihe von VF.-Werken geschaffen, da es sich gezeigt hat, dass in modernen [sic!], autoritär geführten Staaten die politische Zentralorganisation nicht alle Gebiete befürsorgen kann, die von der politisch-willensbildnerischen Organisation befürsorgt werden müssen. Die Grenzen der staatlichen Aufgaben sind im Vergleich zum früheren parlaments-demokratischen Regime [sic!] weiter geworden, weshalb auch die Aufgaben der politischen Monopolorganisation in diesem Staate sich geweitet haben.

Neben dem Mutterschutzwerk, der Frontmiliz, dem „Neuen Leben" wird das 4. VF.-Werk das „Oesterreichische Jungvolk" sein.

Wir sind uns bewusst, dass [...] es die wichtigste Aufgabe ist, die Jugend in unserem Sinne zu erziehen. [...] Wir wollen niemanden hineinzwingen, wer fern bleiben will, kann fern bleiben: wir haben allerdings durch das Gesetz die Möglichkeit erhalten, alle in Oesterreich lebenden Jugendlichen zu bestimmten Aufgaben und Veranstaltungen heranzuziehen. Wir verzichten auf Zwang, weil wir wissen, dass die Ideen [...] stark genug sind [...], um die Jugend mitzureissen.

Die Statuten des Verbandes „Oesterreichisches Jungvolk", die heute [28. August, Anm.d. Verf.] durch das Bundeskanzleramt ihre Genehmigung gefunden haben, bezeichnen es als Aufgabe [...], dass die Jugend den revolutionären Sinn des Dollfuss-Programmes erfüllen und sich einsetzen soll für das christliche deutsche, berufsständisch geordnete und autoritär geführte Oesterreich. [...].

Selbstverständlich ist auch das „Oesterreichische Jungvolk" auf autoritärer Grundlage aufgebaut [...].

GÜSSINGER ZEITUNG, 6. 9. 1936, S. 4

Die Gründung des ÖJV war gesetzlich im BGBl. 293/1936 (29. August 1936) gemäß „Bundesgesetz über die vaterländische Erziehung der Jugend außerhalb der Schule"[566] verankert.

---

566) Vgl. auch LABl. f. d. Bgld. 427/1936.

Doch welche Positionsrolle, so ist zu fragen, nahm die andere, nach Mitgliederzahl sogar etwas stärkere „Konkordatsjugend" mit zirka 150.000 Jugendlichen innerhalb des ÖJV ein? Mit ihren Repräsentanten zu einem Kompromiss im Problemkreis Einheitsjugend zu gelangen hatte mehr Schwierigkeiten bereitet als Maßnahmen gegen HJ-infiltrierte Vereinigungen. Die bereits 1935 angedachte Konsenslösung, übrigens von Waitz vehement befürwortet, auf eine Formel gebracht: Einheit durch „Zweiteilung". „Die beiden Organisationsgruppen" sollten „nicht nur völlig gleichberechtigt nebeneinanderstehen [sic], sondern ihre Einheitlichkeit soll auch in der obersten Führung sowie in der Uniform zum Ausdruck kommen", vernahmen die *Reichspost*-Leser. Die aus einem Dreierkollegium gebildete Führungsspitze könnte aus einem „Mitglied der Hohen Geistlichkeit", dem „Führer von ‚Jung-Vaterland'" sowie einem Funktionär des Unterrichtsministeriums" bestehen. „In der Uniform ist nicht an völlige Gleichförmigkeit, jedoch an die Uebereinstimmung bestimmter Uniformbestandteile, etwa der Kopfbedeckung, gedacht."[567]

Dieser, wie für alle Interessierten erkennbar, faule Konzessionsvorschlag wurde im März 1936 dem Episkopat und der Regierung vorgelegt. J. Gehmacher: „Die projektierte Staatsjugend wurde dadurch zu einer formalen Hülle degradiert."[568] Im krassen Gegensatz zur Hitlerjugend in Deutschland, wo ab dem Hitlerjugend-Gesetz vom Dezember 1936 (die „gesamte deutsche Jugend") von Heterogenität nicht die Rede sein konnte.[569] Um der Zweigleisigkeit der „Staatsjugend" doch Herr zu werden, einigten sich Thurn-Valsassina und Bischof Gföllner von Linz in einem neuerlichen Abkommen im November 1937, doch bestand der Konsens aus alten Hüten, wie schon oben dargestellt: Katholische Vereine sollten jeder für sich dem ÖJV beitreten, ÖJV-Uniform tragen, jedoch innerhalb des Verbandes die Autonomie wahren.[570] Selbsttrügerisch posaunte die *Reichspost*, anders als bisher gelte nunmehr die Parole: „Vereint marschieren und vereint schlagen!"[571]

Nachdem nun die konfessionellen Jugendverbände[572] geduldet werden mussten, bestand hierfür in der Öffentlichkeit Erklärungsbedarf. Schusch-

---

567) „Reichspost" vom 12. Mai 1935, S. 3.
568) Gehmacher, Jugend ohne Zukunft, S. 406.
569) Siehe vergleichende Betrachtung (Differenzen und Gemeinsamkeiten) zwischen ÖJV und HJ bei Gehmacher, Jugend ohne Zukunft, bes. S. 408–413.
570) Ebenda, S. 408.
571) Ebenda.
572) Selbstverständlich zählten dazu „auch das ‚Evangelische Jugendwerk in Österreich' und dessen Einzelverbände (‚Christlicher Verein junger Männer', ‚Kreuz-

nigg konnte sich auf eine Aussage berufen, die er bereits 1934 „in einer Versammlung der österreichischen Mittelschullehrer" von sich gegeben hatte. Dass nämlich „zu den vaterländischen Organisationen selbstverständlich immer jene Jugendorganisationen zu zählen sind, die sich die religiös-sittliche Schulung zur Hauptaufgabe machen". Nicht zuletzt habe man „die erzieherische Kraft der katholischen Jugendorganisationen für die Wehrhaftmachung unseres Volkes" anzuerkennen.[573]

3.3 VF-Werk ÖJV und Schule

Der Beitritt zum ÖJV erfolgte – offiziell – „freiwillig".[574] Die nicht-konfessionellen ÖJV-Mitglieder wurden zu Anfang 1938 mit rund 130.000 beziffert (ein Verlust von rund 17.000 im Laufe der vergangenen 1½ Jahre![575]), während die „integrierten" katholischen Gruppen den Mitgliederstand von 150.000 beibehalten konnten. Das ÖJV-Gesetz berechtigte das Unterrichtsministerium oder die Landesschulbehörden *alle* österreichischen Jugendlichen „zu vaterländischen Feiern, Übungen, Vorträgen und sonstigen Veranstaltungen" heranzuziehen. Somit hatte die Vaterländische Front, in Praxis die Regierung, auch Einflussnahme auf katholische Gruppierungen. Die wichtigste Schiene, die diesem Recht tatsächlich Bedeutung verlieh, bildete die Schule. Obgleich man einerseits eine strikte Unterscheidung zwischen den Erziehungsinstanzen Schule und ÖJV nahezu beschwor, gestand die Monatsschrift *Vaterländische Front* im Kommentar zum Gründungsgesetz von 1936, ein „Großteil der Arbeit [...] muß in der Schule geleistet werden".[576] Eine Forderung, der man an höheren Schulen „sowohl im Unterricht in den einzelnen Gegenständen [...], als auch in den Schulfeiern"

---

fahrer, Bund deutscher evangelischer Jugend in Österreich' und Verband der evangelischen Mädchenvereine in Österreich'". LABl. f. d. Bgld 491/1937.
573) Nach einem Leitartikel eines „Jugendführers" („Dr. J. M.") in der „Reichspost" vom 2. Juni 1934, S. 2.
574) Siehe oben Zernatto-Statement in „Güssinger Zeitung" vom 6. September 1936; ebenso LABl. f. d. Bgld. 491/1937.
575) Gehmacher, Jugend ohne Zukunft, S. 414; die Wissenschafterin spricht hier (ebenso auf S. 423) vom „Scheitern der austrofaschistischen Jugendpolitik"; anteilsmäßig betrug die Erfassung in der „Einheitsjugend" weniger als ein Viertel aller 8- bis 16-Jährigen in ganz Österreich; vgl. ebenda, S. 404.
576) Die Lösung der Jugendfrage, in: Vaterländische Front, Sept. 1936, S. 19; faksimiliert in: Faschistische Strömungen, S. 89.

nachkam, wie etwa in den LBA-Jahresberichten von Oberschützen nachlesbar ist. Hier und an jeglichen anderen höheren Anstalten zählte bereits ab dem Schuljahr 1934/35 eine „Vaterländische Woche" zum fixen Jahres-Veranstaltungsprogramm des jeweils letzten Jahrganges. So an den Tagen vom 20. bis 25. Mai 1935 an der genannten LBA, „wobei den Schülern im Rahmen des stundenplanmäßigen Unterrichts an 5 Tagen täglich zwei Vorträge zur Vorbereitung für ihr Wirken im Sinne des neuen Staates geboten wurden. Am sechsten Tag wurde die Woche durch eine Feier geschlossen."[577]

Nicht zufällig bestellten die Landesleitungen erfahrene Pädagogen zu Orts- und Abteilungsführern, üblicherweise Lehrer, die im Schulort wohnten. Die Gründung einer Jugendgruppe, so die baldige Erfahrung, lief keineswegs immer nach Wunsch der Initiatoren und der hierfür Involvierten, wie das Beispiel Stegerbach beweist. Laut Protokoll der Lehrerkonferenz vom März 1935 bestand per Zuschrift „die hochw. Apost. Administration [...] auf die Gründung von ‚Jung Burgenland'" [ein Zweig der Katholischen Aktion]. Daher lautete ein Beschluss,

> daß in aller kürzester Zeit „Jung Burgenland" in Stegersbach aufgestellt wird. Die Ortsführung übernimmt Herr Kreisinspektor Direktor Alexander Luif [VS-Leiter, Anm. d. Verf.]. Als Schulführer wird Lehrer Eugen Josef Halvax und als Abteilungsführer Lehrer Alexander Pratl bestimmt.[578]

In den nächsten Wochen erlebten die Auserwählten eine peinliche Überraschung. In der Niederschrift von Ende Mai hielt der Schriftführer fest:[579]

> Nachdem die bisher angestellten Bemühungen – an denen der gesamte Lehrkörper beteiligt war – eine Ortsgruppe „Jung Burgenland" der Jugend von 14 – 18 Jahren aufzustellen an der Interesselosigkeit der Jugend scheiterten, wurde [...] beschlossen, von der Allgemeinwerbung abzugehen und die Einzelwerbung – jedes Mitglied des Lehrkörpers in seinem Bekanntenkreise – zu beginnen.

Offensichtlich traten in den folgenden Monaten infolge der geänderten Werbestrategie Verbesserungen ein. Einen kurzen Einblick in das Gruppengeschehen gibt ein Konferenzvermerk vom Februar 1936:[580]

---

577) Stettner, Jahresbericht LBA Oberschützen 1934/35, S. 6; sehr ähnlich im Jahresbericht 1935/36, S. 5; vgl. ebenso: Staber, Jahresbericht LBA Oberschützen 1936/37, S. 7.
578) Protokolle VS Stegersbach, handgeschriebenes *Protokoll* vom 26. März 1935.
579) Ebenda, *Protokoll* vom 29. Mai 1935.
580) Ebenda, *Protokoll* vom 29. Februar 1936.

Gleichzeitig wird auch nun allwöchentlich im Rahmen von Jung-Burgenland eine sportliche Übung unter der Leitung des Schulführers Eug. Halvax an einem Nachmittag abgehalten werden.

Um ein geschlossenes Bild von Stegersbach-Jung-Burgenland bieten zu können, wurde beantragt, daß die Schulkinder mit der schönen Uniform vertraut gemacht werden sollen. Besonders die Anschaffung von Kappen wurde durch den Vorsitzenden empfohlen.[581]

Die Synthese außerschulische und schulische Erziehung schien nach außen hin geglückt zu sein. Die Fotos aus unserer Untersuchungsregion führen die „Unterschiede", wie sie vor der ÖJV-Gründung bestanden, vor Augen.

Jung-Vaterland Güssing, 1935, mit weiß-grünem und dem Emblem versehenen Wimpel. Uniform: olivfarbene Mütze mit nach vorne gerichtetem Hahnenstoß; gleichfarbiges Hemd; grün-weiß gestreifte Krawatte; dunkle Hose und Ledergürtel. Das Foto verleitet zur Annahme, dass jeder Junge eine vollständige Uniform besaß. Andere Abbildungen beweisen, was auch Zeitzeugen bestätigen: Nur wenn die Eltern für die Uniform oder Teile davon finanziell aufkamen, konnte stolz posiert und marschiert werden. Zum optischen Vergleich die Güssinger ÖJV-Gruppe 1937 (rechts, Ausschnitt). Der auffälligste Unterschied bei den Uniformen manifestierte sich lediglich durch die nun schwarz gefärbte Krawatte, die Mütze und das Hemd waren – ähnlich wie seinerzeit beim Jung-Vaterland – graugrün. Rechts im Foto HS-Fachlehrer Adolf Schmidt, der ÖJV-Ortsgruppenführer. Sein Engagement in der Jugendarbeit kostete ihm in den Märztagen 1938 die Arbeitsstelle. Grund für die Entlassung war auch seine Ehe mit einer Jüdin.

Jung-Burgenland, September 1935; Schüler des 2. und 3. Jahrganges der röm.-kath. Lehrerbildungsanstalt in Mattersburg auf dem Marsch zur Heldenehrung. Uniform: schwarze Mütze mit aufgenähtem rot-weiß-rotem Seidenband und nach vorne gerichtetem Spielhahnstoß; schwarze Bluse mit aufgenähtem weißem Malteserkreuz; schwarze Hose; lederner Überschwung mit ebensolchem Schulterriemen.
Fotos li. o. und re. aus Hajszányi, Bilder-Chronik, S. 241, Foto li. u. aus ebenda, S. 286.

---

581) Seltsam, um es sehr vorsichtig zu formulieren, nehmen sich in der NS-Zeit die Berufsfortgänge des Leiters der besagten Schule, A. Luif, aus, noch verblüffender

Wie schon wiederholt behauptet: Die Vermittlung vaterländischer und/oder vormilitärischer Erziehung hing vom persönlichen Engagement der Lehrkraft ab und seiner Fähigkeit, die Kinder und Halbwüchsigen überzeugend anzusprechen. Nicht nur, dass etwa ein Josef Scharnagl ob seines fesselnden, Österreich-bewussten Geschichtsunterrichtes in der Hauptschule Stegersbach von seinen Schülern bis heute in positiver Erinnerung geblieben ist (seine Einstellung und berufliche Verpflichtung sollte ihn vom März 38 bis Kriegsende den Lehrerjob kosten), die erwünschte Verbundenheit Schule–ÖJV trugen auch Anstaltskollegen Scharnagels in die Klassenzimmer. Josef Derkits, Jahrgang 1927 und Jahrzehnte später selbst Direktor an der Schule, erinnert sich:[582]

> Es war selbstverständlich, dass wir mit 10 Jahren beim ÖJV waren – und dort haben wir KK-Schießen gelernt. Das waren Kleinkaliber-Gewehre, ähnlich wie Flobertgewehre. Noch am 10. März 1938 haben wir ein Übungsschießen gehabt! Immer unter Aufsicht von einem Lehrer [zwei Lehrer gaben Schießunterricht, ihre Namen will

die der vaterländischen ÖJV-Führer Halvax und Pratl. Dazu muss man wissen: Noch im März 1938 und in den folgenden Wochen und Monaten zogen die Nationalsozialisten „unzuverlässige" Lehrer aus dem Berufsverkehr, galten diese doch für die „neue Erziehung" schlechthin als untragbar. Die bisherigen Jugendführer Luif, Halvax und Pratl blieben ungeschoren – ein eher rares Phänomen dieser Zeit! Oder doch nicht? Einzig plausible Erklärung hierfür: Die Nazis konstatierten bei ihnen – wie bei so vielen – einen „Gesinnungswandel", der so weit führte, dass beispielsweise in der *Lehrerberatung* vom 31. Mai 1938 der Vorsitzende Luif an die Kollegen den Appell richtete, *„an dem Werke der Jugenderziehung in seinem (Hitlers) Geiste (zu) schaffen, daß auch die Jugend der großen Zeit würdig werde"*. Vgl. Protokolle VS Stegersbach, daraus auch ersichtlich die kurzweiligen Leiterfunktionen(!) von Pratl und Halvax. Schenkt man Munkeleien Glauben, die während der Nazizeit und noch lange später in Stegersbach kursierten, waren „vor Hitler" Pratl und Halvax, Letzterer avancierte sogar zum Kreispropagandaleiter, „Doppelmaulwürfe", um in der Spionagesprache es auszudrücken. Als Akteure im ÖJV-Getriebe genossen sie Vertrauen bei der Vaterländischen Front, um gleichzeitig als Illegale Vertrauensberichte in fremde Hände weiter zu leiten – und umgekehrt. Gerüchte, wie gesagt! Nicht mehr, aber auch nicht weniger. Die Information erhielt die Autorin im Frühjahr 2008 von einem betagten Ur-Stegersbacher, seinerzeit Schüler von Halvax und Pratl und ohne Zweifel Kenner der Gesellschaft des Marktortes. Zur hinter vorgehaltener Hand kolportierten Doppelrolle der ehemaligen Kollegen: *„Die haben sich nach beiden Seiten hin abgesichert. Nach dem Krieg haben sie ein oder zwei Jahre auf eine Schulanstellung warten müssen."* Gespräch mit Herrn N.N. im April 2007.

582) Aus dem Gespräch mit Josef Derkits, Februar 2007, Stegersbach.

der Erzähler namentlich nicht genannt wissen; Anm. d. Verf.]; außerhalb der Unterrichtszeit, im Schulgelände, und zwar im Obstgarten.

Das „Jungvolklied" [= Dollfußlied, Anm. d. Verf.] haben wir in der Schule gelernt [singt es vor]. Ich habe das „Seid einig"-Abzeichen heute noch [legt es vor]. Am ersten Schultag nach dem Umbruch habe ich es noch in der Schule getragen. Da hab' ich von einem Lehrer eine Watschn kriegt. Den Namen will ich nicht sagen. Weißt eh, die Nachfahren könnten sich was denken!

Beim Jungvolk waren sehr viele dabei. Einige sind nur unregelmäßig (ge)kommen, ich auch. Weil sie nicht marschieren wollten. Marschieren – wie später dann bei der HJ oder bei den Pimpf. Ich bin deshalb nicht zum Schießen kommen, weil ich Brillenträger war und nicht besonders gut (ge)troffen hab. Wollt mich nicht hänseln lassen. Es hat dir aber niemand einen Vorwurf gemacht, wenn du nicht da warst.

Der Scharnagl hat die österreichische Geschichte sehr genau behandelt, besonders die (geschichtliche) Größe Österreichs hervorgehoben. Das sind so meine dunklen Erinnerungen. Der war ein sehr heimatbewusster Mann. War ja dann auch einer der Ersten, der entlassen worden ist.[583] Aber: Die sogenannten „heimattreuen" Lehrer haben gegen Ende nur mehr das gesagt, was sie dürfen haben.

Gesondertes Interesse widmete man den höheren Schulen bzw. den angehenden Studenten. In Oberschützen gelang Professor Tillian eine *Jungösterreich*-Gruppe aufzubauen und zu leiten, dessen Mitglieder sich aus der katholischen und daher Österreich-freundlichen Studentenverbindung *Asciburgia* rekrutierten. Die Umstände gestalteten sich schwierig. Der Gegenwind seitens der deutschtümelnden oppositionellen Mittelschüler-Korporationen *Grenzwacht* und *Hermania* blies einer gedeihlichen Arbeit teilweise recht heftig entgegen.[584]

Was in der Schullandschaft bezüglich Kooperation mit dem ÖJV auch immer geschah! Schuschnigg trat unentwegt, dabei krampfhaft und ungehalten der Behauptung entgegen, dass „Politik in die Schule getragen werde" (LABl. f. d. Bgld. 86/1934; s. unten). Die schulischen Praxen widersprachen dem absolut. Die installierte Janusköpfigkeit rückte VF-Bundesführer Starhemberg ans Licht:[585]

---

583) Der vom Schuldienst wegen seiner VF-Funktionärstätigkeit entlassene Josef Scharnagl arbeitete bis 1945 als Buchhalter in einem Privatunternehmen. Danach übernahm er das Schulinspektorat der Bezirke Güssing und Jennersdorf; vgl. Hahnenkamp, Hans: Scharnagl Josef, in: Burgenland – Geschichte, Kultur und Wirtschaft in Biographien, S. 273.
584) Konrath, S. 55.
585) Zit. nach „Reichspost" vom 24. Oktober 1934, S. 3 („Gegen die Verpolitisierung der Jugend").

> Die Jugend soll so weit politisiert sein, daß sie für das Vaterland eintritt [...]. Die Jugend muß [...] fanatisch für diese vaterländische Idee eintreten. Im übrigen aber solle sie möglichst wenig mit der Alltagspolitik beschäftigt werden.

In kurze Klartexte übertragen hieß das: Gedankenlose Begeisterung gefragt oder Maulhalten statt Reflexion. Die Argumente gegen den Vorwurf der Verpolitisierung des Schul- und überhaupt des ganzen Bildungswesens bildeten für die Angesprochenen, vornehmlich die Lehrerschaft, einen gordischen Knoten aus Unvereinbarkeiten. Wohin bei vielen Lehrkräften die gestifteten Irritationen führten, kommentiert der damals junge Lehrer Robert Hazivar achselzuckend: „*Wir haben einfach alles auf uns zukommen lassen.*"[586]

Folgende, mehr Unsicherheit als Klarheit schaffende Verordnung hatte Schuschnigg als Unterrichtsminister schon im Dollfuß-Kabinett vor der Konstituierung des autoritären Bundesstaates Österreich in Richtung Lehrerschaft ausgesandt (man beachte die Ich-Form!):

LABl. f. d. Bgld. 86/1934
(Ausgegeben am 22. Februar 1934.)

Vaterländische Erziehung der Jugend und Beitritt der Lehrer zur Vaterländischen Front.

> [...] Der Auffassung, daß durch die Befolgung dieser Grundsätze Politik in die Schule getragen werde, kann nicht scharf genug entgegengetreten werden. Die Schaffung innerer Beziehungen der Jugend zu Religion und Vaterland und damit zum Volkstum ist niemals Politik im landläufigen Sinne des Wortes, sondern selbstverständlich Grundvoraussetzung jeder Erziehungsarbeit, für die der Staat – als Träger dieser Ideen – verantwortlich ist. [...].
>
> Das offene Bekenntnis der Lehrerschaft und der Schulaufsichtsorgane [...] zum Vaterlande ist daher eine ganz selbstverständliche Forderung und der Beitritt eines österreichischen Jugendbildners zur Vaterländischen Front ein Zeugnis dafür, daß ihm die vaterländische Erziehung eine Herzenssache bedeutet.
>
> Ich erwarte daher, daß der Beitritt zur Vaterländischen Front und das Tragen von Abzeichen in den Staatsfarben seitens der Lehrpersonen, und zwar besonders auch in der Schule, nicht nur keinen Widerstand bei den Schulbehörden, sondern jedwede Förderung durch sie erfährt. Eine grundsätzliche Ablehnung der Vaterländischen Front müßte als Weigerung aufgefaßt werden, sich zum österreichischen Vaterlande zu bekennen und die Ausübung des Lehrberufes in diesem Sinne zu gestalten.

---

586) Interview im Februar 2003, Eberau.

Doktrinär forderte 1935 Oberstleutnant des Generalstabes Dr. Karl Koske, der Referent für vormilitärische Erziehung im Bundesministerium für Unterricht:[587]

In Hinkunft gilt, daß der Lehrer zum militärischen Unterführer (Zugs- und Kompagniekommandanten) durch die Einjährig-Freiwilligenkurse des Bundesheeres[588] ausgebildet werden muß [...].

Eine gefällige Dienstbeschreibung eines Lehrers richtete sich nach dem Ausmaß seines Engagements in der VF und beim ÖJV.[589] Doch das gesamte ÖJV-Getriebe in Partnerschaft mit Schule/Lehrer wollte, wie am Beispiel Stegersbach gezeigt, partout nicht so geschmiert laufen wie konzipiert. Wieder einmal musste ein Erlass die Rute ins Fenster stellen:

LABl. f. d. Bgld. 491/1937
(Ausgegeben am 18. November 1937.)

Vaterländische Erziehung der Jugend außerhalb der Schule.

Es darf erwartet werden, daß sich die Lehrer und Lehrerinnen, namentlich die jüngeren unter ihnen, als Berufserzieher auch außerhalb der Schule gerne in den Dienst des großen vaterländischen Erziehungswerkes des Ö.J.V. stellen und zu diesem Zwecke der zuständigen Jugendführung des Ö.J.V. zur Mitarbeit mit Rat und Tat zur Verfügung stehen.

Die Bezirksschulinspektoren werden angewiesen, der Tätigkeit der Lehrkräfte [...] besonderes Augenmerk zuzuwenden und Leistungen auf diesen Gebieten in der Dienstbeschreibung zum Ausdrucke zu bringen.

---

587) Karl Koske, in: Bgld. Lbl. 6–7/1935, S. 73 („Lehrer und Wehrwesen").

588) Die am 1. April 1936 eingeführte Allgemeine Bundesdienstpflicht – allgemeine Wehrpflicht vom 18. bis zum 42. Lebensjahr – bot ein willkommenes neues Betätigungsfeld für Absolventen höherer Lehranstalten, nämlich zu einer einjährigen Ausbildung zum Kadetten, um danach die Offizierslaufbahn einzuschlagen. Im Sommer 1935 erfolgten die ersten Werbekampagnen unter den Maturanten, da das Bundesheer eines zahlenmäßig entsprechenden Ausbildungskorps (Offiziere) bedurfte. Eine der unabdingbaren Voraussetzungen eines Bewerbers mit Karriereambitionen war der „Ausweis über die Zugehörigkeit zur Vaterländischen Front"; vgl. „Wiener Zeitung" vom 29. Juni 1935, S. 7 („Maturantenwerbungen bei der bewaffneten Macht"), besonders zu den Aufnahmebedingungen „Wiener Zeitung" vom 4. August 1935, S. 4 („Herbstwerbungen für das Bundesheer"). In diesen Zusammenhang fällt auch das „Bundesgesetz, betreffend die Umwandlung der Bundeserziehungsanstalt in Liebenau bei Graz in eine Militärmittelschule", BGBl. 232/1935 vom 18. Juni 1935; vgl. ebenso: BGBl. 487/1935 vom 21. Dezember 1935.

589) Vgl. „Güssinger Zeitung" vom 8. September 1936, S. 4 („Das VF.-Werk ‚Oesterreichisches Jungvolk'.").

3.4 Programmbilder zweier „Heimstunden"

Dass pädagogische Kenntnisse und methodisches Geschick bei der Ausbildung von ÖJV-Jungen und -Mädchen erforderlich und daher Lehrer(innen) als Jugendführer(innen) besonders begehrt waren bzw. zur Mitwirkung angehalten wurden,[590] diese Notwendigkeiten illustrieren die beiden nachstehenden Programmbilder einer „März-Heimstunde für die männliche Jugend über 14 Jahren" und „Die Feber-Heimstunde für Mädel über 14 Jahren", die das Magazin „Der Jugendführer" allen ÖJV-Gruppenbetreuern und -betreuerinnen unter den bezeichnenden Übertiteln „Plichtarbeit" unterbreitete – beide Stundenbilder „Gesehen" vom „Bundesministerium für Unterricht – Sektionsrat Dr. Wilhelm Wolf" und vom vorhin genannten „Oberstleutnant Dr. Koske".[591] Die Parole der Unterweisungsstunde für die Burschen hieß dieses Mal „Gehorsam", die der Mädel „Kein schöner Land in dieser Zeit!" Die Szenarien ermöglichen beim Vergleichen der Inhalte die Geschlechter differenzierenden Konturen nachzuvollziehen:

Hier die Losungen

- Wehrhaftigkeit,
- Unterordnung/Gehorsam,
- Lebenskampf/Krieg;

da die Richtziele

- Erkennen der Schönheit und Größe Österreichs und
- die Verinnerlichung der daraus hergeleiteten Liebe zum Vaterland.

---

590) Die Jugendpflege würde scheitern, so Schuschnigg vor einer Versammlung des Lehrerringes der Ostmärkischen Sturmscharen in Graz, „wenn nicht der Lehrer in der Schule nicht nur mittätig, sondern auch bereit wäre, all seine Kräfte an die Spitze der Bewegung zu stellen. Die Jugendführung muß mit der Schulführung im Einklang stehen. [...] Hauptsache ist und bleibt immer die lebendige Einwirkung des Lehrers auf die jungen Menschen, und nirgends hat das Wort Führer und Führertum mehr Berechtigung als in der Schule." Zit. nach „Wiener Zeitung" vom 7. Oktober 1935, S. 3. Sperrungen im Original.

591) „Gehorsam. Pflichtarbeit für März 1937", in: Der Jugendführer, März 1937, S. 3, und: „Kein schöner Land in dieser Zeit! Pflichtarbeit für Feber 1937", ebenda S. 12; hier beide aus: Faschistische Strömungen, S. 96, 97. Fettdruck und Sperrungen im Original.

Die März-Heimstunde für die männliche Jugend über 14 Jahren

1. Antreten, Meldung
2. Lied: „Wir ziehen über die Straßen".
   1. Wir ziehen über die Straßen im schweren Schritt und Tritt, und über uns die Fahne, sie knallt und flattert mit.
   Trum, trum, di-ri, hei di-ri-di-ri, di-ri-di-ri-dum!
   2. Voran der Trommelbube, er schlägt die Trommel gut, er weiß noch nichts von Liebe, weiß nicht wie Scheiden tut.
   Trum, usw.
   3. Er trommelte schon manchen ins Blut und in sein Grab, und dennoch liebt ein jeder den frohen Trommelknab.
   Trum usw.
   4. Vielleicht bin ich es morgen, der sterben muß im Blut, der Knab weiß nicht wie Lieben, weiß nicht wie Sterben tut.
   Trum usw.
3. Mitteilungen, Befehle, Abtreten. (Möglichst kurz!)
4. Spiel.
   „Festung": Mit Sesseln und Tischen wird quer – oder in einer Ecke – durch das Heim eine Barrikade gebaut, die Jungen in zwei Parteien geteilt, mit „Lebensfäden" ausgerüstet und auf ein gegebenes Zeichen beginnt der Krieg – bis zur Vernichtung einer Partei: dann Wechsel der Partei, eingeschränkte Beleuchtung usw.
   (Das Spiel ist bewusst in die Stunde eingebaut.
   1. Um durch möglichst viele Elemente die Gefahr des „Fadwerdens" zu verhindern,

Die Feber-Heimstunde für Mädel über 14 Jahren

1. Einstimmung
2. Scharlied: „Kein schöner Land [...]"
Vorspruch: HEIMAT!
Stromauf und stromnieder,
den Wassern entlang,
auf blühender Heide,
beim Almglockenklang,
zuhöchst in den Bergen,
im schimmernden Blau,
zutiefst an den Seen, in Feld,
Wald und Au,
ganz nahe den Menschen mit
demüt'gem Sinn und gläubigem
Hoffen im Herzen drinn:
da wohnt all mein Glück und mein
Sehnen zugleich,
da ist meine Heimat – ist Österreich!
J. M.
3. Hauptthema
   a) Vortrag: „Kein schöner Land [...]!"
   In netter Form die Schönheiten des Landes, die Eigenart seiner Bewohner, ihre Beschäftigung, ihre Sitten und Gebräuche schildern. Auf Österreichs stolze Vergangenheit und auf die große Ostmarksendung hinweisen [...].
   b) Scharlied:
   Wir sind dir verschworen
   Mit Herz und mit Hand,
   du Land, das uns geboren,
   du deutsches Vaterland.

   Wir tragen dein Wappen
   Ins neue Geschlecht
   Und stehn wie Gottes Knappen
   Für Wahrheit und für Recht.

   Und bleiben verschworen,
   getreu bis zum Tod,
   dir, Land, das wir erkoren,
   dir, Fahne, rot-weiß-rot! Georg Maitz

2. um die Jungen durch ein kräftiges Austollen müd und aufnahmsbereit zu machen,
3. der Beziehung zum folgenden halber.)
5. Aufräumen, Antreten.
(Vorher hat der Führer den Jungen bereits gesagt, daß auf ein (Pfeif)signal augenblicklich abgebrochen wird und das Heim binnen drei Minuten vollkommen aufgeräumt sein muß. In den wildesten Wirbel schneidet das Signal hinein.)
6. Exerzieren
(Scharf mit Rügen jedes Fehlers. Das Exerzieren hat ja nicht nur den Zweck, den Körper militärisch auszubilden, sondern vor allem die unbedingte Unterordnung des Buben anzuerziehen. Darum geht es hier.)
7. Vorlesen. „Gehorsam."
(Sicher wird es zu irgendeiner mangelhaften Ausführung eines Befehles kommen [wenn nicht, so zieht der Führer einen Fall von früher heran]. Der Führer bricht darauf das Exerzieren mit ein paar Worten, z. B. „Das Gehorchen müßt ihr noch lernen!", ab, läßt die Gruppe setzen [Kreis ohne Tisch, oder Tisch mit Heimlampe] und beginnt zu lesen.)

(Singweise: „Ich hab mich ergeben …")
c) Vorlesung: Was bedeutet Österreich der Welt?"
An dieser Stelle wurde eine umfangreiche Abhandlung, die die „Österr. Pädagogische Warte 1934, 1." veröffentlicht hatte, als Vorlage genommen. Darin hieß es [hier stichwortartige, sehr verkürzte Wiedergabe]:
Österreichs Vorherrschaft auf dem Gebiete der Musik: Namen wie Mozart […], Haydn, Schubert, Beethoven […] werden für ewige Zeiten als Sterne erster Größe am Weltenhimmel glänzen.
Erfinder: Der „Zeppelin" ist eine österreichische, keine deutsche Erfindung. Kreß – Flugzeug; Ressel – Schiffschraube; Rundfunk – eine österreichische Erfindung von v. Lieben und Nußbaumer.
Der Österreicher ist eben ein Völker- und Nationenverbinder: v. Negrelli – Suezkanal.
Technische Meisterleistungen: Siegfried Markus – Automobil; Nähmaschine und Schreibmaschine; Pfarrer P. Diwisch – Blitzableiter.
[Des Weiteren wurde rund ein Dutzend berühmter Österreicher aus der Astronomie, Medizin, Weltentdeckung, des habsburgischen Herrscherhauses und seiner Kriegshelden aufgezählt – und gewürdigt.]
d) Liedvortrag: (Chor): Hoamatland, Hoamatland
e) Heimat, Vaterland (Ernst Moritz v. Arndt):
O Mensch, du hast ein Vaterland, ein heiliges Land, ein geliebtes Land, eine Erde, wonach deine Seele ewig dichtet und trachtet. […].

3.5 „Jugend muss Jugend erobern"

Gedankliche Ansätze, bereits in Schul- und/oder Klassengemeinschaften Führerhierarchien aufzubauen, waren spätestens 1934 gegenwärtig. Darüber informierte „Kreisinspektor Otto Wimmer" im *Burgenländischen Lehrerblatt*:[592]

> Um die Jugend zur Mitverantwortung bei der Erreichung des erhabenen Zieles heranzuziehen, sowie auch das Geltungsstreben der heutigen Jugend zu läutern und in richtige Bahnen zu lenken, wird empfohlen, einzelne Schüler [...] gleichsam als militärische Unterführer der Klassengemeinschaft vorzustellen [...].

Wie dargestellt, bildete die Lehrerschaft das Hauptkontingent im Jugendführungskader. Dass der Mitgliederumfang des ÖJV zahlenmäßig nicht bloß stagnierte, sondern sogar merklich schrumpfte, hatte nicht zuletzt eine Ursache eben in der engen – teilweise zu eng verschweißten! – Kooperationskonzeption Schule–Jugendverband. Schüler empfanden so manche von ihren Lehrern gestalteten Heimabendstunden als Verlängerung des vormittägigen Unterrichts, als zusätzliches „Nachsitzen". Dort, wo der kameradschaftliche Draht zwischen Schüler und (autoritärem) Lehrer geknickt oder überhaupt nicht vorhanden, wo der Lehrer nicht „Kumpel" war und kleine Unabhängigkeiten den Schülern versagte, dort kam das Prinzip der „freiwilligen Teilnahme" zum Tragen: „Man ging seltener oder gar nicht hin", wie manche Erzähler bestätigen.[593] Deshalb suchte man Alternativen zur Reformierung des Führungskorps – und wurde bei der in Deutschland von Baldur v. Schirach geführten Hitlerjugend fündig.

Für eine zufriedenstellende Verwirklichung der generellen Idee, vermehrt Kinder und Heranwachsende etwa als ÖJV-Gruppenleiter in einem *Selbstführungs*-System, wie das die HJ in Deutschland vormachte,[594] zu aktivie-

---

592) Wimmer, Otto:, in Bgld. Lbl. 9/1934, S. 111–115, hier S. 113 („Gedanken und Lesefrüchte zur vaterländischen Erziehung im neuen Österreich").
593) Vgl. auch Gehmacher, Jugend ohne Zukunft, S. 413 f.
594) Der ursprüngliche Gedanke des „Selbstführungsprinzips" rührte von der deutschen Jugendbewegung her, explizit vom so genannten Hohen Meißner-Treffen von 1913 und wurde von Hitler übernommen; aus: http://www.calsky.com/lexikon/de/txt/e/er/erster_freideutscher_jugendtag.php#Die%20Meißner-Formel (23.11.04); vgl. auch Stachura, Peter D.: Das Dritte Reich und Jugenderziehung: Die Rolle der Hitlerjugend 1933–1939, in: Heinemann, Manfred (Hg.): Erziehung und Schulung im Dritten Reich. Teil 1: Kindergarten, Schule, Jugend,

ren, hat jedoch die Zeit nicht gereicht. Unseren vorliegenden Unterlagen zufolge erfuhr die breite Öffentlichkeit das erste Mal von dieser Absicht frühestens in der zweiten Hälfte von 1937. Die *Güssinger Zeitung* klärte auf:

Jugend muss Jugend erobern.

[...] Frontführer Bundeskanzler Dr. Schuschnigg [...] betonte, dass auch in Zukunft von der Arbeit des Jungvolkes in grossem Masse die Entwicklung unseres Vaterlandes abhänge [...]. Die Schule allein [...] kann nicht ausreichend sein. Jugend muss von Jugend erobert werden.

[...] Gleichzeitig hat der Frontführer aber auch gesagt, wer am berufensten ist, die Jugend zu gewinnen – nämlich die Jugend selbst. Sie ist auch am leichtesten dazu imstande, denn wenn ein Junge zum anderen spricht, so einigen sie sich viel leichter, als wenn ein Erwachsener dies versucht.

Bei einem Erwachsenen hat die Jugend das Gefühl, dass sie belehrt werden soll; bei einem ihresgleichen aber ist die Werbung viel leichter. [...] Auch das ist für die Jugend leichter, da sie ja noch unverbrauchtere Nerven hat. Und die Jugend wird dieser Aufforderung auch gerne nachkommen, geht es doch schliesslich um die Heimat und ist doch gerade die Jugend jederzeit aufgeschlossen, wenn sie für die Heimat kämpfen darf.

GÜSSINGER ZEITUNG, 16. 1. 1938, S. 4

Welchem idealen Naturell ein (Jugend-)Führer entsprechen sollte, darüber gab das ÖJV-Organ *Der Jugendführer* taxativ Auskunft. Aus dem Artikel „Tiefer werden! Vom Führertum" seien einige Gedankensplitter über die Tauglichkeitskriterien eines Führers erwähnt:[595]

- Führer sein ist eine Gnade. Ist eine große heilige Aufgabe [...].
- Führer sein heißt offene Augen haben. [...] Unsere Zeit [...] braucht Menschen, die zu kämpfen wissen und sich nicht unterkriegen lassen.
- Zucht und Strammheit sind die Grundlagen [...]. (Das Befehlen) ist weder eine weichliche Schlaffheit noch eine sporenklirrende Tyrannei. Es ist vielmehr eine gesunde Härte, die die Jugend selbst will, wenn sie [...] die feste und zielsichere Hand des Führers merkt.
- Führer sein heißt opfern können. [...] Die Treue seiner Schar und das Bewusstsein, auf gottgewolltem Posten zu stehen, muß ihm genügen. Wer dort versagt [...], der ist kein rechter Führer.

Berufserziehung. Veröffentlichungen der Historischen Kommission der Deutschen Gesellschaft für Erziehungswissenschaft, Bd. 4.1. – Stuttgart 1980, S. 90–112, hier S. 96;

595) Vgl.: Tiefer werden! Vom Führertum, in: „Der Jugendführer", o. O., August/September 1937, S. 15; hier zit. nach: Faschistische Strömungen, S. 100.

- Führer sein heißt ein Herz haben. [...] Der Führer muß das Feuer in sich tragen, an dem sich immer wieder die Begeisterung und die Liebe seiner Schar entfacht.
- Führer sein ist große Verantwortung. [...] ist eine herrliche Aufgabe, die uns Gott anvertraut hat. [...].

3.6 „Verbot der Führung von Jugendgruppen"

All die langen Reihen aus rechtlichen Geboten und Verboten, demgegenüber aber auch die der Jugend verabreichten verbalen Streicheleinheiten wie „Hoffnungsträger einer neuen Zukunft", das Selbstführungsprinzip – sie führten nur zu unbefriedigenden Resultaten. Schon gar nach dem Schuschnigg-Hitler-Übereinkommen vom Juli 1936, das die Ventile braun getönter Elemente für agitatorisch-aktionistische Streiche erheblich öffnete.

Ein signifikantes Beispiel kann im „Kerkerlied" (s. Faksimile) ausgemacht werden, das man zu dem Zeitpunkt in Anlehnung an die (noch) im Wöllersdorfer Anhaltelager Arretierten sang: *„Um die Gendarmen zu ärgern"*, wie sich ein damals etwa 12-jähriger Zeitzeuge erinnert und der uns die ersten beiden Strophen vorsingt.[596] Ein Textblatt des Liedes entdeckten Gendarmen im nordburgenländischen Marz bei einem jener sieben zwischen 17 und 19 Jahren alten Burschen des Ortes, die im Januar 1938 im Zuge von Hausdurchsuchungen aufflogen:[597]

```
               "Kerkerlied."

1.) Die Fenster mit Eisen vergittert,
    Die Zelle wird dunkel gemacht.
    (:Wir sehen der Freiheit entgegen,der Kerker ist unser Gemach:)

2.) Und woll'n uns die Mädel besuchen,
    Der Schliesser er lässt sie nicht ein.
    (:Er vertreibt sie mit Schelten und Schimpfen,besuchen das darf
     hier nicht sein:)

3.) Und ist uns're Strafzeit zu Ende,
    Der Schliesser er lässt uns hinaus.
    (:Er reicht uns zum Abschied die Hände,betreten sie nie mehr
     dieses Haus:)

4.) Hinaus nun in Sturm und im Wetter,
    Hinaus in die stockfinstere Nacht.
    (:Zu besuchen den Vater,die Mutter,die längst schon verlassen
     ich hat:)

5.) Und draussen wir ziehen weiter,
    Wir kehren nach Hause zurück.
    (:Wir kämpfen für unser'n Führer,es leuchtet vor uns schon der
     Sieg:)

Angeführt wird,dass von der Hitlerjugend in Rohrbach der Refrain der
5.Strophe wie folgt gesungen wird:Wir kämpfen für Adolf Hitler etz.
```

---

596) Aus dem Gespräch eines im Nordburgenland Aufgewachsenen mit der Autorin, Güssing, Juli 2007. Der Zeitzeuge bat um absolute Anonymität.
597) Bgld. LArch. Eisenstadt, Lage-, Vorfall- und Informationsberichte Karton III – 3, IV – 1, A/VIII – 14/II/3. Gendarmerieberichte Jänner – Feber 1938, Mappe

Später sollten die Besungenen als *Helden der Bewegung* in einschlägigen Propagandawerken verehrt werden, wie hier in einem Bildersammelwerk von Hitlers Leibfotografen H. Hoffmann.⁵⁹⁸

Mehrheitlich handelte es sich bei den Abwegigen um Angehörige von Sportvereinen und – wie in Oberschützen – um Mitglieder von Studentenverbindungen. Unter ihren Deckmänteln konnten bei Zusammenkünften subversive Haltungen ausgetauscht und staatsfeindliche Aktionen nach bekannter Manier geplant werden. Besondere Dornen in Schuschniggs Augen waren – aus seiner Sichtweise berechtigt – der *Deutsche Turnerbund* und der antisemitische *Österreichische Alpenverein*, beide Kerntruppen völkisch ausgerichteter Bewegung. Um die nachgewiesenermaßen HJ-infizierten Tarnorganisationen nicht als nationalsozialistische (Jugend-)Kaderschmieden agieren zu lassen, schnürte der VF-Führer ihre Unterwühlungsradien rigoros ein, indem er – nach einigem Zögern – die jeweiligen Jugendsektionen der Vereine verbot.⁵⁹⁹ Die nach eigener Definition „überparteiliche Zentralvereinigung" *Österreichischer Jugendbund* (1934 wurde bewusst der Namensteil „Deutsch" entfernt), deren Vereinsführer (1933 insgesamt 54 Jugendverbände mit 63.000 Mitgliedern) von Nationalsozialisten selbst als „nützliche Idioten" betrachtet wurden, verkümmerte sukzessive bis zur endgültigen Auflösung 1937.⁶⁰⁰

LABl. f. d. Bgld. 282/1937
(Ausgegeben am 1. Juli 1937.)

Verbot der Führung von Jugendgruppen beim Deutschen Turnerbund.

Das Bundesministerium für Unterricht hat mit Erlaß vom 18. Juni 1937 [...] die [...] erforderliche Zustimmung zur Führung und Errichtung von Jugendgruppen

---

2. Schreiben des Gendarmeriekommandos Marz vom 20. Januar 1938, E. Nr. 78, an das Bezirksgericht Mattersburg.

598) Bartz, Karl: Großdeutschlands Wiedergeburt. Weltgeschichtliche Stunden an der Donau. (Mit einem Geleitwort von Hermann Göring); hg. von „Reichsberichterstatter Prof. Heinrich Hoffmann und Raumbild Verlag Diessen a. Ammersee", o. J. (1938).

599) Zur Auflösung des *Deutschen Turnerbundes* vgl. Gehmacher, Jugend ohne Zukunft, S. 392.

600) Ausführlich dazu dies., ebenda, bes. S. 383–393.

[...] den dem Deutschen Turnerbund angehörenden Turnvereinen im ganzen Bundesgebiet nicht erteilt.

Es dürfen sohin in den genannten Turnvereinen Jugendliche bis zum vollendeten 18. Lebensjahre zu Jugendgruppen nicht zusammengefaßt werden. [...].

Die „rechtslastige" *Turnerriege des Deutschen Turnvereins Güssing* in Aktion. Im Bild die Kindergruppe um Betreuer Heinrich Poldt, der bereits 1934 illegales NSDAP-Mitglied war und ab 1938 als einflussreichster NS-Funktionär in Güssing fungierte. Der Verein gehörte dem Turnerbund an. Das Verbot des Unterrichtsministeriums vom 18. Juni 1937 bedeutete auch das Ende ihrer sportlichen Aktivitäten. Die Kinder waren Opfer ideologischer Grabenkämpfe geworden. Fotos um 1935; Hajszányi, Bilder-Chronik, S. 240 (links) und S. 245.

3.6.1 Zwischenresümee

Ob die Jugend – fragt sich bloß: welche? – ob nun diese „Uniformierten" der „Aufforderung", wie der Bundeskanzler noch im Januar 1938 euphemistisch behauptete, „für die Heimat (zu) kämpfen"[601] tatsächlich nachgekommen wäre – die Antwort kann immer nur eine spekulative sein. Selbst Schuschniggs persönlicher Glaube an eine kampfbereite Jugend stand offensichtlich nur auf wackeligen Beinen, wenngleich er sie über Jahre hinaus mit chauvinistischen Ruhmesreden überhäufte. Wie wäre anders erklärbar, dass der Kanzler das Wahlmindestalter für die am 13. März 1938 angesetzte Volksabstimmung von 20 auf 24 Jahre verschob? Der Regierungschef war schlau genug sich einzugestehen, dass jüngere Wähler mehr zu Hitler tendierten als zu ihm.[602] Jedenfalls war es der oberste „Führer" selbst, der als Erster und

---

601) „Güssinger Zeitung" vom 16. Januar 1938, S. 4.
602) Als Argument für das Hinaufsetzen des Wahlalters führte man offiziell an, das Wählerverzeichnis wäre seit sechs Jahren nicht aktualisiert worden. Aufgrund dessen „witterte Berlin Verrat und Manipulation." Vgl. Knopp, Hitler – Eine Bilanz, S. 218.

Hauptentscheidungsträger „der Gewalt weichen" sollte und vergessen hatte, was er 1934 in Mariazell vor versammelten Katecheten einschwor: „Eine nationale Meintat wäre es in unseren Augen, einen Fußbreit österreichischen Bodens irgend wann und irgend jemandem preiszugeben."[603]

3.6.2 Exkurs – Die Hitlerjugend im Burgenland bis 1938

Bedauerlicherweise liegen über die Jahre vor 1938 keine ausschöpfenden struktur- und entwicklungsgeschichtlichen Analysen zu jener Jugendorganisation vor, die sich im ersten Drittel der 30er-Jahre auch auf burgenländischen Gefilden zu etablieren begann. Im Sog der in Deutschland ab zirka 1931 unter Reichsjugendführer (RJF) Baldur von Schirach zu ungeahnter Höhe sich aufschwingenden NS-Jugendbewegung vollzog sich wie überall in Österreich das Werden der *„Hitler-Jugend"* auch in unserem Bundesland. Der für die vorliegende Arbeit auferlegte Rahmen erlaubt ebenfalls nur Ergänzungen zu Ansätzen, die in diversen historiografischen Arbeiten vorhanden sind. Auf eine ausholende Darstellung der seit dem Gründungsjahr 1926 als Anhängsel der NSDAP sich gerierenden Hitlerjugend kann hier wegen ihrer geringen Bedeutungskraft verzichtet werden.

Unumgänglich bei der Untersuchung der HJ vor der Hitlerzeit in Österreich – der Terminus inkludiert den *Bund Deutscher Mädel (BDM)* – scheint zu sein eine Auseinanderhaltung sowohl in räumlicher (zumindest je nach Bundesland, da wiederum regional differenziert), als auch in zeitlicher Hinsicht. Bei unseren Recherchen, ausgerichtet auf die burgenländischen Regionen – insbesondere auf das „Jugend-Nazinest" Oberschützen – erstellte sich über die Notwendigkeit einer solchen Differenzierung hinaus eine Schwierigkeit definitorischer Natur. In Anlehnung an einen bekannten Werbespruch führten bzw. führen die Dokumentenmaterialien (Gendarmerieberichte, Gerichtsakte; auch Zeitzeugenberichte) zur Gewissheit: Nicht überall dort, wo die Bezeichnung „Hitler-Jugend" drauf steht/stand, auch „Hitler-Jugend" drinnen ist/war – und selbstverständlich umgekehrt. Ein Problem, das zusammen mit der sich zumindest bis 1937 dürftig darbietenden Quellenlage das angesprochene Forschungs- und Bearbeitungsdefizit erklärlich macht.

Nachstehende Tabelle vermittelt eine Orientierung über die Hitlerjugend-Ortsorganisationen *von 1937*(!), und zwar so, wie sie sich zahlenmäßig

---

603) Zit. nach „Reichspost" vom 30. August 1934, S. 3.

nach aufliegendem Quellenmaterial in den sieben Bezirken des Burgenlandes darstellen lassen.

1	2		3	4		5		6	7		
Bezirk (Anz. der Gemeinden)	(nur männl.) HJ-Mitgl.abs.	BDM Mitgl.	Ant. d. Ortsgruppen (OG)		Gem. mit HJ und BDM	Gem. ohne HJ und BDM		ø-Anz. d. Mitgl./OG	HJ- oder BDM-Mitgl. v. allen 10- bis 18-Jährigen in %		
			HJ	BDM		abs.	in % aller Gem.	HJ	BDM	HJ	BDM	ø
NE (28)	149	84	7	8	6	19	68	21,3	10,5	4,3	2,4	3,3
EI (27)	170	88	9	5	4	17	63	18,9	17,6	4,6	2,4	3,5
MA (20)	172	64	14	9	9	6	30	12,3	7,1	7,8	2,9	5,4
OP (62)	170	105	24	16	16	38	61	7,1	6,6	4,9	3	3,9
OW (33)	364	167	37	42	31	35	42	9,8	4	9,2	4,2	6,7
GÜ (64)	53	31	9	8	5	52	81	5,9	3,9	2,3	1,3	1,8
JE (33)	157	95	14	8	7	18	55	11,2	11,9	9,9	6	8
BGLD. (317)	1235	634	114	94	78	185	58	10,8	6,7	6,1	3,2	4,7

Quellenhinweise und Erläuterungen zu Tabelle II (Stand 2. Hälfte 1937):
Abkürzungen: NE = Bezirk Neusiedl a. See; EI = Eisenstadt (inklusiv der Freistädte Eisenstadt und Rust); MA = Mattersburg; OP = Oberpullendorf; OW = Oberwart; GÜ = Güssing; JE = Jennersdorf.
Die in den Spalten 1 bis 6 angeführten Zahlenwerte beziehen sich auf Stand Sommer/Herbst 1937 und sind der Abhandlung von O. Fritsch entnommen. Die hier dargestellten Daten basieren auf Akten des Bgld. Landesarchivs, *Kreisarchiv Eisenstadt, Karton Varia X/1.* Sie ergaben sich für mich durch Abzählen bzw. Berechnungen der dort in Tabellenform aufgelisteten Angaben.[604]
Für die Ermittlung der Prozentsätze in Spalte 7 dienten zum einen die absoluten Zahlen aus der Doppelspalte 2.[605] Als Quelle für die Grundwerte (100%) der Gesamt- und Bevölkerungszahl der 10- bis 18-Jährigen zogen wir die Volkszählungsergebnisse aus dem Jahr 1934 heran.[606]
Aus dem Gesagten ergibt sich von selbst, dass die festgemachten Hundertsätze gerundete Werte vorstellen, jedoch mit einem ± von bloß wenigen Zehntelprozentpunkten. Sie lassen daher durchaus Deutungen für die Analyse zu.
Als Rechenexempel für die Ergebniswerte in Spalte 7 sei im Folgenden das Zahlenbild, das sich auf das ganze Burgenland bezieht, illustriert:

604) Wiedergabe der Tabelle bei Otto Fritsch, Die NSDAP im Burgenland 1933–1938. Phil. Diss. – Wien 1993, S. 100 ff.
605) Ebenda, S. 148 u. 153.
606) Die Bevölkerungsentwicklung im Burgenland zwischen 1923 und 1971. Tabellenteil; hg. vom Amt der Bgld. Landesregierung, Abt. IV, o. J.

Gesamtbevölkerung Bgld. 1934: rd. 300.000[607]
20% 6- bis 18-Jährige = 60.000
Zwei Drittel von 60.000 = 40.000 10- bis 18-Jährige
1.235 HJ- + 634 BDM-Mitglieder = 1.869 Gesamtmitgliederzahl (Prozentwert P)

$$\frac{P}{Anz.\ 10–18} \times 100 = \frac{1.869}{40.000} \times 100 = 4{,}7\ \%$$

Analog dazu die Berechnung der %-sätze für die HJ (6,1%) und dem BDM (3,2%). Als Grundwerte galten die Hälfte aller 10- bis 18-Jährigen, in unserem Beispiel also 20.000 (männl. bzw. weibl.).

Versuch einer kritischen Deutung der eruierten Daten

- Zahlen, die auf eine „Massenbewegung" schließen ließen:
  - In 317 burgenländischen Gemeinden bestanden in der zweiten Jahreshälfte von 1937 insgesamt 208 NS-Jugend-Ortsgruppen (OG).
  - Im Mattersburger Bezirk erreichte die Dichte der HJ- und/oder BDM-Gruppen nach Gemeinden den Spitzenwert (7 von 10; s. Spalte 5: 30% *„ohne HJ und BDM"*).
  - 58% der Oberwarter Gemeinden beherbergten HJ- und/oder BDM-Organisationen. Der Bezirk reihte sich somit erst an die zweite Stelle nach dem (katholischen!) Mattersburger Bezirk, gefolgt von Jennersdorf.[608]
  - Die zahlenmäßigen Mitgliederstärken der NS-Jugendgruppen in den Bezirken Neusiedl und Eisenstadt sind beachtlich (Spalte 6).
- Zahlen, die die Marginalität der HJ-Bewegung aufrollen:
  - Verschwindend geringe 4,7% aller 10- bis 18-Jährigen erfasste die Hitlerjugend im ganzen Bundesland. Spitzenreiter Jennersdorf wies nicht gerade berauschende 7,9% auf. Den Minimalwert erzielte hierbei Bezirk Güssing. Die 1,8% kann man bestenfalls mit einem „Ja, hat es auch gegeben" quittieren (Spalte 7).

---

607) Gesamtbevölkerungszahlen der einzelnen Bezirke s. Teilkapitel „Evangelische Nazi-Kirche" – vielleicht doch nur ein Klischee, Tab. I.
608) Zu den NS-Ortsgruppen im Allgemeinen Fritsch, S. 117: „Der Bezirk Jennersdorf hatte eine lange Tradition." Nach der Gaugründung 1935 „wurde ein dichtes Ortsnetz aufgebaut. Von 33 Orten hatten 28 Gemeinden OG.", während noch im Juni 1933 nur 16 NS-Ortgruppen aufschienen. Zum letzteren Zeitpunkt brachte es Portschys Oberwarter Bezirk mit 2½-facher Bevölkerung und fast 3-mal mehr Gemeinden auf „nur" 25 OGs von insgesamt 107 im ganzen Land; Daten errechnet nach Fritsch, S. 159 (Tabelle).

- Im sogenannten „Hochburgen"-Bezirk Oberwart mit dem Schulort Oberschützen betrug der „Zustrom" 9,2% (HJ) und 4,2% (BDM), im Schnitt 6,7% (s. Spalte 7).
- 78 von 317 burgenländischen Gemeinden (rd. 25%) unterhielten sowohl eine HJ-, als auch eine BDM-Gruppe (s. Spalte 4).
- Die scheinbar fantastischen 42 BDM-Ortsgruppen im Bezirk Oberwart (s. Spalte 3), wo die BDM-Gauführerin Theresia Fleck wohnte, bestanden im Mittel aus 4 Mädchen, hingegen bildeten durchschnittlich 10 Knaben/Halbwüchsige einen HJ-Ortsverein. Die erwähnte relativ hohe Mitgliederzahl pro Gruppe in Neusiedl und Eisenstadt darf nicht hinwegtäuschen, dass auf beiden Bezirksebenen magere 3,3% bzw. 3,5% aller 10- bis 18-Jährigen erfasst waren (s. Spalten 3 und 7).

Aus den Positionen ergeben sich Fragen. Und Graubereiche, die eine exakte Zuordnung zum Vokabel *Hitlerjugend* nur sehr schwer, zumindest nicht unanfechtbar zulassen:

- Waren es immer „Hajotler", wenn, so Fritsch, „immer wieder Berichte über Jugendliche in NS-Formationen auf(tauchten)"?[609] Ergo ist zu hinterfragen:
- Inwieweit konnten Gendarmeriebeamte aufgedeckte HJ-Burschen oder BDM-Mädchen tatsächlich als solche identifizieren? So berichtete man aus Rechnitz an das Landesgendarmeriekommando von einer „*provisorischen Ortsgruppe Hitler-Jugend*". Dazu Fritsch: „Die NS-Jugendorganisation, die HJ, war der SA unterstellt [was nur bis 1932 der Fall war! Anm. d. Verf.], sodaß es nicht möglich war, bei der Bezeichnung *Junge Nazi*' zu unterscheiden." Da meldete ein Sicherheitsdirektor nach dem NS-Verbot (Juni 1933[610]) „*Verbotshandlungen meist jugendliche(r) Elemente*".[611]
- „In jedem Schuljahr", so Fritsch apodiktisch, „wurden durch die Gendarmerie illegale HJ-Gruppen eruiert."[612] Waren die 1935 inhaftierten

---

609) Ebenda, S. 150.
610) BGBl. 240/1933 vom 20 Juni 1933.
611) Fritsch, S. 41 f., 150; wie hier werden auch im Folgenden die Quellen der von Fritsch wiedergegebenen Zitate (hier in Kursivdruck) nicht noch einmal angegeben; die meisten stammen aus Meldungen der Gendarmerie an das Landesgendarmeriekommando Eisenstadt und an die Landeshauptmannschaft.
612) Ebenda, S. 151; der Autor verzichtete hier auf die Quellenangabe.

„11 Buben im Alter von 11–16 Jahren", unter ihnen der Sohn des Oberwarter Bezirkshauptmanns Dr. Mayrhofer,[613] definitiv Jungvolk- („Pimpfe") und HJ-Mitglieder? Mit konspirativen Treffen, Vorträgen, vormilitärischen Übungen, mit Singen nationalsozialistischer Lieder, die zu dem Zeitpunkt offiziell gar noch nicht als solche deklariert waren? Schließlich uniformiert bei heimlich veranstalteten pseudoreligiösen Totenverehrungen, Fahnenweihen und Vereidigung „am 9. November jeden Jahres"?[614] Bestanden im genannten Jahr noch immer die HJ-Organisationsstrukturen, die Gliederung in Zelle (3–4 Burschen), Kameradschaft (3 Zellen), Schar (3 Kameradschaften)

---

613) Ebenda.
614) Ebenda, mit Hinweis auf *„Wir", Kampfblatt der Gefolgschaft 1. Ödenburg 1. Juni 1936, S. 1;* in problematischer Weise suggeriert Fritsch – gewiss ungewollt – in seiner Abhandlung beim Leser Allgemeingültigkeit. Obwohl er in einem eigenen Kapitel die NS-Propaganda behandelt, zieht er als Quelle immer wieder NS-Schriften heran, deren durchschaubares Ziel nicht zuletzt im Bemühen begründet lag, die aktivistische Existenz der NS-Organisation, in unserem Fall ein intaktes Vorhandensein der Hitlerjugend, der Öffentlichkeit bewusst zu machen. Nicht gerade als glücklich muss Fritschs Verwendung eines Werkes bezeichnet werden, das er für den Aufbau, die strukturelle Existenz und den Aktionismus der Hitlerjugend in Österreich vor 1938 heranzog (s. ebenda, S. 145 bis 147), und zwar: Griesmayr, Gottfried; Würschinger, Otto: Idee und Gestalt der Hitlerjugend. – Leoni am Starnbergersee, 1979. Obschon darin gesicherte Fakten wiedergegeben werden, strotz dieses Buch auch von Behauptungen, die schlichtweg jeder wissenschaftlicher Grundlage entbehren. Ein Beispiel: „Die Hitler-Jugend in Österreich war gerade (1933) [...] mit einem Mitgliedstand von 25 000 Jungen und Mädeln in die Neugliederung der Hitler-Jugend einbezogen worden [...]" (Würschinger, S. 240; auch hier fehlt jeder Hinweis auf die Quelle. Im 11-seitigen Kapitel zu Österreich führt der Autor insgesamt vier [sic!] Quellenhinweise an, davon zwei mit „Archiv des Verfassers"). Die Textstelle nahm Fritsch auf S. 146 seiner Studie auf, relativierte die Zahl 25.000 jedoch nur mit dem Begriff „angeblich". Zum zahlenmäßigen Umfang der Hitlerjugend vergleichsweise die Wiener Historikerin Johanna Gehmacher: „Von den Mitgliederzahlen her blieb die Hitlerjugend in den frühen Dreißigerjahren ein marginales Problem. 1931 wurde die Gesamtzahl der Mitglieder mit 2.805 angegeben. Die Zahl [...] dürfte auch 1933, am ersten Höhepunkt der nationalsozialistischen Jugendorganisierung in Österreich, einige hundert nicht überschritten haben", wobei für 1931 nicht einmal geklärt sei, „ob die Mädchen in den Mitgliederzahlen der Hitlerjugend enthalten sind". Gehmacher, Johanna: Biografie, Geschlecht und Organisation – Der Nationalsozialistische „Bund Deutscher Mädel" in Österreich, in: Tálos; u. a.: NS-Herrschaft in Österreich, 2001, S. 470 und 490 (FN 14).

und Gefolgschaft (3 Scharen),[615] wie man sie (angeblich) in der oppositionellen Zeit, also vor dem Verbot, vorgefunden hat? (s. ANHANG DOK VI, „Weisungsblatt") Genügt es, wenn besagter Sprössling des höchsten Bezirksbeamten Mayrhofer von einer Zeugin beim Prozess gegen den Vater vor dem Landesgericht in Graz 1947 im Urteilsprotokoll „*als fanatischer Nat. Soz.*" etikettiert wurde?[616]

Dem nationalsozialistischen, insbesondere dem HJ-relevanten Organisationsareal in den illegalen Jahren seien kurze Anmerkungen beigefügt: Gauleiter Portschy begann erst mit Auftrag von Landesleiter Josef Leopold vom 7. Mai 1935 den NS-Gau Burgenland aufzubauen.[617] Bis zu dem Zeitpunkt „gehörten die burgenländischen Nationalsozialisten zwar zum Gau Steiermark, wurden aber von der burgenländischen Landesregierung bekämpft".[618] Nun betraute Portschy „Pg. Antonowitz, Eisenstadt" mit der HJ-Bannführung.[619] Konnte dieser Antonowitz (seine Bedeutung zeigt sich schon im Umstand, dass keinerlei schriftliche Informationen über oder von ihm zu finden sind) an die in Ansätzen vielleicht noch vorhandenen Organisationsstrukturen aus der „legalen" Zeit vor Juni 1933 anschließen und somit die Kontinuität der Hitlerjugend bewahren? Vieles spricht eher von einem Bruch als von einer nahtlosen Fortsetzung, eher von örtlich separaten Agitationsgefilden mit vereinzelt inszenierten Aktivismen, was bei den drohenden Gefahren, wie wir sie eingehend besprochen haben, bei völlig unzureichenden überregionalen Kommunikationsmöglichkeiten, schlechten Verkehrsverbindungen etc. nicht weiter überrascht. Und schließlich, vorerst letzte Frage bezüglich Kriterium eines „echten" HJlers: Zahlten diese Jugendlichen, zumindest ab dem 14./15. Lebensjahr oder wenigstens die unter ihnen, die nicht erwerbslos waren, die monatlich anfallenden 50 Groschen Mitgliedsbeitrag?[620] Dieser für ein intaktes dörfliches HJ-Zellenleben

---

615) Fritsch (nach Griesmayr/Würschinger!), S. 147 f.
616) Mindler, S. 35.
617) Zur Gaugründung und den „wichtigsten Daten aus dem Werden des Gaues" bezüglich der ersten zwei Bestandsjahre siehe Gaurundschreiben „7. Mai! Zwei Jahre Gau Burgenland" 1937, in: Bgld. LArch., Gauarchiv der NSDAP Niederdonau, Kreisarchiv Eisenstadt, Abtlg. A, Hpt. Nr. IV/13 (Richtlinien für den Nachrichtendienst); ebenso Mindler, S. 53.
618) Mindler, S. 52.
619) Ebenda, S. 54.
620) Fritsch, S. 148; als Anfang Juli 1935 sich Mitglieder der Oberschützer *Hermania*, pauschal von vaterländischen Schulkollegen als Nationalsozialisten kategorisiert,

beweiskräftige Indikator taucht kaum vor Mitte 1936 auf, wie unsere archivalischen Recherchen ergaben.[621] Nach der Putschblamage vom Juli 34 fand die Hitlerjugend in Österreich zumindest ein Jahr lang so gut wie nicht statt; nicht nur wegen konsequenterem Vorgehen der österreichischen Sicherheitsbehörden nach dem Kanzlermord. Vor allem Hitlers Weisung, die nach Deutschland geflüchtete österreichische HJ-Exilführerschaft quasi aufzulösen, erzeugte Orientierungslosigkeit und Lähmung. Das Ausbleiben der nicht gerade gering einzuschätzenden materiellen Unterstützungen aus dem Reich ließ den Informationsfluss versiegen, der Grenzschmuggel mit Druckschriften war unterbunden.[622]

Portschy benötigte beim Bemühen um die Installierung eines jugendlichen Gauapparates Zeit. Zeit für die Reorganisation, zutreffender: für einen Neubeginn. Vordringlich für die Konsolidierung eines illegalen, möglichst wenig Aufsehen erregenden Funktionärskaders.[623] Ebenso still

---

verbotenerweise bei einer Schulschlussfeier trafen und deshalb verhört wurden, ergaben Nachforschungen, dass die Burschenschaft von den Korpsbrüdern 50 Groschen Monatsbeitrag kassierte. Ob der Betrag identisch zu betrachten ist mit dem Obolus, der gemäß HJ-Statut von HJ-Mitgliedern auszulegen war, ist vorstellbar, quellenmäßig jedoch nicht eindeutig gesichert. Jedenfalls wurde die *Grenzwacht* und die *Hermania* am 10. Oktober d. J. durch den Sicherheitsdirektor des Landes offiziell als aufgelöst erklärt; vgl. Konrath, S. 56.

621) „Nach Vorbemerkungen im Notizbuche [...] wurden pro Monat März 1937 die Beträge [...] 90 g für H.J. (Hitler-Jugend) [...] verrechnet." Die Textstelle bezieht sich auf die Anzeige gegen 14 Bewohner von Inzenhof (Bez. Güssing), darunter 4 namentlich genannte HJ-Angehörige. Schreiben des Gendarmeriekommandos Inzenhof vom 17. April 1937, E. Nr. 538/7, an das Bezirksgericht Güssing, in: Bgld. LArch. Eisenstadt, Lage-, Vorfall- und Informationsberichte Karton III – 1+2, A/VIII – 14/III/2. Gendarmerieberichte Jänner – Feber 1938, Mappe 3. – „50 g einkassiert" hatten laut Anklage auch „Franz Gibiser und Konsorten" aus Poppendorf, darüber hinaus „Exerzierübungen bei Einbruch der Dunkelheit" durchgeführt. Wegen „Verbrechen nach dem Staatsgrundgesetz" wurden sie am 27. Dezember 1937 in das Bezirksgericht Jennersdorf eingewiesen; ebenda.

622) Vgl. auch Gehmacher, Jugend ohne Zukunft, S. 297; erst nach etwa zwei Jahren begannen die finanziellen Hilfszuwendungen aus Deutschland für die österreichische Hitlerjugend wieder zu fließen. Um die Bedeutung der monatlich überwiesenen „S 4.400,– (davon 1.200 der BDM) vom NS-Flüchtlingswerk" (ebenda, S. 415, FN 56) abzuschätzen: Ein Junglehrer (nicht „Probelehrer"!) verdiente im Monat etwa ein Zwanzigstel des genannten Betrages, oder: Der Betrag entsprach dem Umfang an Monatsgehältern, die in Summe rund 90 „50-Schilling-Lehrer" ausbezahlt erhielten.

623) Vgl. ebenda, S. 418.

und unauffällig sollten Mitglieder geworben werden – „evolutionistisch" durch vermehrte Infiltration sympathisierender oder aber auch „vaterländischer", gleichwohl für Antiklerikalismus und Antisemitismus empfänglicher Vereine (wie erwähnt sollte dazu auch das zur „Staatsjugend" vereinigte Österreichische Jungvolk zählen![624]) und durch Neubelebung der Untergrundpresse.[625] Die Zeitphase sprach aufgrund außenpolitischer Staatsräson denn tatsächlich für die Nazis (Annäherung der beiden „deutschen Staaten", worüber sich übrigens die rebellisch-ungeduldigen Nazis vor den Kopf gestoßen fühlten; „insbesondere unter den Jugendlichen herrschte große Verstimmung"[626]). Nach Fritsch war erst „nach zwei Jahren ‚Gau Burgenland'" und „auch der Aufbau der ‚Politischen Organisation' in den Bezirken abgeschlossen".[627] Also erst 1937! Die *Lage-, Vorfall- und Informationsberichte* der burgenländischen Gendarmeriekommandos, die im Landesarchiv aufliegen, bestätigen das: Strafanzeigen infolge Verstößen „gegen das Staatsschutzgesetz" gegen jugendliche Zellen und Kleingruppen, jetzt explizit als „Hitler-Jugend" bezeichnet, nahmen 1936 sprunghaft zu, vermehrten sich kontinuierlich im nächsten Jahr und erreichten gegen Jahreswende 1938 die größte Häufigkeit.[628] Eine auffällige Dichte in und rund um Oberwart-Oberschützen, der Heimat Portschys? Im Norden oder Süden des Landes? Mitnichten! Der braun gesprenkelte Fleckerlteppich überzog eher ausgewogen verteilt das Land. Die vermeintliche Kernbildung des HJ-Apparates, überhaupt des Jugendgeschehens in Oberschützen dürfte nicht zuletzt auf den Umstand beruhen, dass verständlicherweise über den Schulort mehr Aufarbeitungen in diversen Druckwerken (Schulfestschriften) vorhanden sind als über irgendwo im Burgenland. Das ändert nichts am Faktum, dass wissenschaftliche Arbeiten über die Untergrundjugend mit aus-

---

624) Besonders im ÖJV, quasi in der sprichwörtlichen Hölle des Löwen, versuchte man „möglichst viele Führungspositionen […] zu besetzen". Ebenda, S. 415, 416 ff.

625) Dazu Gehmacher, ebenda, S. 425: „Untergeordnete Blätter brachten neben lokalen Mitteilungen oft Abschriften von Artikeln aus zentralen Zeitschriften oder aus deutschen Zeitungen. 1936 wurde dieses System auf Parteiebene durch die Einführung einer ‚Landesvorlage' des ‚*Österreichischen Beobachters*' institutionalisiert." Kursivdruck im Original. Vgl. faksimilierte Exemplare im Anhang der vorliegenden Studie.

626) Ebenda, S. 443.

627) Fritsch, S. 114.

628) Dieser regionale Befund deckt sich mit den Feststellungen Gehmachers, die eine lange Reihe von auf ganz Österreich bezogene Quellenbefunde publizierte; Gehmacher, Jugend ohne Zukunft, S. 345, insbesodere FN 25.

schöpfenden Orts- oder Regionalbezügen während der vor- und nationalsozialistischen Zeit da wie dort fehlen.

Die Konklusion aus all dem Hinterfragbaren verlangt für eine sinnvolle Darstellung nolens vollens eine zeitliche Phasengliederung. Wir werden im folgenden Exkurs darauf zurückkommen und dabei herangehen, am Beispiel der Jugend-/Schülerszene von Oberschützen ein solches 3-Phasen-Modell zu erarbeiten. Vorerst jedoch noch einige Anmerkungen zum Bund Deutscher Mädel (BDM).

Der BDM war seit 1928 eine Gliederung der Hitlerjugend-Gesamtorganisation und seit Oktober 1931 „als geschlossene Organisation der Reichsleitung der HJ unterstellt". Dem deutschen Reichführer HJ, Baldur von Schirach, unterstand eine Reichsreferentin, die für die „Mädelarbeit" verantwortlich zeichnete. Die Namensgebung erfolgte 1930 aus der Umwandlung der seit 1926 bestehenden „Schwesternschaften" in „Bund deutscher Mädel in der HJ". Die Altersgliederung 10–14 (*Jungmädelbund*) und 14–18 Jahre (*Bund Deutscher Mädel*) – anders als bei den männlichen Jugendlichen im Jahr 1938 ergänzt durch die (freiwillige) Gruppe der 17- bis 21-jährigen jungen (unverheirateten) Frauen (*Glaube und Schönheit*) – und die organisatorische Gliederung der Mädelverbände mit analogen „Dienstgraden" bildeten ein Pedant zu den HJ-Gruppen und Untergruppierungen der männlichen Altersgenossen.[629]

Das erste feststellbare Vorhandensein von BDM-Mädeln im Burgenland geht quellengesichert auf 1933 zurück. Die Landwirtstochter Frieda Lang aus Pöttelsdorf soll laut einem Gendarmeriebericht noch vor dem NSDAP-Verbot evangelische Mädchen angeworben haben. Nach einiger Zeit des Stillstandes keimten die Aktivitäten wieder auf. Bei heimlichen Zusammenkünften sollen NS-ideologische Themen vorgetragen worden und zur Debatte gestanden sein. Zeitungen aus dem „Dritten Reich" hätten die abendlichen Treffen bereichert. Vor bzw. zur Zeit der Verhaftungen im Mai 1937 bestand die Gruppe aus 13 Mädchen.[630]

Theresia Fleck habe sich „durch ihren persönlichen Einsatz um den Aufbau des BDM im ehemaligen Burgenland hervorragende (Ver-)Dienste erworben", lobte die *Oberwarther Sonntags-Zeitung*[631] die „Untergauführerin"

---

629) Hier nach Kurzdarstellung „Hitler-Jugend (HJ)" in: Benz; u. a.: Enzyklopädie, S. 513 ff.; vgl. auch Rolf Schörken, Jugend; ebenda, S. 203–218.

630) Bgld. LArch. Eisenstadt, Lage-, Vorfall und Informationsberichte, Karton III 1 – 2. Meldung des Gendarmeriepostens Mattersburg Nr. 1253–1260, 28. April 1937; vgl. auch Fritsch, S. 152.

631) „Oberwarther Sonntags-Zeitung" vom 13. Dezember 1939, S. 6; hier zit. nach Mindler, S. 55, FN. 352.

aus Unterschützen quasi im Nachruf nach dem frühen Tod der Frau. U. Mindler ließ Hermine Kurz aus Unterschützen erzählen (2005):[632]

Ja, die erste, die Theres – die is a ganz Narrische gwesn für die Partei. [...] Wenn's eine Versammlung ghabt haben, da haben'S net amal a Maus laufen ghört, so still ist alles gwesn. So haben's eine Ehrfurcht gehabt vor der. Vor der hat man sich fürchten müssen.

Vor Flecks Verhaftung ergab eine Hausdurchsuchung Weisungsmaterialien für nachgeordnete Führerinnen: Anweisungen über die Winterhilfsaktion (WHW), damit verbunden der Auftrag, für eingesperrte „Kämpfer" Kleidungsstücke „mit nicht zu dünnen Nadeln" zu stricken, um sie als Weihnachtsgeschenke überreichen zu können.[633]

Für eine gedeihliche Abendstunde war ideologisches Schulungsmaterial notwendig. Im ANHANG DOK VII haben wir den Text eines solchen aus dem illegalen Kampfblatt „Wir" abgedruckt.

3.6.3 Exkurs – Nochmals Oberschützen

Eine quellenkritische Betrachtung zur Literatur über die frühe „Nazi-Landschaft" an den beiden höheren Schulanstalten. – „Vorfallsberichte" und Maßregelungen

In der Mittelschul- und LBA-Gemeinde Oberschützen herrschte seit den ersten Etablierungsversuchen der Pennäler-Verbindungen ab Mitte der zweiten Hälfte der 1920er-Jahre ein jahrelanges Gerangel um offizielle Zulassung. Gesetzlich bestand für Schülerverbindungen seit 1919 Koalitionsfreiheit – zum Leidwesen der Leitungen der beiden höheren Schulen, die durch die drei örtlichen, einander nicht gerade wohl gesonnenen Verbindungen um ihr Renommee fürchten mussten. Ließen die Direktionen (Dr. Alfred Putsch im RG, Dr. Aurel Stettner an der LBA) zumindest halboffiziell die der Christlichsozialen Partei gewogenen *Asciburgia*-Mitglieder ihrem Vereinsleben nach dem Wahlspruch „Mutig, wahr, deutsch immer-

---

632) Zit. nach Mindler, ebenda.
633) Fritsch, S. 152 f.; aus der von der Gauleitung in einen Rundschreiben zusammengefassten Bilanz „Zwei Jahre Gau Burgenland" (Mai/Juni 1937) sollten „die im Winter 1935/36 und im Winter 1936/37 großzügig durchgeführten Winterhilfswerke" gelobt werden. „Besonderes Verdienst fällt dabei dem BdM zu." Bgld. LArch., Gauarchiv der NSDAP Niederdonau, Kreisarchiv Eisenstadt, Abtlg. A, Hpt. Nr. IV/13 (Richtlinien für den Nachrichtendienst).

dar!" nachgehen – im Mai 1930 besuchte sogar Ignaz Seipel die Asciburgia in Oberschützen, um sie beim Bemühen um ihre Existenz zu unterstützen[634] – so mussten die beiden schlagenden Burschenvereine *Grenzwacht* (Wahlspruch: „Ehre, Freiheit, Vaterland!")[635] und *Hermania* sich herausgefordert fühlen, ihr Bestehen ebenso zu verteidigen. Schon deshalb, weil die hauptsächlich in der LBA beheimateten katholischen Asciburgen sich allmählich vom ursprünglich vertretenen Gedanken eines Anschlusses an Deutschland absentierten, sie hingegen dieses Ansinnen besonders ab Januar 1933 durch die Ereignisse in Deutschland umso vehementer vertraten. Bei deutschnationalistisch gesinnten Professoren wie Wilhelm Ulreich oder Dr. Painter vom Realgymnasium fanden die Hermanen und Grenzwächter ideologische und organisatorische Unterstützer. Spannungen, weniger oder überhaupt nicht konfessioneller, sondern ideologisch-politischer Art waren vorprogrammiert; auch innerhalb der Lehrkörper der beiden höheren Schulstätten. Somit entwickelte der kleine Ort Oberschützen – sieht man von der Sozialdemokratie ab – einen Mikrokosmos der Politwelt, die auf Bundesebene durch das bekannte Polarisierungsfeld der Jahre bis 1938 bestimmt war – hier Vaterlandsbewusstsein, dort braune Bedrohung.

Zur HJ-Landschaft in Oberschützen wusste Otto Fritsch zu berichten: „Lediglich für den Schulort Oberschützen im ‚Evangelischen Gymnasium' und in der ‚Lehrerbildungsanstalt' gibt es einen Hinweis, dass bereits ab 1928 eine HJ-Einheit bestanden haben soll."[636] Offensichtlich unterlag der ehemalige Gauleiterstellvertreter Hans Arnhold, von dem der nach Jahrzehnten gegebene „Hinweis" stammt, einem apologetischen Heroisierungsdenken. Er ordnete pauschal junge Mitglieder der zunächst noch moderat deutschbewussten, nationalen Studentenverbindungen *Grenzwacht* und *Herman[n]ia* oder des ebenfalls ortsansässigen, mit *Blut und Boden*-Ideologie angehauchten *Deutschen Schulvereins Südmark*[637] der Hitlerjugend-Organisa-

---

634) Vgl. „Burgenländische Heimat" vom 23 Mai 1930, S. 3, als Faksimile auch abgedruckt bei Konrath, Studentenverbindungen, S. 42.

635) Aus den Satzungen der Grenzwacht, die sich in erster Linie aus Internatsschülern zusammensetzte: „1. Mitglied kann jeder deutschfühlende, arische, unbescholtene Obermittelschüler (RG oder LBA) werden. 2. Zweck: Ertüchtigung der Mitglieder in geistiger und körperlicher Hinsicht." Zit. nach Konrath, S. 18.

636) Fritsch, S. 150; nach „Mitteilung von Herrn Arnhold. Wien 20. April 1989"; siehe ebenda, S. 155, FN. 32.

637) Der Deutsche Schulverein Südmark, gegründet in Graz 1889, widmete sich der Pflege deutscher Tradition und deutschen Volkstums. Das 1928 formulierte

tion zu. Ende der 20er, das sollte man in dem Fall erst einmal bedenken, jätete selbst noch in Deutschland die NSDAP an der Wahrnehmungsschwelle nach Sympathisanten, und erst 1931 überzeugte Baldur von Schirach, der im selben Jahr vom Studenten- zum Jugendführer der Partei aufstieg, Hitler vom Sinn einer parteiorganisierten Massen-Jugendbewegung. Bis dahin spielte die Hitlerjugend – in Deutschland! – „in der Jugendbewegung keine entscheidende Rolle."[638]

Welche Statistenrolle die NSDAP insgesamt noch 1930 im Burgenland spielte, zeigen die Landtagswahlen: Die erstmals kandidierenden Nationalsozialisten fuhren einen deutlich unter der 1%-Marke liegenden Stimmenanteil ein. Zweitens: Gegen Arnholds späte Erinnerung spricht, dass Tobias Portschy, der Unterschützer Absolvent des RG Oberschützen, „mit dem Nationalsozialismus erst im Sommersemester 1928 bewusst in Kontakt (kam)"[639] und

---

Hauptziel: „Das heranwachsende Geschlecht in deutschem Sinne erziehen, in den heranreifenden Akademikern und Lehrern dem Volke wieder die eigenen deutschen Führer geben." HANS, Jürgen: Das Burgenland. Schriften des Deutschen Schulvereins Südmark über das Grenz- und Auslanddeutschtum. – Graz 1928, S. 20; hier zit. nach Krug, S. 25.

1929 wurde in Oberschützen im Rahmen der nach dem Anschluss an das Burgenland gegründeten Ortsgruppe des Schulvereins Südmark eine Jugendsektion mit nahezu 200 Mitgliedern gegründet, die der Mittelschullehrer Eugen Kozdon leitete. Die Vereinsaktivitäten wiesen (mit Ausnahme vormilitärischer Übungen) der Hitlerjugend ähnliche Elemente auf, wie Theaterspielen, Erlernen von Volksliedern und deutscher Hymnen, mystifizierend interpretierte deutsche Geschichte unter Herabwürdigung anderer Nationalitäten; siehe insgesamt Krug, S. 25–30; vgl. auch Konrath, S. 32 f., 48.

Wie sehr der (ursprünglich „überparteiliche") Verein ins extrem rechte Lager hinüber glitt, bezeugt beispielsweise der Vorfallbericht des Gendarmeriekommandos Mattersburg an die zuständige Bezirkshauptmannschaft vom 1. Februar 1938, E. Nr. 295, unter Betreff: „Hitlerführer – Ausbildung unter dem Deckmantel des ‚Deutschen-Schulvereines-Südmark'." Bgld. LArch. Eisenstadt, Lage-, Vorfall- und Informationsberichte Karton III – 3, IV – 1, A/VIII – 14/II/3. Gendarmerieberichte Jänner – Feber 1938, Mappe 2. – 1935 wurden als Südmarkgruppen getarnte HJ-Gruppen in Villach, Baden bei Wien, Wiener Neustadt und Leoben aufgedeckt. Gehmacher, Jugend ohne Zukunft, S. 340, FN 6.

638) Nemitz, S. 195; das Schattendasein der HJ in Deutschland beweist auch, dass die 4?-Millionen-Stadt Berlin im April 1932 nur 1300 HJ-Mitglieder aufzuweisen hatte; Scholtz, Harald: Erziehung und Unterricht unterm Hakenkreuz. – Göttingen 1985, S. 34, mit Hinweis auf Peter D. Stachura, Nazi Youth in the Weimar Republic. – Oxford/Santa Barbara 1975, S. 183.
639) Mindler, S. 23 f.

erst nach Jahren mit dem Aufbau der NSDAP, der Installierung von Ortsgruppen begann.[640]

Tobias Portschy, die regionale Zentralfigur der NS-Szenerie, vertraute seinem Tagebuch an, erst „nach dieser einmaligen Feier unserer Oberschützer Studentenschaft" habe er sich entschlossen, der NSDAP beizutreten. Gemeint hat er die Einweihungsfeier des „Kleinen Anschlussdenkmals" am 21. Juni 1931 anlässlich der 10-jährigen Zugehörigkeit des Landes zu Österreich.[641] Als Initiatoren der Gedenkstätte zeichneten die Oberschützer Professoren Kozdon,[642] Bulfon und Painter sowie deutschtümelnde Studenten des Schulvereins Südmark. Die Einweihungszeremonie, deren Sinnstiftung die Genannten umzufunktionieren versuchten, nämlich ein germanisches Hoffnungs-Baudenkmal für einen baldigen staatlichen Zusammenschluss der „deutschen Brüder" Österreich und Deutschland errichtet zu haben,[643] boykottierten die jungen Mitglieder der katholischen Verbindung Asciburgia durch Abwesenheit. Auch leistete keines der Mitglieder eine Spende für die Errichtung des „altgermanischen Opfersteins".[644]

Nun zu anderen Ungereimtheiten der politischen Jugendszene, mit denen sich weder Fritsch noch Ursula Mindler in ihren insgesamt ausgezeichnet recherchierten Werken tiefschürfend bzw. gegenargumentativ auseinandersetzten. An einer Stelle heißt es bei Mindler: Im schulischen „Einflussbereich wurde bereits 1930 eine HJ-Gruppe in Oberschützen gegründet, und ein Teil der national gesinnten Schüler im NS-Schülerbund [?]

---

640) Ebenda, S. 26 f.
641) Ebenda, S. 27 f.
642) Prof. Eugen Kozdon unterrichtete am RG und an der LBA Oberschützen bis Ende 1934, ehe er die Direktion am Eisenstädter Gymnasium übernahm. 1938/39 war er im KZ Dachau inhaftiert; abermalige Verhaftung 1944/45. Über sein ambivalentes Verhältnis zum Nationalsozialismus im „Ständestaat" vgl. Dieter Ulreich, in: 140 Jahre BG und BRG Oberschützen. – Oberwart 1985, S. 78 ff., hier S. 79; 1937 Opfer der nationalsozialistischen Besudelungskampagne, s. ANHANG DOK X.
643) Darüber „Der Freie Burgenländer" vom 28. Juni 1931, S. 3: „Hervorgehoben sei besonders die Tatsache, daß der Tag der Denkmalweihe nicht nur der freudigen Erinnerung an den Anschluß des Burgenlandes an Österreich gegolten hat, sondern vielmehr den Willen zum Ausdruck brachte, alles daran zu setzen, um dieses deutsche Land mit seinem Mutterlande zu einem mächtigen großen deutschen Reich vereinigt zu sehen."
644) Vgl. Konrath, S. 49; ausführlich zum „kleinen Anschlußdenkmal" bei W. Krug, S. 31–52.

wurde 1932 in die HJ überführt".⁶⁴⁵ Hier herrscht Nebelhaftigkeit. Zumindest passt zeitlich etwas nicht recht zusammen. (Die erwähnte Information geht auf Prof. Paul Schabert zurück, die dieser 1938 in die Welt setzte.) Mindler belegt nämlich einige Seiten später dokumentarisch über Portschy: „Ab nun an (1931) widmete er sich vor allem der Führung und dem Aufbau der Hitlerjugend. 1931 war er erst Gefolgschaftsführer und später Bannführer in der HJ."⁶⁴⁶

Auf dieselbe Geschichtsquelle, den im Sommer 1938 [sic!] erstellten LBA-Jahresbericht griff die Autorin zurück, wenn sie anführte: „Auch in der Burschenschaft ‚Hermannia' war die NSDAP-Zugehörigkeit eine der Aufnahmebedingungen."⁶⁴⁷ Da vertraute die Historikerin, unreflektiert wie andere Autoren auch, den Reminiszenzen des für seine nationale Gesinnung bekannten Paul Schabert, der im erwähnten Jahresbericht sein Dossier über „Die illegale HJ an der evangelischen Lehrerbildungsanstalt in Oberschützen" zum Besten gegeben hat.⁶⁴⁸ Bei Schabert fehlt jeglicher Quellenhinweis, seine Aussagen geraten wohl oder übel ins Licht eines in Aufbruchstimmung versetzten Zeitzeugen. Wie schon signalisiert: Man beachte den Entstehungszeitpunkt seiner schriftlichen Festlegung! (Gleiches gilt für die so vielen „zeitgenössischen" Zeitungsartikel, die nach dem Krieg als Belegsquellen in Festschriften und Schulchroniken einflossen und den Leser in Authentizität wiegen.) Der LBA-Professor schrieb seinen Beitrag drei Monate *nach* dem „Anschluss", in jener Zeitphase also, in der man (auch des eigenen Vorteils willens) allzu leicht dem Glorifizierungs- und Märtyrermythos vergangener („Helden"-)Taten unterlag. Nehmen wir als Motiv für unseren Argwohn Dr. Bulfons Eloge auf das neue Regime: Der in der *Verbotszeit* als Lehrer am Oberschützer Realgymnasium gemaßregelte,⁶⁴⁹ dafür schnellstens in den 38er-Märztagen zum Anstaltsleiter ernannte Bulfon ergab sich im RG-Jahresbericht dem „Befreiungs"-Rausch der *neuen Zeit* unter
                Deutschland, Deutschland über alles!

---

645) Mindler, S. 17 f.; die Autorin bezieht sich hier auf Schabert im Jahresbericht 1937/38, S. 2; die Existenz eines Nationalsozialistischen Schülerbundes (NSS) in Oberschützen konnte, was einigermaßen überrascht, in keiner mir vorliegenden Quelle ausgemacht werden, was jedoch nicht als Beweis für ein Nichtvorhandensein eines solchen Bundes verstanden werden soll.
646) Mindler, S. 28.
647) Ebenda, S. 18; siehe ebenso Ch. Konrath, S. 50.
648) Paul Schabert, in: LBA-Jahresbericht 1937/38, S. 2.
649) Vgl. Bulfon, Hans: Jahresbericht des Ev. Realgymnasiums in Oberschützen am Schlusse des Schuljahres 1937/38, S. 6 f.: „Illegale Mitglieder der NSDAP. im

[...] Mit freudigem Stolz durfte das RG. in Oberschützen den Ruf tragen, daß es „die unverläßlichste und nationalsozialistisch verseuchteste Mittelschule" des Bundesgebietes war.

Es folgte die Etikettierung Oberschützens mit „Hochburg des Nationalsozialismus". Keine andere Mittelschule in Österreich dürfe sich „wie Oberschützen" rühmen, „die nationalsozialistische Flamme in der Zeit schwerster Verfolgung so treu gepflegt zu haben".[650]

War das Bulfons innerste Überzeugung? Oder steckte hinter dieser Überangepasstheit viel eher ein über persönliche Vorteilsbeschaffung (Direktorsessel) hinausreichendes unterwürfig-anbiederndes, pragmatisches Kalkül zugunsten der Schulanstalt? Die Überlegung gewinnt Konturen, vergegenwärtigt man, dass in den Lehrerschaften das Schielen auf eine Umwandlung des Realgymnasiums in „eine nationalpolitische Erziehungsanstalt und die evangel. Lehrerbildungsanstalt (in) eine Lehrerhochschule"[651] Diskussionsrunden zog. Zumindest zu einem nicht unerheblichen Teil war wohl die Hoffnung auf einen elitären Status der Vater der vorhin zitierten Lobpreisungen.

Platte Selbstbeweihräucherungen finden sich à la mode in Presseartikeln – oder in Reden vom Schlage eines Tobias Portschy. Der Noch-Gauleiter hoffte – naiv genug – mit Artikeln in der von ihm gegründeten *Grenzmark Burgenland* (später *Grenzmark-Zeitung*) die Aufteilung seines Gaues verhindern zu können. Wer aber am wenigsten an Propagandaplapperei glaubte, waren die, die sie perfektionierten und als Herrschaftsmittel einsetzten: die Nazis selbst![652] Portschys Leistungen für die NSDAP vor der

---

Lehrkörper waren: Doktor Hans Bulfon, Dr. Josef Kilga, Dr. Helmut Kühnelt, Dr. Alfred Nowak, Prof. Alfred Pahr, Dr. Hans Paintner und Prof. Wilhelm Ulreich. Vom System gemaßregelt wurden Dr. Bulfon, Dr. Paintner und Prof. Ulreich. – Heil Hitler!"

650) Ebenda, S. 3 ff.
651) „Grenzmark-Zeitung" vom 3. Juli 1938, S. 4.
652) Bei der Erziehung, sinnierte Hitler, müsse der Staat „besonders der Presse auf die Finger sehen; denn ihr Einfluß ist auf diese Menschen der weitaus stärkste eindringlichste [...]. Wenn also irgendwo, dann darf gerade hier der Staat nicht vergessen, daß alle Mittel einem Zweck zu dienen haben; er darf sich nicht durch das Geflunker einer sogenannten ‚Pressefreiheit' beirren und beschwätzen lassen, seine Pflicht zu versäumen und der Nation die Kost vorzuenthalten, die sie braucht und die ihr gut tut; er muß mit rücksichtsloser Entschlossenheit sich dieses Mittels der Volkserziehung versichern und es in den Dienst des Staates und der Na-

Machtübernahme wurden „bedankt" mit der Aufteilung des Burgenlandes und der Degradierung seiner Person zum Gauleiterstellvertreter der Steiermark und insofern mit der Abschiebung in die zweite Reihe von Hitlers Spitzenentourage. Die beiden Oberschützer Schulen, die „Schulzentren" und „Muster nationalsozialistischer Erziehungsstätten"[653] durften sich ab kommenden Herbst nicht mehr „evangelisch", sondern nur mehr „staatlich" nennen.

Wann also erfolgte die HJ-Gründung in Oberschützen tatsächlich? 1930 oder 1931? Oder doch erst 1932? Trotz akribischer Recherchen scheint eine definitive, quellenfundierte Festlegung des Gründungsjahres in der „Hochburg" nicht möglich zu sein, will man propagandistisch geschönten Medienberichten nicht die Referenz erweisen. Der Mangel an wissenschaftlichem Belegmaterial ist erklärbar aus der Tatsache, dass in der Verbotszeit laut *Dienstvorschrift* bei der HJ befohlen wurde: „Grundsätzlich werden keine schriftlichen Aufzeichnungen gemacht! Die Berichte erfolgen mündlich!"[654]

Was für alle Jugendlichen im Land gilt, muss auch bei den intelligenten Paukern von Oberschützen hinterfragt werden, nämlich: Wenn sie schon frühzeitig Mitglieder der Organisation waren, die Hitlers Namen trug – wussten sie über das Programm, das die NSDAP sich 1920 gegeben hatte oder Hitler in „Mein Kampf" elaborierte, Bescheid? Schwer vorstellbar, und wenn dann frühestens ab Hitlers Machtübernahme im Januar 1933 (der wenige Monate später das NSDAP-Verbot folgte). Die von Fritsch aktenmäßig belegten HJ-Heimabende in einigen wenigen burgenländischen Orten mit „Körpersport" und Vorträgen über den „Führer" oder über das „Deutsche Volk in Österreich" überzeugen bestenfalls für die Zeit ab 1936.[655]

Verbanden, so die Frage andersrum gestellt, jene Unvollkommenheiten des Dollfuß/Schuschnigg-Regimes (z. B. anti-protestantische Gemütslagen oder das Grundpostulat „*deutsches* Österreich") die Jugendlichen nicht in höherem Maße gegen die Regierung als die Sehnsucht nach dem vermeintlichen Wunderland Hitlers? Es kann nicht wegdiskutiert werden: Abgese-

---

tion stellen." Hitler, Adolf: Mein Kampf. 2 Bde. – München 1925/27, hier 419–423 1939, S. 264.
653) „Grenzmark-Zeitung" vom 3. Juli 1938, S. 4.
654) Bgld. LArch., Gauarchiv der NSDAP Niederdonau, Kreisarchiv Eisenstadt, Abtlg. A, Hpt. Nr. III/4 (Dienstvorschrift für die HJ); vgl. ebenso Fritsch, S. 148.
655) Fritsch, S. 148.

hen vom Kampf gegen Liberalismus und Marxismus und Klerikalismus – der Glückstraum vom „Anschluss" ans Deutsche Reich, vertreten von Exponenten der Christlichsozialen (Seipel), der Großdeutschen, des Landbundes etc., ja sogar von SDAP-Granden wie Otto Bauer, Karl Renner oder dem burgenländischen SP-Führer Ludwig Leser [656] – diese programmatische Anrufung war *nicht* genuin nationalsozialistisch! War bei Weitem nicht exklusiv „evangelisch".[657] Auch bei den damaligen Schülern in Oberschützen nicht. Sie deshalb (noch heute) apodiktisch *naziverseucht* zu bezeichnen, kann wohl so nicht kritiklos hingenommen werden. Ohne ein Verteidigungsplädoyer für die „jungen Nazis" anbringen zu wollen, so ist im politischen Diskurs über die Befindlichkeiten der Studierenden Bedacht zu nehmen. Will man beispielsweise, selbst im Nachhinein betrachtet, den damals künftigen evangelischen LBA-Absolventen die eingenommenen Gegenpositionen zum politischen Katholizismus, sicherlich umspielt von „härteren Protestaktionen", selbstgerecht verübeln? Ihnen ging es um die künftige Lebensgestaltung! Bei Stellen suchenden Kollegen mussten die Oberschützer registrieren, wie für frei gewordene Dienstposten im Land Absolventen der katholischen LBA Mattersburg bevorzugt wurden. Die Entscheidung über die Besetzung eines vakanten Postens traf in der Regel der Ortspfarrer. Und der war, wie ausführlich dokumentiert, in acht von zehn Fällen ein katholischer Geistlicher. Der schon bei den katholischen Anwärtern wenig aussichtsreiche Stellenmarkt präsentierte sich in noch ungünstigerer Ausformung bei den evangelischen Junglehrern.

---

656) Leser in seiner Festansprache zur Enthüllung eines Anschluss-Denkmals in Heiligenkreuz im Lafnitztal am 4. Oktober 1931: „Aus unserer Geschichte schöpfen wir die Hoffnung, dass wir, die vor zehn Jahren zu Oesterreich kamen, auch zum Deutschen Reich kommen werden." Rede abgedruckt in „Burgenlandwacht" vom 11. Oktober 1931, S. 3; hier zit. nach Krug, S. 60; nach Berichten des Eisenstädter Historikers Walter Feymann fungierte in der Kriegszeit Leser (soz. Landeshauptmann 1945/46) als Informant und Denunziant sozialistischer Funktionäre der Gestapo. http://www.dokumentationsarchiv.at/SPOE/Braune_Flecken_SPOE.htm (04.01.2008)

657) Ein Fauxpas unterlief Fritsch in seiner Dissertation, in der er schrieb: „Bei Durchsicht der Erhebungsberichte der burgenländischen Sicherheitsbehörden, welche sich mit nationalsozialistischen Umtrieben befaßten, konnte festgestellt werden, daß die Zahl der wegen NS-Tätigkeiten festgenommenen Protestanten überproportional hoch war." In der dazugehörigen Fußnote dann die Anmerkung: „Die Zahl der wegen NS-Umtriebe festgenommenen Protestanten war den [sic] der katholischen gleich." Fritsch, S. 189, 194 (FN 62).

Ohne sich an dieser Stelle in uferlose, allzu akademisch geführte semantische Dispute über die Vokabeln *deutschbewusst, (deutsch-)national, nationalistisch, völkisch* oder *nationalsozialistisch* auslassen zu wollen (*den* Jugendlichen oder *den* Nationalsozialisten gab es nicht!) – unstrittig handelte sich bei der Oberschützer Studentenschaft um einen mehr oder weniger braun schattierten, braun gesprenkelten Gesinnungsfarbtopf; um ein kontrastreiches Farbengemenge, das – sträflich oft in der greifbaren Forschungsliteratur vernachlässigt! – durch nicht wenige weiße oder, übertragen in die zeitgenössische Politsprache, graugrüne Tupfer bestach. So untersuchte Ch. Konrath die katholische, zum überwiegenden Teil in der Lehrerbildungsanstalt beheimatete *Asciburgia*, die bis 1933 „eine dominante [sic!] Stellung" eingenommen habe. Unter Seipels persönlicher Verwendung, später durch ständestaatliche Forcierung der Österreichverbundenheit, unterschieden sich die *Asciburgen* von den *Hermanen* und *Grenzwächtern* vor allem durch ihr betontes Abrücken vom Anschlussgedanken, unbeschadet ihres Wahlspruches „*...deutsch immerdar!*"[658] und des beibehaltenen Arierparagrafen. Die Asciburgia umfasste zeitweilig so viele Mitglieder wie die untereinander befehdeten, heißt im wahren Wortsinn: sich gegenseitig „schlagenden" Kommilitonen insgesamt![659]

Einige Daten von den Verbindungsmitgliedern erleichtert die Gesamtschau: Von den im Schuljahr 1932/33 knapp über 200 Schülern im RG und in der LBA gehörte rund die Hälfte einer der vier Verbindungen an (die bedeutungslose *Gothia* mit eingerechnet). Im Frühjahr 1931 hatte die Asciburgia mit 51 Mitgliedern ihren zahlenmäßigen Höhepunkt erlebt.[660] Fehlende Unterlagen zwingen zu Schätzungen, lediglich unterstützt von Zeitzeugenberichten. Demnach fluktuierten im Langzeitschnitt die Mitgliederfrequenzen der drei größten Verbindungen zwischen weniger als 20 und vielleicht etwas mehr als 30, wobei die Asciburgen mindestens bis 1935 die quantitative Führungsposition eingenommen haben dürften. Kann man da bei den restlichen national Gesinnten (rund 10 bis maximal 15 Prozent) samt und sonders von *den* Studenten sprechen, die die Schulen (in Kooperation mit angeblich so vielen Lehrern) nationalsozialistisch prägten? Bei einem Gegengewicht von annähernd ebenso vielen, die sich explizit antinazistisch deklarierten? Und: Was war mit der Hälfte aller Studenten, die kei-

---

658) Vgl. ebenda, S. 16, insb. S. 43 ff.
659) 1933 spaltete sich aus der *Hermania* die in der Folge relativ unbedeutende *Gothia* ab; vgl. Konrath, S. 49.
660) Ebenda, S. 43.

ner Verbindung angehörte, vielleicht um nicht zwischen die Mühlsteine der Rivalen zu geraten, Einzelne möglicherweise für eine öffentliche politische Deklarierung zu feige oder ganz einfach politisch desinteressiert waren und der schulischen Lerntätigkeit den Vorzug gaben?

Massive Einschnitte in die bisher beschriebene Entwicklung brachten die Jahre 1933 und – am auffälligsten – 1934. Die bekannten Ereignisse schwemmten unübersehbar Kernschichten der nationalen Verbindungen ins nationalsozialistische Eck. Obwohl verboten, da sie das Bekenntnis zum Staat Österreich verweigerten, manövrierten sie die Schulleitungen Oberschützens in die Bredouille, die enerviert bei den obersten Schulbehörden um Auskunft baten über die genaue Gesetzeslage bezüglich außerschulischem Vereinslebens, über das, was den Verbindungen erlaubt oder verboten war.[661] Die über Jahre sich hinziehenden Dispute verliefen bis hinauf zum Unterrichtsministerium[662] – ohne, von welchen Behördenstellen auch immer, verbindliche Antworten zu erhalten. Den Direktionen fielen vermehrt Aktionen wie das Tragen von „Flöhen", den Vereins- und Verbindungsabzeichen auf, andererseits Verweigerungen, das vaterländische „Seid einig"-Abzeichen zu tragen.[663] Konsterniert mussten Schullandesrat Johann Wagner und Landesschulinspektor Dr. Beza bei einem Inspektionsbesuch im Realgymnasium im Mai 1933 an der Turnsaalwand das Gekritzel wahrnehmen: „Ich kenne nur ein Vaterland, und das ist Deutschland." Außer der lahmen Anweisung, derartigen Aktionismus zu unterbinden, dafür umso mehr die Erziehungsarbeit auf die vaterländische Erziehung zu lenken, ließ man die Schulleitung im Regen stehen.[664] Die hatte allen Grund zu grübeln und Gegeninitiativen zu ergreifen, schwirrten doch derweilen ernst zu nehmende Gerüchte über die Auflassung der Anstalt (ebenso über die Schließung der LBA) durch die Luft (über die offiziösen Gründe wurde schon im Abschnitt 2.3.4. berichtet). Nein, dem Vorwand, einen natio-

---

661) Vgl. beispielsweise das Schreiben der RG-Direktion an das Amt der bgld. Landesregierung, datiert mit 3. Oktober 1933, in: Bgld. Ldsreg. Akt X-348 (1936); Quellenhinweis hier nach Konrath, S. 52, FN 6.

662) Die Thematik über die Widersprüchlichkeiten bezüglich Bestand und Verbot der Korporationen, auch was die Asciburgia anlangte, zieht sich wie ein roter Faden über weite Strecken durch Konraths Abhandlung, insbes. von S. 15–56.

663) Ein im Frühjahr 1934 aufgetauchtes steirisches Flugblatt mit der Bezeichnung „Wir Jungen!" spöttelte: „Ja, wir sind einig, aber es ist der Geist des deutschen Sozialismus, der unsere Gemeinschaft bindet." Zit. nach Gehmacher, Jugend ohne Zukunft, S. 325, FN 80.

664) Konrath, S. 51.

nalsozialistischen Gefahrenherd auf dem Schulboden durch Wegschauen zu nähren, was ein Ende der Anstalt(en) heraufprovoziert hätte, wollte man gestrenge den Wind aus den Segeln nehmen.

Die anschwellende Gegnerschaft zwischen Vaterlandstreuen und Hitlerdeutschland-Gläubigen auf ganzer Bundesebene widerspiegeln im Kleinen die aktionistischen Bühnen, auf denen die *Hermanen* und *Grenzwächter*, im anderen, „österreichischen" Lager die Asciburgen und die von Turnprofessor Rudolf Tillian geführte *Jungvaterland*-Gruppe, aufeinander spinnefeind, auftraten. In einer Septembernacht von 1933 beschmierten die einen mit *„Hitler siegt! Weh euch!"* die Bude der Asciburgia. Prompt erfolgte in der folgenden Nacht die Reaktion: Regierungsfreundliche Aufschriften wie *„Heil Dollfuß, Heil Starhemberg! Hinein in die Heimwehr!"* u. dgl. m. verunzierten Häuserwände Oberschützens.[665]

Fritsch diagnostizierte einen „nahtlosen Übergang von der legalen zur illegalen Betätigung in Oberschützen". Eine *Nahtlosigkeit* also, die Kontinuitätsbrüche pauschal ausschließt[666] und intendiert, in Oberschützen hätten die Uhren nicht viel anders als in Deutschland getickt. Im Unterschied zu Österreich (NS-Betätigungsverbot) kam beim deutschen Nachbarn das HJ-Fahrwerk unter Reichsjugendführer (RJF) v. Schirach ab Hitlers Machtübernahme auf respektable, doch erst mit dem HJ-Gesetz von 1936 auf höchste Betriebstouren, wahrlich in „Bewegung" (z. B. bei der Usurpation der deutschen Jugendorganisationen bald nach der Machtübernahme;[667] von der „Gleichschaltung" blieben vorerst noch die katholischen Vereine verschont). Die Zustromskurve erlebte nach dem 30. Januar 1933 einen Knick nach oben.[668] Es ist im Rahmen des Diskurses nicht belegbar, in unse-

---

665) Ebenda, S. 52.
666) Dass auf ideeller geistiger Ebene am wenigsten Brüche eintraten, darf angenommen werden. Im organisierten Jugend-, speziell im HJ-Bereich hingegen kann von einem „nahtlosen Übergang" wohl nicht die Rede sein.
667) „Die Durchsetzung der HJ als ‚Staatsjugend' [Dezember 1936, Anm. d. Verf.] geschah mit Gewalt gegen den Widerstand von ihr teilweise weltanschaulich sehr nahe stehenden Gruppen. Die erste illegale Aktion, die die neue Regierung nach 1933 duldete, [...] war die Besetzung des Reichsausschusses der deutschen Jugendverbände; Großlager der bündischen Gruppen wurden mithilfe der Polizei zerschlagen." Nemitz, S. 196, in diesem Kontext sprach Gehmacher von der „Beraubung und Zerstörung aller anderen Jugendvereine" sowie von Usurpation des deutschen Jugendvereinwesens; Gehmacher, Jugend ohne Zukunft, S. 308 f.
668) Von Beginn bis Ende 1933 stieg die HJ-Mitgliederzahl in Deutschland von kaum 100.000 auf rund 3,5 Millionen; vgl. Shuk, S. 24.

rem untersuchten Ort habe der HJ-Apparat eine Aufwärtsentwicklung mit Vorreiterwirkung stattgefunden. Nicht anders als irgendwo an einer österreichischen mittleren oder höheren Schule trat auch in Oberschützen das Gegenteil ein. Die staatliche Sicherheitsmaschinerie setzte zu sehr seine Fangkrallen ein. Über das Wie soll im Folgenden genauer berichtet werden.

Damit zurück zu Fritsch: Der Historiker verwies auf ein Schreiben des burgenländischen Sicherheitsdirektors aus dem Jahr 1934, dem zu entnehmen ist, das Oberschützer Gymnasium und die Lehrerbildungsanstalt würden den *„Hauptstützpunkt"* der Nazi-Bewegung bilden. Zentrum und Ausgangspunkt subversiver Tätigkeiten sei das evangelische Zöglingsinternat, wo „Professor Wilhelm Ulreich, ein glühender Nationalsozialist, auch Erziehungsleiter im Internat war". Die Akte ordnete ebenso Dr. Hans Painter und Johann Bulfon in das nationalsozialistische Lehrerensemble ein.[669] Wie bereits angemerkt, vervollständigte Bulfon[670] die Liste der „illegalen Mitglieder der NSDAP im Lehrkörper" im Jahresbericht 1937/38 mit den Namen Kilga, Kühnelt, Nowak und Pahr.[671]

Das *Evang. Seminar* in Oberschützen, Ansichtskarte um Mitte 1920er-Jahre. Privatbesitz

---

669) Fritsch, S. 67 f., 150 f., mit Hinweis auf AVA (Allgemeines Verwaltungsarchiv) Inneres 1934 Bgld. 22, Karton 5046. Zl. 175.799/34.

670) Bulfon sollte im März 38 zum kommissarischen Leiter des Realgymnasiums ernannt werden; nach seinem Tod 1942 übernahm SS-Mann Painter die Nachfolge. Seinen Nazi-„Lebensirrtum" vertraute Painter nach dem Krieg einem Tagebuch an; abgedruckt in „Volk und Heimat", Nr. 6/1971; nachgedruckt bei Gerhard Weinhofer, Ev. Realgymnasium – Staatliche Oberschule für Jungen – Bundesrealgymnasium. Die Geschichte unserer Anstalt 1938–1946, in: Hutter, W.; Posch, D. (Gesamtleitung): 140 Jahre BG und BRG Oberschützen. – Oberwart 1985, S. 45 ff.

671) Bulfon, Hans: Jahresbericht des Ev. Realgymnasiums in Oberschützen am Schlusse des Schuljahres 1937/38, S. 6 f.; zu Kunstmaler Pahr siehe Dieter Posch, Professor Alfred Pahr (1894–1946), in: Hutter/Posch, 140 Jahre, S. 61–69.

Die Regierung musste Härte demonstrieren. Blieb bei neuerlicher Stellenvergabe im Gymnasium Theophil Beyer jun., der Sohn des Superintendenten, unberücksichtigt, so ereilte den Professoren Painter und Ulrich nach den „Erlässe(n) des Bundeskanzleramtes (Bundeskommissär für Personalangelegenheiten) vom 27. Juni 1934" die „Dienstenthebung".[672] Die öffentliches Aufsehen erregende und von der Drohung einer Einweisung in ein Anhaltelager begleitete Lektion zeitigte insofern Wirkung, als eine rundum erkennbare Beruhigung in der Oberschützer Nazi-Arena eintrat.[673] (Nach H. Dachs wurden wegen nationalsozialistischer Tätigkeit im österreichischen Ständestaat 86 Lehrer zu insgesamt 71 Jahren Kerker- und Arreststrafen verurteilt.[674]) Die Zwangspause für die beiden Lehrer blieb allerdings nur auf einige Monate beschränkt. Ulrich beispielsweise durfte im März 1935 wieder den Dienst an seiner bisherigen Anstalt aufnehmen. (Offensichtlich wollten die staatlichen Behörden durch solche Milderungsakte die renitenten Jugendlichen integrationsbereiter stimmen.) Die Funktion des Erziehungsleiters im Internat verblieb bei Ing. Friedrich Staber, der sie unmittelbar nach Ulrichs Suspendierung übernommen hatte – bis zum 12. März 1938. Da durfte Ulrich für seine „Verdienste" wieder die Leitung des Studentenheims übernehmen.[675]

Desgleichen statuierte das Unterrichtsministerium Exempel unter den Schülern. Reichten für vergleichsweise harmlose Provokationen sogenann-

---

672) Bgld. LArch. Eisenstadt, Schulabteilung Zl. IV A 693/1934; die konsequente Reaktion der Regierung muss unter dem Aspekt gesehen werden, dass Nationalsozialisten im gesamten Bundesgebiet in den Tagen vor und nach den Dienstenthebungserlässen gegen Painter und Ulrich, konkret: vom 19. bis 28. Juni 1934, an die 60 [sic!] Sprengstoffanschläge verübten; siehe Botz, Gewalt, S. 371; am 16. Juni richtete in Wien ein Anschlag mit einer Sprengladung Schaden an der Hochschule für Bodenkultur an; ebenda.

673) Fritsch, S. 68, mit Hinweis auf AVA (Allgemeines Verwaltungsarchiv) BKA (Bundeskanzleramt) Inneres Bgld. 22 1934 Karton 5046 Zl. 175.799/34. – Das merkliche Abklingen der Propagandatätigkeit und des Aktionismus muss im erweiterten Zusammenhang mit dem Putschversuch gegen die Dollfuß-Regierung im Juli 1934 betrachtet werden. Hitler pfiff nach dem Scheitern die revolutionären Nationalsozialisten in der Sache „Anschluss" zurück, um von nun an auf „evolutionärem Weg" zum Ziel zu gelangen.

674) Dachs, Schule in der „Ostmark", in: Tálos 2001, S. 450.

675) Posch, Dieter: Professor Wilhelm Ulreich (1894–1942), in: Hutter/Posch, 140 Jahre, S. 76; Studienrat Wilhelm Ulreich fiel 1942 „für Führer, Volk und Vaterland" im Rang eines Oberleutnants.

te „Rügen" seitens der Schulleiter Alfred Putsch[676] (RG) oder Aurel Stettner (LBA; ab 1936 Friedrich Staber),[677] so zogen nachgewiesene *politische Vergehen* zum einen den „lokalen" Schulausschluss nach sich (= Relegation aus der bislang besuchten Schule, verbunden mit Schulbesuchsverbot „bloß" an sämtlichen Bundeslehranstalten des jeweiligen Bundeslandes); bei harten Fällen verschärft mit der Unbedingtheit, auch nur irgendwo auf Bundesebene die Schullaufbahn fortsetzen zu dürfen. Über die zuletzt genannte, auf Erlassweg veröffentlichte schulische Höchststrafe jedes Einzelnen (in wenigen Fällen handelte es sich um weibliche Beteiligte) konnte in den Verordnungsblättern für den Dienstbereich des Bundesministeriums und in den Landesamtsblättern unter „Schülerausschließungen" nachgelesen werden. Für die Jahre von 1934–36 ergibt sich nach unseren Recherchen nachstehendes Zahlenbild über die auf Bundesgebiet bestehenden berufsbildenden mittleren und höheren Schulen:

1934: 55 „Schülerausschließung(en) … vom öffentlichen Studium an allen Mittelschulen Österreichs" (auch: „von sämtlichen Bundeslehranstalten")

---

676) Dir. Alfred R. Putsch hatte nach seiner Absetzung als Direktor von März 1938 bis zum Schulschluss unentgeltlich Dienst zu versehen, ehe er der Schule den Rükken zukehren musste. Neun Jahre später übernahm er wieder die Leitung „seiner" Anstalt; nach Hutter/Posch, 140 Jahre, S. 118.

677) Abgesehen von der berechtigten Besorgtheit, ein zu bunter NS-Aktionismus könnte die Regierung zur Schulauflassung veranlassen, hätten Schulverweise auch die ohnehin angespannten Budgets der Anstalten durch Entfall der Schul- bzw. Internatsbeiträge zusätzlich verschlimmert. Konrath schrieb in diesem Zusammenhang, S. 56: Besonders in den Monaten vor März 1938 „(versuchte) Prof. Tillian vor allem gegen die starke HJ-Gruppe etwas zu unternehmen, was mißlang, da die Schule aufgrund ihrer schlechten finanziellen Lage um jeden Schüler bangte". – Bereits 1934 hatte der Sicherheitsdirektor angeregt, (zusätzlich zur Entlassung bestimmter Nationalsozialisten in den Lehrkörpern der beiden Lehranstalten) die Bundeszuschüsse der evangelischen Glaubensgemeinschaft AB als Schulerhalter zu kürzen bzw. zu streichen; vgl. Fritsch, S. 67 f., mit Hinweis auf AVA (Allgemeines Verwaltungsarchiv) BKA (Bundeskanzleramt) Inneres Bgld. 22 1934 Karton 5046 Zl. 175.799/34. – In einem „Sachverhaltsbericht" des burgenländischen Landeshauptmannes zum Schuljahr 1934 hieß es, mögliche Schließungen zwischen den Zeilen androhend: „Am Internat und am Realgymnasium in Oberschützen, also an österreichischen Erziehungsanstalten, die vom österr. Staate bis zu 90% dotiert werden, wurden Hakenkreuze gehisst, eine traurige Tatsache, die bei dem schweren Ringen der österr. Bundesregierung um die Erhaltung Österreichs doppelt schwer ins Gewicht fällt." Bgld. LArch. Eisenstadt, Schulabteilung Zl. IV A – 20/1934.

1935: 50 „Schülerausschließung(en) ... vom öffentlichen Studium an allen
　　　　　Mittelschulen Österreichs" (auch: „von sämtlichen Bundeslehranstalten")
1936: 47 „Schülerausschließung(en) ... vom öffentlichen Studium an allen
　　　　　Mittelschulen Österreichs" (auch: „von sämtlichen Bundeslehranstalten"

Halten wir daraus fest: Bis Ende 1936 insgesamt 152 Eliminierungen von „sämtlichen über den Bereich der Volksschule hinausgehenden öffentlichen und an den gleichartigen mit dem Öffentlichkeitsrechte ausgestatteten privaten Lehranstalten ... wegen politischer Vergehen". Davon laut LABl. f. d. Bgld. 326/1934 (Ende Juni) 25 mit totalem Bannspruch vom September 33 bis Juni 34 (s. oben Abschnitt 2.3.7.4. „Maßregelungen gegen Schüler und Schülerinnen ‚mit politischen Vergehen'").[678]

Hier interessiert, ob das ermittelte Zahlenmaterial Aussagen zulässt über das Wohl- oder Missverhalten der höheren Anstalten von Oberschützen. Faktum ist: Drei Gymnasiasten und ein LBAler (s. nachstehende Auflistung, Erlässe aus den Monaten April und Mai 1934) gehörten zu den 25 Höchstbestraften.[679] Der 16-Prozent-Anteil auf Bundesgebiet berechtigte, von einem „Nazi-Nest" zu sprechen.

---

678) Die Zahlenangaben erheben keinen Anspruch auf Vollständigkeit. Vereinzelt finden sich Namen, die in den Verordnungsblättern aufscheinen, in Landesamtsblättern für das Burgenland jedoch fehlen. Seltener treten umgekehrt Fälle auf. Die (möglichen) Abweichungen zu den nach uns vorliegendem Quellenmaterial nicht absolut gesicherten Zahlen halten sich in einem Bereich, dass die hier wiedergegebenen Daten Interpretationen beim Diskurs zulassen. Zum Vergleich Gehmachers statistische Befunde: „Und während im Schuljahr 1932/33 nur in drei Fällen diese Maßnahme getroffen worden war, wurden im Schuljahr 1933/34 45 SchülerInnen im gesamten Bundesgebiet vom Schulbesuch ausgeschlossen, zwanzig weitere in den Ferien 1934. [...] Im Schuljahr 1933/34 und in den Ferien 1934 wurden insgesamt 1.196 Schulstrafen ausgesprochen, davon ganze zehn wegen unpolitischer Vergehen und weitere 46 wegen sozialistischer oder kommunistischer Betätigung. Der überwiegende Rest von 1.140 disziplinierten SchülerInnen in diesem Zeitraum hatte sich nationalsozialistisch betätigt; allein 47 wurden wegen Beteiligung am nationalsozialistischen Putschversuch im Juli 1934 bestraft." Gehmacher, Jugend ohne Zukunft, S. 324 f., mit Hinweis in FN 76 auf die Quellenlage im Allgemeinen Verwaltungsarchiv, Wien (AVA), Bundesministerium für Unterricht 14814/II/7/1935: Politische Vergehen von Schülern. Gesamtbericht über die Schuljahre 1932/33, 1933/34 und 1. Hj. 1934/35.

679) Es ist aber mit hoher Wahrscheinlichkeit anzunehmen, dass unter all den Gerichteten es den einen oder anderen Schüler mit sozialdemokratischen und kommunistischen Tatmotiven gegeben hat (s. vorhergehende FN!); über die oben

Untersuchen wir weiter die folgenden $2^1/_2$ Jahre bis Ende 1936: Die zitierten Unterlagen belegen, im Oktober 1934 habe sich die Relegiertenliste um einen Oberaktivisten vermehrt. Somit in drei Jahren 5 (in Worten: fünf!) NS-Toprabauken. Namentlich waren dies:

Kurt Schabert	5. Jahrgang, Evangelische Lehrerbildungsanstalt Oberschützen; Erl. v. 21. April 1934, Z. 11643 – II/9.
Helmut Hack	5. Klasse, Evangelisches Realgymnasium Oberschützen; Erl. v. 24. Mai 1934, Z. 16042 – II/7.
Gottfried Klenner	8. Klasse, Evangelisches Realgymnasium Oberschützen; Erl. v. 24. Mai 1934, Z. 16042 – II/7.
Kurt Müller	6. Klasse, Evangelisches Realgymnasium Oberschützen; Erl. v. 24. Mai 1934, Z. 16042 – II/7.
Johann Rehling[680]	7. Klasse, Evangelisches Realgymnasium Oberschützen; Erl. v. 17. Oktober 1934, Z. 30.854/II-7.

Von den Entgleisungen bzw. der spektakulären Aktion vom 19. auf den 20. April 1934 („Führers" Geburtstag) des „Hermanen" Klenner und seiner jüngeren RG-Kameraden Hack und Müller berichtete Konrath:[681]

> Gemeinsam hißten sie zwischen ein und drei Uhr nachts Hakenkreuzfahnen auf den Dächern des Realgymnasiums und des Internats. Sie wurden allerdings von einem Gendarmen und Direktor Putsch ertappt.682 Zwei von ihnen erhielten eine längere Arreststrafe.[683]

---

namentlich angeführten Oberschützer Relegierten ist belegt, dass den ihnen zur Last gelegten Vergehen nationalsozialistische Motive zu Grunde lagen.

680) Von den Straftaten liegen uns keine Details vor.

681) Konrath, S. 54;

682) Alfred Putsch sollte drei Jahre später eine der Zielscheiben werden, die die nationalsozialistische Untergrundpresse im Rahmen einer Verleumdungskampagne gegen Nazigegner – in erster Linie solche aus dem Kleriker- und Lehrerstand – aufstellten. Über eine Hetzschrift gegen Putsch, die auf den soeben kurz illustrierten Vorfall Bezug nimmt, siehe ANHANG DOK IX.

683) Konraths Bericht setzte fort (ebenda, S. 54): Dabei „ging fast unter, daß am Morgen des 20. April 1934 viele Schüler in Festtagskleidung erschienen. Sie wollten damit auf den Geburtstag Hitlers aufmerksam machen. Die Asciburgen an der LBA fühlten sich dadurch aber provoziert und verließen noch vor der ersten Stunde [...] die Klassenräume, um sich im Hof zu versammeln. Auch die Schüler, die sich zu Hitler bekannten, versammelten sich im Hof. Als Direktor Stettner kam, [...] (wollten) die Asciburgen solange nicht in die Klassen zurückgehen, solange

Versuchen wir Schlüsse aus dem zuletzt Aufgezeichneten zu ziehen, gleichwohl es knifflig erscheint, allein mit dem Indikator „totale Verbannung" die Wirkungsstärke nationalsozialistischer Besessenheit zu begründen. Nichtsdestoweniger wäre ein völliger Verzicht auf die gezeigten Daten schwer zu rechtfertigen. Die Eliminierungsstatistik zeichnet amtlich-offizieller Charakter aus, sie nimmt schwerlich anfechtbaren Argumentationsrang ein – anders als Erinnerungsfragmente, die als solche bei Zeitzeugengesprächen nun einmal zu bedenken sind. Selbst scheinbar gesicherten Quellen wie den Untersuchungsprotokollen der Exekutivbeamten steht bei retrospektiv angestellter Wirklichkeitssuche allenfalls das Prädikat „offiziös" zu. Zu schweigen von Zeitungsberichten nach der „Befreiung", deren Wahrheitsgehalt eine speichelleckerische Tochter der Zeit war.

Fünf Oberschützer höhere Schüler von 152 in ganz Österreich belegt mit dem empfindlichsten Strafausmaß: Verbannung aus allen Bildungsstätten. Bundesweit somit 3,3 Prozent in drei Jahren *schwerster Verfolgung*. Das Realgymnasium mit den vier später zu „Märtyrern" bzw. „Helden" stilisierten Fortgejagten daher *verseuchteste Mittelschule* in Österreich? Die oben konstruierte These mit den 16 Prozent fällt wie ein Kartenhaus zusammen.

Um die, wie hier behauptet, bescheidene Wirkungsmächtigkeit nicht misszuverstehen, ist auf zwei Komponenten Bedacht zu nehmen. Erstens erfordert die Verbotszeit nach Maßstab der Vorfallshäufigkeiten und dem Organisierungsgrad der NSDAP-Verbände eine Unterteilung. Der vorgestellte Zeitraum – bezeichnen wir die rund $3^1/_2$ Jahre bis Ende 1936 als erste Phase – ist von der zweiten, rund anderthalbjährigen Phase (merklich anlaufend mit dem Juliabkommen 1936, das Schuschniggs „deutschen Weg" markierte) deutlich zu unterscheiden! Beim Durchblättern der Landesamtsblätter für das Burgenland aus dem Jahr 1937 ergeben sich nur mehr 17 Namen von Schülern aus allen österreichischen mittleren und

---

sich die Provokateure nicht wieder Alltagskleidung anziehen würden. Daraufhin besprach sich Stettner mit den Professoren. Anschließend erhielten alle Schüler, die durch Festtagskleidung ein klares politisches Bekenntnis abgelegt hatten, eine Rüge des Direktors." Der Landeshauptmann stellte im gegen Jahresende verfassten „Sachverhaltsbericht" fest: „36 Schüler der LBA. wurden wegen polit. Demonstration von der Direktion gerügt." Die darauf folgende (ungelenk formulierte) Feststellung entbehrt nicht ein gewisses Maß an Possenhaftigkeit: „[…] eine unbestimmte Anzahl von Schülern des RG, die an derselben Demonstration teilgenommen hatten, entging durch die Vielbeschäftigung des Direktors (wegen) grösseren pol. Vergehen der Strafe." Bgld. LArch. Eisenstadt, Schulabteilung Zl. IV A – 20/1934.

höheren Schulen, die nirgends neu aufgenommen werden durften; Schüler aus dem Burgenland gehörten nicht zu dieser Bestraftenriege. Die turbulenten Wochen nach Berchtesgaden (12. Februar) verdienten, als Dammbruch für die NS-Aktivisten und bisher Abwartenden umschrieben zu werden, oder, um aus dem Nazi-Sprachfundus eine Klassifizierung vorzunehmen, als End- oder Siegesphase.[684]

Zweite Komponente: Oben wurde zu verstehen gegeben, dass sich zu den mit Höchststrafe Verurteilten solche mit *lokalem*, d. h. mit bloß bundeslandweitem Ausschluss gesellten. Bedauerlicherweise liegen über derart „Minderbestrafte" keine Namenslisten oder ausführliche Zahlenangaben parat. Lediglich von den bundesweit „150 mit lokalem Ausschluß" im Schuljahr 1933/34 Gemaßregelten ist im burgenländischen Landesamtsblatt 326/1934 kurz die Rede (s. oben). Nach Ermessen der Verfasserin der vorliegenden Studie darf das an der Stelle angestellte Verhältnis 25 (vollkommen Eliminierte) zu 150 (lokal Ausgeschlossene), also 1 : 6, nicht als Parameter auf Oberschützen angewendet werden. Eine Bestätigung dieses Befundes liefert der „Sachverhaltsbericht" von Landeshauptmann Hans Sylvester, den er Ende 1934 verfasste:[685]

> Im Jahre 1934 mussten bisher nicht weniger als 10 Schüler wegen politischer Vergehen von den pol. Behörden bestraft und von den Anstalten ausgeschlossen werden.

Bezieht man die fünf oben namentlich Genannten in die Summe 10 mit ein, darf nach Bezeugung landeshöchster Behörde mit einigem Recht

---

Vorfälle (Erscheinen von Schülern in Festtagskleidung) ähnlichen Stils ereigneten sich am selben Tag an Grazer Schulen; vgl. Gehmacher, Jugend ohne Zukunft, S. 321.

684) Vermutlich aus dieser Endphase stammen die Erzählungen von Hermine Kurz, offensichtlich vermengt mit Erinnerungsfragmenten aus dem Sturmjahr 1934. Sie gab in einem Interview mit Ursula Mindler „über die Aktivitäten der Unterschützer Nationalsozialisten" von sich: *„Ja, die Jungen da... Überall haben die Hakenkreuz angschmiert. Auf Säulen, die elektrischen Säulen, wo der Draht gangen ist, da haben's bei den Kartoffeln so ein Schnürl angmacht und auf ein Papier ein Hakenkreuz drauf und das haben's aufgschossen. Und des is dann hängen blieben, die Schnur. [...] Wenn's sie erwischt haben, sind's eingsperrt worden."* Mindler, S. 33; auch zu dieser Erzählung gilt: Aktionen dieser Art waren landesweit verbreitet, nicht nur in Ober- und Unterschützen. Zeitlich ist die Mehrzahl in die letzten Monate vor dem 12. März 38 einzuordnen. Die Belege liefern die im Landesarchiv aufbewahrten *Lage-, Vorfall- und Informationsberichte* der Gendarmeriekommandos.

685) Bgld. LArch. Eisenstadt, Schulabteilung Zl. IV A – 20/1934.

angenommen werden, dass die Anzahl der mit einem blauen Auge davongekommenen Übeltäter nicht höher anzusetzen ist als bei der Seilschaft der Delinquenten, deren Schullaufbahn faktisch beendet war.[686]

Untersuchen wir den „Tatort" Oberschützen nach solchen „Tätern". Ernst Polster, der posthum als „Märtyrer im Kampf um die nationalsozialistische Sache" zu zweifelhaftem Ruhm in Oberschützen gelangte, gehört in diese Kategorie der Zurechtgewiesenen. Der RG-Student war die „schillerndste Figur" (Konrath) der *Hermania* „und (wurde) deshalb schon zu Beginn des Jahres 1934 von der Anstalt ausgeschlossen. Er floh daraufhin nach Deutschland",[687] wo er – vertraut man der „Grenzmark Burgenland" vom 26. Juni 1938 auf S. 9 – „seine Mittelschulstudien (vollendete)".[688]

Eintragungen in den bgld. Landesamtsblättern helfen bei der Recherche weiter. Hier stoßen wir auf die Namen von drei Schülern der 5. Klasse des Realgymnasiums Oberschützen: „Gustav Blasy, Ernst Hermann und Johann Neubauer", die „vom öffentlichen und privaten Studium an den bgld. [sic!] Mittelschulen und Lehrerbildungsanstalten ausgeschlossen" wurden.[689]

---

686) Die von mir aus den zitierten Quellen geschlossene These widerspricht den von Gehmacher („Jugend ohne Zukunft", S. 324 f.) ausgemachten Quellenbefunden erheblich: „In 352 Fällen wurden im Schuljahr 1933/34 beschränkte Ausschlüsse verhängt, in 37 weiteren Fällen in den Ferien 1934 […]." Nach LABl. f. d. Bgld. 326/1934 übertrafen die „lokalen" bzw. „beschränkten" Schulausschließungen die totalen Relegationen um das Sechsfache. Im Vergleich zu Gehmachers Unterlagen müsste das Verhältnis 1:14 lauten! Folglich stellen sich für eine Untersuchung die Fragen: Welche der genannten Behördenstellen war falsch informiert? Und wenn dem so war: Warum die Verheimlichung innerhalb des Behördenapparates? Oder saßen sogar beide Quellenstellen getürktem Informationsmaterial auf? Die Antwort muss ich hier schuldig bleiben.

687) Bis hierher zit. nach Konrath, S. 53, mit Hinweis auf „Schreiben des Landeshauptmannes des Burgenlandes, Ing. Hans Sylvester an das Bundesministerium für Unterricht vom 3. Nov. 1934, in: Österreichisches Staatsarchiv 35412-I/3".

688) Hier zit. Krug, S. 85 f.; der Name Polster fiel auch in einem Brief an die Burgenländische Landesregierung, und zwar im Zusammenhang mit den „Dienstenthebung(en) der wirklichen Lehrer am evangelischen Realgymnasium in Oberschützen Professor Dr. Hans Painter bzw. Wilhelm Ulreich": „Weiters wird das Amt der Landesregierung ersucht, die Angelegenheiten des Transportes des ausgeschlossenen nationalsozialistischen Schülers Polster nach Oberschützen zu erheben […]." Bgld. LArch. Eisenstadt, Schulabteilung Zl. IV A 693/1934. Ob über Polster der totale oder lokale Ausschluss verhängt wurde, kann nach den vorliegenden Unterlagen nicht belegt werden.

689) Gemäß „Erlaß vom 6. November 1935, Z. 33936 – II/7". In: LABl. f. d. Bgld. 493/1935 (Schülerausschließungen). Sperrungen im Original.

Christoph Konrath interviewte einen ehemaligen „weiteren Nationalsozialisten", der im Gymnasium Oberschützen den Schulranzen etwa ein Jahr vor der Matura zum letzten Mal einpacken konnte. Eigener Erzählung nach war der spätere Rechtsanwalt Ernst Pathy Fuchsmajor der Hermania und HJ-Führer des Südburgenlandes. [...] In seinem Elternhaus wurden Karten eines hochrangigen Grazer HJ-Führers gefunden [...]. Das veranlaßte die Bezirkshauptmannschaft Oberwart, vier Wochen Arrest über ihn zu verhängen. In weiterer Folge wurde er vom Schulbesuch ausgeschlossen. Er konnte seine Matura aber ein Jahr später an einem Wiener Gymnasium ablegen.[690]

Doch nun ausführlich zu einem „Vaterlandsverräter" in der NS-„Hochburg", zu den Gründen für seinen Rauswurf und zum Fortgang seiner Schullaufbahn. Herr Oberschulrat Eberhardt, röm.-kath. und bis zu seinem Ableben wohnhaft in Güssing, erzählte uns ohne Pathos und rühmende Apologie über seinen „Fall":

Gespräch mit Vinzenz Eberhardt – Jahrgang 1919
Güssing, August 2002

Herr Oberschulrat! Sie waren Schüler an der Evangelischen Lehrerbildungsanstalt in Oberschützen. Dort bekamen Sie wegen Ihrer politischen Gesinnung „Schwierigkeiten". Warum?
Zunächst möchte ich ein paar Dinge über die Schule sagen: Im 35er-Jahr war ich unter den 20 von insgesamt 80 Bewerbern, die in die Vorbereitungsklasse aufgenommen wurden.[691] 13 von uns waren evangelisch. Zu Ihrer Frage: Mich haben sie von der Schule hinausgeworfen, weil ich ein Nazi-Bub war.

Möchten Sie Details, die dazu führten, erzählen?
Ich war in Mischendorf daheim. Und es hat schon Mitte der Dreißigerjahre Grünarbeiter gegeben, die in Deutschland gearbeitet haben. Die haben die Nazi-Ideen heimgebracht, erzählten, wie gut die Wirtschaftslage „draußen" wär'. Die haben von Deutschland geschwärmt![692] Eigentlich sind wir in unserem Dorf von den Nazis aus

---

690) Konrath, S. 53, mit Hinweis auf „Schreiben des Landeshauptmannes des Burgenlandes, Ing. Hans Sylvester an das Bundesministerium für Unterricht vom 3. Nov. 1934, in: Österreichisches Staatsarchiv 35412-I/3". Das besagte Interview erfolgte im November 1994.
691) Laut Schülerverzeichnis im Jahresbericht 1935/36, S. 16: „ab 7.I.1936".
692) Dazu G. Schlag: „Hunderte von burgenländischen Bau- und Landarbeitern, die nach dem Juliabkommen 1936 teils offiziell, teils über NS-Kanäle als ‚Gastarbeiter' nach Deutschland vermittelt worden waren und denen man dort geschickt die großen Aufbauleistungen des NS-Regimes vorgegaukelt hatte, waren nach ihrer Rückkehr in die Heimat bessere Propagandisten als wohlgeschulte Parteiredner." Schlag, in: Burgenländische Forschungen, Heft 73, S. 98.

dem Nachbarort Welgersdorf angesteckt worden. Das war eine Nazibrut dort. Die hatten schon Knickerbocker, weiße Stutzen und braune Schuhe.

Sie gehörten also auch zu den jugendlichen Illegalen?
Ja. Aber wir mussten auch dem ÖJV beitreten. Heimlich haben wir uns zum Beispiel im Wald getroffen; dort haben wir Hitler-Sprüche gelernt, von ‚Land und Boden', den ‚Kolonien' und von Gerechtigkeit etwas gehört.

Waren Sie als Nazi-Anhänger auch in Oberschützen, wo Sie zur Schule gingen, in irgendeiner Form tätig?
Nein! Obwohl, das muss man schon sagen, es hier viele Nazis gegeben hat. Ich schätze, ein Viertel der Oberschützer Bewohner war aus Vaterländischen. Der Nazi-Anteil hier war wohl deshalb so groß, weil die meisten evangelisch waren, und die hörten lieber auf Deutschland als auf das katholische Österreich. – Der Sohn vom Bezirkshauptmann[693] hat schon 1936 [?] die Hakenkreuzfahne vom Dach des Realgymnasiums hissen lassen.

Sie waren also als LBA-Schüler als Nazi unauffällig. Weshalb dann der Schulausschluss?
Das war so: Wegen Hitlers Geburtstag 1937 kam aus Welgersdorf an uns Mischendorfer die Order, am Sonntag in Oberwart an einer „Südmark"-Veranstaltung teilzunehmen. Die Veranstaltung war aber verboten; sie sollte eine Demonstration gegen den Ständestaat sein. Na, da passierte auch nichts Besonderes. Wir marschierten in Oberwart ein, fühlten uns als Nazis als die Wichtigsten überhaupt, und einer wollte eine Rede beim Kriegerdenkmal halten. Aber: Da war schon das Bundesheer und die Gendarmerie postiert mit scharf geladenen Karabinern. Und einer der Soldaten war mein eigener Bruder. Der hat mich gewarnt: „Verschwinde! Ich müsste auf dich und auf euch alle schießen!" Das hat gewirkt und nach nicht einmal einer Stunde waren wir versprengt, ohne dass etwas Aufregendes passiert wäre. – Drei Tage danach holte mich Direktor Staber in die Direktionskanzlei und hat mich gefragt, ob ich in Oberwart bei der Demonstration dabei gewesen wäre. Die Gendarmerie hätte mich angezeigt. Ich hab' es zugegeben und in einer Konferenz beschlossen sie: „Eberhardt ist von der Schule zu entlassen!" Einen Schüler aus Großpetersdorf ging es auch so. Sogar der Schulinspektor kam deswegen in die Schule; er sprach offiziell die Entlassung aus: „Ihr müsst am Montag nicht mehr in die Schule kommen!"[694]

Na und, dann war ich halt von Mai bis September zuhause. Der Zufall wollte es, dass damals in unserem Dorf (Mischendorf, Anm. d. Verf.) die Grundvermessung vorgenommen wurde. Und ein Ingenieur der Vermessungstruppe wohnte in dieser Zeit

---

693) In diesem Fall handelte es sich um den Sohn von Dr. Ernst Mayrhofer, ab 1932 Leiter der Bezirkshauptmannschaft Oberwart, ab 1936 Bezirkshauptmann in Eisenstadt. Dazu Mindler: „Mayrhofer galt [später, Anm. d. Verf.] als alter verlässlicher Parteigenosse, dessen Sohn 1935 wegen nationalsozialistischer Umtriebe verhaftet wurde." Mindler, S. 35, mit Hinweis auf Fritsch, S. 277.
694) Eberhardts unfreiwillige Verabschiedung notierte Direktor Staber im Jahresbericht 1936/37, S. 16, mit der kurzen Notiz „(ausgetr.)" neben dem Namen im „Schülerverzeichnis".

bei uns im Haus. Dem ist es gelungen, für mich in Wien einen neuen Schulplatz zu organisieren, und zwar in der LBA in der Kundmanngasse im III.Bezirk. Die Vorbereitungsklasse wurde mir angerechnet, eine Klasse im Gymnasium war aber verloren.

Damit sind wir bei der zweiten und dritten, der heißesten Phase angelangt. Das bilaterale Abkommen mit großzügigsten Amnestie- und Pressebestimmungen Mitte 1936 ließ die NS-immanenten Unverfrorenheiten anwachsen. Was keineswegs bedeutet, dass zu dem Zeitpunkt der bis Sommer 1934 waltende „terroristische ‚Unternehmergeist'"[695] neu aufflammte. Je mehr in dieser zweiten, gewaltlosen – man könnte auch sagen: still-konspirativen – Phase die österreichische Justiz auf werbende Toleranz setzte in der Hoffnung auf Befriedung, was jedoch die Konspirateure als Schwäche der Regierung auslegten und sie noch mutiger machte, desto offensichtlicher verringerten sich Häufigkeit und Wirkung vaterlandstreuer Gegenauftritte im ganzen Land, z. B. der Asciburgia in Oberschützen[696] und freilich auch anderer, vor allem katholischer Gruppierungen. Die Lähmung, die der Enttäuschung über den von der Bundesregierung eingeschlagenen innen- und außenpolitischen Weg entwuchs, demgegenüber Hitlers wirtschaftlicher und internationaler Erfolgslauf – sie beflügelten den Tatendrang des gegnerischen Lagers, ermutigten bisher ängstlich Zögernde aufzumucken, betörten manch einen zum Über- oder völligen Umdenken oder aber veranlassten, im Stillen für den Eventualfall Voranwartschaften zu entwickeln (Doppelmitgliedschaften, teils in Kombination mit Subversionen). Man wollte dereinst nicht als Zu-spät-Gekommener vom Leben bestraft werden.

Einige Fallbeispiele NS-motivierter staatsfeindlicher Aktionen rund um die behandelten Lehranstalten aus den Monaten vor dem März 38, quasi aus der „Turbo-Phase": Franz Hetfleisch aus Oberschützen wirkte als Unterführer des Österreichischen Jungvolks. Im Oktober 1937 wurde er von acht Burschen überfallen, die ihn malträtierten.[697] Verhängnisvoll hätte beinahe

---

695) Fritsch, S. 261.
696) Dazu Konrath, S. 55 f.: „Je stärker nämlich die Position Hitlers in Deutschland und Europa zutage trat, umso mehr wagten seine Anhänger sich in Oberschützen öffentlich zu deklarieren. Die Asciburgia fiel deshalb als ungeliebte Opposition in Oberschützen auf. Aus diesem Grund wurde auch besondere Vorsicht bei der Aufnahme neuer Mitglieder angewandt. Man konnte sich nur mehr nachmittags auf der Bude treffen. [...] Auch von der LBA, die ja traditionell als nicht so national wie das Realgymnasium galt, waren nur mehr wenige Schüler bereit, in der Verbindung mitzuarbeiten."
697) Fritsch, S. 261, mit Hinweis auf AVA (Allgemeines Verwaltungsarchiv) BKA (Bundeskanzleramt) Inneres Bgld. 22 Karton 5049 Zl. 347.628/37.

ein ähnlicher Überfall auf den Jungvolk-Führer Tillian geendet. Am 8. Februar 1938 wurde der Professor von zwei „angeblich mit vermumten [sic] Gesichtern gewesenen Individuen" (O-Schreibweise) tätlich angegriffen. Von einem harten Gegenstand auf dem Kopf getroffen und, auf dem Boden liegend, unablässig geschlagen und getreten, zog Tillian eine Pistole und feuerte einen Schuss ab. Laut Gendarmerieprotokoll wurden acht Personen, in der Mehrzahl Studenten, in Gewahrsam genommen.[698]

Spektakuläres ereignete sich im Oktober 1937 auf dem Exerzierplatz der Pinkafelder Kaserne. Die jungen Burschen aus den Oberschützer Schulen waren mit einigen Professoren zu Militärübungen eingeladen worden. Beim Einmarsch in den Kasernenhof sangen sie nationalsozialistische Lieder. Die Chose bescherte dem Ministerium für Landesverteidigung insofern tragikomischen Ärger, als bislang nirgendwo offiziell vorlag, welches Liedgut explizit als „nationalsozialistisch" zu bewerten war und welches „vaterländisch".[699]

Aufsehen erregten zwei Einbrüche in den Turnsaal des Realgymnasiums in Oberschützen im Januar 1938. Dort lagerten kurze Zeit zehn angelieferte Karabiner zwecks vormilitärischer Übungen. Nachdem die Gewehre wegen der Unsicherheit der Aufbewahrungsstelle in das Direktionsbüro gebracht worden waren, erfolgte in derselben Nacht ein Einbruch im Turnsaal. Erfolglos. Ein ebenfalls deponiertes Funkgerät blieb unangetastet. Zwei Nächte später wiederholte sich der Hergang. Anders als beim ersten Einbruch wechselte jetzt das noch immer im Turnsaal aufbewahrte Funkgerät den Besitzer. Des Rätsels Lösung nach Vernehmung von 32 Tatverdächtigen und mutmaßlichen Mitwissern ob des zweiten Versuches (als Hauptverdächtiger stand der Oberschützer Richard Klenner im Mittelpunkt der Ermittlungen): Um dem Gespött wegen Dilettantismus zu entgehen, hatte der HJ-Führer den neuerlichen Streich angeordnet. Der Beweis für die Professionalität: das Funkgerät. Die Februartage erstickten die polizeilichen Ermittlungen, der Vorfall blieb für immer unaufgeklärt.[700]

---

698) Bgld. LArch. Vorfallsbericht A/VII/14/III/3 (Meldung des Gendarmeriepostens Oberschützen vom 9. Februar 1938); hier sei angemerkt, dass einen Monat später Professor Tillian neben den Kollegen Morascher und Chodazs der NS-Säuberungswelle anheim fielen, gleichbedeutend mit der fristlosen Entlassung aus dem Schuldienst; vgl. Zambo, Katharina: Der Einfluss des Nationalsozialismus am Beispiel des Realgymnasiums Oberschützen. Diplomarbeit. – Wien, 2006.
699) Fritsch, S. 151, mit Hinweis auf Archiv der Republik. Bundesministerium für Landesverteidigung, Zl. 3552/38.
700) Bgld. LArch. Vorfallsberichte 1938, A/VII/14/III/3 (Zwei insgesamt 10-seitige Erhebungsberichte des Landesgendarmeriekommandos Eisenstadt E. Nr. 128

Die eben kurz illustrierten tätlichen Auslassungen sollen den Leser nicht verleiten, das möglicherweise vorhandene Klischee vom braun-gerösteten Oberschützen zu verstärken, ohne dabei über die Ortsgrenze hinauszublicken. Die zentralen Archivbestände in Eisenstadt beweisen unverkennbar: Aktionen von und unter Jugendlichen hielten die Gendarmen des *ganzen* Bundeslandes auf Trab![701] Dass das Auge des Gesetzes, bis hinauf zur Bundesregierung, besonders auf die Gemeinde mit so viel bildungselitärem Boden gerichtet war, erklärt sich von selbst – hier wuchs schließlich ein Teil der künftigen Führungspersönlichkeiten der staatlichen Administration, der Exekutive, des Militärs usw. heran. Nicht zuletzt ein Teil vom zukünftigen Kader der österreichischen Erzieherschaft!

Doch Lehrerstudenten gab es auch woanders im Land. Junge katholische Menschen mit Berufswunsch „Lehrer" zog es fast ausschließlich nach Mattersburg. Und damit kommen wir in unserer Forschungsarbeit zum letzten Hauptkapitel, in dem unsere Zeitzeugen über Weiteres berichten. Als Erster kommt ein Absolvent der LBA-Mattersburg, Maturajahrgang 1938, zu Wort. Seine Schilderungen verschaffen Einblicke ins Innere der Lehrerbildungsanstalt, deren Besucher von Oberschützer Studentenkollegen die Spottbezeichnung „Klosterbrüder" verpasst bekamen, als ein Teil von ihnen im Herbst 1938 in Oberschützen die Schullaufbahn fortsetzen musste;[702] die „Piffl-Anstalt" war der Säuberungswelle der neuen Herren zum Opfer gefallen. Die bis dato ungedruckte biografische Erzählung des profunden Geschichtskenners und Ortschronisten von Güssing, Prof. Paul Hajszányi, reichen über die revolutionären Märztage in und rund um Mattersburg hinaus.

---

vom 27. und 28. Januar 1938, Mappe 1). Die 32 Vernommenen wurden darin namentlich festgehalten.

701) Vgl. ANHANG DOK VIII. – Ein Vorkommnis mit Körperverletzung (die meisten Fälle liefen ohne Personenschaden ab und reichten vom Streuen von Papier-Hakenkreuzen, dem Aufhängen von bis zu 50 Zentimeter langen drei- oder rechteckigen roten Fahnen mit Hakenkreuz an Dächern, Telefon- und Lichtleitungen bis hin zu Wandschmierereien und dem Schreiben von Drohbriefen): Bei einem Überfall am 28. Januar 1938 verletzten vier junge Nationalsozialisten den Bürgermeister von Gols Johann Schmelzer; Botz, Gewalt, S. 377.

702) Die Information verdanken wir Herrn Vinzenz Ivancsics, LBA-Absolvent von Oberschützen; Gespräch im Februar 2002 in Stegersbach: *„1938 ist die katholische LBA in Mattersburg aufgelöst worden, und da kamen diese ‚Klosterbrüder' – so sind sie abfällig genannt worden – zu uns. Die haben dann schon Nachteile im Unterricht gehabt!"*

4 Zeitzeugen-Erinnerungen aus der Schulzeit „Vorm Hitler"

> Ein Mann spricht die Wahrheit,
> wenn er sagt, was er denkt.
> Sagen, was man denkt, heißt:
> Allen Anteil hergeben,
> den man an der Wahrheit hat.
> *Georges Bernanos*[703]

Paul Hajszànyi – Geburtsjahrgang 1919, Güssing[704]

Zum Schuljahr 1937/38 – „Das Hakenkreuz über der r. k. LBA in Mattersburg".

[...] Ich erinnere mich besonders an eine Veranstaltung, die während des Schuljahres stattgefunden hat: die Einkehr- oder Besinnungstage. [...] Im Mittelpunkt der Veranstaltung stand Professor N. Beeking, S. J., aus dem „Dritten Reich", dem nationalsozialistischen Deutschland. Unvergesslich sind mir die Vorträge, die Prof. Beeking über die wahren Zustände in Hitler-Deutschland gehalten hat. Die Vorträge eröffnete er stets mit den Worten: „Fahnen, Standarten, Blut, Boden, Rasse, Herrenwahn", also Begriffen, die sich im „Dritten Reich" höchsten Stellenwertes erfreuten. In eindringlicher Weise schilderte er den Totalitätsanspruch der nationalsozialistischen

---

703) Zit. nach Kreisky, Brunno: Zur Ausschaltung des Nationalrates vor 40 Jahren, in: Benya, Anton; Botz, Gerhard; Koref, Ernst; Kreisky, Bruno; Probst, Otto: Vierzig Jahre danach. Der 4. März 1933 im Urteil von Zeitgenossen und Historikern. Eine Veröffentlichung des Dr.-Karl-Renner-Institutes. – Wien 1973, S. 22.
704) Auszugsweiser Abdruck. Das Typoskript bzw. die teils handschriftlich festgehaltenen Erinnerungen wurden nach dem Ableben Hajszányis im „Paket", das etwa die Hälfte seines historischen Privatarchivs umfasste, von seiner Witwe meiner Familie übergeben.

Ideologie und die Gleichschaltung des gesamten politischen gesellschaftlichen Lebens durch die „braunen" Machthaber, die sich bei der Durchsetzung der Ziele skrupellos verbrecherischer und brutaler Methoden bedienten. [...]. – Jeder unvoreingenommene Zuhörer mußte von den Ausführungen des Vortragenden tief beeindruckt sein. Wer damals hören wollte, der konnte deutlich hören und seine Schlüsse ziehen.

Der März 1938 bewies jedoch dann sehr eindringlich, daß viele Zöglinge der Röm.-kath. Lehrerbildungsanstalt die Ausführungen Professor Beekings in verblendeter Weise mißachteten und hartnäckig an der nationalsozialistischen Ideologie festhielten, sodaß sie in den Schicksalstagen des März 1938 ihr wahres Gesicht zeigten. Der „braune Bazillus" war längst heimlich, still und leise in unsere Anstalt eingedrungen. Insbesondere der Deutsch-Professor des III. Jahrgangs, Dr. Franz Stanitz, verwendete und missbrauchte den Deutsch-Unterricht, um für Hitler und dessen „Lehre" zu werben und die Schüler gegen das herrschende System in Österreich aufzuhetzen. Außerdem agierte in der Anstalt eifrig ein Schüler des II. Jahrganges für die Ideen des Nationalsozialismus. Ob zwischen Dr. Stanitz und dem „Führer" im II. Jahrgang, Julius Puschmann, Zusammenarbeit und Eintracht herrschte, ist mir nicht bekannt. [...] Es bildete sich in unserer Anstalt gewissermaßen eine „nationalsozialistische Gesinnungszelle" heraus, deren Existenz vor den vaterländisch gesinnten Mitschülern peinlichst geheimgehalten wurde. Ob Julius Puschmann selbständig operierte, ist mir nicht bekannt.

Ein besonderer Vorfall erregte in Mattersburg Staunen und Überraschung: Einige der Schüler des III. Jahrganges riefen eines Tages auf dem Heimweg vom Sonntagsgottesdienst [...] laut und vernehmlich: „Heil Stanitz!" Zahlreiche Kirchgänger aus der Stadt Mattersburg hörten das Rufen, mißverstanden aber das zweite Wort. Daraufhin verbreitete sich in Mattersburg allgemein die Nachricht, die „Seminaristen" hätten öffentlich „Heil Stalin!" gerufen. Einige übermütige, dreiste Schreier brachten so die Röm.-kath. Lehrerbildungsanstalt bei einfältigen Bewohnern der Stadt in Mißkredit.

Der Besuch des österreichischen Bundeskanzlers, Dr. Kurt von Schuschnigg, im Feber 1938 beim Führer und deutschen Reichskanzler Adolf Hitler in Berchtesgaden rief bei uns Staunen, Verwunderung und Beunruhigung hervor. [...] Am 9. März abend [sic] erreichte die Spannung einen dramatischen Höhepunkt. Wir [...] hörten an diesem Abend im Hotel Steiger die schicksalsschwere Rede des Bundeskanzlers Dr. Schuschnigg in Innsbruck, die durch das Radio übertragen wurde. In dieser Rede verkündete der Kanzler für den 13. März 1938 eine Volksbefragung. [...]. – Am

Freitag, dem 11. März marschierten wir Schüler der LBA geschlossen in Uniform durch Mattersburg, der IV. Jahrgang an der Spitze. Den Rufen des IV. Jahrgangs, „Rot-weiß-rot bis in den Tod!", antworteten die dahinter Marschierenden, der III. Jahrgang – sicherlich geschlossen – mit einem „Sieg Heil!"-Gebell. Offenbar schrie auch ein Teil des folgenden II. Jahrgangs die braune, nazistische Parole. Die Fratze des Nationalsozialismus hatte munter und frech sein Gesicht gezeigt. Sicherlich befanden sich innerhalb dieser „nationalsozialistischen Gesinnungszelle" neben einem harten Kern auch Mitläufer und Rückversicherer, die sich dem „Klassengeist" sklavisch unterwarfen.

Gegen Abend [...] hatten wir (unsere Klasse) eine Besprechung mit Professor Prochaska, während der beschlossen wurde, eine Flugzettelaktion für die Durchführung der Volksabstimmung mit dem Votum „Ja" zu veranstalten. In Gruppen zu dritt oder zu viert sollten wir bei Einbruch der Dunkelheit in die uns zugewiesenen Einsatzorte aufbrechen. Meine Gruppe bestand aus Hans Schachinger, Ignaz Paul, Felix Huber und Paul Hajszányi. Unser Einsatzgebiet war Krensdorf und Stöttera. Die Aktion verlief ohne Zwischenfall mit Nationalsozialisten. Verdächtig schien es uns allerdings, daß wir beim Passieren offener Wirtshaustüren bei den pausenlosen Radiosendungen öfter und öfter Wort- und Satzfetzen mit dem Wort „Volksgenossen" hörten. Nach Mitternacht erst trafen wir bei den Eltern von Hans Schachinger in Zemendorf ein. In ihrem Hause übernachteten wir; ich benützte [...] den Dachboden als Schlafstätte. – Am Morgen des 12. März stieg Frau Schachinger über die Leiter auf den Dachboden und rief uns zu: „Steht's auf, der Hitler is' einmarschiert!" Die Hiobsbotschaft traf uns wie ein Keulenschlag. [...] Deprimiert, mit gemischten Gefühlen, gingen wir zurück nach Mattersburg. Mit hämischen, spöttischen Blicken wurden wir von den Nazis bei unserer Ankunft in der Anstalt empfangen. Auch die anderen Werber waren heil zurückgekommen. Der Anblick der verhaßten Hakenkreuz-Fahne an der Fassade unseres Schulgebäudes versetzte uns in ohnmächtige Wut. Der Anblick der Fahne und das Gehabe der Nazis war unerträglich. [...] Jedenfalls hatte der „Oldboy" Puschmann als kommissarischer Leiter die Machtbefugnisse in die Hand genommen. Er „residierte" in der Direktionskanzlei, stolzierte als „Befehlshaber" einher, behandelte die Professoren, insbesondere den Herrn Direktor Alfons Schatt, in beschämender Weise und erteilte wie ein Machthaber Befehle und Erlaubnisse. Er zwang sogar Schüler, vor den Häusern und Wohnungen bekannter, ehrenwerter Politiker der „Vaterländischen Front", z. B. Michael Koch, mit Gewehr als „Schutzwache" aufzuziehen.

Herr Ing. Mad unterrichtete im IV. Jahrgang Landwirtschaftslehre. Er war über unsere politische und weltanschauliche Stellung voll informiert und wußte uns eines Sinnes mit ihm. Deshalb sprach er in der letzten Unterrichtsstunde ganz offen, wie ein väterlicher Freund und Ratgeber zu uns: „Bleiben Sie den Grundsätzen, der Weltanschauung, die Ihnen in dieser Anstalt vermittelt wurden, treu! Lassen Sie sich durch nichts, vor allem die nationalsozialistische Parteiideologie nicht, beirren und verwirren." Wir hörten ihm gespannt und befriedigt zu. Ein Mitschüler dankte ihm hierauf im Namen der ganzen Klasse für den erteilten Unterricht und die wertvollen Ratschläge.[705]

Während der Märztage [...] besuchte eine Abteilung deutscher Soldaten [...] unsere Anstalt. Den Schülern der Anstalt wurde eingeschärft, sich freundlich den Soldaten gegenüber zu verhalten. Ihr Anblick war in der Tat recht wohltuend – es handelte sich ja um Soldaten, die in vertrautem Gehorsam Befehle ausgeführt hatten, keineswegs um geeichte Nationalsozialisten. Mit scharfen Augen ausgestattet, fielen manchem von uns doch gewisse Unterschiede schon im Äußeren ihrer Erscheinung gegenüber den meisten Österreichern auf, eben der vielgepriesene „nordische" Einschlag. Sie erweckten allseits Sympathie und sonnten sich, es war unübersehbar, im „wohlwollenden und bewundernden Aufblicken" besonders der Jugendlichen. Manche Schüler taten förmlich so, als ob fremdartige Wesen von einem fernen Planeten in unserer Schule gelandet wären. Das häßliche Wort „Beutedeutsche", das man später gelegentlich von Deutschen aus dem Altreich zur Kennzeichnung der Österreicher hören konnte, war dem Gebrauch in späteren Tagen vorbehalten.

Während der schicksalhaften Märztage des Jahres 1938 wurden wir Schüler der r. k. LBA zum „langen Marsch nach Eisenstadt" befohlen. Es sollte ein sehr „hohes Tier" der NS-Hierarchie, wenn nicht gar Hitler selber, Eisenstadt einen Besuch abstatten. [...] Im Landhaus übernachteten wir. Auf dem Gelände der Eisenstädter Kaserne mußten wir exerzieren. Ein gewisser „Lang" aus Mörbisch führte das Kommando. Er zog den Drill einschließlich Stechschritt auf, als ob er selbst frisch aus einer preußischen Kaserne nach Eisenstadt importiert worden wäre. Sicherlich war er ein Illegaler gewesen oder hatte gar der „Österreichischen Legion"[706] angehört. Zu

---

705) Auf nachträglich von Hajszànyi dem Typoskript beigeheftetem handgeschriebenem Beiblatt.
706) Die Österreichische Legion war eine „ab 1933 in Deutschland gebildete paramilitärische Einheit, die sich aus österreichischen Nationalsozialisten rekrutierte [...]. 1938 kamen die Mitglieder (ca. 3000) nach Österreich zurück, erlangten aber keine besondere Bedeutung." Bamberger; u. a.: Österreich Lexikon, Bd. I, S. 690.

den versammelten Massen sprach am Festtag dann Reichsinnenminister Dr. Frick. Die meisten fühlten sich gefoppt.

Als wir zu den Osterferien nach Hause fuhren (1938), wurde uns von der braunen Führung eingeschärft und empfohlen, uns bei der zuständigen Ortsparteileitung zu melden, um beim „Schmücken der Heimatgemeinde" aus Anlaß des Geburtstages des Führers mithelfen zu dürfen! Alle nahmen diese Zumutung schweigend zur Kenntnis oder auch nicht. Die meisten, insbesondere der IV. Jahrgang geschlossen, erwiderten auf diese dreiste Zumutung im Stillen mit dem Götz-Zitat.

[…] Schlagartig hatte sich also die Lage der Lehrerbildungsanstalt geändert. Unbestätigten Gerüchten nach bestand der Plan, unsere Anstalt zu schließen. Unsere Professoren waren schweigsam und betroffen, aber auch wir vom IV. Jahrgang. Was würde mit den Professoren, was mit der Anstalt und vor allem was mit unserer Matura werden? […] – Nach den Tagen des „Siegesrausches" der Nationalsozialisten kehrte wieder der Schulalltag ein, es gab keine Veränderungen. Alle Schüler, auch die ärgsten Schreier, nahmen wieder mehr oder weniger „brav" an ihren Tischen in den Klassen Platz. Wir lernten intensiv für die Matura, denn wir wußten ja nicht, wie diese von seiten der neuen Schulbehörde organisiert werde. Überdies waren wir als Gegner des Nationalsozialismus bekannt. Wir waren auf Überraschungen gefasst; daher unsere besonderen Anstrengungen für die Matura.

Dann fand die schriftliche Matura statt. Es ging alles gut – für die Professoren und für uns. […] Zudem wurde uns die mündliche Matura erlassen, vielleicht oder wahrscheinlich der vielen Siegesfeiern wegen? Das korrekte, menschliche Verhalten der Schulbehörde war unverkennbar.

Rudolf Grohotolsky – Geburtsjahrgang 1922[707]
Großmürbisch, Juli 2003

Herr Dr. Grohotolsky, Sie waren 1932 bis 1936 Schüler der Hauptschule in Güssing. Können Sie sich erinnern, ob, und wenn ja, welche politischen Akzente Ihre damaligen Lehrer setzten? Es war die Zeit des sogenannten Ständestaates, wo z. B. der Geschichts- und Turnunterricht neue Bedeutung erlangten, neue Lieder gelernt wurden usw.

Politische Akzente? Nein, das könnte ich nicht sagen. Keiner der Lehrer hat da in der Richtung etwas Besonderes hervorgehoben. Ja, in Turnen sind wir

---

707) DDr. Grohotolsky kam 1956 in den Burgenländischen Landtag und war hier von 1961–1982 als Landesrat, von 1982 bis 1986 als Landeshauptmannstellvertreter tätig.

mit dem Lehrer Schmidt in „geschlossenen Reihen" zum Sportplatz marschiert, haben dabei aber nie gesungen.

Kennen Sie das Dollfußlied bzw. lernten Sie es damals?
Ach ja, das haben wir schon beim Felner im Musikunterricht gelernt.

Laut Lehrplanforderung hätten 5 bis 10 Minuten jeder Turnstunde der vormilitärischen Erziehung gewidmet werden müssen. Wurde dem nachgekommen und wissen Sie weiters, ob eine Schießausbildung stattfand oder mit Übungshandgranaten trainiert wurde?
Also, in den Turnstunden geschah von all dem nichts. An Handgranatenübungen und dgl. kann ich mich nicht erinnern.

Die Namen „Dollfuß" und „Schuschnigg": Waren sie Lernstoffe etwa im Geschichtsunterricht?
Nein! Von Dollfuß haben wir nur gehört, als er umgebracht worden ist; da ist schon in der Schule, im Unterricht, davon gesprochen worden. Damals, am 25. Juli 34, da haben wir in Sulz im Wald bei der Vita-Quelle als Pfadfinder gelagert und ich weiß noch, wie das Attentat bekannt wurde, ist das Lager aufgelassen worden und man hat uns einfach heimgeschickt. Ich bin über die Wälder heimgegangen nach Tobaj und kann mich erinnern, dass ich mich ganz schön gefürchtet habe dabei.

Sie waren also in einer Jugendgruppe tätig?
Ich war, wie gesagt, bei den Pfadfindern. Im 33er-Jahr waren wir beim Weltpfadfindertreffen in Gödölö, das von Budapest nicht weit entfernt ist, dabei; da haben wir gelagert. Das war damals was Großes für uns.

Trugen Sie ein Symbol, ein Abzeichen in der Schule?
Ja. Da hat es dieses dreieckige Abzeichen gegeben, wo „Seid einig" darauf gestanden ist. Es war so: Mein Vater war in Tobaj christlichsozialer Bürgermeister. Der hat einen Hut gehabt mit einer gebogenen Feder. Und der hat diese Abzeichen im Schrank aufbewahrt und ich habe mir eines genommen und es mir auf den Rock geheftet. Ich wollt' halt auch eines haben und wenn ich den Rock in der Schule angehabt habe, habe ich eben auch eines getragen. Das war alles, aber es stand für mich keine politische Bedeutung dahinter. Weil ein paar andere es getragen haben, wollte ich auch eines haben.

Nach der Hauptschule gingen Sie in Wien weiter zur Schule. Wurden dort politische Schwerpunkte hervorgehoben?
In Wien ging ich zwei Jahre in eine private Handelsschule. Politik war da seitens der Lehrer überhaupt kein Thema. Absolut nichts! Außer, wie der Hitler im 38er gekommen ist: Da haben sie uns von Margareten hineinge-

trieben und wir haben ihm zujubeln müssen. Von Weitem haben wir ihn gesehen, wie er vorbeigefahren ist. Die Wirklichkeit war so, dass wir gar nicht gewusst haben, worum es da eigentlich ging.

Diese Feststellung überrascht. Immerhin wurde Österreich Deutschland angeschlossen, es hatte aufgehört zu bestehen. Das war doch keine kleine Sache! Mit 16 Jahren, sollte man meinen, hätten Sie das schon verstehen sollen.

Das schon. Aber wir haben das zur Kenntnis genommen und uns darum weiter nicht gekümmert. In der Schule ist kaum davon geredet worden. Wir waren ja Deutsche, und man hat immer von der Lebensunfähigkeit Österreichs gesprochen. Somit war das eine selbstverständliche Sache. Das war's!

Kurt Guggenberger – Geburtsjahrgang 1927
Güssing, Dezember 2001

In welchem Umfeld sind Sie als Kind bzw. Jugendlicher aufgewachsen?
Aufgewachsen bin ich in Güssing in einer eher vornehmen, im Vergleich zu den anderen Leuten doch begüterten Familie. Mein Vater war ein alter Offizier der Monarchiezeit. Ich habe ihn ein einziges Mal weinen gesehen. Das war am 13. März 1938. Damals sagte er: „Für Österreich und mich ist heute der schwärzeste Tag!" Meine Eltern waren tief religiös. Mein Vater begann jeden Tag mit einem Kirchenbesuch. Täglich!

Auch in der Hitler-Zeit?
Auch unter Hitler. Vis-a-vis von der Kirche beobachtete Herr F.[708] von seinem Fenster aus die Kirchgänger und schrieb alle auf.

Kommen wir zunächst zur allgemeinen Lage von „damals". Wie ging es den Leuten in den 1930er-Jahren?
Das ist ja bekannt: Es herrschte Armut. Viele waren arbeitslos.[709] In meiner Schulzeit sind viele Kinder barfuß in die Schule gegangen; ein Paar Schuhe war für alle Geschwister da. Man hat sie gespart für den Sonntag. Ich hatte

---

708) Name bekannt.
709) Zur Arbeitslosigkeit im Burgenland G. Schlag: „Bereits 1932 übertraf in vielen Gemeinden die Zahl der Arbeitslosen jene, die noch einen Arbeitsplatz besaßen." Da die Arbeitslosen als Konsumenten ausfielen, kam es bei den Bauern und Kleingewerbetreibenden zu Absatzschwierigkeiten und in deren Folge zu Verschuldungen. Der Preisverfall beim Wein beispielsweise führte dazu, dass 70 bis 80 Prozent der Weinbauernhöfe mit Hypotheken belastet waren; Schlag, in: Burgenländische Forschungen, Heft 73, S. 98.

schon genug zum Essen (in der Schule), aber ich hab' mich nicht getraut, das Jausenbrot zu essen, weil denen neben mir der Magen gekracht hat! Und wenn, dann hab ich das Brot auf drei oder vier aufgeteilt.

Woran erinnern Sie sich noch besonders vor Hitlers Einmarsch in Österreich?
Da fällt mir ein: Einmal war in Güssing eine Kriegerdenkmal-Feier.[710] Ich habe dort vor dem Schuschnigg ein Gedicht aufgesagt und der hat mir einen „Schubert-Schilling" gegeben. Das war eine 2-Schilling-Münze. War viel Geld dazumal!

Was war auffällig im Klassenraum der Volksschule? Gab es besondere Einrichtungen?
Na ja! An der Wand hing ein Kruckenkreuz, und vom Lehrer hast eine Tätschen kriegt, wenn du nicht richtig marschiert bist.

Sie waren in einer Jugendorganisation?
Wir alle waren beim ÖJV! Das „Dollfußlied" – „Ihr Jungen schließt die Reihen gut, …" haben wir in der Volksschule und im ÖJV gelernt. Der [HS-]Lehrer Adolf Schmidt und Josef Tancsos waren die Leiter des ÖJV. Da hat's die „Appelle" gegeben wie in Deutschland beim Hitler. Genau so!

Wofür gab es diese Treffen? Seid ihr Jugendlichen dort politisch indoktriniert, beeinflusst worden?
[Längeres Nachdenken.] Nein, eigentlich nicht. Dazu waren wir noch zu jung. Uns ging es ausschließlich um das gesellige Zusammensein, ums Spielen, Blödeln, Raufen. Auch bei den Pfadfindern waren wir dabei. Wir, die jüngeren Haserln, waren die „Wölflinge".

Vinzenz Ivancsics – Geburtsjahrgang 1922
Stegersbach, Februar 2002

Herr Schulrat, Sie waren Lehrer und Direktor an der Hauptschule in St. Michael und, so weit mir bekannt ist, sind Sie ein hervorragender Kenner der Geschichte. Bitte erzählen Sie von Ihrer Jugendzeit, wobei die politischen Dimensionen und ihre Auswirkungen auf Ihr persönliches Leben besonders interessieren.
Wir waren neun Kinder in der Familie. Mein Vater war Schneider in Ollersdorf. Der Vater hatte einen Fleischbeschauerkurs besucht und arbeitete als solcher nebenbei. Das hat ermöglicht, mich studieren zu lassen.

---

710) Am 15. April 1937 kam der Bundeskanzler und Frontführer, Dr. Kurt von Schuschnigg, zu einem „Wunschappell der Vaterländischen Front" nach Güssing; vgl. Hajszányi, Bilder-Chronik, S. 267 ff.

Stichwort: autoritäres Österreich. Woran erinnern Sie sich?
Das war 1934. Ich sehe noch die Plakate, die an Bäumen angeheftet waren. Darauf stand: „Verkündigung des Standrechtes." Da war es so, dass nicht mehr als zwei oder drei Personen zusammenstehen oder sich treffen konnten. Man hat befürchtet, dass größere Gruppen politisch etwas austüfteln könnten.

Sie besuchten die Hauptschule in Stegersbach. An welchen Lehrer erinnern Sie sich besonders gut?
Da war der Josef Scharnagl, ein ganz besonders vaterlandstreuer Lehrer. Er war unser Geschichtslehrer, der uns vieles über die österreichische Geschichte beigebracht hat. Er war sehr pro-österreichisch eingestellt. Sehr gläubig und eine starke Persönlichkeit.

Man hört heraus, dass Sie ihn noch heute sehr schätzen. Unterrichtete er auch andere Fächer in der Klasse?
Natürlich. Damals waren ja nicht so viele Lehrer an der Schule wie heute. Sogar in Musik haben wir ihn gehabt.

Lernten Sie „vaterländische" Lieder?
Und ob! „Wir Jungen steh'n bereit!" – „Ihr Jungen schließt die Reihen gut! Ein Toter führt uns an. Er gab für Österreich sein Blut, ein wahrer, deutscher Mann. Die Mörderkugel, die ihn traf, die riss das Volk aus Zank und Schlaf. Wir Jungen steh'n bereit! Mit Dollfuß in die neue Zeit!"[711] Davon hat es drei Strophen gegeben.

Johann Neubauer – Geburtsjahrgang 1926
Rohrbrunn, Juli 2002

Herr Oberschulrat! Sie sind gebürtiger Oberschützer und besuchten nach der Volksschule dort das Realgymnasium. An welche Besonderheiten aus der „Systemzeit" erinnern Sie sich noch?
Es war Pflicht, das Jugendabzeichen des Jungvolkes zu tragen. Auf dem stand: „Seid einig". Aber wir haben auch unter dem Revers unserer Röcke das Hakenkreuz-Abzeichen getragen. Das ist, glaube ich, aus einem 50-Groschen-Stück angefertigt worden, an dessen Hinterseite das Kruckenkreuz war. Das ist zugefeilt worden und eine Nadel war angelötet. – In der Schule haben wir das „Dollfuß-Lied" gelernt und gesungen. Die erste Strophe kann ich heute noch.

---

711) An dieser Stelle des Interviews sang Herr Schulrat Ivancsics das „Dollfußlied".

Sie waren beim Österreichischen Jungvolk?
Mein Mathematiklehrer wollte, dass ich zum ÖJV gehe. Aber mein Vater war Illegaler und ließ mich nicht dazugehen. Er hat aber über seine illegalen Tätigkeiten nie etwas erzählt. Ich hab' nur gesehen, dass er der Organisation gespendet hat.

Franz Resetarits – Geburtsjahrgang 1929
Güssing, Oktober 2001

Herr OSR, wie erlebten Sie Ihre Volksschulzeit in Neudauberg?[712] Uns interessieren in erster Linie die politischen Dimensionen und deren Auswirkungen auf den (schulischen) Alltag.
Als ich in die Volksschule eintrat, hatten wir den Oberlehrer Wertsch Adolf – er war der Schulleiter – als Klassenlehrer. Ich glaube, er war ein Nazi, also ein Illegaler. Das merkte man an seinem Offiziersgehabe in der Volksschule.

Damals sprach man ja von der Systemzeit, dem von Dollfuß eingeführten Ständestaat. Unter Bundeskanzler Schuschnigg, der bis 1936 auch das Unterrichtsressort leitete, änderten sich auch die Lehr- und Lerninhalte.
Ich erinnere mich, dass die größeren Buben aus Metall Kruckenkreuze herstellten. Später haben sie Hakenkreuze zugefeilt! In der Klasse hing ein Schuschnigg-Bild. Im Gesangsunterricht sangen wir oft das „Sei gesegnet ohne Ende, Heimaterde wunderhold." Das war damals die Hymne. Ebenso mussten wir „Das Lied der Jugend" lernen. Das ging so: „Ihr Jungen schließt die Reihen gut, …"

Können Sie sich an den Turnunterricht erinnern?
Ab der dritten Klasse kam der Lehrer Krammer Eugen aus Stegersbach, wo er Zigeunerkinder unterrichtet hatte. Er war sehr streng. So wie er die Zigeunerkinder oft geschlagen hatte, so verfuhr er auch mit uns. Im Turnunterricht hieß es: „Antreten! Links um! Augen links, gerade aus! Marschieren!" Wer nicht parierte, bekam eine Ohrfeige.

Julius Astl – Geburtsjahrgang 1926
Güssing, Januar 2002

Herr Astl, bitte erzählen Sie von Ihrer frühen Jugend! Was fällt Ihnen ein, wenn Sie sich gedanklich in die Volksschulzeit zurückversetzten?

---

712) Im Südburgenland an der Lafnitz.

Ich besuchte die katholische Volksschule in Zahling. Mein Dorf war von den Orten, wo es eine Hauptschule gab, zu entlegen, daher ging ich acht Jahre lang in die Volksschule. Mein Schulweg war sehr lang: Ich brauchte eine Dreiviertelstunde zu Fuß für einen Weg. Die Schule hat sehr lang gedauert: von 8 Uhr bis 3 Uhr Nachmittag, samstags war früher Schluss.

Sie erinnern sich noch an Ihren Lehrer?
Sehr gut sogar. Er hieß Stefan Dujmovits. Er erzählte uns sehr viel über seine persönlichen Erlebnisse im Ersten Weltkrieg. Das hat uns alle fasziniert.

War er ein politischer Mensch?
Kann man gar nicht so sagen. Jedenfalls war er in der Kirche recht engagiert und war eher konservativ eingestellt. Er hat uns angehalten, zum Österreichischen Jungvolk zu gehen. Ich kann mich gut an die Schifferlmütze mit der aufgebogenen Hahnenschwanzfeder erinnern. Der Lehrer hat die organisiert. Die Mützen haben wir bei Feierlichkeiten getragen.

Hatten Sie ein Abzeichen des ÖJV?
Nein. Abzeichen hatten wir keines.

Sprach euer Lehrer in der Klasse von Dollfuß und Schuschnigg?
Wenig oder gar nicht, sonst könnte ich mich erinnern. Als aber der Dollfuß ermordet war, stellten die Leute eine brennende Kerze über Nacht in die Fenster ihrer Häuser.

Gespräch mit Josef Rössler – Geburtsjahrgang 1924 (gest. 2003)
Güssing, Januar 2002

Herr Rössler, erinnern Sie sich an Ihre Zeit in der Volksschule?
Eigentlich kann ich mich nicht an sehr vieles erinnern. Ich weiß noch, dass wir geschlossen in die Kirche gehen mussten, ansonsten hat es sofort schlechte Noten gegeben.

In Religion?
Ja, beim Pfarrer im Religionsunterricht.

Sprechen wir über Ihre Kindheit bis zum 14. Lebensjahr. Was von dem, das von politischer Relevanz war, beeinflusste Ihr Leben?
Ich war mit zehn Jahren schon beim „Deutschen Turnverein", der rechtsgerichtet angehaucht war, ich meine damit: sehr nazinah. Der „Christlichdeutsche Turnverein" war der von den „Schwarzen".

Erzählen Sie bitte von der Hauptschulzeit!
Auch dort ging es im Religionsunterricht streng zu. Am besten erinnere ich mich an die vormilitärische Erziehung.

Es ist bekannt, dass die vormilitärische Erziehung eine Lehrplanforderung war, die im Rahmen des Turnunterrichts erfüllt werden musste.
Vormilitärische Übungen und Spiele hatten wir grundsätzlich nur am Nachmittag. Im normalen Turnunterricht, also am Vormittag, taten wir nichts in dieser Richtung. Das war etwas Zusätzliches nur an Nachmittagen.

Was taten bzw. was lernten Sie mit Ihren Schulfreunden dabei?
Kartenlesen, also was die Zeichen der Karten bedeuten und Entfernungen im Gelände nach Maßstab berechnen und so weiter. Auch das Marschieren haben wir oft geübt: Unser Lehrer, der Fachlehrer Adolf Schmidt, hatte ein ganz eigenartiges Klappbrett. Wenn er damit auf- und abschwang, gab das einen ordentlichen Knall. So gab er den Gleichschritt an.

Lernten und sangen Sie auch Lieder?
Viele von uns waren schon beim „Jung-Vaterland": Uniform mit grünem Hemd und grün-weißer Krawatte. Auf der Mütze eine gekrümmte Feder. Ab 1934 sang jeder von uns das Dollfuß-Lied. [Herr Rössler sagt die komplette erste Liedstrophe auf.] Da hat es auch das Starhemberg-Lied gegeben:

> Vom Burgenland bis Vorarlberg
> steht jeder zu Fürst Starhemberg.

So haben sie uns zum Narren gehalten!

> Grün-weiß weht das Panier,
> mit Starhemberg kämpfen wir.

Das fällt mir heute noch in der Nacht oft ein!

Sie beschrieben vorhin die Jung-Vaterland-Uniform. Von wem bekamen Sie diese?
Die mussten wir selbst – das heißt die Eltern – bezahlen.

Welche Aktivitäten wurden im Rahmen des ÖJV gesetzt?
Wir haben Theater gespielt. Bei der Einweihung des Kriegerdenkmals in Kukmirn zum Beispiel waren wir dabei. Wir sind hingebracht worden, standen dort sozusagen als Statisten und fuhren wieder heim.

War die Mitgliedschaft Pflicht?
Nein. Wer wollte, der war dabei. Es hat wenig Zwang da gegeben.

Versuch einer Zusammenfassung

Unsere heutige Ur- und Großelterngeneration wuchs in einer Zeit heran, in der das obrigkeitsstaatliche Denken aus der Ära der Habsburger-Monarchie ungebrochen übernommen wurde. Die autoritären Denkmuster setzten sich ohne Zäsur auf den Erziehungsfeldern der Republik fort. Demokratische Denkweisen generierten, da kaum von Lehrern praktiziert oder gar von den Eltern, politischen und kirchlichen Proponenten vorgelebt, eher Skepsis als Identifizierung. Wichtige Entscheidungen im öffentlichen Leben und auch für die eigene Existenz wurden von den Obrigkeiten getroffen. Selbständig abzuwägen oder zu handeln blieben größtenteils nicht erfahrene oder ermöglichte Verhaltensvarianten.

Die konservativ regierenden Kräfte wollten in den pädagogischen Modernisierungsversuchen Otto Glöckels Elemente erkannt haben, die vermeintlich verderbliche Wirkung auf die gesamte gesellschaftspolitische Ebene auszuüben drohten („Chancengleichheit", Emanzipation der Frau etc.). Erst die so bezeichnete „Selbstausschaltung" des Parlaments[713] ermöglichte den neuen Machthabern, die staatliche Erziehungsinstanz Schule zur Machtlegitimation und Machtsicherung „reformerisch" – in Wirklichkeit: reaktionär – zu instrumentalisieren. Im außerschulischen Bereich stießen sie aber teilweise auf harten Granit.

Dollfuß' und Schuschniggs Maßnahmen zur Sozialisierung der Jugend konnten bei Weitem nicht die gesetzten Zielvorstellungen erfüllen. Beiden „Führern" war eigen, dass sie keine charismatischen Führerpersönlichkeiten darstellten. Ihre repressiven, individuell drakonisch empfundenen „Maßregelungen" der Lehrer und Schüler und ihre von Italien und Deutschland entliehenen Kopien zeitigten nur in katholisch-konservativen Kreisen über das Durchschnittsmaß hinausreichende Zustimmung. Bestenfalls vorsichtige Zurückhaltung, mehr schon innere Emigration, jedoch kein nennenswerter organisierter Widerstand zum autoritären Regime kann bzw. konnte in Gruppen öffentlicher Dienstnehmer, im Besonderen bei der Lehrerschaft, geortet werden. Aber die Integrations- und Qualifikationsfunktionen der Schule, nämlich die Schüler und Schülerinnen zu (Bundes-)Staatsbürgern zu erziehen, die dem Staat und der (katholischen) Kirche loyal ergeben sein, das Vaterland Österreich lieben und gleichzeitig

---

713) De jure und de facto ist der Terminus „Selbstausschaltung" schlicht falsch, da eine vom Volk gewählte Vertretung sich nicht selbst „ausschalten" kann.

das Deutschsein hochhalten sollten, darüber hinaus sie für die Wirtschaftswelt fachlich zu rüsten, endeten in der pädagogischen und ökonomischen Sackgasse. Schuschniggs Vision von der „österreichischen Sendung", die er verband mit dem ideellen Glauben, als katholische und daher als „bessere" Deutsche das Deutschtum in Europa zu imperialer Größe emporsteigen zu lassen, stieß selbst in Anhängerkreisen auf mitleidiges Unverständnis. Insbesondere der auf den Arbeitsmarkt repressiv wirkende Sparkurs der Regierung, der auch an der Schule unverantwortlich massiv zehrte, verärgerte selbst die eigene Anhängerschaft, vor allem aber die Sozialdemokraten – besonders nach den 34er-Ferbruartagen. Wer der lachende Dritte sein sollte, ist bekannt.

Den in Erlässen und Lehrplänen verordneten schulischen Erziehungsaufgaben kam der verunsicherte „Durchschnitts-Lehrer" nur halbherzig nach. Kaum ein befragter ehemaliger Schüler kann sich an weltanschauliche Inhalte der „System-Zeit" erinnern (was übrigens auch auf die 7-jährige NS-Welt in Österreich zutrifft). Die meisten waren, schlicht gesagt, zu jung für eine Überschau- und Vergleichbarkeit der dargebotenen Weltensichten. Lediglich die pubertären Bedürfnissen entgegenkommenden sportlich-militärischen Übungen im Rahmen des Turnunterrichtes und, so man Mitglied war, in den organisierten Gruppen blieben im Gedächtnis haften. Gar manchen ist heute die Abkürzung *ÖJV* für *Österreichisches Jungvolk* vollkommen unbekannt. Nur einige wenige – eher männliche – Zeitgenossen erinnern sich an das *Dollfußlied*. Worauf sich hingegen sehr wohl alle Interviewpartner entsinnen können, war der allgemein übliche autoritäre, „strenge" Führungsstil der Lehrer. Tatsächlich aber darf die „Rohrstaberlpädagogik" nicht ausgesprochen faschistischer Eigentümlichkeit zugeschoben werden, entsprangen doch ihre Wurzeln jahrhundertealter klassischer Tradition.

Einen Anachronismus stellte *das konfessionelle Schulewesen* dar, das spätestens seit der Mai-Verfassung von 1934 das staatliche Erziehungskompetenzfeld beherrschte. In den Jahren davor übte das in dieser Hinsicht ungarisch gebliebene Burgenland Vorbildwirkung auf die christlich-konservativen Führungskräfte aus und avancierte zum stellvertretenden Gefechtsfeld für alle anderen Bundesländer. Mit ihrem teilweise überzogenen autoritären Gehabe, ob im Schulverband oder durch bestimmende Eingriffe in die jugendliche Freizeit- und Privatwelt und auch in die der Lehrer, leisteten Geistliche der „Mutter Kirche" nicht selten einen Bärendienst. Positiv zu bewerten ist retrospektiv die Rolle der burgenländischen Pfarrer auf ethnischem Gebiet: Im Grunde waren sie es, die einen totalen Verdeutschungsprozess bei der kroatischen und ungarischen Minderheitenbevölkerung verhinderten. Doch weder von staatlicher noch kirchlicher Seite aus fühlte man sich in der Lage, vorhandene Impulse für die Integration der jungen Roma-Generation nachhaltig umzusetzen.

Wie gezeigt werden konnte, imitierte der „austrofaschistische" Staat Erziehungselemente des deutschen Faschismus („Imitationsfaschismus"). (Nationale) *Haltungen, Stimmungen, Intuition, Gefühl, Ausrichtungs*-Bereitschaft, *Charakter*-Stärke ... solcherart irrationale, nicht definierbare Paradigmen sollten die neuen *Wert*-Ordnungen bestimmen. Die Gründe für die dabei geerntete Erfolglosigkeit waren vielschichtiger Natur: Das Spektrum erstreckte sich von der sozialen bzw. ökonomischen Herkunft des jungen Menschen über die religiöse (z. B. evangelische) und/oder politische (deutschnationale, sozialdemokratische) Gesinnung der Familie bis hin zur geografischen Lage des Wohnortes (Land oder Stadt). Vielleicht fällt eine Einschätzung der Effizienz der im autoritären Österreich vermittelten Formierungsversuche heute nach so vielen Jahrzehnten milder aus als jene, die der sozialdemokratische Schulhistoriker Hans Fischl nur einige Jahre nach dem Zusammenbruch des Dritten Reiches anstellte, da zum Zeitpunkt seiner Buchedition (1951) zur österreichischen Schulreform vielleicht noch zu wenige Wunden vernarbt waren. Er schrieb von der „Vergiftung der pädagogischen Atmosphäre" im Ständestaat, bewirkt u. a. „durch das klägliche Schauspiel, das ihnen die zu ihrer Erziehung berufenen Gewalten darboten. Was die Schule zu atmen bekam, war eine Atmosphäre gesättigt mit Unaufrichtigkeit, Heuchelei und Lüge [...]."[714] Und auch Michael Zahradnik, ein weiteres Resümee Fischls zitierend, geht hart zu Gericht: „Diese antidemokratischen und militaristischen Aufgaben des Erziehungswesens zeitigten aber für Österreich noch ein weiteres, verhängnisvolles Ergebnis: Als die ‚monumentale Impotenz des Regimes der Dollfuß und Schuschnigg' (Fischl) offensichtlich wurde, wandte sich – sprichwörtlich ausgedrückt – eine für einen autoritären Führerstaat präparierte Jugend vom austrofaschistischen ‚Schmiedl' ab und dem nationalsozialistischen ‚Schmied' zu. ‚Wie diese Staatsführung im allgemeinen, so tat auch diese Jugendführung im besonderen in einer gottverlassenen Verblendung ohnegleichen alles, was dazu dienen konnte, die Masse der Jugend für den nationalsozialistischen Eroberer sturmreif zu machen'."[715]

---

714) Dachs, in Tálos/Neugebauer 1985, S. 194.
715) Vgl. Fischl, Hans: Schulreform, Demokratie und Österreich 1918–1950. – Wien 1951, S. 89; hier zit. nach Zahradnik, Michael: Sozialgeschichte der Schule, in: Diem-Wille, Familie und Schule, S. 147.

Formulieren wir es vornehmer. Zur Grundfrage, in welchem tatsächlichen Ausmaß die Absichten oder vielfältigen auf Verordnungsweg gestellten An- und Aufrufungen abseits des Elternhauses und inner- oder außerhalb der Schulen in die Tat umgesetzt wurden, kann festgestellt werden: Zwischen den voraufklärerischen Kernansprüchen und der Umsetzungswirklichkeit taten sich unüberbrückbare Klüfte auf. Die Zielinhalte intendierten in der Hauptsache die *vaterländische* und *religiös-sittliche Erziehung* – mit weit gefächerten, nicht selten in sich widersprüchlichen Postulierungen (z. B. Frauenrolle respektive Mädchenbildung) bis hin zur Wehrhaftmachung, stets mit dem übergeordneten Ziel vor Augen, die österreichischen Souveränität und die Position der konservativ-katholischen Kirche als mächtige Erziehungsinstanz zu bewahren und zu festigen. Das antiliberale österreichische Modell vom christlich-autoritären *Ständestaat* musste an der „Moderne" scheitern. Die Liebesmühen blieben nicht zuletzt deshalb wenig ertragreich, weil Dollfuß, sein Nachfolger Schuschnigg und die jeweiligen Führungskomparsen mit den Augen der Befohlenen eben nur als kleinkalibrige Nachahmer klassifiziert wurden. Folglich ist es wenig verwunderlich, wenn vor allem die junge Generation – irritiert, enttäuscht und bar jeglicher Zukunftsperspektiven – sich vom „wahren Schmied" in die *neue Zeit* führen lassen wollte.

Eine der Hauptursachen für das Abgleiten eines Teiles der Jugend nach „draußen" mag an den paralysierten Lehrern gelegen haben. Befragt nach den politischen Themenschwerpunkten, die die Erzieher in den Schulen setzten, resümiert Rudolf Grohotolsky, Spitzenpolitiker des Burgenlandes in der Zweiten Republik, spontan und trocken: *„Absolut nichts!"* Und Lehrer Robert Hazivar, bereits 1934 im Dienst, auf die Frage über die auf die Lehrer ausgeübte Nachdrücklichkeit seitens der Inspektionsbehörden: *„Gedrängt hat man uns nicht!"* Solange man bieder den Mund hielt, muss hier angefügt werden. Unsere Untersuchung konnte exemplarisch dokumentierten, was mit Lehrkräften geschah, die sich outeten und anti-„austrofaschistisch" ihren Schülern gegenüber auftraten.

Das Dargestellte zeigt eine kollektivistische, geschlossene Gesellschaft als Antithese zu Karl Poppers „offener Gesellschafts"-Theorie auf. Es zeigt auf die Missachtung des humanistischen Ethos, das die Toleranz und den Respekt anders Denkenden und überhaupt dem Anderen gegenüber vom Kern an den Rand der Gesellschaft verschob. Der Spielball für das Aufbruchsexperiment hieß Jugend – und sie war es, die das bittere Lehrgeld für das Versagen bezahlen musste.

Anhang: Dokumente

DOK I

Die Fahnenweihe der Schulfahne der Hauptschule für Knaben in Güssing.

Dir. Prof. Stefan Fandl zwischen Fahnenmutter und Schulfahne der HS; Güssing, 11. Nov. 1935; Foto: Hajszányi

Einen grossen Festtag feierte am 11ten November [...] die Hauptschule in Güssing [...] An diesem Tage wurde nämlich die Weihe der Schulfahne [...] im Rahmen einer imposanten Feierlichkeit [...] vorgenommen. [...].

Über den Verlauf der Festordnung wurde von unserem Berichterstatter folgendes berichtet:

Von 8 Uhr bis 9 Uhr wurden die Schüler der Volksschulen Urbersdorf, Punitz, Tobaj und Glasing in Begleitung ihrer Lehrer von einer von Fachlehrer Schmidt geführten Schülervertretung der Hauptschule vor dem Gasthaus Dörr mit herzlichen Begrüssungsworten empfangen, wonach der vereinigte Zug der Gäste von anfeuernden Märschen der Kapelle Radunsky begleitet zum Festplatze marschierte. Dem Zuge schloss sich vor dem Feuerwehrrüsthaus die Ortsfeuerwehr, St. Georgs-Pfadfinder, Jung-Vaterland, der Reichsbund des kath. Burschenvereines in Güssing, die Marianische Kongregation und die Schüler der Volksschule Güssing in Begleitung ihrer Lehrer [...] an.

[...] (Nun) brach der schier endlose Festzug vom Versammlungsplatze auf und bewegte sich [...] zur Weihestätte: zur Kirche. Inzwischen wurde die Fahnenmutter, Frau Doktor Martha Sik von H. Schulrat Direktor Fandl in Begleitung einer Schülerin der Hauptschule [...] aus ihrer Wohnung abgeholt und vom Festzug zur Kirche begleitet.

Nach dem Hochamte richtete Sr. Hochw. Herr Quardian Astrich Bajor recht herzliche sinnvolle Worte an die Schule (Schüler) der Hauptschule und nahm die Weihe ihrer Fahne vor. Nachher wurde das Einschlagen der Nägel in die Fahnenstange unter recht markanten Sinnsprüchen vorgenommen. So sprach Hochw. Herr Pater Quardian Bajor: „*Seid einig.*" Fahnenmutter Frau Dr. Matha Sik: „*Hl. Martinus, der du stark in der Tat und milde in der Art warst beschütze und segne unsere Hauptschüler.*" Schulrat Fandl: „*Hl. Martinus! Unser Schutzpatron! Verleihe mir und meinen Nachfolgern Kraft und Stärke, die Schuljugend mit deiner Fahne stets auf dem Pfade der Heimatliebe, Vaterlandstreue und Gottesfurcht zu leiten.*"[716]

Rührend war der Augenblick des weihevollen Fahnenkusses, mit den die neue Fahnenschwester von sämtlichen Fahnen begrüsst wurde. Während dieses weihevollen Aktes wurde von der Jugend das Lied: „Auf zum Schwur" in rührender Weise gesungen. [...].

GÜSSINGER ZEITUNG, 17. 11. 1935, S. 2 f.

---

716) Kursivschrift entspricht nicht dem Originaldruck.

DOK II

Vormilitärische Jugenderziehung
BURGENLAND
Zahl 40 /37.
Bericht über die VJE an den
Schulen im Schuljahr 1936/37.

An

die Schulabteilung der bgld. Landesregierung

in

EISENSTADT.

Im Schuljahr 1936/37 wurden 120 Schulen besucht. Die Haupt- und Mittelschulen sind mit einer Ausnahme in vmil Beziehung richtig erfasst und werden gut ausgebildet. Die Volksschulen sind nur zu 70 % erfasst, die restlichen 30 % haben keine vmil geschulten Kräfte. Besonders die einklassigen Schulen mit geringer Schüleranzahl leiden darunter, da die Schulleiter oft der irrtümlichen Ansicht sind, daß für einklassige Schulen die vmil Ausbildung keinen Zweck hat und daher im vmil Sinne nichts geleistet wird. Geländeübungen wurden infolge der ungünstigen Witterung im April nur in wenigen Schulen durchgeführt.
An einzelnen Hauptschulen fehlt der notwendige Turnsaal, besonders Oberwarth mit 270 Schüler leidet stark darunter, obwohl die Gemeinde Oberwarth zu den Baukosten mit 20.000 Schilling beitragen will, scheint die bgld. Landesregierung die bisher ersparten 13.000 Schilling Schulgelder nicht frei zugeben.
Im Realgymnasium Oberschützen wird der Turnunterricht zum grössten Teil von Lehrern ohne Fachkenntnis abgehalten, mit der Begründung, daß die Stundenanzahl gleichmässig aufgeteilt werden muss und daher auch Lehrern mit humanistischen Fächern zugewiesen wurde.
Spezialkarten und Handgranatenattrappen sind nur an einzelnen Schulen vorhanden. Schulleiter klagen allgemein an Geldmangel.
Die Bauernschule JORMANNSDORF bittet mit 1. November 1937 um Zuweisung von zwei Reitpferden (Leihpferde) sowie 4 kompl. Sättel samt Zäumung für die Reitausbildung. Schüleranzahl im Herbst 1937 zwischen 40 und 50.
Die Einführungskurse für die vmil Jugenderziehung im Sommer 1937 haben nicht die nötige Anziehungskraft, da die jüngere Generation der Lehrer sehr bequem ist und den Sommerurlaub nicht opfern will.
Um die vmil Jugenderziehung an den Schulen im Schuljahr 1937/38 in die entsprechende Bahn zu lenken, wäre im kommenden Schuljahr ein fortlaufender Besuch und Aufklärung notwendig, dies ich infolge meiner militärischen Verwendung nicht leisten kann; auch fehlen hiezu die notwendigen Mittel, um die Bereisungen durchzuführen.

Eisenstadt, am 25. Juni 1937.

DOK III

Bericht der Hauptschule Oberwart über den „Lutzunterricht" (= Luftschutzunterricht) am Ende des Schuljahres 1936/37.

Lutzunterricht an Schulen.

Behandelter Stoff an der Hauptschule für Knaben in Oberwart.

Deutsch. Es wurden Lesestücke und Gedichte über Flieger, Fliegerhelden und Luftverkehr aus den Lesebüchern und aus der Zeitschrift des Österr. Luftschutzbundes behandelt; außerdem wurden auch Themen bei schriftlichen Arbeiten aus dem Gebiete des zivilen Luftschutzes gegeben.

Geschichte. Geschichte des Fliegens; Entwicklung der Flugwaffe; Luftschutz und Luftkrieg im Weltkrieg; Zukunftskrieg.

Geographie. Die luftgeographische Lage Österreichs und der Nachbarstaaten; Österreich und sein Luftraum; die Luftrüstungen Europas; Siedlungsgeographie; Wesen, Zweck und Aufgaben des Heimatluftschutzes; der örtliche zivile Luftschutz, Sicherheits- und Hilfsdienst, Selbstschutz, Verdunkelung bei Fliegergefahr.

Das Luftbild und seine Auswertung.

Die Meteorologie im Dienste des Flugzeuges.

Europäische Luftpostlinien (Luftverkehr).

Turnen. (Vormilitärische Erziehung). Verhalten bei Fliegeralarm und Fliegerangriff; Tätigkeit der Hausfeuerwehr, Hilfsdienst.

An Freiluftnachmittagen wurden diese Übungen auch praktisch durchgeführt.

Oberwart, 3. Juli 1937.

DOK IV

Sprechchortext für eine Österreich-Huldigungsfeier[717]

---

717) Aus: O du mein Österreich. – Wien/Leipzig 1935. („... zum Unterrichtsgebrauch an Volksschulen (4. und 5. Schulstufe) und an Haupt- und Mittelschulen (1. Klasse) allgemein zugelassen.")

DOK V

„Schulungsblatt" für die Hitlerjugend[718]

> Abschrift!
>
> SCHULUNGSBLATT.
>
> Das Wollen und Ziel der Hitler-Jugend.
>
> "Es gibt nur eines, daß noch stärker ist als Sie, mein Führer, das ist die Liebe des jungen Deutschland zu Ihnen" (Schirach).
> Die Hitlerjugend war in einer der schlimmsten Perioden des nationalsozialistischen Kampfes eine aktive Kampftruppe der Bewegung. Sie kämpfte Schulter an Schulter mit den Männern der Bewegung um die Verwirklichung der Ziele des Nationalsozialismus und kannte keine andere Aufgabe als in diesem Kampf, ihren Mann zu stehen. 1933 wurde von der Bewegung im Reiche die Macht übernommen. Die Hitlerjugend hat mit dieser Zeitwende die große Verpflichtung übertragen und vom Führer die Aufgabe gestellt bekommen, die gesamte deutsche Jugend in die nationalsozialistische Weltanschauung einzuführen. Die deutsche Jugend soll durch ständige politische Schulung zu echten, starken Nationalsozialisten herangebildet werden, soll aber auch durch körperliche Ertüchtigung die Gesundheit und Stärke und damit die Größe unseres Volkes verbürgen. Das Ziel der Hitlerjugend ist jenes politische Soldatentum, das die alte Garde des Nationalsozialismus überzeugender verkörpert, als jede andere Institution in Deutschland. Diese Männer an ihrer Spitze Adolf Hitler, sind die Vorbilder der Hitlerjugend, ihnen streben wir alle nach, weil sie alle im höheren Sinne Soldaten sind, in ihrer Pflichtauffassung und Tapferkeit und in der Unterordnung ihres Ichs unter den Geist der Gemeinschaft. Darum ist auch die Hitlerjugend soldatisch. In der sozialen Arbeit erhält die H.J. ihre überzeugendste Ausdrucksform. Selbstloser Dienst ist Dienst ist die Forderung der H.J. an den einzelnen Angehörigen ihrer Kameradschaft, selbstloser Dienst ist auch die Parole, unter der die Gemeinschaft für den einzelnen eingesetzt wird. Der Blick der jungen Generation ist auf das Ganze gerichtet, auf die Volksgemeinschaft. Die Jungen sollen aber nicht idealistische Schwärmer werden, sondern Menschen, die mit der Kraft ihrer inneren Begeisterung das harte Leben zu meistern verstehen, Menschen die das Grundgesetz des Sozialismus in die Blutbahn geimpft bekommen haben: <u>daß Hilfe für den vom Schicksal geschlagenen Kameraden nie durch Almosen geleistet werden kann, sondern ausschließlich durch Kameradschaft.</u> Die Hitlerjugend flüchtet nicht aus der harten Gegenwart, sondern steht mitten in ihr. Sie dient der Zukunft, indem sie die Aufgaben löst, die ihr vom Leben der Gegenwart gestellt werden. Sie weiß, daß ihr Weg in die Ewigkeit nur durch das Tor der Leistung geht.
> Es ist ganz klar, daß das Ziel und Wollen der Hitlerjugend Österreichs keineswegs ein anderer ist, als das der H.J. im Reich. Wir haben aber heute noch gegen einen erbitterten Feind, wider Rom und Juda zu kämpfen, müssen dieser staatlich organisierten Reaktion standhalten

---

718) Abschrift des Gendarmeriekommandos Schattendorf an das Bezirksgericht Mattersburg vom 18. Dezember 1937, Sp. f. Nr. 25. Bgld. LArch. Lage- Vorfall- und Informationsberichte III – 3, IV – 1, Gendarmerieberichte Januar und Februar 1938, Mappe 1; Original-„Schulungsblatt" siehe Bgld. LArch., Gauarchiv der NSDAP Niederdonau, Kreisarchiv Eisenstadt, Abtlg. A, Hpt. Nr. V/5 (Schulungsblatt für die Hitlerjugend).

trotz Kerker und Not. Ihren Vernichtungswillen und Haß gegen alle, die den Glauben an das große ewige Reich, in dem alle Deutschen leben, brennend im Herzen tragen, können wir nur durch unseren größeren Glauben durch unsere bessere Weltanschauung zerschlagen und vernichten. Schon längst müßte unsere Organisation zusammengebrochen, in ein Nichts aufgelöst sein. Wären nicht die Anhänger Träger einer richtigen Weltanschauung, käme nicht ihre Kraft aus dem tiefsten Innersten aus dem mystischen Wirken des Blutes, verpflichtete nicht die Ehre, nur alles zum Nutzen und Wohle unseres Volkes zu tun. Blut und Ehre ist die Grundlage unserer Weltanschauung, Blut und Ehre lebt doch unsichtbar und mahnend in unserem Banner und fordert Kampf, gegen jeden Feind unseres Volkes und Reiches, der seine Größe nicht will, seine Freiheit unterdrückt, seine Ehre mißachtet. Kampf gegen den bewußten Zerstörer der Gemeinschaft, Kampf dem Spießer, der untätig und gleichgültig zusieht, wie die Besten die schwerste Not leiden um der Idee willen, Kampf jenen die vorgeben einer österreichischen Sendung zu folgen, wenn sie mit verbrecherischen Mitteln die braunen Kämpfer peinigen.
Diese Not soll auch uns nur festigen und stärken. Unsere Gemeinschaft muß umso inniger, so härter werden, je gehässiger die system-----

uns unterdrücken. Ein junges hartes Geschlecht mit brennender Sehnsucht im Herzen muß heranwachsen trotz Gewalt und Teror.
In keiner Formation soll freudiger geopfert und geleistet, soll so Gehorsam und Pflicht geübt werden, als in der H.J. So lange die Jugend gläubig ist, so lange sie Deutschland in ihrem Herzen trägt, wird sie die Zukunft bestimmen.
Unsere Zeit fordert Kämpfer. Diese Tatsache genügt, um zu beweisen, daß in unseren Reihen eine Auslese sich vorfindet, die bereit sein muß, zu jeder Stunde das Schwerste zu ertragen. Für Zweifler und Nörgler, für Feigling ist in der H.J. kein Platz. Ihre Absichten und Wünsche würden ja niemals erfüllt werden und auch nicht Erfolg versprechen, so daß sie der harte Gang der Wirklichkeit zurückschreckt. Ein gestählter, wetterfester Leib, das richtige Bewußtsein seiner Stärke, ein unerschütterlicher Charakter, mutig und tapfer, das ist der Typ eines Hitlerjungen. In solchen Jungen kann nur ein gesunder Geist leben, ein unüberwindlicher Wille zum Sieg, der vorwärts stürmt zum großen, herrlichen dritten Reich aller Deutschen.
Wir wissen, daß wir diesen Glauben, dieses wunderbare Erleben unserem F ü h r e r zu danken haben. Er hat uns Großdeutschland lieben und dafür kämpfen gelehrt, er hat uns den Wert unseres Volkes zum Bewußtsein gebracht und uns gezeigt, daß kein Opfer zu groß ist, ein Volk zu retten. Ihm den gläubigsten und treuesten Kämpfer, wollen wir geloben auszuhalten bis zum Sieg.
    „Stürmende Jugend marschiert durch das Reich
    wuchtend der Schritt der Kolonnen.
    Wir aber warten noch stumm oft und bleich
    Deutschland, wir kommen, wir kommen!"

DOK VI

„Weisungsblatt Nr. 8 der Gauleitung" vom 5. Januar 1937[719]

1. Die Bannführer sind Beauftragte der Gebietsführung und Mitglieder der Gauleitung. Den Gauleiter steht über die H.J. aber keine Befehlgewalt zu. Alle Führer haben mit den entsprechenden Dienststellen der Partei zusammen zu arbeiten.

2. Angehörige der Hitler J. die das 19. Lebensjahr überschritten haben, werden an diesen Tage überstellt. Genaue Zahlen angeben! Die Überstellungen sind im Rahmen einer Feierstunde gestaltet von der H.J. durchzuführen.

3. Auf jeden Fall sind an diesen Tagen Totengedenken abzuhalten.

4. Die Standorte haben sich an den örtlichen Winterhilfsaktione zu beteiligen. Sozialistische Pflicht den Kameraden gegenüber

5. Standesmeldungen auch über die B.D.M. bis längstens 20. jedes Monats.

6. Alle Führer von Sch. Führer aufwärts haben im kommenden Jahre sich einer weltanschaulichen Prüfung zu unterziehen und das H.J. Leistungsabzeichen zu erwerben.
Schulung und körperliche Ausbildung.

---

[719] Beiblatt zur Anzeige eines NSDAP-Mitgliedes in Wiesen (Bez. Mattersburg). Das Schreiben E. Nr. 5085 gerichtet vom Landesgendarmeriekommando an den Landeshauptmann des Burgenlandes, Eisenstadt, 16. Januar 1937. Bgld. LArch. Eisenstadt, Lage-, Vorfall- und Informationsberichte Karton III – 1+2, A/VIII – 14/III/2. Gendarmerieberichte Jänner – Feber 1938.

DOK VII[720]

```
                              - 7 -
    29. September 1935.        " W i r "              Folge: 4

    H I E R  S P R I C H T  D E R  B. D. M. :

        Das Ideal der liberalen bürgerlichen Gesellschaft war das Tanz- und Sport
    girl, die "Dame von Welt", richtiger Unterwelt, die jede Modetorheit mit Be-
    gierde aufnahm. Der Nationalsozialismus hat dieser "Gesellschaft" den Kampf an-
    gesagt. Das werdende Volk steht auf gegen die absterbende bürgerliche Gesell-
    schaft. Der Nationalsozialismus wird die Typen, die sie prägte, aus dem
    deutschen Volkskörper ausmerzen. Wir wollen an ihre Stelle wieder das deutsche
    Mädel setzen, das zur deutschen Frau und Mutter wird. Wir wollen so mithelfen,
    die richtige Volksordnung wieder herzustellen.
        "Die deutsche Mutter ist die Keimzelle der Familie, des Staates, des
    deutschen Geistes, der deutschen Wirtschaft, des deutschen Aufbauwillens,
    des deutschen Ansehens, der deutschen Weltgeltung und, wenn es sein muß, des
    deutschen Opfertodes um des Vaterlandes und seiner Lebensnotwendigkeit willen.
    Das alles steht deutschen Müttern vor Augen. Aber in der breiteren Öffent-
    lichkeit gilt heute noch das vermännerte Sportweib, die Kanalschwimmerin, die
    kühne Luftpilotin mehr als die opferbereite, Herz, Blut, Schönheit und Gesund-
    heit hingebende deutsche Mutter der Kinder der deutschen Zukunft.
        K ö r p e r l i c h e   E r t ü c h t i g u n g   m u ß   s e i n ,  a u c h
    b e i   d e u t s c h e n   M ä d c h e n   u n d   F r a u e n. A b e r
    h ö c h s t e   K u l t u r e r r u n g e n s c h a f t  i s t   d a s   n i c h t.
    D I E  D E U T S C H E  M U T T E R  G E H T  A L L  D E M  V O R. "
                                                        R.M. H. Rust.

                        Vorwärts, vorwärts, schmettern die Fanfaren,
                        Vorwärts, vorwärts, Jugend kennt keine Gefahren.
                        Ist das Ziel auch noch so hoch, Jugend zwingt
                                                         es doch.
                        Unsre Fahne flattert uns voran. In die Zukunft ziehn wir
                        Mann für Mann. Wir marschieren für Hitler durch Nacht und
                        durch Not. Mit der Fahne der Jugend für Freiheit und Brot.
                        Unsre Fahne flattert uns voran. Unsre Fahne ist die Neue
                        Zeit. Unsre Fahne führt uns in die Ewigkeit.
                        Ja, die Fahne ist mehr als der Tod.

                        Jugend, Jugend, wir sind der Zukunft Soldaten.
                        Jugend, Jugend, Träger der kommenden Taten!
                        Führer, wir gehören Dir. Wir Kameraden D i r !
                        Unsre Fahne (usw.)
```

720) „Wir", Kampfblatt der Gefolgschaft 1. Ödenburg, Folge 4, 29. September 1935, S. 7; Bgld. LArch., Kreisarchiv Eisenstadt, Karton Varia X/1. – Anm.: Der Text, der mit „R. M. H. Rust" als Autor belegt wurde, könnte als Indiz für ein Wissensdefizit des Verfassers des Schulungsbriefes gedeutet werden, zumindest als Oberflächlichkeit der Blattredaktion. *R. M.* (Reichsminister für Erziehung, Wissenschaft und Kultur) *H. Rust* hieß Bernhard mit Vornamen, daher hätte es richtig „B. Rust" heißen müssen. – Laut Definition der Gauleitung verstand sich „Wir" als „HJ-BdM-Blatt", das „einmal im Monat (erscheint). Inhalt: rein weltanschaulich". Ersterscheinung 2. Hälfte 1935; vgl. Gaurundschreiben von Mai/Juni 1937, in: Bgld. LArch., Gauarchiv der NSDAP Niederdonau, Kreisarchiv Eisenstadt, Abtlg. A, Hpt. Nr. IV/13 (Richtlinien für den Nachrichtendienst).

DOK VIII[721]

Auszug aus Untersuchungsbereicht über einen jungen HJler im Südburgenland

```
Bezirkshauptmannschaft                    Abschrift.
      Güssing                         Güssing, 18.April 1937.
   Zl.XI - 365 .

                           An
                  das   Gendarmeriepostenkommando
                           in
                                  S t. M i c h a e l .
           Das Bundespolizeikommissariat in Wr.Neustadt hat folgendes
   zur Kenntnis gebracht:
   " Zarka Aladar,Schüler des 3.Jahrganges der hiesigen Lehrer-
   bildungsanstalt,geb. am 9.2.1918 in St.Michael,Bez.Güssing,Bgld.,dort
   zust.,rk.,ledig,straflos,wohnhaft in Wr.Neustadt,Neunkirchnerstras-
   se 49,wurde am 31.März 1937 bei einer von ha.durchgeführten Haus-
   durchsuchung im Besitze einer grösseren Anzahl von Hitler-Bildern
   Winterhilfe-Münzen,Kampfspenden,eines Exemplares "Oesterreichi-
   scher Beobachter" angetroffen.
           Er hat eingestanden,dass er seit Dezember 1936 in Wr.Neu-
   stadt der Hitler-Jugend angehörte,hiefür Mitgliedsbeiträge bezahl-
   te und einkassierte,an Appellen und Exerzierübungen teilnahm,ferner
   Propagandamaterial vorrätig hielt bezw. zu verbreiten suchte.Es wur-
   de über Zarka zur obigen Zahl mit Strafferkenntnis vom 3.4.1937 wegen
   Übertretung nach § 1 Vdg.B.G.Bl.Nr.240/33 und § 3 Ges.B.G.Bl.Nr.33/
   35 eine Arreststrafe von 1+1 Woche,zusammen 2 Wochen verhängt.
           Bei der Hausdurchsuchung wurde ein von Zarka am 9.3.1937
   an einen gewissen "Karl" gerichteter Brief vorgefunden.Auszugswei-
   se sei daraus folgendes mitgeteilt: Es liegt in meinem und unserem
   Interesse Euch mit den uns zur Verfügung stehenden Mitteln zu ver-
   sorgen.Ich hoffe,dass Du alsbald grossen Teil verkauft haben wirst.
   Du kannst den Stegersbachern auch verkaufen,auch der H.J.Solltest
   Du noch welche Karten oder sonst etwas benötigen,schreibe mir,
   zu 100.000 kann ich Dir alles senden.Zu Ostern werden wir verrech-
   nen,dann kannst Du gleich neue Bestellungen machen. Ich werde nach
   Möglichkeit einem Appell bei Euch beiwohnen.  Du hast mir gesagt,
   dass Ihr Euch eine Einheitskravatte verschaffen wollt.Ich rate da-
   von ab,da jetzt einheitliche Kennzeichen herauskommen u.zw.ist es
   eine Glasnadel im Kopf das eingeschliffene Hakenkreuz(ganz unauf-
   fällig). Du kannst das bei einem Appell besprechen,ich werde Muster
   mitnehmen und Ihr könnt dann die Bestellung machen.Die Tabelle über
   die Sendung:
    8 Stück Winterhilfsmarken a 1 S ................ sind S 8.-
    3   "       "             a 2 S ................   "  " 6.-
    5   "   Kampfspende a 50 g ......................  "  " 2.50
    1   "   Brustbild v.Hitler a 50 g ...............  "  " 0.50
   17   "   Brustbilder v.Hitler a 40 g ..............  "  " 6.80
   34   "   Neujahrskarten a 30 g .....................  "  "10.20
        Grosse Karten !
    4 Stück Brustbilder v.Hitler a 50 g .............  "  " 2.-
    4   "   Bilder von Hitler mit Kind a 50 g .......  "  " 2.-
    5   "   Das Hakenkreuz(Wahlspruch) a 50 g .......  "  " 2.50
                                              Summe   S 40.50
           Bringst Du etwas nicht an,so wird es zurückgenommen.Neue
   Bestellungen nehme ich zu Ostern entgegen...Beachte jedes einzelne
   Stück,denn es muss bezahlt werden.Ich trage Verantwortung für meine
   Führer und Du für mich.Jeder einzelne xxx Mann hat zu schweigen,
```

---

721) Bgld. LArch. Eisenstadt, Lage-, Vorfall- und Informationsberichte, Karton III – 1 + 2, A/VIII/14/2. Gendarmerieberichte Januar – Juni 1937.

DOK IX

Aus der Verleumdungskampagne gegen Dir. Alfred Putsch im
Österreichischen Beobachter

Noch eine traurige Gestalt : ein Direktor !

Im Krieg war er felduntauglich und so wurde er Latrinendirektor einer Kaserne in Wien, wo er es als Akademiker bis zum Gefreiten brachte. Bald wurde er auch als gänzlich untauglich entlassen und so kam er als Professor ans Gymnasium nach Oberschützen.

Putsch – heißt der Mann.

Bei der Angliederung des Burgenlandes an Österreich wurde er Direktor nicht etwa der Schwimmschule, sondern des Gymnasiums (es war sonst niemand da, denn die ungarischen Professoren waren abgezogen). Ein blindes Huhn hat ein Korn gefunden. Somit ist die lächerlichste Figur der ganzen Umgebung Repräsentant einer sonst angesehenen Schule geworden. – Wenn die Eltern eines Bengels verzweifelt die Hände zusammenschlagen und ausrufen : " Kind was wird aus dir noch werden "?, so antwortete der Bengel seelenruhig: " Wenn aus'm Putsch'n ein Direktor worden ist !" – Ja, das kann man hören.

An H i t l e r s Geburtstagen marschiert er im Ort auf und ab und leistet Häscher - Dienste. Bei so einer Gelegenheit ertappte er vor Jahren zwei Schüler, wie sie gerade am Gymnasium die Hackenkreuzfahne hissen wollten. Er sperrte sie in seine Kanzlei und telephonierte nach der Gendarmerie. Die schickten zwei Schutzkorps-Leute (der Ort hatte damals eine Schutzkorpsbesatzung), zwei ehemalige Schweinehirten. Die beiden Rohlinge haben vor den Augen des Direktors und in seiner Amtsstube, seine Schüler durchgeprügelt. Das leistet sich ein Direktor ! Beim Abführen der armen Schüler rieb er sich noch die Hände und sagte; höhnisch lächelnd zu den Schutzkorpsleuten: " Hab ich das nicht fein gemacht?" Das ist ein echter österreichischer Beamter! Allerdings blieben ihm die anderen Schüler die Antwort nicht schuldig: am nächsten Tag hing an der Anschlagtafel der Direktion im Schulgebäude ein Zettel, worauf sie ihn wegen Ehestörung und lächerlicher Schürzenjägerei anprangerten. Der Direktor entbehrt sowohl, bei den Schülern, als auch bei seinen Kollegen jedweder Autorität. In seinem Unterricht (Mathematik und Physik) geht es zu wie in einer Judenschule. So eine Jammerfigur leitet das Geschick einer Anstalt !! Trotzdem dass das Gymnasium von kirchlich-protestantischer Stelle abhängt, ist er bestrebt, im schlechtesten Sinn des Wortes eine echt " vaterländische " das heißt jesuitisch - verlogene Erziehung der Zöglinge zu vertreten. Wir warten auf den Tag, wo auch hier der große eiserne Besen dareinfahren wird .

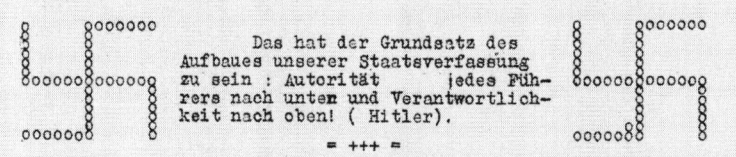

ooooooOooOoOoooooo

Das hat der Grundsatz des Aufbaues unserer Staatsverfassung zu sein : Autorität jedes Führers nach unten und Verantwortlichkeit nach oben! (Hitler).

= +++ =

Wenn Du's gelesen, an Sympatisierenden weitergeben !

Heil H i t l e r !

---

722) „Österreichischer Beobachter", Jg. 2, Folge 18, Mai 1937, S. 3.

DOK X[723]

Dir. Eugen Kozdon – in der NS-Untergrundpresse ein „Schwein"

> Die VF übet aber auch eine grosse Anziehungskraft aus : Alle Gauner der abgetakelten Parteien strömen ihr zu. Manches unschuldige "schwarze Schaf" muss sich dieser Gesellschaft schämen. Greifen wir einmal hinein in diesen Saustall und holen wir so ein Schwein heraus!
> Ein Griff: Herr K o z d o n !
> Eugen Kozdon, Studienrat und Direktor des Realgymnasiums in Eisenstadt; in Klagenfurt, wo er Grossdeutscher und Sozialdemokrat war, ist er bekannt als Notzüchter minderjähriger Mädchen, die seiner Obhut anvertraut waren. Deshalb wurde er von dort entfernt und kam als Gymnasium nach Oberschützen. Dort wurde er Landbündler, später ein Starhemberg-Mandl, versuchte sich auch, der NSDAP anzubiedern, was ihm aber nicht gelang und so blieb ihm nichts anderes übrig als : Heil! Heil! Hinein in die Vaterländische Front ! Ein Prachtkerl nicht? Er ist jetzt schon Landesredner der VF und wurde kürzlich als Beirat in die Landesführung des österr. Jungvolkes berufen. Heil! Heil! Sind dort auch Mädchen?

DOK XII[724]

Österreich. Beobachter

Organ der nationalsozialistischen deutschen Arbeiterpartei NSDAP. Hitlerbewegung

OKTOBER 1937

Schweinepriester aus dem Burgenland

Noch jetzt ist im ganzen Burgenland das Verbrechen jenes Pfarrers von Isbing (Bez. Oberwart) in Erinnerung, der seine drei, mit seiner Köchin gezeugten Kinder, gleich nach der Geburt im Backofen lebendig verbrannt hat.

Die zur Homosexualität Neigenden werden im Burgenland »Kaplan von Mattersburg« genannt, nach jenem Kaplan, der vor Jahren in Mattersburg die Knaben einer ganzen Schule abscheulich mißbraucht hat.

Vom röm.-kath. Pfarrer Franz Kohlmayer aus Kogl (Bez. Ob. Pullendorf) wurde bereits in einer früheren Folge ausführlich berichtet.

---

723) Ebenda, Jg. 2, Folge 13, April 1937.
724) Bgld. LArch. Eisenstadt, Lage-, Vorfall- und Informationsberichte, in mehrere Kartons beigelegt.

Der Pater Quardian Pfeiffer vom Franziskanerkonvent in Güssing hat den Veruntreuer en gros, Franz Hetfleisch den Weg zur Hölle geebnet, damit er desto ungestörter mit dessen Frau, der Pfaffendirne Mina Hetfleisch, seine einbrecherischen Beziehungen pflegen kann. Die lange Haft ihres Herrn Gemahls war dem Pater sehr genehm. Aber auch jetzt besucht sie der Pater Quardian in ihrer Wohnung, zu der er die Schlüssel besitzt, oder die feine Dame besucht ihn in seiner Klausur.

Die Beziehungen seiner Mitbrüder Stanislaus und Florid zu einer Zigeunerin und zur verrufenen Hebamme Bartl sind bezirksbekannt. Die Hebamme begleitet den Pater sogar auf seinen Versehungsgängen und nächtigt dann mit ihm. Das Volksg'stanzl: »Unser Pater Franziskan« ist also stark der Natur abgelauscht und bewährt sich allerorts. Daß Pater Florid im besoffenen Zustand mit seiner Kutte in den Straßendreck fiel und um heimzugehen sich erst einen Anzug ausborgen mußte, diene zur näheren Charakteristik.

Sonntags predigen aber diese feinen Brüder von der Reinheit der Ehe, von Keuschheit und christlicher Nächstenliebe!

Gegen den Dechanten von Mogersdorf, Schwartz war zur Zeit der Landnahme ein Hochverratsverfahren anhängig, weil er die madjarischen Banditen offen unterstützt hatte. Heute ist er — wie viele seinesgleichen — ein Patentösterreicher! Dabei macht er noch immer irredentistische Propaganda, trotzdem ist er ein einflußreicher V. F.-Drahtzieher. Kein Wunder, wenn das Wort »vaterländisch« bei solchen Trägern einen furchtbar üblen Klang bekommt. Sein Bruder, der berüchtigte Irredentist Zisterzienserpater und Univ. Prof. in Budapest, Elemer Schwartz, treibt während seines Sommeraufenthaltes in Mogersdorf offen Propaganda für den Rückanschluß des Burgenlandes. Dechant Schwartz hält die ganze Gegend in Schach und tyrannisiert die Lehrerschaft auf das erbärmlichste. In der Familie des Oberlehrers Hanifl in Mogersdorf spielt er mit vielem Glück den Kuckuck. Das ist erwiesen! Auch sind zwei Sprößlinge des Oberlehrers dem Dechanten wie aus dem Gesicht geschnitten. Sonntags aber predigt er von der Kanzel die Reinheit der Ehe, von Keuschheit und christlicher Nächstenliebe.

Der Stoober Pfaffe, Bunnert, gebürtiger Reichsdeutscher, der wegen seiner sadistischen und homosexuellen Anwandlungen bereits von Oberpullendorf versetzt werden mußte, muß nun auch von Stoob weichen, da seine sadistischen Verletzungen an Knaben und Mädchen sein Verbleiben unmöglich machen. Er wird nun mit den Knaben und Mädchen von St. Martin in der Wart Schlitten treffen.

Unsere Bilderreihe wird fortgesetzt, denn jede Gemeinde weiß von so einem Wolf im Schafspelz ihr Lied zu singen.

Sind solche »Diener des Herrn« nicht die Gottlosigkeit in Person und würdig, daß sie von Litwinow-Finkelstein zu »Ehrengottlosen« ernannt werden?

Wir haben mit Absicht nur einen kleinen Ausschnitt vorerst aus dem Burgenland gegeben, denn was sich diese Kuttenträger in den anderen Bundesländern leisten, wäre zu starke Kost für den Anfang.

Wer aber wagt da noch die Richtigkeit der sogenannten Klosterprozesse anzuzweifeln?

Abkürzungen

Abt	Abteilung
AHS	Adolf-Hitler-Schule
Apostol. Adm.	Apostolische Administration
Aufl	Auflage
AVA	Allgemeines Verwaltungsarchiv
Bd, Bde	Band, Bände
BDM	Bund Deutscher Mädel
Bdm. f. Unt.	Bundesministerium für Unterricht
Bgld	Burgenland
Bgld. Lbl	Burgenländisches Lehrerblatt
BHS	Berufsbildende höhere Schule(n)
BKA	Bundeskanzleramt
BÖFV	Bund Österreichischer Frauenvereine
BRG	Bundesrealgymnasium
DOK	Dokument
DÖW	Dokumentationsarchiv des österreichischen Widerstandes
EKLV	Erweiterte Kinderlandverschickung
Erl	Erlass
FN	Fußnote
gg, ggl	gottgläubig
Hg, hg	Herausgeber, herausgegeben
HJ	Hitlerjugend
HS	Hauptschule
Jg	Jahrgang
KZ	Konzentrationslager
L.Sch.G	Landesschulgesetz
LABl. f. d. Bgld	Landesamtsblatt für das Burgenland
LArch	Landesarchiv
LBA	Lehrer(innen)bildungsanstalt
LGBl. f. d. Bgld	Landesgesetzblatt für das Burgenland
LH	Landeshauptmann(schaft)
Napola, NPEA	Nationalpolitische Erziehungsanstalt
NS	Nationalsozialismus, nationalsozialistisch(e)
NSDAP	Nationalsozialistische Deutsche Arbeiterpartei
NSLB	Nationalsozialistischer Lehrerbund
OG	Ortsgruppe

ÖJV, Ö.J.V.	Österreichisches Jungvolk
OSS	Ostmärkische Sturmscharen
Pg	Parteigenosse(n)
Phil. Diss	Philosophische Dissertation
PNF	Partito Nazionale Fascista
RAD	Reichsarbeitsdienst
RG	Realgymnasium
RGBl	Reichsgesetzblatt
RMfWEV	Reichsministerium für Wissenschaft, Erziehung und Volksbildung
RVG	Reichsvolksschulgesetz
SA	Sturmabteilung
SoPaDe, Sopade	Bezeichnung der Sozialdemokratischen Partei Deutschlands (SPD) von 1933 bis 1938 im Prager und von 1938 bis 1945 im Pariser Exil
SS	Schutzstaffel
TB	Taschenbuch
Verf	Verfasser(in)
VF, V. F, VF.	Vaterländische Front
vmil	vormilitärisch
VOBl	Verordnungsblatt für den Dienstbereich des Bundesministeriums für Unterricht
VS	Volksschule
WAB	Wissenschaftliche Arbeiten aus dem Burgenland
WHW	Winterhilfswerk
Zit, zit	Zitat, zitiert

Quellen- und Literaturverzeichnis

Archive

Archiv des Bezirksschulrates Güssing
Archiv der Hauptschule Güssing
Archiv der Hauptschule Stegersbach
Archiv der Volksschule Stegerbach
Archiv der Volksschule Neuberg
Bibliothek des Bundesrealgymnasiums Güssing
Bibliothek des Evangelischen Realgymnasiums und Oberstufen-
    realgymnasiums des evangelischen Schulwerks Oberschützen
Burgenländisches Landesarchiv, Eisenstadt
Burgenländische Landesbibliothek, Eisenstadt
Privatarchiv Gober, Güssing; inklusive Nachlass Hajszányi
Privatarchiv Familie Keglovits, Stegersbach
Privatarchiv Familie Kubec, Güssing
Privatarchiv der Familie Mandl, Güssing/St. Nikolaus
Privatarchiv der Familie Simon, Güssing
Privatarchiv der Familie Stöger, Güssing
Privatarchiv Gabriele Strausz, St. Michael i. Bgld.
Privatarchiv Ursula Mindler, Graz
Schüler- und Lehrerbibliothek der Hauptschule Güssing
Stadtbibliothek Güssing

Zeitzeugen

Auf eine nochmalige Auflistung der Namen, Jahrgänge usw. wird hier verzichtet; siehe Haupttext und Fußnoten.

Zeitgenössische Literatur

Axmann, Kurt; Kaindlstorfer, Hans: Lernbuch der Erdkunde, IV. Teil, 2. Aufl., hg. vom Österreichischen Bundesverlag für Unterricht, Wissenschaft und Kunst. – Wien 1937
Bartz, Karl: Großdeutschlands Wiedergeburt. Weltgeschichtliche Stunden an der Donau. (Mit einem Geleitwort von Hermann Göring); hg. von

„Reichsberichterstatter Prof. Heinrich Hoffmann und Raumbild Verlag Diessen a. Ammersee", o. J. (1938)

Burger, Ed. Wolfgang; Groll, Hans: Handbuch der vormilitärischen Erziehung. – Wien/Leipzig 1936

Das Joanneum. Beiträge zur Naturkunde, Geschichte, Kunst und Wirtschaft des Ostalpenraumes, hier Bd. I: Ostalpenraum und das Reich. – Graz 1940

Frohes Turnen. Lied- und Sprechchorbeilage. – Graz o. J. (1937?)

Hitler, Adolf: Mein Kampf. 2 Bde. – München 1925/27, hier [419-423]1939

Leser, Ludwig: Die burgenländische Schulschande, in: „Freie Lehrergewerkschaft Österreichs". – Wien 1925

O du mein Österreich. – Wien/Leipzig 1935

Recla, Josef: Frohes Turnen. 25 Stundenbilder für das Knabenturnen und eine zeitgemäße Betrachtung über die Gestaltung jugendgemäßer Schul- und Vereinsturnstunden. – Graz 1935

Reichsjugendführung Berlin (Hg.): Der Führer zu Deiner Verpflichtung. – Graz (HJ-Gebietsführung), o. J.

Tzöbl, Josef A.: Vaterländische Erziehung, in: Österreichische Volksschriften, 4. Aufl. – Wien 1933

Weber, Edmund (Hg.): Dollfuß an Österreich. Eines Mannes Wort und Ziel. 10. Sonderschrift aus der Reihe Sonderschriften der Berichte zur Kultur- und Zeitgeschichte, hg. von Nikolaus Hovorka. – Wien/Leipzig 1935

Gesetzes-, Verordnungs- und Landesamtsblätter

Landesgesetzblätter für das Burgenland, Jahrgänge 1933 bis 1937
Landesamtsblätter für das Burgenland, Jahrgänge 1933 bis 1938
Verordnungsblätter für den Dienstbereich des Bundesministeriums für Unterricht, Jahrgänge 1934 bis 1936

Dokumente

Wenn nicht anders angegeben, ausschließlich solche, die im Original vorlagen.

Amtlicher Schriftverkehr

Hand- und Klassenkataloge der HS Güssing 1932–1938
Protokolle der Volksschule Neuberg vom 17. Sept. 1926 bis 5. Juli 1939

Periodika

Gedruckte Jahresberichte

Beyer, Theophil: Jahresbericht der Staatslehrerbildungsanstalt Oberschützen, Steiermark über das Schuljahr 1939/40

Eigl, Maxentius: Hauptschule für Knaben in Stegersbach. Jahresbericht über das Schuljahr 1937–1938. 18. Schuljahr

Eigl, Maxentius: Hauptschule für Knaben in Stegersbach. Jahresbericht über das Schuljahr 1938–1939. 19. Schuljahr

Evangelische Lehrerbildungsanstalt Oberschützen. Jahresbericht über das 92. Schuljahr 1937/38

Fandl, Stefan: 12. Jahresbericht der Hauptschule für Knaben in Güssing. Schuljahr 1934/35

Fandl, Stefan: 13. Jahresbericht der Hauptschule für Knaben in Güssing. Schuljahr 1935/36

Fandl, Stefan: 14. Jahresbericht der Hauptschule für Knaben in Güssing. Schuljahr 1936/37

Fandl, Stefan: 15. Jahresbericht der Öffentlichen Hauptschule für Knaben in Güssing. Schuljahr 1937/38

Jahresbericht(e) des Bundesrealgymnasiums in Eisenstadt. Veröffentlicht am Schlusse des Schuljahres 1934/35 und 1935/36, jeweils Eisenstadt

Jahresbericht 1994/95, hg. von der Direktion des Evangelischen Realgymnasiums und Oberstufenrealgymnasiums Oberschützen. – Oberschützen 1996

Kresbach, Emmerich: Jahresbericht(e) des Akademischen Gymnasiums in Graz 1934/35, 1935/36 und 1936/37, jeweils Graz

Staber, Friedrich: Jahresbericht über die evangelische Lehrerbildungs-Anstalt in Oberschützen, 1936/37

Stettner, Aurel: Jahresbericht über die evangelische Lehrerbildungs-Anstalt in Oberschützen, 1932/33 bis 1936/37

Hefte und Zeitschriften

Die Österreichische Schule. Monatschrift zur beruflichen Fortbildung der Lehrerschaft. 1935–1938, mit Beiträgen von

Isnenghi, Alfons: Die pädagogischen Grundlagen und Ziele der österreichischen Staatsjugend, in: Die Österreichische Schule, Heft 1/1937

Lang, Ludwig: Kindheit und Jugend in neuer Schau, in: Die Österreichische Schule, Heft 8/1937

Schwarzinger, Ernst: Über die praktische Anwendung militärischer Formen im Schulbetrieb, in: Die Österreichische Schule, Heft 2/1938

Weitzenböck, Auguste: Was soll neue Schulbildung? In: Die Österreichische Schule, Heft 9/1935

Österreichische Volksschriften, 4. Aufl. – Wien 1933

Pädagogischer Führer, Schriftleitung Anton Simonic, diverse Hefte von 1935–1938. – Wien, u. a. mit Abhandlungen von

Brommer, A.: Zeitgemäße Mittelschulfragen, Heft 1/1935,

Freund, Oskar: Erziehung zum wirtschaftlichen Denken – bleibt das immer eine Utopie?, Heft 1/1935

Klieba, Michael: Aus dem Schulleben Wiens, Heft 1/1935

Südostdeutsche Forschungen. – München 1936

Zeitungen vor Mai 1945

„Burgenländisches Lehrerblatt". Organ des Kath. Landeslehrervereines f. d. Burgenland, 1933–1937, mit Beiträgen u. a. von

Frisch, Anton: Ein ausgezeichnetes und billiges Lehrmittel, Heft 1/1935.

Hochleitner, Josef: Die burgenländische Schule im Zeichen des neuen Gesetzes, Jg. XV/1936

Koske, Karl: Lehrer und Wehrwesen, Heft 6–7/1935

Wimmer, Otto: Gedanken und Lesefrüchte zur vaterländischen Erziehung im neuen Österreich, Heft 9/1934

„Neue Eisenstädter Zeitung" vom 15. Juli 1928

„Die Neue Zeitung". Unabhängiges Tagblatt (Wien) vom 16. Dezember 1933

„Die Österreicherin". Organ des Bundes österreichischer Frauenvereine. Monatsblatt für alle Interessen der Frau, 1931, 1933, 1934, 1936, 1937

„Güssinger Zeitung" 1933–1938

„Grenzmark-Zeitung" vom 3. Juli 1938

„Österreichische Arbeiter-Zeitung" 1934–1935

„Österreichischer Beobachter", Jg. 2, Folge 18, Mai 1937

„Reichspost" 1932–1936

„Wir", Kampfblatt der Gefolgschaft 1. Ödenburg, Folge 4, 29. September 1935, 1. Juni 1936

„Wiener Zeitung" 1934–1935

Zeitungen und Magazine nach Mai 1945

„Burgenländische Heimatblätter", Jg. 51, Heft 3/1989, hg. vom Amt der Burgenländischen Landesregierung

„Presse" vom 12./13. März 1988

„profil" vom 16. Februar 2004 u. 6. Juni 2005
„Der Standard", alle aus 2004 (13./14. Februar, 27./28. März, 29.–31. Mai)
„Wiener Zeitung", Sonderbeilage 1988 zum Jahr 1938

Sekundärliteratur

Achs, Oskar: Lehrerverhalten im Faschismus, in: Freie Lehrerstimme, 1/1988
Albrich, Thomas: Vom Vorurteil zum Pogrom: Antisemitismus von Schönerer bis Hitler, in Steininger/Gehler, Österreich im 20. Jahrhundert, a. a. O.
Andics, Helmut: Österreich 1804–1975, 4 Bde, Bd. 3, 1. Aufl.: Der Staat, den keiner wollte. Österreich von der Gründung der Republik bis zur Moskauer Deklaration. – Wien/München 1968, und Bd. 4: Die Insel der Seligen. Österreich von der Moskauer Deklaration bis zur Gegenwart. – (TB-Ausgaben) Wien/München 1968
Ardelt, Rudolf G.; Huber, Wolfgang J. A.; Staudinger, Anton (Hg.): Unterdrückung und Emanzipation. Festschrift für Erika Weinzierl. – Wien Salzburg 1985

Bamberger, Richard u. Maria; Bruckmüller, Ernst; Gutkas, Karl (Hg.): Österreich Lexikon, Band I u. II. – Wien 1995
Baumgartner, Gerhard: Prolegomena zum Sprachverhalten ungarischsprachiger Burgenländer, in: Holzer/Münz, Trendwende?, a. a. O.
Begleitbroschüre zur burgenländischen Landes-Sonderausstellung 1988 „Das Burgenland im Jahr 1938", hg. vom Amt der Burgenländischen Landesregierung, Abt. XII/2, Landesarchiv-Landesbibliothek (Medieninhaber). – Pinkafeld 1988
Benya, Anton; Botz, Gerhard; Koref, Ernst; Kreisky, Bruno; Probst, Otto: Vierzig Jahre danach. Der 4. März 1933 im Urteil von Zeitgenossen und Historikern. – Eine Veröffentlichung des Dr.-Karl-Renner-Institutes. – Wien 1973
Benz, Wolfgang; Graml, Hermann; Weiß, Hermann (Hg.): Enzyklopädie des Nationalsozialismus. 4. Aufl. – (TB-Ausgabe) München 2001
Binder, Dieter Anton: Der „christliche Ständestaat" Österreich 1934–1938, in: Steininger/Gehler, Österreich im 20. Jahrhundert, a. a. O.
Botz, Gerhard: Die Ausschaltung des Nationalrates und die Anfänge der Diktatur Dollfuß' im Urteil der Geschichtsschreibung von 1933 bis 1973, in: Benya; u. a., Vierzig Jahre danach, a. a. O.
Ders.: Gewalt in der Politik. Attentate, Zusammenstöße, Putschversuche in Österreich 1918 bis 1938; 2. Aufl. – München 1983

Ders.: Wien vom „Anschluß" bis zum Krieg. Nationalsozialistische Machtübernahme und politisch-soziale Umgestaltung am Beispiel der Stadt Wien. – Wien/München 1978
Brook-Shepherd, Gordon: Österreich. Eine tausendjährige Geschichte. – Wien 1998, hier TB-Ausgabe 5/2000
Burgenland – Geschichte, Kultur und Wirtschaft in Biographien. XX. Jahrhundert, hg. von der Burgenländischen Landesregierung, Abt. XII – Kultur und Wissenschaft. – Eisenstadt 1991
Burgenländische Forschungen. Sonderheft III. Festgabe 50 Jahre Burgenland; hg. vom Amt der Burgenländischen Landesregierung. – Eisenstadt 1971
Burgenländische Forschungen, Sonderband VII. Festgabe für August Ernst. Burgenland in seiner pannonischen Umwelt; hg. vom Burgenländischen Landesarchiv. – Eisenstadt 1984
Burgenländische Forschungen, Heft 73: Burgenland 1938. Vorträge des Symposions „Die Auflösung des Burgenlandes vor 50 Jahren" im Kulturzentrum Eisenstadt am 27. und 28. September 1988; hg. vom Burgenländischen Landesarchiv. – Eisenstadt 1989

Chronik zur 800 Jahrfeier (1198–1998) Heiligenbrunn; hg. von der Gemeinde Heiligenbrunn. – Heiligenbrunn 1998

Dachs, Herbert: „Austrofaschismus" und Schule – Ein Instrumentalisierungsversuch, in: Tálos/Neugebauer 1985, a. a. O.
Ders.: Das Frauenbild in der Schule des „Austrofaschismus", in: Ardelt; u. a., a. a. O.
Dax, Wolfgang: Burgenländisches Landesrecht. Grundlagen und Entwicklung, in: Burgenländische Forschungen, Sonderheft III, a. a. O.
Denkjahr 88: Bildung – Erziehung – Schule. Damals – Heute. Schüler forschen Zeitgeschichte. – Wien 1988, hg. vom BMUKS u. ÖKS (Österreichisches Kultur-Service)
Deinhofer, Elisabeth; Horvath, Traude (Hg.): Grenzfall Burgenland 1921–1991. – Veliki Borištof/Großwarasdorf 1991
Die Bevölkerungsentwicklung im Burgenland zwischen 1923 u. 1971, Tabellenteil, hg. vom Amt der Bgld. Landesregierung, Abt. IV. – Eisenstadt, o. J.
Die Hauptschule in Stegersbach. Festschrift zur Eröffnung und Einweihung des Neubaues. – Stegersbach 1954
Diem-Wille, Gertraud; Wimmer, Rudolf (Hg.): Materialien und Texte zur politischen Bildung, Bd. 1: Familie und Schule. – Wien 1987

Die Obere Wart. Festschrift zum Gedenken an die Wiedererrichtung der Oberen Wart im Jahre 1327. – Oberwart 1977

Dr.-Karl-Renner-Institut – „Referentenausbildung Antifaschismus", Wien 15.–18. Okt. 1981

Dusek, Peter; Ehalt, Hubert C.; Lausecker, Sylvia (Hg.): Faschismus – Theorien, Fallstudien, Unterrichtsmodelle. – Wien/München 1980, aus der Reihe „Pädagogik der Gegenwart", Nr. 409, hg. von Hermann Schnell

Engelbrecht, Helmut: Die Eingriffe des Dritten Reiches in das österreichische Schulwesen, in: Heinemann, Erziehung und Schulung im Dritten Reich, a. a. O.

Ders.: Geschichte des österreichischen Schulwesens, in: Wendepunkte, a. a. O.

Eigl, Maxentius: Gründung und Entwicklung der Hauptschule Stegersbach, in: Die Hauptschule in Stegersbach, a. a. O.

Ettl, Johann: Die geschichtliche Entwicklung und rechtliche Stellung der konfessionellen Volksschule des Burgenlandes. Phil. Diss., o. O., 1942

Faschistische Strömungen in Österreich. Fernstudienlehrgang Politische Bildung für Lehrer. Leitung: Erika Weinzierl; ungebundenes Skriptum des Instituts für Zeitgeschichte der Universität Wien. – Wien 1981

Feymann, Walter: Schulkampf – Kulturkampf. Der Kampf gegen das konfessionelle Schulwesen, in: Um Freiheit und Brot. Geschichte der burgenländischen Arbeiterbewegung von den Anfängen bis 1945, hg. von der Arbeitsgemeinschaft zur Erforschung und Dokumentation der Geschichte der burgenländischen Arbeiterbewegung. – Eisenstadt 1984

Fischl, Hans: Schulreform, Demokratie und Österreich 1918–1950. – Wien 1951

Floiger, Michael; Gober, Karl Heinz; Gruber, Oswald; Huber, Hugo; Naray, Josef: Geschichte des Burgenlandes. Lehrbuch für die Unterstufe. – Eisenstadt 1996

Frank, Norbert: Das österreichische Staatskirchentum am Beispiel der konfessionellen Schule im Burgenland, in: Burgenländische Heimatblätter, Heft 3/1989

Fricke-Finkelnburg, Renate: Nationalsozialismus und Schule. Amtliche Erlasse und Richtlinien 1933–1945. – Opladen 1989

Fritsch, Otto: Die NSDAP im Burgenland 1933–1938. Phil. Diss. – Wien 1993

Gehmacher, Johanna: Jugend ohne Zukunft. Hitlerjugend und Bund Deutscher Mädel in Österreich vor 1938. – Wien 1994

Glauben und Bekennen. 200 Jahre Evangelische Kirche Oberschützen. – Oberschützen. o. J. (1983), hg. von der Evangelischen Pfarrgemeinde AB Oberschützen

Godman, Peter: Der Vatikan und Hitler. Die geheimen Archive. – (TB-Ausgabe) München 2005

Görlich, Ernst J.; Romanik, Felix: Geschichte Österreichs. – Innsbruck/Wien (1970) 1995

Gruber, Christiane; Teuschler, Christine (Projektleitung): Ober- und Unterbildeiner Dorfkalender. Ein Dorf an der Grenze. Ober- und Unterbildein 1921–1991. Ein Projekt der Burgenländischen Volkshochschulen/Politische Bildung; hg. vom Landesverband der Burgenländischen Volkshochschulen. – Eisenstadt 1991

Hajszányi, Paul: Bilder-Chronik der Stadt Güssing 1870 bis 1970. – Güssing 1990

Ders.: Das Hakenkreuz über der r. k. LBA in Mattersburg. Ungedruckte Biografie. – Güssing/St. Nikolaus o. J.

Hanisch, Ernst: Der Politische Katholizismus als ideologischer Träger des „Austrofaschismus", in: Tálos/Neugebauer 1985, a. a. O.

Heer, Friedrich: Der Glaube des Adolf Hitler. Anatomie einer politischen Religiosität. – (TB-Ausgabe) Frankfurt a. M./Berlin 1989

Heil Hitler, Herr Lehrer. Volksschule 1933–1945. Das Beispiel Berlin. – Reinbeck bei Hamburg 1983, hg. von der Arbeitsgruppe Pädagogisches Museum

Heinemann, Manfred (Hg.): Erziehung und Schulung im Dritten Reich. Teil 1: Kindergarten, Schule, Jugend, Berufserziehung. Veröffentlichungen der Historischen Kommission der Deutschen Gesellschaft für Erziehungswissenschaft, Bd. 4.1. – Stuttgart 1980

Holzer, Werner; Münz, Rainer: Trendwende? Sprache und Ethnizität im Burgenland. – Wien 1993

Holzträger, Hans: Die Wehrertüchtigungslager der Hitler-Jugend 1942–1945. Ein Dokumentarbericht, in: Publikationen des Arbeitskreises für Geschichte und Kultur der deutschen Siedlungsgebiete im Südosten Europas e. V. Reihe I Geschichte und ihre Hilfswissenschaften, Bd./Vol. 2. – Ippesheim 1990

150 Jahre – Höhere Schulen Oberschützen. – Oberwart o. J. (1995)

Hutter, Clemens M.: Wie ein Bub den Nazialltag erlebte. Hinterher schätzt man die Gnade der späten Geburt, in: Salzburger Nachrichten, 15. April 1995

Hutter, Wilhelm; Posch, Dieter (Gesamtleitung): 140 Jahre BG und BRG Oberschützen. – Oberwart 1985

Jagschitz, Gerhard: 25. Juli 1934: Die Nationalsozialisten in Österreich, in Steininger/Gehler, Österreich im 20. Jahrhundert, a. a. O.
Ders.: Engelbert Dollfuß, in: Weissensteiner; Weinzierl 1983, a. a. O.
Jandl, Karoline: Einblicke in das Bildungsgeschehen im Burgenland von 1921 bis 1981 mit den weiterreichenden Trends. – Wien/Eisenstadt 1996
Juden im Grenzraum. Geschichte, Kultur und Lebenswelt der Juden im burgenländisch-westungarischen Raum und in den angrenzenden Regionen vom Mittelalter bis zur Gegenwart. Symposion im Rahmen der „Schlaininger Gespräche" vom 19.–23. September 1990 auf Burg Schlaining, in: WAB 92, a. a. O.

Karner, Stefan: Die Steiermark im Dritten Reich 1938–1945. Aspekte ihrer politischen, wirtschaftlich-sozialen und kulturellen Entwicklung; 3. Aufl. – Graz 1994
Kleindel, Walter, in: Österreich. Daten zur Geschichte und Kultur. – Herausgegeben, bearbeitet und ergänzt von Isabella Ackerl und Günter K. Kodek. – Wien 1995
Knopp, Guido: Hitler – Eine Bilanz. – Berlin (Sonderausgabe) 2002
Konrath, Christoph: Die Entwicklung der Studentenverbindungen an den Oberschützer Lehranstalten. Schwerpunkt Zwischenkriegszeit, in: Beiträge zur österreichischen Studentengeschichte, Bd. 25, hg. vom Österreichischen Verein für Studentengeschichte. – Wien 1995
Kreisky, Brunno: Zur Ausschaltung des Nationalrates vor 40 Jahren, in: Benya; u. a.: Vierzig Jahre, a. a. O.
Krug, Wolfgang: Last der Erinnerung. NS-Denkmal am Beispiel Oberschützen. – Oberwart 1998

Lackner, Herbert: Die Dirndl-Diktatur, in: profil, Nr. 23, 6. Juni 2005
Lang, Alfred: Bildung, Wissenschaft und Forschung. Zwischen burgenländischer Schulschande und Europäischer Friedensuniversität, in Deinhofer/Horvath, a.a.O.
Lichtblau, Albert: Schnittpunkte autobiographischer Texte von Autoren österreichisch-jüdischer Herkunft: Selbstbild, Koexistenz, Religion und Verfolgung. Eine Auswertung der Sammlung „jüdischer Lebensgeschichten (Wien), das Leben in Österreich bis zum Nationalsozialismus betreffend, in: Juden im Grenzraum, WAB 92, a. a. O.

Lichtenberger, Sabine; Tschögl, Gert: Zur burgenländisch-jüdischen Geschichte, in: Lang; u. a. 2004, a. a. O.

Maderthaner, Wolfgang: 12. Februar 1934: Sozialdemokratie und Bürgerkrieg, in: Steininger/Gehler, Österreich im 20. Jahrhundert, a. a. O.
Malina, Peter: „Welcher Wandel der Dinge". Die Okkupation Österreichs in der burgenländischen Presse, in: Rathkolb, a. a. O.
Mindler, Ursula: Dr. Tobias Portschy. Biographie eines Nationalsozialisten. Die Jahre bis 1945. Phil. Diplomarbeit, Graz 2005
Moritsch, Andreas, Baumgartner, Gerhard: Der nationale Differenzierungsprozeß in Südkärnten und im südlichen Burgenland, in Holzer/Münz, Trendwende?, a. a. O.
Moser, Jonny: Die Katastrophe der Juden in Österreich 1938–1945 – ihre Voraussetzungen und ihre Überwindung, in: Studia Judaica Austriaca, Bd. V, a. a. O.
Mühl, Dieter: Die Roma von Kemeten. Projekt zur namentlichen Erfassung der Roma-Holocaust-Opfer von Kemeten. – Oberwart 1999

Nasko, Siegfried: Karl Renner. Vom Ständestaat zur Zweiten Republik, in: Weissensteiner/Weinzierl, Bundeskanzler, a. a. O.
Nemitz, Rolf: Die Erziehung des faschistischen Subjekts, in: Klaus Weber, Faschismus und Ideologie, a. a. O.

Österreichisches Jahrbuch 1945–1946. Nach amtlichen Quellen, hg. vom Bundespressedienst. – Wien 1947
Overesch, Manfred; Saal, Friedrich Wilhelm: Das Dritte Reich. 1933–1939, Düsseldorf 1982, S. 391

Pelinka, Anton: Was blieb vom Ständestaat? Die 2. Republik im Spiegel ihrer Vergangenheit – Schuschnigg wollte kein deutsches Blut vergießen, in: Woher? Wohin? 1938, Sonderbeilage der Wiener Zeitung 1988

Rathkolb, Oliver; Duchkovitsch, Wolfgang; Hausjell, Fritz (Hg.): Die veruntreute Wahrheit. Hitlers Propagandisten in Österreich '38. – Salzburg 1988
Rees, Laurence: Die Nazis. Eine Warnung der Geschichte. – München/Zürich 1997
Reichhold, Ludwig: Kampf um Österreich. Die Vaterländische Front und ihr Widerstand gegen den Anschluß 1933–1938, 2. Auflage. – Wien 1985
Reingrabner, Gustav: Die evangelische Kirche (Einleitung), in: Widerstand 1934–1945, DÖW, a. a. O.

Ders.: Die evangelische Kirche im Burgenland während des Ständestaates und des Deutschen Reiches, in: Burgenländische Forschungen, Sonderband VII., a. a. O.

Ders.: Beyer Theophil Dr. h.c., in: Burgenland – Geschichte, Kultur und Wirtschaft in Biographien, a. a. O.

Ders.: Von Krieg zu Krieg. Die Ära Beyer (1916–1940), in: Glauben und Bekennen, a. a. O.

Rizy, Lisl; Dvorak, Johann; Jochum, Manfred: Medienverbundprogramm Frieden „Niemals vergessen". – Wien 1986

Sandgruber, Roman: Illustrierte Geschichte Österreichs. Epochen – Menschen – Leistungen. – Wien 2000

Sauer, Walter: Loyalität, Konkurrenz oder Widerstand? Nationalsozialistische Kultuspolitik und Reaktionen in Österreich 1938–1945, mit einer Fülle weiterführender Literaturhinweise, in: Tálos 2001. a. a. O.

Schlag, Gerald: Burgenland, in: Weinzierl; Skalnik, Österreich 1918–1938, a. a. O.

Ders.: Der 12. März 1938 im Burgenland und seine Vorgeschichte, in: Burgenländische Forschungen, Heft 73, a. a. O.

Schneider, Wolfgang: Frauen unterm Hakenkreuz. – (TB-Ausg.) München 2003

Scholtz, Harald: Erziehung und Unterricht unterm Hakenkreuz. – Göttingen 1985

Schubert, Kurt: Der Weg zur Katastrophe, in: Studia Judaica Austriaca, Bd. V, a. a. O.

Schwarz, Karl: Kirche im politischen Diskurs der Zeit, in: Theologisches Fachblatt, 53. Jahrgang, Heft 8/9, August/September 2002; hg. vom Bischof der Evangelischen Kirche A.B. in Österreich

Schwarzmayer, Eva: Die burgenländischen Roma auf dem Weg zu einer neuen Identität, in Holzer/Münz, Trendwende?, a. a. O.

Shuk, Alexander: Das nationalsozialistische Weltbild in der Bildungsarbeit von Hitlerjugend und Bund Deutscher Mädel. Eine Lehr- und Schulbuchanalyse. – Frankfurt/M.; Berlin; Bern; Brüssel; New York; Oxfort; Wien 2002 (Europäische Hochschulschriften: Reihe 11, Pädagogik; Bd. 856)

Sill, Ferenc; Triber, Ladislaus: Die katholische Kirche im Komitat Vas und in der Oberen Wart ab 1526, in: Die Obere Wart, a. a. O.

Six, Maria: Die Zigeunerschule (1924–1938), in: Stegersbach 1989, a. a. O.

Sorgo, Wolfgang: Autoritärer „Ständestaat" und Schulpolitik 1933–1938. – Phil. Diss., Wien 1978

Stadler, Karl R.: Provinzstadt im Dritten Reich, in: Botz, „Anschluß", a. a. O.

Statistisches Jahrbuch Burgenland 2004, hg. vom Amt der Burgenländischen Landesregierung, LAD – Europabüro und Statistik, Landesstatistik. – Eisenstadt 2005

Staudinger, Anton: Hausgemachte Deutschtümelei und Wiener Antisemitismus, in: Sonderbeilage der „Wiener Zeitung" 1988 zum Jahr 1938

Stegersbach. Stegraifepach Szentelek Stegersbach, hg. von der Marktgemeinde Stegersbach 1989

Steininger, Rolf; Gehler, Michael (Hg.): Österreich im 20. Jahrhundert. Von der Monarchie bis zum Zweiten Weltkrieg, Bd. 1. – Wien 1997

Steinmetz, Selma: Die Zigeuner, in: Widerstand 1934–1945, DÖW, a. a. O.

Studia Judaica Austriaca, Bd. V: Der gelbe Stern in Österreich. Katalog und Einführung zu einer Dokumentation, hg. vom Verein „Österreichisches Museum in Eisenstadt". – Eisenstadt 1977

Tálos, Emmerich; Neugebauer, Wolfgang (Hg.): „Austrofaschismus" – Beiträge über Politik, Ökonomie und Kultur 1934–1938. – Wien 1985

Tálos, Emmerich; Neugebauer, Wolfgang (Hg.): Austrofaschismus Politik – Ökonomie – Kultur 1933–1938. – Wien 2005

Tálos, Emmerich; Hanisch, Ernst; Neugebauer, Wolfgang; Sieder, Reinhard (Hg.): NS-Herrschaft in Österreich. Ein Handbuch, 1. Auflage. – Wien, (Nachdruck) 2001

Weber, Klaus (Hg.): Faschismus und Ideologie (Projekt Ideologietheorie); überarbeitete Neuausgabe in einem Band der Argument Sonderbände 60 und 62

Weinzierl, Erika; Skalnik, Kurt (Hg.): Österreich 1918–1938. Geschichte der Ersten Republik, 1. u. 2. Bd., Graz 1983

Weinzierl, Erika: Kirche und Politik, in: Weinzierl/Skalnik, a. a. O.

Dies.: Kirche: Täuschung und Enttäuschung. Der Klerus als Anhänger und Mitgestalter des Ständestaates wurde 1938 von Hitler düpiert, in: Sonderbeilage der „Wiener Zeitung" 1988 zum Jahr 1938

Weissensteiner, Friedrich; Weinzierl, Erika (Hg.): Die österreichischen Bundeskanzler. – Wien 1983

Wendepunkte und Kontinuitäten. Zäsuren der demokratischen Entwicklung in der österreichischen Geschichte. Sonderband der Schriftenreihe Informationen zur Politischen Bildung, hg. vom Forum Politische Bildung. – Innsbruck/Wien 1998

West, Franz: Die illegale Arbeiterbewegung, in: Widerstand 1934–1945, DÖW, a. a. O.

Widder, Roland: Die „Unschuld vom Lande" – Argumente gegen die Plötzlichkeit. Eine sozialpsychologische Annäherung an das Burgenland vor 1938, in: Burgenland 1938. Vorträge des Symposions „Die Auflösung des Burgenlandes vor 50 Jahren" im Kulturzentrum Eisenstadt am 27. und 28. September 1988, aus der Reihe: Burgenländische Forschungen, Heft 73, a. a. O.

Widerstand und Verfolgung im Burgenland 1934–1945. Eine Dokumentation. 2. Aufl. – Wien 1983, hg. vom DÖW

Wissenschaftliche Arbeiten aus dem Burgenland, Heft 92, Sigel WAB 92, hg. vom Burgenländischen Landesmuseum Eisenstadt. – Eisenstadt 1993

Zahradnik, Michael: Sozialgeschichte der Schule, in: Diem-Wille, a. a. O.

Zambo, Katharina: Der Einfluss des Nationalsozialismus am Beispiel des Realgymnasiums Oberschützen. Diplomarbeit. – Wien, 2006

Zimmermann, Bernhard H.: Die Protestanten des Burgenlandes in der Bilanz eines halben Jahrhunderts 1921–1971, in: Burgenländische Forschungen, Sonderheft III, a. a. O.

Zimmermann, Edmund; Glavanits, Franz; Sattler, Anton: Das Schulwesen im Burgenland 1921–1971. – Eisenstadt 1971

Ortsnamenverzeichnis

Altreich 4, 284

Baden bei Wien 259
Berlin 247
Burgenland 15 ff

Dachau 104
Deutsch Ehrensdorf 46
Deutsch-Böhmen 16
Deutschland 16, 20, 29 f
Deutsch-Österreich 17
Deutsch-Westungarn 16
Donaumonarchie 16
Dreihütten 102

Eisenstadt 39, 64, 74, 86
Eisenzicken 162
England 165

Glasing 297
Gödölö 286
Gols 11, 280
Graz 313 f
Großpetersdorf 277
Güssing 17, 37 48 f
Güttenbach 89 f

Heiligenkreuz im Lafnitztal 264
Helenenschacht 94
Horn 157
Hubertendorf 93

Innsbruck 177, 282
Inzenhof 254
Italien 30, 165, 293

Jennersdorf 50, 104, 110 f, 237, 254
Jormannsdorf (in DOK II) 299

Kärnten 50, 145, 192
Klagenfurt 23, 32, 115, 134, 199, 205
Krems 161
Krensdorf 283
Kukmirn 107, 292

Leoben 259
Linz 62, 69, 134, 222 f, 232
Lockenhaus 127

Mariazell 101, 224, 248
Mattersburg 86 f, 107, 150, 176, 235, 246, 264, 280 ff, 302
Mischendorf 276 f
Mörbisch 284

Neudauberg 290
Neusiedl am See 110 f, 249 f, 255
Neustift bei Güssing 17, 161
Niederdonau 15, 253, 263, 302
Niederösterreich 135, 143, 189
Nürnberg 36

Oberösterreich 134, 145, 192
Oberpullendorf 50, 94, 110 f, 249
Oberschützen 67, 100, 105 ff, 112, 120 f, 143
Oberwart 149, 166, 249 ff, 276 f, 300
Ollersdorf 283
Oslip 91, 162

327

Österreich (auch: Oesterreich)
  134 ff, 142, 146 ff
Ostmark 48

Pinkafeld 101, 279
Pöttelsdorf 256
Punitz 297
Rohrbrunn 162, 289

Rust 110, 249

Salzburg 40, 117, 177, 192
Schallendorf 94
Schattendorf (DOK V) 302
Siget i. d. Wart 108
St. Johann i. Pongau 128
St. Michael im Bgld. 162, 288
Stegersbach 50 ff
Steiermark 192, 253, 263
Steinberg. a. d. Rabnitz 176
Stöttera 283
Strebersdorf 17
Strem 20, 90
Sulz 286

Thalerhof/Graz 119
Tirol 145, 192, 216
Tobaj 286 f
Traiskirchen 49 f

Ungarn 15 f, 78 ff, 105, 327
Unterwart 51 f, 88
Urbersdorf 297

Villach 126 f, 259
Vorarlberg 145, 192, 211, 292

Waidhofen a. d. Thaya 157
Waidhofen a. d. Ybbs 157
Welgersdorf 277
Wiener Neustadt 259
Wiesen (auch DOK VI) 304
Wörtherberg 89

Zahling 291
Zemendorf 283

Namensverzeichnis

Die mit (Zz) bezeichneten Namen sind von der Autorin interviewten ZEITZEUGEN

Adam, Walter 134 f
Antonowitz, (?) 253
Astl, Julius (Zz) 290

Bannert, (?) (in DOK XI) 308
Battista, Ludwig 48, 82
Baumgartner, Gerhard 50, 87, 89, 317
Beeking, N. 281 f
Bernanos, Georges 281
Beyer, Theophil jun. 106, 269, 315
Beyer, Theophil sen. 106, 269, 315
Beza, Wenzel Arthur 266
Blasy, Gustav 275
Brader, Josef 143
Braun (Holzfabrik Lockenhaus) 127
Bulfon, Hans 260 ff
Burger, Wolfgang 117 f, 326

Chodazs, (?) (Prof. in Oberschützen) 279
Ciml, Karl 149
Czermak, Emmerich 64

Derkits, Josef (Zz) 59, 90, 236
Dollfuß, Engelbert 134 f, 148, 188, 200 ff, 226, 238, 263, 286, 290 ff
Dörnhöfer, Gustav Adolf 101
Dujmovits, Stefan 291

Eberhard, Vinzenz (Zz) 276 f
Eigl, Maxentius 49, 113, 315, 319

Ender, Otto 43, 96, 124, 133
Erdödy 88
Ettl, Johann 71, 80 ff
Exinger, (?) 120

Fandl, Stefan 121
Fandl, Walter (Zz) 65
Felner, Heinrich 286
Fischl, Hans 170, 172, 295
Fleck, Theresia 251, 256, 297
Frick, Wilhelm 285
Fritsch, Otto 105, 110, 249 ff

Gartlgruber, (?) 119
Gehmacher, Johanna 21, 40, 105, 137, 198, 219 ff, 232, 252 ff
Gföllner, Johannes Maria 63, 232
Gibiser, Franz 254
Glaise-Horstenau, Edmund 217
Gober, Theresia 13
Grabenhofer, Gottlieb 61
Grabner, Franz 56 f
Gregorich, Helene 88
Grohotolsky, Rudolf (Zz) 285, 296
Groll, Hans 117, 126
Guggenberger, Kurt (Zz) 287

Habsburger 34, 98, 293,
Hack, Helmut 272
Hajszányi, Paul 208, 222, 235, 247, 280 ff
Halvax, Eugen 57, 234 ff
Hanil, (?) (in DOK XI) 308
Hässler, Olly 179
Hazivar, Robert (Zz) 238, 296
Hermann, Ernst 275

Herzog-Hauser, Gertrud 172
Hetfleisch, Franz 278 (auch in DOK XI) 308
Himmler, Heinrich 109
Hitler, Adolf 217, 246 ff, 277 ff
Hochleitner, Josef 141
Horthy, Miklós 87
Huber, Felix 283

Innitzer, Theodor Kard. 70, 75 f
Ivancsics, Vinzenz (Zz) 226, 288

Jandl, Karoline 140
Johannider, Emmi 178
Jungwirth, Margarete 170

Klaus, Josef 229
Kleeweiß, Stephanie 88
Klenner, Gottfried 215, 272
Klenner, Richard 279
Koch, Michael 283
Kohlmayer, Franz (in DOK XI) 308
Koske, Karl 120, 239, 316
Kozdon, Eugen (in DOK X) 308
Krammer, Eugen 290
Krammer, Malvine 195
Kreiger, Eduard 126
Kühnelt, Helmut 262, 268
Kurz, Hermine 257, 274

Lang, Frieda 256
Lanske, Eugen 167
Leo XIII. 73
Leopold, Josef 253
Leser, Ludwig 17, 87, 78 f, 264
Loder, Stefan (Zz) 20, 90
Luif, Alexander 52, 57, 59, 92, 145, 234

Mad, (?) (Prof. in Mattersb.) 284
Mädl, Jakob 196
Maresch, Maria 161
Maria Theresia 88
Menghin, Oswald 125
Metzger, Franz (Zz) 17, 92, 109, 161 f
Metzger, Georg 161
Miklas, Wilhelm 223
Mindler, Ursula 257, 260 f, 274
Mond, Martha 66
Morascher, Otto 106, 279
Moser, Jonny 63
Motzko, Alma 179
Müller, Kurt 272
Mussolini, Benito 31, 169

Neubauer, Johann (Zz) 275, 289
Nicka, Eduard 106
Nowak, Alfred 268

Pahr, Alfred 268
Painter, Hans 262
Pathy, Ernst 276
Paul, Ignaz 283
Pawek, Karl 27
Pawlikowski, Ferdinand Stanislaus 71
Pernter, Hans 23, 32, 43 f, 115, 124, 130, 156, 199, 205, 217
Pfaff, Anette 175, 191
Pfeiffer, P. Quadrian (in DOK XI) 308
Piffl, Friedrich Gustav Kard. 82 ff, 280
Pius IX. 92
Pius X. 72
Pius XI. 30, 63, 67, 71 f, 171
Poldt, Heinrich 247

Poll, Alfred 66
Popper, Karl 296
Portschy, Tobias 15, 109, 111 f, 253 f
Pratl, Alexander 234
Prochaska, (?) (Prof. in Mattersb.) 283
Puschmann, Julius 282 f
Putsch, Alfred (auch in DOK IX) 106, 257, 270, 272, 307

Rajter, Johann 107 f
Rehling, Johann 272
Reingrabner, Gustav 98
Renner, Karl 264
Resch, Josef 188
Resetarits, Franz (Zz) 290
Rintelen, Anton 62, 69, 75
Rössler, Josef (Zz) 291 f
Rust, Bernhard (in DOK VII) 305

Schabert, Kurt 149, 272
Schabert, Paul 261
Schachinger, Hans 283
Scharnagl, Josef 236 f, 289
Schatt, Alfons 283
Schirach, Baldur von 203, 243, 248, 256, 259, 267
Schmelzer, Johann 280
Schmidt, Adolf 235, 286
Schmidt, Guido 217
Schmitz, Richard 135, 165, 192
Schober, Johannes 33
Schuh, Otto 161
Schuschnigg, Kurt 237 f, 244 ff, 263, 273, 282, 286, 288, 290 ff, 327
Schwar(t)z, Josef (in DOK XI) 308

Schwarz, Karl 99 f, 112
Seipel, Ignaz 26, 31, 79, 83, 85, 93, 258, 264 f
Seyß-Inquart, Arthur 125, 217
Sik, Martha 298
Staber Friedrich 151, 153, 269 ff, 277
Starhemberg, Ernst Rüdiger 103 f, 228 ff, 267, 292
Starhemberg, Fanny 168
Stettner, Aurel 106, 120, 148 ff, 257, 270
Stöhr, (?) 56
Strausz, Gabriele (Zz) 74, 144
Sylvester, Hans 104, 274
Szeberényi, Ludwig 108

Taafe, Eduard Graf 82
Tancsos, Josef 288
Thurn-Valsassina, Georg 21, 229, 232
Tillian, Rudolf 237, 267, 279
Tzöbl, Josef 26, 29, 34, 116, 123 166

Ulreich, Wilhelm 258, 268 f
Unger, (?) (BSI Oberwart) 167

Vicari, Hermann von 82

Wagner, Johann 54, 266
Waitz, Sigismund 29, 226, 232
Walheim, Alfred 87, 164
Weber, Josef Paul 67
Weitzenböck, Auguste 184 ff
Wertsch, Adolf 290
Wimmer, Otto 243
Wolf, Wilhelm 240

Zahradnik, Michael 295
Zarka, Johann 80, 83

Zehentbauer, Franz 182, 197
Zernatto, Guido 156, 230 f

Abstract

Die Studie fokussiert einen Ausschnitt der Geschichte der Heranwachsenden der Dreißigerjahre des vergangenen Jahrhunderts in Österreich. In der absoluten Notwendigkeit, die jungen Menschen durch Indoktrination neu zu formen, sah der Ständestaat unter den „semi-diktatorischen" Bundeskanzlern Engelbert Dollfuß und Kurt Schuschnigg eine seiner dringendsten Herausforderungen. Gefragt war staatstreue, systemkonforme Pädagogik inner- und außerhalb der Schule. Zur Gewährleistung dieses hohen Anspruches versuchte man die Lehrkräfte, die in der Vaterländischen Front zu dienen oder zumindest registriertes Mitglied zu sein hatten, zu Apparatschiks der Erziehung zu normieren.

Vaterlandsliebe und Gottesglaube – sie galten im konservativ-bürgerlichen Österreich als *die* sozialen und Sozialisation fördernden Fundamente und standen als Erziehungspostulate an oberster Stelle in dieser in der Nazisprache sogenannten *System*zeit, deren Repräsentanten ihre Legitimation von einer „höheren Macht" herleiteten. Der weit reichende Einfluss des Klerus vergegenwärtigte sich vorzugsweise im Bundesland Burgenland, wo das konfessionelle Schulwesen als Erbstück der ehemaligen Zugehörigkeit zu Ungarn bestehen geblieben war und möglicherweise Dollfuß als Blaupause für die Konkordatsverhandlungen von 1933 gedient hat. In der Maiverfassung von 1934 schuf Kanzler Dollfuß die rechtliche Grundlage. In diesem Kontext stellte sich die Frage, inwieweit die klerikalen Anrufungen tatsächlich der im Allgemeinen schon lange beobachtbaren weltanschaulichen Orientierungslosigkeit der heranwachsenden Generation entgegenwirkte oder ob die kirchlichen – genauer: katholischen – Ansprüche nicht sogar wegen ihres zwingenden Charakters geradezu diametral und destruktiv einer erhöhten Empfänglichkeit für antireligiöse, folglich auch inhumanen Weltgesinnungen Vorschub leisteten.

Die *Vaterländische Erziehung* avancierte zur Ultima ratio der Erziehung. Ziel der Maxime war es Bereitwilligkeit zu schaffen, die es dem Individuum erleichtern sollte, sich in die propagierte Führerordnung unreflektiert einzuordnen. Damit waren der Militarisierung im Schulwesen, in Ansätzen verwirklicht durch die *vormilitärische Ausbildung* der Jugendlichen ab dem 10. Lebensjahr, die Türen geöffnet.

Ein gesonderter Blick wird auf die Frauen- und Mädchenwelt gerichtet. Die Mutter- und Hausfrauenrolle als Prämisse der Mädchenerziehung gestaltete nolens volens das gesamte Bildungswesen.

Das Nazi-Image des Schulortes Oberschützen zu untersuchen, erzeugte Spannung. Wie ich aufzuweisen versuchte, stehen tatsächlich so manche „wissenschaftliche" Erkenntnisse in der Forschungsliteratur auf tönernen Begründungsfüßen. Sie untermauern an vielen Stellen zu Unrecht den nach dem „Umbruch" medial auffrisierten und bis heute nachhallenden Ruf vom „Nazi-Hort".

Die abschließende Grundthese: An der Basis trugen die Instrumentalisierungsversuche des Ständestaat-Regimes in ihrer Gesamtheit mehr zum politischen Desinteresse und zur Passivität bei als zu einem bejahenden Echo. Inhalte und Methoden immunisierten nicht gegen den „Schmied", sondern schufen eher stille Empfangsbereitschaft für eine Kultur der Inhumanität, des Bösen. Der totalitäre Wolf im Schaffell konnte kommen, die pädagogischen Felder waren bestellt.

*Die Geschichte ist der beste Lehrer
mit den unaufmerksamsten Schülern.*

Indira Gandhi

Mag. Eva Maria Gober (Jahrgang 1974, geboren und aufgewachsen in Güssing/Bgld.) studierte an der Pädagogischen Akademie des Bundes in Wien Lehramt Deutsch und Geschichte. Danach absolvierte sie an der Universität Wien das Lehramtsstudium Deutsch und Geschichte/Sozialkunde. Sie unterrichtet und lebt in Wien. Die Schwerpunkte ihrer Forschungsarbeiten liegen auf dem Gebiet der Erziehungspolitik im faschistischen Österreich.

Verlagshaus Hernals
zum Thema

Frederic Morton
Der Kommandant
Eine Groteske
€ 25,--, Klappenbroschur, 94 Seiten,
mit Hörbuch-CD
gelesen von Klaus Maria Brandauer,
Cornelius Obonya, Mercedes Echerer und Andrea Eckert
ISBN 978-3-902975-39-3

Traude Litzka
Mendels Wünsche
Zwischen Wien und Haifa liegt das große Meer
€ 23,90, gebunden, Schutzumschlag, 228 Seiten
ISBN 978-3-902975-23-2

Christiane Schütte
Heimkehr ohne Heimat
70 Jahre danach
Über Rückkehr und Neubeginn
der 1942 vertriebenen Kärntner Slowenen
€ 23,50, broschiert, 150 Seiten
ISBN 978-3-902975-30-0

Christiane Schütte
Überfahrene Lebenswelt
Die verwickelte Geschichte der Kanaltaler
€ 24,90, broschiert, 200 Seiten
ISBN 978-3-902975-19-5

Monika Vasik
nah.auf.stellung
Gedichte
€ 22,90,
96 Seiten, 74 Fotos, gebunden
ISBN 978-3-902744-15-9